アレクセイ・ユルチャク

最後のソ連世代

ブレジネフからペレストロイカまで

半谷史郎訳

みすず書房

EVERYTHING WAS FOREVER, UNTIL IT WAS NO MORE

The Last Soviet Generation

by

Alexei Yurchak

First Published by Princeton University Press, 2005

Translation based on
Это было навсегда, пока не кончилось:
последнее советское поколение.
Новое литературное обозрение, 2014

最後のソ連世代

ブレジネフからペレストロイカまで

目次

第一章　後期社会主義

ソビエト的主体と予想外のシステム崩壊

擬態は、二元論的理論に従属しているので、まったく異なった性質を持つ現象に対しては実にまずい概念である。鰐が木の幹を再現しているわけではないことは、カメレオンが周囲のさまざまな色を再現しているわけではないのと同じである。ピンク・パンサーは何を真似しているのでもないし、何を再現しているのでもない。世界を自分の色に、ピンクにピンクを重ねて塗っているのだ。(1)

ジル・ドゥルーズ＋フェリックス・ガタリ『千のプラトー——資本主義と分裂症』(2)

永遠の国家

「ソ連で何かが変わるなんて、考えたこともなかった。そんなことを予想した人は、誰もいないよ。子供だって大人だって、そうさ。あの頃は絶対の感覚として、このままの生活がずっと続くと思ってた」。こう語るのは、有名なロック歌手で詩人のアンドレイ・マカレーヴィチ。一九九四年のテレビ・インタビューでの一言である。(3) マカレーヴィチは、後年の回想録でも、ソ連時代は僕もソ連市民のご多分に漏れず永遠の国家（вечное государство）に住んでいると思っていたと書いている（Макаревич 2002: 14）。だがペレストロイカの諸改革が軌道に乗り始めた一九八七年ごろ、初めて「ソ連システム」(4) の永続性に疑問を持ったという。似たような経験を語る人は少なくない。ソ連システムの永遠と不変を信じて疑わず、崩壊を予想外だと受け止めた人は多い。しかし、マカレーヴィチも多くのソ連市民も、すぐさま別のおかしな事実に思い当たる。唐突に思えた崩壊だが、受け入れる準備はできていた。なんともおかしな逆説だが、始まるまでは想像もできなかった体制の崩壊が、始まってみると驚きでも何でもなかったというのだ。

一九八六年はじめに打ち出されたグラスノスチ(5)が何か大きな変化になると予想した人は少ない。情報公開の推進も、当局のいつものキャンペーンだと受け止めた(6)——何も変わりはしない、始まっても消えてしまい、後はまたいつもどおりさ。だが間もなく、一年もたたぬうちに、ソ連市民の多くがこれは前代未聞の出来事だと感じはじめる。当時の思い出で多いのは、ある時点で感じた「意識の変化」〔перелом сознания〕や「強烈なショック」〔сильный шок〕である。そうしたショックの後には高揚感や歓喜が訪れ、かつて感じたことのない社会参加の意欲がわいてきたという。

トーニャ(レニングラードの教師、一九六六年生まれ)は、「非現実的なこと、かつては想像もしなかったこと」が周囲で起きているのに気づいた一九八七年の瞬間を、今もはっきり覚えている。「地下鉄でいつものように雑誌『ユーノスチ』を読んでいて、いきなり強烈なショックを受けました。その瞬間は、はっきり覚えています……公表されたばかりのレフ・ラズゴンの作品〈創作にあらず(7)〉〔Непридуманное〕を読んでいました。昔ならありえないことです。この小説の足下にも及ばないものでも活字になることはないと思っていました。この掲載をきっかけに一気にあふれ出したのです(8)」。レニングラード大学の学生だったインナ(一九五八年生まれ)も、「最初の発見」と呼ぶそうした瞬間をよく覚えている。一九八六年から八七年にかけてのことだ。「私にとってペレストロイカの始まりは、『アガニョーク』に載ったグミリョフの詩でした(9)」。インナは、他の人と違って、グミリョフの詩をそれ以前に手書きコピーで読んでいる。でも、正式な出版物として出ることは想像だにしなかった。だからこの場合の発見とは、詩そのものではなく、ソ連で出版されること、グミリョフの詩そのものが高く評価されることだった。

それからというもの、以前は思いもよらぬ作品が次々と活字になり、その数が幾何級数的に増えていく。何でも手当たり次第に読むという習慣が生まれて広まった。多くの人が、読んだものを友人知人と議論しはじめる。新しい作品や発禁だった作品を読むことが国民的な強迫観念になった。一九八六年から九〇年には多くの新聞雑誌が記録的なスピードで部数を増やしている。先頭を行ったのは日刊紙で、特に八六年の第二十七回党大会の時に急増した。最大最速の部数増は週刊紙『論拠と事実』で、八六年の百万部が九〇年には三千三百四十万部になっている。[10] 他の紙誌も引けを取らない。週刊誌『アガニョーク』は、八五年の百五十万部が八八年に三百五十万部になった。月刊の「分厚い雑誌」も部数を伸ばしている。『諸民族の友好』誌は八五年の十一万九千部が九〇年に百万部強になったし、『新時代（ノーヴィ・ミール）』誌は八五年の四十二万五千部が八九年初めに百五十万部を超え、長らく禁書だったソルジェニーツィンの『収容所群島』の掲載が始まった八九年夏には二百五十万部まで跳ね上がった。[11] キオスクはどこも即時完売で、発行部数を増やしても買えない人が続出した。『アガニョーク』編集部に寄せられた苦情によると、キオスクに朝の五時（開店の二時間前）から並ばないと最新号は入手できなかったという。

トーニャは、周りの人たちと同じように新刊をむさぼり読んだ。友達のカーチャと協力して違う分厚い雑誌を定期購読し、「交換してたくさん読めるようにしました。その頃は多くの人がそうしていました。まる一年間、新刊雑誌をひっきりなしに読んでいました」。目のくらむような急激な変化である。トーニャは、いつだってソビエト人を自認し、異論派とは無縁だったのに、思わず知らず批判的な新傾向に飲み込まれ、周りの人との語らいに喜びを覚えた。「これらすべてが突然かつ予想外で」「完全に私を虜にしました」。そのころ読んだのはエヴゲーニヤ・ギンズブルグの『険しい道のり』[12]、ワシーリー・グロスマンの『人生と運命』[13]、ソルジェニーツィンの諸作品の抜粋、ウラジーミル・ヴォイノーヴィチの作品である。グロスマンについて、トーニャはこう言っている。「共産主義はファシズムの一形態だという考え方を、初めて目にしました。そんなことは思いもしませんでした。あからさまではないものの、両体制の拷問を比べている。はっきり覚えていますが、あの本を自宅のソファーで横になって読んでいる時、私のまわりで革命が起きていると強く感じました。あれは衝撃的でした。完全な意識の変化〔полный перелом сознания〕がおきたんです[14]。感想をスラーヴァおじさんに話すと、共産主義者を批判できるようになったのを何よりも喜んでくれました」

雑誌を読んだりテレビを見ては、思ったことを盛んに議論する。あちこちでそうしたことをするうちに、社会の言語に新たな主題や比喩や発想が生まれ、ついには支配的な言説や意識を根底から掘り崩すに至る。その結果、一九八〇年代末か九〇年代初めになると、ずっと続くと思っていたソ連という国が、もしかすると永遠でないかもしれないと思うようになった。イタリアの社会学者ヴィットリオ・ストラーダ（ペレストロイカ以前とペレストロイカ時代に長期のソ連在住経験がある）によれば、そのころソ連の人たちに歴史が加速する感覚が生まれたという。「ソビエト体制の崩壊がすぐそこまで来ていると想像できた人はまずいない。ところがペレストロイカとともに……これは終わりの始まりだと思えてきた。とはいえ、終わるタイミングにも、その起き方にも、大いに驚かされた」（Страда 1998: 12–13）

数多くあるペレストロイカ時代の回想も、こうした逆説を裏書きする。ソ連の人の大半は、ペレストロイカが始まるまでソ連システムの崩壊は予想だにせず、思いつきもしなかった。だがペレストロイカも末期になると、つまりごく短期間のうちに、多くの人がシステムの危機を自覚し、当然の成り行きと受け止めている。なんともおかしな逆説だが、ソ連の人たちは基本的にずっとソ連システムの崩壊を覚悟していたが、長らくそれを意識していなかったことになる。ソ連システムは、何とも逆説的だ――強大であって脆弱、希望に満ちていて喜びがない、永遠であって今にも崩壊する。

このようなソ連システムの内なる逆説は、ペレストロイカ末期に生まれた感覚ではあるが、いくつかの疑問を突きつけてくる。この逆説なるものは、ソ連システムの性質上、不可分の要素だったのだろうか。逆説の根本は何なのか。ソ連の文脈では知のシステムはどう機能したのか。知識や情報の生産・コード化・浸透・解釈はどうだったのか。システム内でおきたある種の不一致やズレや断絶のせいで（言説、イデオロギー、意味、慣行、社会関係、時空構造、日常性を生むといったレベルにおいて）こうした逆説が生じ、システムが脆弱なのに永遠だと感じさせたとは考えられないだろうか。このような疑問に答えていくことが、本書の中心課題の解明につながるはずだ。本書の課題は、ソ連システムの崩壊の理由を突き止めることではない。そうではなく、内部に抱える逆説や不一致をシステムの機能レベルで見つけ出し、そのために、一方では強大で永遠と思えて当然のシステムが、他方では脆弱で、いつトランプカードの家になってもおかしくなかったことを確認したい。つまり、本書が考察するのは、ソ連システムを崩壊させた原因ではなく、崩壊を可能かつ予想外にしたシステムの作動原理である。

ソ連崩壊の「原因」を探った研究は枚挙に暇がない。論点も、経済の破綻、人口危機、政治弾圧、異論派の動向、民族問題、ゴルバチョフやレーガンの個性など多岐にわたる。だが多くの研究が、ある共通した間違いを犯しているように思う――システム崩壊を可能にしたにすぎない要因を、崩壊の原因と見ているのだ。この世界的な大事件を考える際、崩壊が予想外だったのを忘れてはならない。人びとが感じていたソ連システムの永続性と予想外の終末は、情報不足やイデオロギーの色眼鏡からくる思い違いだとみなされている。そもそも、改革をはじめた人も反対した人も、はたまた一切合財に無関心だった人も、誰もが等しくあのような呆気ないシステムの終焉を予想していない。永続性と予想外という感覚は、システムの本質的で不可欠な要素であり、内なる逆説のロジックの一部だったのだ。

ソ連システムの崩壊は避けられないものではなかった——少なくとも、あの時あのような形で起きるのは避けえた。事態がある「偶然の」展開、すなわち当事者が想定しなかった展開を遂げたことで、あのような出来事が可能になったのだ。あのようなことは、起きなかったかもしれないし、ずっと後に全く別の形で起きたかもしれない。

ソ連システムの崩壊で、それまで誰にも見えなかった側面が明るみに出た。この出来事を一種の「レンズ」にすれば、今まで分からなかったソ連システムの本質が解明できる。本書はまさに、そうした分析である。ソ連崩壊を起点にして過去へとさかのぼっていく系譜学的なシステム分析を行ってみたい。焦点をあてる主な時期は、スターリン末期からペレストロイカ直前までの約三十年間（一九五〇年代初めから八〇年代半ばまで）。これは、ソ連システムのことを大半のソ連市民と大半の国外ウォッチャーが巨大で揺るぎない体制と見ていた時期にあたる。この時期を後期社会主義と名づける。

本書は克明に記された民族誌（エスノグラフィー）や文献史料を用いるが、特に次の点に注目する。ソ連の人たちがイデオロギー的な言説と儀礼にどう対処していたのか、組織や共同体の一員にはどうやったらなれるのか、文脈ごとにどんな言葉（イデオロギー的、公的、非イデオロギー的、日常的、私的な言葉）で人と接し発言していたのか、そうした言葉や発言やつきあい方にどんな意味を込めてどう解釈していたのか、どういう形の相互関係、慣行、関心、交友、道徳規範、生き方が（ときには誰も意図しないのに）こうした文脈から生まれたのか。

二項対立の社会主義

本書執筆のきっかけの一つは、紋切型のソ連社会主義への異議申し立てである。学問やジャーナリズムの世界では、西側でもロシアでも、次のような見方が繰り返されている。社会主義の理念は誤りであるばかりか、道徳にも反する。そうした（誤謬かつ不道徳という）ソ連システムの受け止め方は、ペレストロイカ以前からソ連の人たちに広まっていた。ソ連システムが崩壊したのも、人びとがそうした否定的な見方をしていれば当然だ。こうした見方は、あからさまに言われるとは限らない。むしろ意識の底に潜んでいることが多い。例えば、ソ連の日常の様々な側面を説明する表現や用語がそうだ。一例をあげると、「ソ連体制」(the Soviet regime) という広く流布した言い方がある。ソ連という国とかソ連の歴史や社会主義といった言い方と、意味の上では同じだが、強い否定のニュアンスを伴うことが多く、暗黙のうちにソ連の現実を国家的な暴力の現れとしがちである。[15] もう一つよくあるのが、ソ連の説明で多用される二項対立だ――〈抑圧／抵抗〉〈自由／不自由〉〈真実／嘘〉〈公式文化／対抗（カウンター）文化〉〈公式経済／第二経済〔ヤミ経済〕〉〈全体主義言語／対抗（カウンター）言語〉〈公的主体／私的主体〉[16]〈公式芸術家（コンフォルミスト）／非公式芸術家（ノンコンフォルミスト）〉〈現実の行動／見せかけ〉〈真実の顔／覆面〉など。これらは今も昔もソ連的な生き方やソビエト的主体を説明する際の定番で、西側では歴史学や政治学や社会学、さらにはマスメディアや大衆文化でも多用される。一九九〇年代以降はロシアなどの旧ソ連諸国や東欧でも、かつての社会主義を語る際に盛んに使われている。

極端な場合だと、ソビエト的主体を〈ホモ・ソビエティクス〉と揶揄し、個性や意思の欠如した人間として描く。こうした人がソ連システムに加わっているのは、脅迫に屈したか出世欲に目がくらんだか、さもなくば批判的な思考能力を失ったからだとみなされる。例えば、一九八〇年代末にフランスの社会言語学者フランソワーズ・トムが述べたことだが、イデオロギー言語が蔓延する文脈では言語の「シンボルは正しく機能しなくなる」、つまりソ連とは「意味を持たない世界、事件や人間性を欠いた世界」だという（Thom 1989: 156）。十年後の九〇年代末にこうした見方を繰り返したフランク・エリスは、輪をかけて傲慢である。

> 理性や道理や秩序が頻繁に暴言にさらされると、人格は損なわれ、人間の理性は崩れ歪む。嘘と真実の境目が事実上消えてゆく。……こうした環境で育ち、恐怖に打ち震え、知的意欲を失ったホモ・ソビエティクスとは、言ってみれば党の思想やスローガンの代弁者に他ならない。これは、人間というよりは、党の政策の必要に応じて積み降ろしされるコンテナである（Ellis 1998: 208）。

ソビエト的主体に個人の意思を認める見方もあるが、いずれにせよ主体の声には注目しない。なぜなら、迫害と恐怖がある限り本物の声などありえないと見るからだ。政治学者ジョン・ヤングによれば、ソビエト的主体で自分の声を持つ可能性があるのは「体制に順応しない（ノンコンフォルミスト）」異論派だけである。「政府の策略に逆らい、〈事実〉を示して権力の欺瞞に対抗し」て意見を表明するのは「同じように不満を抱く友人たちとドアを締め切ってする会話や、秘密警察のアパート盗聴を恐れて家族で交わすジェスチャーや、人から人へと伝達されるタイプ原稿や録音テープ」だという（Young 1991: 226）。

こうした見方は極論だろうが、ここにはソビエト的主体やソ連の現実を説明する際の一般的な傾向が見てとれる。根底にあるのは、信じられないほど単純化された二項対立の権力モデルであり、権力の機能はたった二つ――説得か強制しか想定されていない[17]。ソ連解体後に旧ソ連諸国で出た社会主義研究でもこのような単純化した権力モデルが支配的である。ほぼ一貫してソ連文化を二項対立の原理で整理し、公式／非公式、「コンフォルミスト」／「ノンコンフォルミスト」、「オフィツィオーズ」／「アンダーグラウンド」と二分する[18]。こうした二分の源流は、社会学者のウヴァーロワとロゴフが言うように、一九七〇年代の異論派サークルが持っていた特殊なイデオロギーにある（「ソ連の雑誌は基本的に良いことは何も載らない、本物の言葉があるのは地下出版（サミズダート）か国外出版（タミズダート）だけだ」）[19]。この二分法を批判するウヴァーロワとロゴフが代わりに提起したのが「検閲済み」／「検閲なし」の文化である。ソ連の文化プロセスの両面価値（アンビバレンス）を強調し、国家に帰属する／しないではなく、統制される／されないで区分した――こうすると、検閲なしの文化現象に公式文化も非公式文化もあるし、検閲済みの分野でも同じことが起こりうる。

とはいうものの、よく考えてみると、この区分も二項対立の解消にはつながらない――ソ連の現実を区切る新たな方法ではあるが、多くの現象がそうした二分の両面にまたがる要素を含んでいる点を考慮していない。同じ文化現象が「検閲済み」にも「検閲なし」にもなりうる――これを決めるのは、特定の文脈や時期や出来事かもしれないし、特定の官僚が理解を示すからかもしれない。検閲の有無という区別は、社会主義国家のイデオロギー課題が確実に把握でき、静的で予測可能であることを前提としている。だが実際は矛盾して一貫性を欠くことが多く、白黒はっきりした二項対立のイデオロギーには帰着させられない。ソ連の日々の文化現象は、公認されたものや権力の自己宣伝も含めて、党の発表や主義主張の文字通りの意味と大きく異なっており、時には矛盾する。ソ連の現実は、今日よくある二項対立の説明より、はるかにアンビバレントで逆説的なのだ。

ソ連の説明に二項対立モデルが根強い理由は、研究者が分析対象のソ連システムに接する際の特殊な状況依存性[20]によっても説明できる。至極当然の政治的理由から、ソ連システムの批判的な研究の大半はソ連の時空間の外で行われた――ソ連という国の外か、この国が存在を止めて以後か、である。このように研究者が社会主義に外部から接しているため、多くの研究が半ば無意識に西側リベラリズムの哲学命題を分析の出発点に据えている。その結果が、「主体」「権力」「抵抗」「自由」といった分析概念による解釈なのだ。ソ連を研究する文脈とは、政治的・道徳的・文化的な意味において「ソビエト的主体」に否定のニュアンスがつきまとい、逆に「抵抗」にロマンを見る傾向が強い。ポスト・ソ連時代の歴史研究の多くがこうした角度でなされていれば、間違いなく結論も影響を受けている。

とはいえ、視角は絶対不変ではない。ロゴフが例証したように、一九七〇年代にソ連の人たちがつけていた日記と、同じ人が後に（ペレストロイカ期もしくはソ連崩壊後に）書いたソ連時代の回想との間には天地ほどの開きがある。書き方や言葉が違うのはもちろんだが、何より目に付くのが、身の回りの出来事の評価だ。回想が描くソ連システムや書き手の態度は、日記とは違って、システムの崩壊期および終焉後に現れた用語を用いて、批判の色合いが強くなりやすい[21]（Рогов 1998: 8）。スイスの社会言語学者パトリック・セリオが数多くの事例を分析した結果でも、ソ連史上の出来事の思い出や解説を書いたことのある人が、ペレストロイカ末期の政治の文脈に接すると、旧来の態度を一変させる。以後はペレストロイカ期に現れた考え方に固執し、ペレストロイカ以前から自分の言葉は「権力の言葉」と相容れず、むしろ「自由の空間を闘って勝ち取った」と主張するという。だが、セリオによると、そうした人がペレストロイカ期に書いた回想と、ペレストロイカ以前の資料とを照らし合わせてみると、ソ連の言葉が「やつらの言葉」（権力の言語、全体主義の言語）と「われわれの言葉」（民衆の言語、自由な言語）とに分断されている印象は、ソ連時代には見られず、むしろペレストロイカ期やペレストロイカ後に広まっている[22]。さらに言えば、ブレジネフ時代の代名詞となって久しい「停滞の時代」という言い方も、できて広まったのはゴルバチョフの改革が始まってからにすぎない。ブレジネフ時代が終わって数年後のことだ[23]。つまり、ブレジネフが書記長の地位にあった一九六〇年代半ばから八〇年代はじめを個性を持った一つの時代と認識すること自体が、事後的にペレストロイカ期になって起きているのだ。ロゴフの言葉を借りるなら、「〈七〇年代の人〉は、自分の時代を歴史の座標軸に位置づける力が、一九八〇年代末から九〇年代に回顧するのとは比べ物にならないほど弱かったにちがいない[24]」。ペレストロイカとグラスノスチの言説は数多くの知られざる事実を明るみに出し、それまで公の議論はおろか分析もできなかったソ連時代の多くの出来事に批判的な色彩をほどこした。しかし、この言説が創造に手を貸した新たな神話としてのソ連時代には、八〇年代末、さらには九〇年代のロマンチックな理想と政治課題が染みついている。二項対立は、今はなきソ連システムの説明で多用される見方だが、実態以上に白黒を単純化するきらいがある。この点こそペレストロイカ末期の新たな革命の文脈であり、つづくポスト・ソ連時代初期のネオリベラルの文脈である。

と同時に、こうした二項対立の根のいくつかは、もっと深い起源を持つ——「西側」と対立し、「第三世界」とも異なる「ソ連圏」という概念がつくられた冷戦期の歴史やイデオロギーにまでさかのぼる。このため二項対立を個々に批判しても、深い歴史の根本に批判の目を向けないかぎり、単純化したカテゴリーを排したつもりが、古い単純化したカテゴリーに代えて、同じくらい問題ぶくみのステレオタイプを新たに導入するだけになりかねない。その実例が、スーザン・ガルとゲイル・クリーグマンの分析である（Gal, Kligman 2000）。二人の批判は的確で、国家社会主義システムのよくある分析モデルに単純化した対比があることを見抜いている（〈人びと／国家〉〈われわれ／やつら〉〈公的空間／私的空間〉など）。二人が指摘するように、こうしたカテゴリーは反目しあって存在するのではなく、「あらゆる面でからみあい、相互浸透している[25]」。にもかかわらず、この考えを先に進める段になって、二人はこう書く。社会主義社会に暮らす市民一人ひとりは「ある程度は縁故や嘘や盗みや買収や二枚舌といったシステムの共犯者であり、だからこそシステムは機能している」。こうしたシステムのせいで「身内や親戚や友人でさえ密告しあった」（Ibid: 51）。ソ連の人びとがシステムや周囲と接する際の基本原則は二枚舌や嘘で、買収や密告や不道徳が普通だったと強調することで、二人はあの単純化した二項対立の社会主義モデルを再生産し、はじめに批判していた分析の問題点やステレオタイプの道徳論をそっくり受け継いでしまっている。二人が打ち出したのは新たな二項対立モデル——嘘と不道徳にまみれた「社会主義的主体」と、買収されない誠実な、特に明言はないが、「ふつうの」主体（明らかにリベラルな主体）とを対置するモデルでしかない。

日常性

ソ連システムが数百万の人びとに与えた多大な苦しみを否定するのは無責任にすぎる。個性の抑圧と自由の制限も、言うまでもない。これらは周知の事実である。だが実在した社会主義の分析を国家の抑圧面の分析にすりかえると、本書冒頭で問いかけた疑問は解明できない。問題なのは、二項対立に依拠した、システムの抑圧面を強調する社会主義モデルでは、極めて重要な、そして逆説的に思える事実が消えてしまうことだ。つまり**ソ連市民の大多数は、ペレストロイカ以前は社会主義の日々の暮らしの現実**（教育、仕事、友情、**人づきあい、物質面の後回し、未来志向、思いやり、無私、平等**）**をソ連の重要で実質的な価値だと受け止めていたが、にもかかわらず日常生活では社会主義国家や共産党が定めた多くの規範や規則を時おり破ったり曲げたり無視したりしていた**。ソ連の民衆が積極的に生活に取り込んだ社会主義は、それまでにない創造的で予想外な、上からの強要とは違う意味である——これは国家が掲げる課題に完全に一致する場合もあれば反する場合もあり、二項対立の賛否の図式にぴったり重ならない場合もある。生活の中のこうした肯定的で創造的で道徳的な面は、疎外感や無意味さとともに、社会主義の現実の本質を成す一部だった。昨今の「ソ連ノスタルジー」[26]が懐かしんでいるのは、国家システムやイデオロギー儀礼ではなく、この人間存在の重要な意味の方だ。それがよく分かるのが、多くの人が一九九〇年代半ば（ソ連の終わりがまだつい最近の、だが呼んでも帰らぬ過去になった時期〉にソ連時代に抱いた感覚である。例えば、ある哲学者が一九九五年にこう述懐している。ソ連システムの崩壊から数年を経てやっと気づいたが、あの時代はどんよりした陰鬱さと背中合わせながら「偽りのイデオロギーだとどんなに批判しようと決して消し去ることの出来ない〈人間的な幸せの実感〉が確かにあった。……心地よい快適な生活は、恐怖と隣り合わせだが、歓待と成功と秩序があり、整備された公共空間があった」[27]。レニングラードの写真家も同じことを言っている。「共産主義の崩壊」に歓呼の声をあげてから数年後に思いがけなく感じたのだが、あの政治制度とともに自分の生活から消えてしまったものが他にもある。ずっと個人的なもの、清らかで、希望や「誠実で無邪気な情熱」に満ちた何かだ[28]。こうした感覚（今日でも存在するが、おそらく一九九〇年代半ばとは形を変えている）を批判的に分析しないかぎり、疑問は解明できない――社会主義とはソ連の人にとって一体何だったのか、日常レベルでは一体どう機能していたのか、そして何より、なぜ突然の崩壊が当初あれほど予想外だと受け止められ、しばらくすると不可避で当然とみなされたのか。

複雑に入り乱れる賛否や愛憎を分析するには、新たな分析言語が欠かせない――こうした現実を公式／非公式や抑圧／抵抗という二項対立にはめ込んだり、冷戦のステレオタイプに基づいて道徳的に評価したり、批判的解釈というリベラリズムの哲学命題に訴えて普遍的な超歴史の真実を求めるのではだめだ。こうした課題に一足早く直面したのがポストコロニアリズムの研究だった。たどりついた結論のいくつかは、本書が取り扱う後期社会主義とその崩壊に直接かかわってくる[29]。例えば、歴史家ディペシュ・チャクラバルティのポストコロニアル史学批判がそうだ。歴史プロセスを見る際に無意識のうちに「ヨーロッパの視点」をひきずっている、分析主が誰であれ――ヨーロッパ人でも非ヨーロッパ人でも、歴史の対象が何であれ――英国でもインドでも、ほとんどいつでもそうなっている。こうした「ヨーロッパの視点」をひきずって歴史プロセスを見るのは、ポストコロニアリズム研究の言語に「ヨーロッパ」がほとんどいつでも存在し、「最高位の理論的な主体として、われわれがインド史や中国史やケニア史などと呼ぶものを含め、すべての歴史を支配している」からだ（強調は筆者 Chakrabarty 2000: 27）。別の言い方をすれば、植民地から解放された地域の歴史は、どこであっても、望むと望まざるとにかかわらず、重要度の高いヨーロッパの史的軌跡の一部として説明されてしまう。こうなるのは必ずしも強引だからではなく（ヨーロッパへの言及が研究になくてもよい）、支配的な分析言語とこれに基づくイデオロギー仮説のせいである。チャクラバルティはポストコロニアル史学への提言として、ヨーロッパという「支配的ナラティヴ」を「地方化」し、数多くの同格の歴史叙述の言語の一つにするような別の分析言語をつくろうと呼びかけている。この提言は、社会主義の歴史にも適用できる。もちろんこの場合「地方化」の対象は、ヨーロッパ史という分析言語よりは、社会主義の歴史研究において長らく支配的な地位を占めてきた、リベラル史学や冷戦史の言語となるに違いない。

　本書は、何よりそうした新たな社会主義の分析言語を提起する試みである。社会・政治・文化のカテゴリーを重視し、伝統的な二項対立の暴力／抵抗モデルには必ずしも与しない。またこうしたカテゴリーを記述・分析するための用語を提案する。[30] そのために必要なのは、できることなら、社会主義にあらかじめ皮相な否定のニュアンスを与える分析言語を排し、なおかつ逆の極端である理想化にも与しないことだ。だからこそ本書の課題は、まず第一に、新たな視点に立って実在した社会主義の逆説の数々を見ること。第二に、関連する課題として、平凡なソビエト的主体の「人間性復活」（rehumanize）である――いわば、この主体の説明を戯画的・否定的な「ホモ・ソビエティクス」イメージや、英雄的・理想的な「異論派」イメージに回収させない試みである。

ルフォールの逆説

ミシェル・フーコーが力説したように、「病理学的形態」を持つ近代国家権力、例えばスターリニズムやファシズムは、「歴史的に特異な存在でありながら決して最初のものではない。これらは、他の多くの〔近代〕社会に以前からあった機構を拡大して使用し……われわれのもつ〔リベラル民主主義の〕政治的合理性の観念や方策を、最大限に利用したのであった」（Foucault 1983: 209〔邦訳一二頁〕）。別の言い方をすると、ソ連型の国家社会主義も西側民主主義と同じく近代国家の一種なのだから、そうした国家の主たる矛盾点はすべて備わっていることになる。

そうした矛盾の一つが、国家イデオロギーである。社会主義国家のイデオロギー構造にある矛盾は、フランスの政治哲学者クロード・ルフォールが近代イデオロギー共通の逆説と呼んだものと重なる。これを**ルフォールの逆説**と呼ぶことにする。この逆説とは、近代国家のイデオロギー発話とイデオロギー実践との間に避けがたく生じる断絶のことだ。国家統治システムに正統性を与えるために、近代国家のイデオロギー言説は常に何らかの「客観的」で疑いのない真理に依拠せざるをえない[31]。だが、そうした真理が存在するのはイデオロギー言説の外(ヴニエ)、その枠外である。つまり、国家のイデオロギー言説は、この真理に疑問を差し挟めないし、その正しさを証明する満足な手段もない。何らかの客観的な真理が国家統治の正統性の土台なのに、その真理の正しさは国家イデオロギーでは証明できないという矛盾が生じるのである。

こうした逆説を構造的にかかえる近代国家のイデオロギーは、どうしても安定しないとルフォールは言う。時にはこの逆説がイデオロギーを危機に追い込み、そのイデオロギーに依拠する国家統治の正統性を危うくしかねない。ただ、しばらくの間ならこの逆説を覆い隠してくれる人がいる。主人（master）と呼ばれるイデオロギー言説に組み込まれた統治主体には、外部の客観的な真理を知る唯一の存在という特徴がある。つまり、客観的な真理の存在やその真理の正しさを個人的に知っているとされる主体がいるかぎり、真理の存在とその証明不能との間の矛盾は露呈しない。そうした主体は、国家権力システムで特別な地位を占める。イデオロギー言説のいわば「枠外」に位置しているので、そうした「外部の」位置から、イデオロギー的な発言や定式の一つひとつが客観的な真理に合致するかどうか判断できるのだ[32] (Lefort 1986: 211–112)。だがイデオロギー言説のこの主人が消えてしまうと、前述したルフォールの逆説が国家イデオロギーのあらゆる局面で露呈し、イデオロギーをじわじわと内側から変えていく。最後は権力の正統性をも危うくしかねない。

ルフォールの逆説は、ほかの近代国家と同じく、ソ連のイデオロギー言説にも備わっていた。ソ連システムでは、イデオロギーや権力の正統性を担保する客観的な真理は、共産主義建設の可能性と必然性という命題で示される[33]。つまり、ソ連のイデオロギー言説の枠内でつくることのできる発言は、この命題を議論の余地のない、証明不要の真実とみなすものだけだ。しかもソ連のイデオロギー言説を使うかぎり、この真理を疑うことも、その正しさを証明することもできない。そのような真理を出発点とするのが、ソ連のイデオロギー言説である。言説はここが起点で、これに従属した。この場合のルフォールの逆説とは、ソ連のイデオロギーは現実を包括的かつ科学的に説明していると自負するが、その裏付けとなる真実そのものはこのイデオロギーでは立証できない、となる。

次章以降で詳述するが、ソ連の初期は、ルフォールの逆説を覆い隠す主人が存在していて、イデオロギー言説を司っていた。当初その役割を担っていたのは、政治と芸術の革命的アヴァンギャルドである。これがイデオロギー言説の枠外にあって、そうした外部の位置からひっきりなしに評価を下して解説し、修正させていた。だが革命期の実験精神は、中央集権化した党のイデオロギー統制にじわじわと取って代わられる。アヴァンギャルドは押しつぶされた[34]。この時（一九二〇年代後半）からソ連のイデオロギー言説の主人役がスターリンに移る。スターリンは、外部規範にアクセスできてイデオロギーの真理を知る唯一の存在であり、様々なイデオロギー発話や公的発言が規範に合致しているか一人で判断し、批判や修正も一人で行った。[35] スターリンの評価や説明は頻繁に新聞雑誌に掲載されてメタ言説として国中に流布したので、規範たる客観的真理に誰もが触れることができた。

イデオロギー言説の主人たるスターリンが外部の客観的真理を独占したために、スターリン体制の代名詞といわれる様々な現象を生む（一人に集中する強大な政治権力、個人崇拝）。あらゆる発言や文書に手を加えるスターリンの個人的関与は、政治家のテキストや演説ばかりか、学術論文・文学作品・映画・音楽にも及び、党内で粛清キャンペーンを繰り返し、ついには数百万人の命を奪う大テロルにまで発展する。

ところがスターリンの晩年に端を発し一九五三年の死後も継続した変化（スターリン批判もその一つだが、それだけではない）のために、ソ連のイデオロギー言説を外から批判できる主人の立場が消滅する。言説に外部の位置から接する特定の主体が消えただけでなく、イデオロギー言説にそうした姿勢をとる可能性も消えてしまった。外部の、イデオロギーを超越する立場そのものがなくなったのだ。イデオロギー言説を超越する主人が消えたことで、イデオロギー発話が客観的真理に合致するかどうかを公的に判断していたメタ言説も消えた。まさかの展開だが、外部の客観的真理（共産主義やマルクス＝レーニン主義の正しさ）は引き続き存在するし、イデオロギー言説もこれに依拠しているのに、この真理を疑問の余地なく独占する主体がもはや存在しなかった。領袖の権威が失墜してその犯罪が断罪されたのも大きな変化だが、それ以上に重要なのは、社会主義の言説体系そのものが大規模に改編されたことだ。この改編は、甚大な影響をソ連システムにもたらす。イデオロギー的な発話や儀礼は次第に形式をなぞることが重要になり、文字通りの意味にこだわらなくなった。[36]

イデオロギー言説の主人がいなくなると、それまで覆い隠されていたルフォールの逆説が表面化し、様々なイデオロギー発話の構造に影響を与え始める。この結果、ソ連のイデオロギー言説は、言語のレベルにおいても、儀礼や視覚宣伝といった表象の面でも、構造が一変した。一九五〇年代末からペレストロイカ開始直前（一九八〇年代半ば）にかけて、特に変化したのが形式のレベルだ。次章以降で数多くの実例を紹介するが、イデオロギー発話は、硬直して予想可能な、どんな文脈でも置き換え可能になる一方で、肥大化して不恰好になる。そのためイデオロギー発話をうまく機能させるために、文字通りの意味で理解する（大半の文脈において、だが）必要がなくなってしまう。

こうした変化がおきた理由と過程を、本書は詳しくみていく。今一度繰り返すと、スターリン時代はイデオロギー言説にメタ言説の機能があったので、事あるごとに公的なコメントや評価を出して、マルクス＝レーニン主義の観点からみて（外部の客観的真理からみて）様々なイデオロギー発話が正しいかどうかを判断していた（学術論文、芸術作品、映画なども同様）。だが本書の検討時期になると、こうしたコメントや評価がソ連の日常から消え去る。イデオロギー言説は、イデオロギーとして機能しなくなった――少なくともこの概念で広く想定される、現実の何が正しくて何が正しくないかを説明する機能がなくなった。そして、ミハイル・バフチンの言う「権威的な言葉」[37]に転じたのである。バフチンによると、権威的な言葉（もしくは権威的言説）とは、ある時代の言説体系で特別な位置を占めるものを指す。形成される場所が局外の、疑問を差し挟めない絶対者の思想もしくは（宗教、政治、学問の）ドグマなので、特異な性質をもっている。コード化も特別で（特別な言語もしくは書体）、だから周囲の他の言説とは形式が大きく異なる。他のあらゆる言説は、権威的言説に従属する形になり、権威的言説がある場合にのみ存在できる。どの言説もたえずこれに依拠し、これを引用・利用する必要があるが、これを批判することも、口出しや疑問視もできない。権威的言説は、説得力の有無に関わらず、聞き手には不変で反論の余地のないものと受け止められる[38]（Бахтин 1975: 150〔邦訳一五二─一五三頁〕）。だから権威的言説が聞き手に行使する権力とは、同意を求めているのではなく、ただ一つの可能性として受け入れを迫っているのだ。

実践と儀礼

こういうわけで、後期社会主義になるとソ連のイデオロギー言説は形式レベルでは画一化・定型化し、意味レベルでは文字通りに解釈しなくなった（少なくとも大半の場合では）。言説の機能は、現実を忠実に表現することではなく、そうした表現しかありえないと感じさせることに移る。イデオロギーの機能を失い（現実の正否を説明しない）、バフチンの言う「権威的言説」の機能を獲得した。こうした変質が後期社会主義でおきたことを強調するために、本書はソ連のイデオロギー言説を権威的言説と呼ぶことにする。

イデオロギー発話の形式レベルでこのような変化がおきると、当然ながらソ連市民の受け止め方にも影響が出る。少し例をあげよう（詳しい分析は次章以降）。ソ連でたくさんの人がデモに参加する日は、五月一日（メーデー＝国際的な労働者団結の日）や十一月七日（大十月社会主義革命の記念日）である。大都市ならデモ参加者は数百万人で、ほぼ一日がかり。クライマックスは中央広場での隊列行進で、行進する労働者や学生生徒や一般住民を、雛壇に居並ぶ地元の党・国家指導者が敬礼して見送る。デモ参加者の巨大な人の群れは、スピーカーから流れる呼びかけに応えて、一斉にウラー〔万歳〕の叫び声をあげる。数千人の鬨の声は、ソ連市民が党と政府の路線をこぞって支持する印象を与えた。ソ連の新聞雑誌の描き方もそうだ。一九八一年の『プラウダ』は、モスクワで行われた数百万人のメーデーのデモは「党と人民のゆるぎない同盟をまさしく示すものだった[39]」と、いつもの調子で労働者に伝えた。しかし実際は、大半のデモ参加者がスローガンや呼びかけの文字通りの意味など気に留めていない。政治局員や政治局員候補の名前は、デモ行進で巨大な肖像画を見たはずなのに、まず覚えていない（何人かの最高指導者を除く）。権威的言説で言われることはどれも文字通りの意味がさほど重要でなかったからだ（ただし、空虚で無意味なシンボルと化したわけではない——意味が読み替えられているのだ）。

ソ連市民が定期的に参加していた国の政治儀礼は他にもある。例えば、地方・中央の権力機関の選挙だ。ソ連の選挙は立候補者が一人しかおらず、その人が常に有権者のほぼ百パーセントの支持を得ていた。選挙の全員参加と候補者の完全信任は、国民が党と政府の政治に全面同意していたと見ることもできよう。ある意味では、たしかにそうだ。だが肝心の細部を忘れてはならない——選挙に参加した大半の人にとって、誰に一票を投じたかはどうでもいい。多くの場合、候補者はまるで知らない人で、投票の段になって初めて目にしている。セルゲイ（一九六二年生まれ、カリーニングラード州在住）の話。

〔一九八〇年に〕選挙に行くようになっても、選挙とはどんなもので、誰に投票すべきかなんて、ほとんど考えません。投票所に行き、候補者の名前が刷ってある投票用紙をもらい、投票箱に入れる。これが私にとって投票手続きのすべてでした。数分もすれば候補者の名前なんて忘れてしまいます。正直に言うと、私にとってこうした選挙が本物かどうかなんて、どうでもいいことでした。なぜどうでもいいのかすら、考えたこともありませんでした。

似たような光景は、あちこちで見られた。ソ連の若者の大半は、十四歳から二十八歳の時はその年齢というだけでコムソモール〔共産主義青年同盟、詳しくは第三章参照〕に入っており、大小様々だが定例のコムソモール集会に出ていた。集会の多くは、特に大規模な場合、粛々と提案や決議の賛成投票が進むだけで、文字通りの意味など考えず、内容を知ろうともしない。全員がいつもこうだったとは言わないが、こうした行動はかなり広まっていた。初級コムソモール組織の班長（コムソルグ）には、定例集会を開かずに、開催報告だけしていた人もいる。アンナ（一九六一年生まれ、レニングラードの大学生）が覚えている八〇年代はじめの学生グループの集会はこうだ。「時々うちの班長（コムソルグ）がこう言います。〈みんな、聞いて。議事録には、こんなことを議論して、こんな決定をしたと書いておきます。議論はなし。みんながもう帰りたいのは、よく分かってます〉」

こうしたイデオロギー儀礼にどんな意味があったのだろう。候補者の名前や決議を全会一致で承認しても、その文字通りの意味に無関心なのはどう考えるべきなのだろう。こうした行為は、国家統制や相互監視の下で強いられた擬装なのだろうか。やることと実際に考えることが全く無関係だったのだろうか。人前では仮面をかぶり、その下に本当の顔を隠していたのだろうか。ソ連時代の言語・儀礼・人間関係をこのように解釈する見方は、かなり広まっている。この発想に依拠した研究も山ほどある。だが本書はこうした見方をとらない。こうした見方が間違っている理由を示し、これに代わる別の説明をしてみたい。

「ホモ・ソビエティクス」「意識分裂」「仮面をかぶった偽善者」

「権威主義」権力システムの研究によくあるモデルだが、そのシステムで政治的な発言や儀礼に参加する人は、人前では擬装を強いられており、権力の公式スローガンを支持していても、実はそれに否定的に接しているという。権威主義国家の主体は、このモデルに従えば、人前で言うことと心で思っていることが違っている。権力支持は仮面であり、その下に本当の主体が隠れていることになる。

こうした主体モデルは、「権威主義」権力システムのイデオロギー分析でも広く見られる。ジェームズ・

スコットの『支配と抵抗技法』（Scott 1990）によれば、植民地支配の文脈では、権力に抑圧された主体が自分の考えを表す方法が二つある――「公の言語」（official transcript）と「隠れた言語」（hidden transcript）である。前者は擬装の仮面を、後者はこの仮面の下に隠れた主体の「本当の」考えを表すとされる。また、政治学者リサ・ウェディーンによるシリアのアサド大統領の「権威主義」統治の分析もそうだ。スローターダイクを起点にしつつスコットをなぞる形で、ウェディーンはこう主張する。シリアの一般市民は表向きは国のイデオロギー方針を支持する振りをしているが、実はそれに否定的に接している。表向きの擬装の仮面の下に「〈本当の〉考えを隠している」（Wedeen 1999: 82）。

表向きの擬装モデルは広く浸透しており、東欧の社会主義体制の分析でも用いられている。例えばスラヴォイ・ジジェクの名著『イデオロギーの崇高な対象』(40)は、社会主義国の共産主義イデオロギーの機能をこのモデルで分析する。早くも一九七八年に類似モデルを使って社会主義国の主体を分析したのが、チェコの異論派作家ヴァーツラフ・ハヴェルの有名な論文「無権力者の権力」（Power of the Powerless）である。ハヴェルによれば、社会主義チェコスロヴァキアの市民の大半は「嘘の中で」生きていた。公式イデオロギーのスローガンや党の主張を真実だと思っているかのように人前では振る舞っているが、私生活では心の中であれは嘘だと考えていた。振る舞いを擬装すれば、体制の介入から私生活を守り、様々なトラブルを回避できるからだ。ハヴェルはこうした人前での擬装を、不道徳な権力との馴れ合いだと見る（Havel 1986: 49–51）。同じような擬装モデルをソ連に用いたのが、オレグ・ハルホルジンだ（Kharkhordin 1999; **Хархордин** 2002）。前述のスコットの二言語理論に依拠するハルホルジンは、ソビエト的主体は根っからの擬装屋（dissimulating animal）で「意識の分裂した」主体だと言う。この主体は二つの異なる生存圏で別々の振る舞いをする――「公的場面」なら擬装の仮面をかぶって本当の顔を隠し、「私的場面」なら本当の顔を時おり「近しい友人や家族に明かすが、そうした人にすら見せないこともある」（Ibid: 357）。本当の顔が現れるのは、主体が不意に「厳しい自己規制を弱めて最高機密を明かす」時だけだ（Ibid: 275）。

どの例も主体の性質を二つに分ける——人前にさらす擬装の仮面と、プライベートな本当の〈自我〉である。このアプローチは、旧来のイデオロギー理論と比べると、確かに利点がある。イデオロギーが機能するにあたって、必ずしも主体がイデオロギー表象を信じていなくてもいいからだ。イデオロギーが主体に信じる振りをさせていれば、イデオロギーは十分に機能していることになる。だが、このアプローチにもやはり問題がある。言語・発話・意味・主体のとらえ方が極めて狭いのだ。

主体へのアプローチが二項対立なので（〈本当の顔／仮面〉〈現実の振る舞い／擬装〉）、擬装モデルは主体の言動を文字通りの意味のレベルでしか見ていない。例えば、選挙での「賛成」投票は、このモデルに従うと、文字通りの解釈しかできない——「賛同表明」なので、本当の賛同表明か、擬装した賛同表明か、である。つまり、このモデルの想定する言語（およびコミュニケーション実践全般）には一つの機能しかない——言語は現実の反映にすぎず、現実はどれも例外なく以前から無関係に存在している。[41] であるなら、発話の意味は、発話の前に完全にできている——発話はそれを伝えるだけで、その形成には関わらないことになる。このモデルに従えば、発話の意味とは、主体の意識の中で話し始める前に生じている内なる心理状態のことを指す。主体は、単一の独立した〈自我〉[42]で、発話や行動が始まる前に完全にできあがっており、自分のことは事前に全て分かっていて、自分の未来の行動・考え・発言は完全に予想できる、となる。だから主体の行動は、予め存在している自立した、自らを熟知する〈自我〉の表れ、さもなければこうした〈自我〉を擬装の仮面の下に隠している、とされる。つまりこのモデルに従うと、主体性は、言語・発話状態の前にできあがっている。何か言動をおこす前から自明で分かりきったものなのだ。

本書で見ていくが、このような言語・発話・意味・主体の理解は、批判に耐えられないだろう。このモデルは様々な点で問題を抱えている。理論面だけではない。倫理面もその一つだ。主体の言動が一見して不一致であれば、どんな場合も二心（ふたごころ）もしくは嘘と解釈してしまう。

パフォーマティヴィティ

後期社会主義をその逆説も含めて明らかにするには、もっと精緻でダイナミックな言語・主体モデルが必要である。ことばの発話は、静的で独立したものではない。発話の開始前から出来上がっている意味を伝えるだけの消極的なコードとは異なる。発話とは、ダイナミックなプロセスであり、その意味は会話・実践・儀礼のプロセスで積極的につくられ再解釈されるものだ[43]。発話は情報を伝えるだけでなく、情報の成立や変化にも積極的に関与しており、事前にきっちり決められるものではない[44]。

積極的なプロセスを重視する言語理論は、数多くある[45]。中でも有名なのがバフチンとヴォローシノフである。言語は既存情報を伝える手段にすぎないという一般的な言語モデルをバフチンは批判する。そうしたモデルで描けるのはすでに成し遂げられた事実だけであり、出来事の発生・形成・展開という動的プロセスを無視している。バフチンの言葉を借りれば、そうしたやり方では「できごとが遂行された時に（できごとがいまだ開かれていた時に）それをかたちづくっていた実際の創造的な力は失われる。できごとの生きた、原理的に融合されない参加者たちが、失われることになる[46]」。だが、バフチンおよびバフチン・サークル[47]がつくった生産的な言語モデルでは、言語は展開中の出来事に積極的に関与しており、外部から記述するだけではない。また話している主体の声は、バフチンによれば、独立した静的なものではなく、対話的である――話すというプロセスで想定している主体が多声だからであり、相手に「閉じられておらず、耳を閉ざしてもいない」、常に「相手に耳を澄まし、呼び交わし、互いを自己の内に反映し合っている」[48] ものだからだ。

もう一つの重要なモデル――ジョン・オースティンの言語行為論も、言語の生成プロセスや生産性を重視する。オースティンによれば、「コンスタティヴ」(constative) な発話と言われる、既存事実の記述を第一の目的とした事実確認的な記述(例えば「ここは寒い」や「私の名前はアレクセイです[49]」)のほかに、言語にはもう一つ別の発話がある。既存事実の確認ではなく、新たな意味をつくる――すなわち、今ある社会の現実を映し出すのではなく、何かを変える発話がある、という。オースティンはこれを「パフォーマティヴ」(performative) な発話と名付け、発話が行為の遂行に関わることを強調した[50]。

オースティンは、次のような例を挙げる。「有罪!」(裁判所での裁判官のことば)、「この船を〈クィーン・エリザベス号〉と名付ける」(進水式でのことば)、「明日は雨に六ペンス」(友人どうしの会話)。裁判官が「有罪!」の発話を口にしたその瞬間にある人の地位が被告人から犯罪者に変わってしまい、数多くの実質的な影響がこの発話に続いて起きる。事実確認的(コンスタティヴ)な発話であれば、既存の事実を説明しているので、あるべき答えは本当/嘘である。だがパフォーマティヴな発話は、事実の説明ではなく新たな意味をつくるのだから、あるべき答えは本当/嘘ではなく、適/不適となる[51]。

オースティンが強調するように、発話をパフォーマティヴにするのは、話し手の意図ではなく、発話をとりまく社会の慣例である。適切な人物が適切な言葉を適切な場面で述べることで、慣例にしたがった結果が得られる。慣例の手続きが遂行されない場合(不適切な人物、不適切な言葉、不適切な場面――例えば裁判官が「有罪」を裁判所でなく食事中に言う)、パフォーマティヴな発話は不適となり、しかるべき行為は遂行されない(話し手の意図に行為の遂行が入っていても、である)。逆に慣例の手続きがすべて遂行されると、パフォーマティヴな発話は適切に遂行される(話し手の意図に行為の遂行が入っていなくても、である)。

ここで言われている話し手の意図という概念が、極めて重要である。パフォーマティヴな行為の典型である宣誓式を例に考えてみよう。宣誓が適切だと認められるには、宣誓時に宣誓内容の順守を心から思っている必要はない。心から思っていなくても、求められる慣例上の条件に合致すれば、宣誓式は適切だと認められる。例えば、裁判では真実のみを述べると宣誓するが、心の中で真実の一部を隠そうと思っている場合、それでも宣誓のリアリティは損なわれない。法的責任が逃れられないのは、嘘が発覚した場合である。この例からよく分かるように、パフォーマティヴな発話の適／不適を決めるのは、話し手の内面の意図でもなければ、話している時の心構えの正直／不正直でもない。そうではなく、発話がなされている時にどれだけ正確に慣例を順守しているかなのだ。

この考え方を出発点にして、ジャック・デリダがパフォーマティヴ理論を発展させた。デリダの言う発話の慣例性とは、既定の反覆可能な（iterable）形式にしたがって出来ていること、つまり、過去にあった発話の引用として機能し、将来も無数の新たな発話で引用されうることを指す。[52]だが、コンテクストを知り尽くすことは原理的にできない、とデリダは強調する。なぜなら、第一にどのコンテクストも常に無限の広い記述に開かれており、第二に同じようなことを言っている新たなコンテクストは可能性として無数に存在するからだ。[53]慣例的な発話は、この二つの特徴（コンテクストの引用性と一部未定）のために、意味を事前にきっちり決められない。デリダの言葉を借りれば、慣例的な発話は、予想外の形でコンテクストから「切り離されて」、話し手が考えてもみなかった予想外の意味を獲得しうる。慣例的な発話に備わるこうした予想外の意味を獲得する力は、「パフォーマティヴな力」の重要な要素である。新たな事実をつくり、現実を変える力があるとデリダは指摘する。[54]

デリダが内的（記号論的）要素に力点をおいて慣例的な発話のパフォーマティヴな力を語っているとすれ

ば、外的（社会学的）要素に注目したのがピエール・ブルデューである。ブルデューが「パフォーマティヴな力」の要素と見たのは、社会制度によってこの発話を行う公的代表に委譲された権力である（例えば、国家制度が裁判官に委譲する権力）[55]。

二人の補足は、極めて重要である。慣例的な発話のパフォーマティヴな力に関する私たちの理解を、デリダは内的な記号論的要素によって、ブルデューは外的な社会学的要素によって広げてくれた。この補足をつなぎあわせると、重要な結論が引き出される。パフォーマティヴな力の記号論的要素と社会学的要素は同時に機能するのだから、となれば、慣例的な発話が予想外の意味を獲得して予想外の結果に至るのは、安定した国家制度や権力関係のコンテクストでも可能である——つまり規範や慣例が決まりきっていて国の厳しい統制下にある場合でも、パフォーマティヴな力が機能する、となる。ジュディス・バトラーが言うように、こうした予想外の結果を生み出す力は、既存の規範に真正面から抵抗しないのにこれを掘り崩すという、特殊な「政治的未来」をもたらす[56]。この結論は、本書にとって極めて重要である。次章以降でソ連のイデオロギー的な発話・テクスト・儀礼の構造や意味を分析する際に、存分に活かされるだろう。

言語行為と儀礼行為

オースティンに始まる研究の射程は、慣例的な言語行為にとどまらず、広い意味での慣例的な実践や儀礼にまで及んでいる。バトラーであれば、儀礼的に日々繰り返される実践を通じて身体化された社会規範を取り上げる。批判の矛先は伝統的な主体論に向かう。主体は初めから完全に定まっていて、行為や発話は後から遂行するだけなのか。そうではない、主体が存在できるのは規範とされる行為や発話を繰り返しているからこそだとバトラーは強調する。ただし、そうした繰り返しを通じて主体が完全に定まると言っているのではない。主体存在の必要条件としてこうした行為の繰り返しがあるのだから、主体が一度で定まってそのままということは決してありえず、常に不完全な部分があって、発展と変更に開かれている。何らかの〈自我〉の現れとは、

> 唯一の行為または出来事ではなく、儀礼化された再生産である。この儀礼の繰り返しは、拘束しつつ拘束を通じて、禁止とタブーで強制しつつ強制を通じて、行われていく。この再生産は、オストラシズムの恐怖、場合によっては死の恐怖の下に、生産の形を支配して強要する。だが、強調しておきたいが、形をあらかじめ完全に決定するものではない。[57]

慣例的な行為や発話は、主体の本質の現れとしてだけでなく、その形成に関与するプロセスとしても見るべきだ。そうした行為や発話はあらかじめ一義的に〈本当／嘘〉や〈真実の顔／擬装の仮面〉には分けられない。こうした主体理解が前述した理論（主体を行為や発話の開始前にあらかじめ決まったものと考える見方）と大きく異なるのは、明らかである。

コンスタティヴな意味／パフォーマティヴな意味

オースティンは著書の最後で、発話がコンスタティヴとパフォーマティヴとに峻別できるというのは観念論であり、「すべての真正な言語行為は、同時に」コンスタティヴな部分もパフォーマティヴな部分も持っていると述べている（Austin 1999: 147〔邦訳二四四頁〕）。発話のコンテクスト次第で、強く現れる要素がコンスタティヴだったり、パフォーマティヴだったりするのだ。この考え方を援用して、ここから先は、慣例的な発話や儀礼化した行為にあるコンスタティヴな要素とパフォーマティヴな要素を検討してみたい。

具体例として選挙の投票行為を考えてみよう。この慣例行為には、二つの意味がある。一つは選挙人の意思表示（コンスタティヴな要素）、もう一つは選挙人の意思を正当な公認の「一票」にすること（パフォーマティヴな要素）である。このようにコンスタティヴな意味とパフォーマティヴな意味が共存することで投票行為は投票行為たりえる——意思表示が正当な一票によってなされることで、具体的な政治決定に関与するわけだ。コンスタティヴな意味とパフォーマティヴな意味は、相互補完の関係にあるので、二項対立的な新たな反対物はつくらない。慣例的な発話では常に共存しており、重要さの程度が文脈によって変わるだけだ。例えば、どのような意思を投票で表明するかは、その投票がその後の結果も含めて法的効力を持っているかどうかに左右される。正規の手続きによる秘密投票で教員が学部長を決める場合と、非公式の投票で同じようなことを飲み会にいる友人間で決める場合とは、相異なる行為で結果も違ってくる（パフォーマティヴな意味が異なる）し、そうした違いが投票で表明される意見（コンスタティヴな意味）にも影響を与えうる。

慣例的な発話なり行為においてコンスタティヴとパフォーマティヴがどのような比率になるか、予め確定することはできない。両要素の比率は同一の発話でも時によって変わるのだから、発話の意味は歴史プロセスを「漂流している」とも言える。同一の発話が、ある状況では文字通りに理解され（コンスタティヴな意味が前面に出る）、別の状況では違うことがありうる。投票儀礼の参加者にとって重要なのが、候補者への意思表示よりも投票行為への参加の方だという状況を思い浮かべて欲しい。こうしたことは様々な状況でありうる。例えば、選挙の立候補者が一人だけで、その人が必ず当選すると分かっているが、と同時に、投票儀礼に参加することが重要な社会的・制度的な生存条件（学生、技師、学者、市民などの地位）の再生産につながり、そうした地位から発する権利や義務や自由（や不自由）が守られると自覚している場合だ。この場合、投票行為に加わることが極めて重要になり、誰に投票するかは二の次となる。つまり、投票の文字通りの意味を突き詰めて考える（選挙とは何か、決議はどんな内容か、誰が候補者か、などに頭を悩ます）必要はさらさらなく、この儀礼への参加（選挙や集会に行く、投票用紙を投票箱に入れる、〈賛成の人は〉という問いかけに挙手をする）が最重要となる。パフォーマティヴな意味から言えば、こうした投票は決して無意味な行為ではないし、単なる擬装でも大勢への順応でもない。なぜなら、こうした投票を通じて権力構造が再生産されるだけでなく、権利や可能性や自由も再生産され、権力の意に反して行動する自由も生まれるからだ。

パフォーマティヴ・シフト

儀礼的な発話や行為におけるパフォーマティヴな意味とコンスタティヴな意味の重要度は、歴史や文化の文脈が異なれば様々に変化しうる。手始めに、アメリカで実際にあった最近の例で考えてみたい。現在あちこちの州のいくつかの私立大学が、教員に「忠誠宣言」（loyalty oath）をさせ、「望ましからぬ政治信条を持たず勧めない」ことを誓約させている。[58] しかも、アメリカの法律家によれば、「学則に違いはあるが、〔そうした大学は〕ふつうは忠誠宣言のできない又はしない者が教壇に立つ権利を否定する」（Chin and Rao 2003: 431-432）。最近とある法社会学者がアメリカ中西部の私立大学の教授採用時に忠誠宣言を求められた。実際のところ、同意書に署名しないわけにはいかなかった。ただ自らの政治信条と職業意識もあって、この人は忠誠宣言の慣行に納得せず、[59] その大学の教授になってから、忠誠宣言で述べたことに反する政治的見解を公言しはじめる。宣言撤廃を求める学内キャンペーンの発起人にもなった。だが、こうした学内キャンペーンに加わる可能性を持つには、その人もまず忠誠宣言をしなければならない——さもないと採用されない、つまり学内行政に加わり、この宣言の合法性も含めて、大学経営陣の決定が合法かどうか人前で論陣を張る権利がないのだ。

この場合、忠誠宣言を受諾する行為の意味は、どうなるだろう。この宣言は、文言の文字通りの意味に従うことを約束しているのだろうか――この約束は本当（本心からの約束）／嘘（擬装した約束）で説明できるだろうか。もちろん違う。件の社会学者は、宣言に署名はしたが（周囲の同僚もそうしている）、文字通りの意味には同意していない。宣言は、この人の内面の信条や意図を表したものではなかった。宣言受諾行為のコンスタティヴな要素は、この人には重要でなくなっていた。一方、行為のパフォーマティヴな要素はここでは極めて重要である――現実的な結果につながり、現実的な可能性を与えてくれる。後から行為の合法性を論争する可能性すらある。[60] 宣誓の儀礼は、宣誓する人の内面を反映していないが、制度規範を議論する権利も含め、大きな意味を持つ制度上の地位の再生産に重要な役割を果たしているのである。

この例が物語るように、宣誓のような行為を文字通りの意味だけで分析するのは狭すぎる。また慣例的な発話や儀礼の二つの意味要素（パフォーマティヴな意味とコンスタティヴな意味）は時とともにずれることもある。こうしたずれは、ソ連の権威的言説でも起きた。ソ連最後の数十年間は、多くの場面でパフォーマティヴな意味が重要度を増し、逆にコンスタティヴな意味が次第に減るか曖昧になったため、新たな予想外の解釈に開かれていく。

一九七〇年代から八〇年代にコムソモール集会に出たことのある人ならよく覚えているだろうが、集会にいる一般コムソモール員の多くは議事に無関心であり、読書など、内職している場合も多かった（特に集会が大規模で、出席者の中にまぎれて議長席から目立たない場合）。しかし、ある回想によれば、「でも投票になると、すっと頭が上がる。〈賛成の人は〉という声が聞こえると、頭の中でセンサーか何かが働いて自動的に手を挙げるんだ」[61]。もうお分かりだろう、このような投票行為を文字通りの意味だけで解釈しては――つまり投票する人の意思を本当（本心からの支持）か擬装（嘘の支持）かだけで見ては、誤りになる。こうした行為を通じて自らを「ふつうの」ソビエト的主体として再生産し、今あるシステムの規範や関係や立場を維持し、そこから生まれる制約と可能性を受け入れる――例えば、集会や投票が済めば、投票内容の文字通りの意味とは必ずしも合致しない、時には矛盾することにも熱中できた。このような行為を支持／擬装に帰着させるのも、無意味と見るのも正しくない。意味は、変化し拡大している。

ソ連時代も後期になると、権威的言説の慣例的な発話や儀礼は大半がこうした変質を被っている。そのころに地方のコムソモールや党の幹部だった人の多くが語っているが、イデオロギー報告の作成、政治学習会の準備、政治集会の実施にあたって、そうした儀礼や文書の文字通りの意味は重要ではない、大事なのは形式（定型化した言葉・手続き・報告書など）の踏襲だった（詳しくは第二章と第三章）。

ここまでの議論をまとめておこう。ソ連時代の初期は、権威的言説による発話の文字通りの意味に評価を下す存在として言説の主人（master）がおり（一九二〇年代末からスターリンがこの役割を独占した）、外部の「客観的な」規範であるマルクス＝レーニン主義の真理に合致するかどうかを決めていた。だが五〇年代半ばに権威的言説の外部の主人が消える。この変化を受けてルフォールの逆説が覆い隠せなくなり、イデオロギー表象のあらゆる面に影響が及んだ。なかでも権威的言説は構造を大きく変えていく。

客観的な真理規範に精通しているのが権威的言説の主人だけなのだから、この人物がいなくなれば何が規範なのかも明確に分からなくなる。つまり、文章を書く時に参照できる客観的で独立した外部の言語モデルがなくなったのである。この結果、不安が広がった。報告や文書を日々権威的言語で書かなければいけない人は、自分の書くものや言うことがイデオロギー・モデルに合った正しいものかどうか自信が持てない。そこで見つけた唯一の確実な方法が、それまで別の人が書いた文章や発言を引用コピーすることだった。

この結果、権威的言語で書かれた字句・表現・断片が次から次へとコピーされ、ある文脈から別の文脈へとそのまま引き継がれていった。こうして権威的言語の形式が画一化・定型化し、汎用性も高まる。変化が誰の目にも明らかになった一九六〇年代から七〇年代には、ソ連の権威的言語は俗に「カシの木ことば」〔дубовый язык〕——硬直して、常に同じことを繰り返す不恰好なことば——と言われるものになった（詳細は第二章）。形式レベルの定型化と画一化が進んだのは権威的言語だけではない。権威的言説のほかのジャンル、例えばビジュアル（ポスター、視覚宣伝、映像、記念碑、建築物）、儀礼（集会、選挙、資格審査、式典）、日常生活[62]（都市の時空間、学校教育）などでも同じことが起きた。

最後は、権威的言説の定型の引用コピーそれ自体が目的と化し、言説ではパフォーマティヴな意味がいっそう強まり、コンスタティヴな意味は新たな予想外の解釈に開かれていく。ソ連の権威的言説に起きたこうした大きなずれを、本書ではパフォーマティヴ・シフトと名づける。パフォーマティヴ・シフトの存在こそが、後期社会主義の重要な特徴である。権威的言説のパフォーマティヴ・シフトのおかげで、ソ連の日常生活にはそれまでなかった無数の予想外の意味や生き方、主体のありよう、共同体や人間関係などが生まれる可能性が開けた。しかもパフォーマティヴ・シフト自体は誰かが計画して生み出そうとしたものではなく、ソ連当局にも一般住民にも長い間さほど気づかれずにいた。そうした状況がペレストロイカの開始直前まで続いたのである[63]。

次章では、ソ連イデオロギーのパフォーマティヴ・シフトがどう始まり展開したか、権威的な文章・発話・儀礼が形式にどのような影響を与えたのかを検討する。そして続く各章で、パフォーマティヴ・シフトによって、ソ連の日常に無数の新たな意味と形式がじわじわと現れてくる様子を見ていく。国はこうした変化の出現を予想できず、自覚することも最後までできなかった。

新たな意味の誕生

権威的言説が機能する重要条件の一つが、あらゆる種類の公的表象で国家が独占的な権力を有することなのは間違いない。そうした言説が幅を利かせれば、ほかの表象はかなり制約される。だが権威的言説の定型がそっくりそのまま繰り返されたのは、国の独占的な管理だけが理由だったのではない。そうした形式踏襲が新たな可能性と一種の自由をもたらすからでもあった。権威的な発話や儀礼の形式をなぞるだけで文字通りの意味をさほど気にしない人は、そこそこの自由にありつけて、国の強圧に左右されない創造的な自分らしい生活がそれなりに可能だった。硬直した形式の繰り返しは、人間存在の隷属化ではなかったのである。

後期社会主義は、システムの権威的言説にパフォーマティヴ・シフトがおきた結果、人びとがシステムの様々なイデオロギー規範や価値観に臨機応変の巧妙な姿勢で臨めるようになった。コンテクスト次第で、ある時は突っぱね、ある時は無視し、ある時は積極的にかかわり、ある時は意味を創造的に読み替えている。そうした人が時々の発話や体制の価値観に示す姿勢は、二項対立の原理（システムに〈賛成／反対〉）では測れない。

ソ連の人びとの大半が儀礼行為や権威的言説の再生産にあちこちで関与していたことから、システムは一枚岩で不変永遠だという感覚ができあがる。この感覚のために、ソ連の崩壊を思い浮かべるのはまず不可能だった。しかし言葉や儀礼の形式踏襲に誰もが関与していたがゆえにソ連システムの内部に思いもよらぬ考え方や意味や生き方が無数に現れ、次第にシステムの言説体系そのものを歪めていく。ソ連システムは次第に自己認識と違うものになった。潜在的に不安定になり、特定の条件が揃えばいきなり崩壊しかねないものになっていた。とはいえシステムの内部の脆さは多くの人には見えない。そうした脆さを記述し分析できる万人向けの一般言説が（ペレストロイカ初期に現れるまでは）存在しなかったからである。

こうしてシステムは、実感としては一枚岩の結束と安定を強める一方で、脆さと覚束なさを増していった。逆説的ではあるが、この二つのプロセスは軌を一にして、もっと言えば、補完しあっている。ソ連システムの旧態依然・制約の多さ・管理統制といった特徴と、国に統制されない思いもよらぬ要素を日常生活に次々と生み出す特徴とは、一つの相互補完のプロセスだった。この点を、具体例を数多く示しながら、次章以降で詳しく見てゆきたい。

資料と方法

本書冒頭で指摘したように、新たな言説がペレストロイカ期に生まれてソ連解体後に広まったことで、ソ連システムの評価は一変した。ソ連時代にはごく狭い意味しか与えられず、思い出す時は明らかに否定の意味合いがつきまとう。その一方で、ソ連が存在しない今の立場は、昔はなかった分析レンズで過去を見ることができる。数多くある過去についての資料には、当時は使えなかったものもある。こうした諸々の理由から、現段階で後期社会主義を考察分析するには、少なくとも二種類の資料を併用することが極めて重要である。一つは同時代の資料——後期ソ連時代のうちペレストロイカが始まる一九八五年以前にできたもの。もう一つは回顧の資料——一九八五年以降のペレストロイカ期とポスト・ソ連時代にあらわれたもの、である。

本書が用いる同時代の資料は次のとおり。ソ連の公式出版物——コムソモールや党の演説・報告・発言・賞状といったテクスト、新聞記事、ポスターや報道写真、映画、新聞の風刺漫画、表彰状、教科書、書籍。個人の保管資料——日記、手紙、メモ、コムソモールや党の報告の草稿、個人の写真や絵、録音テープ、趣味で撮った映像。都市伝説や準芸術作品——アネクドート、冗談、詩、警句、俗語、落書き、風刺画、メモ。

本書が用いる回顧の資料は次のとおり。著者がソ連解体後（多くは一九九〇年代半ば）に行ったインタビュ

――対象者は後期ソ連時代の党やコムソモールの幹部、党幹部補佐官、党やコムソモールの地区委員会書記、初級コムソモール組織の班長（コムソルグ）、一般コムソモール員、芸術宣伝部員、地区芸術家、一般学生、労働者、技師、研究者、ロックミュージシャン、サブカル集団のメンバー。あわせて百人以上に話を聞いた。ペレストロイカ期やソ連解体後に刊行された数十の回想録、インタビュー、手記、研究書。

資料収集は、フィールド調査をしていた数年間に行った。長期調査は一九九四年から九五年にかけて、その後は二、三カ月の短期調査を何回か一九九七年から二〇〇一年に行っている。資料収集をしたのは主としてサンクト・ペテルブルグとモスクワだが、資料の関係地はかなりの広範囲にわたる――例えば、収集した数多くの日記や手紙は、ソ連の他都市に由来する。話を聞かせてくれた人の多くも、ソ連時代は他都市に住んでいた。情報が得られた都市は、サンクト・ペテルブルグとモスクワ以外は、ヤクーツク、ノヴォシビルスク、スモレンスク、カリーニングラード、ソヴェツク、ヤルタ、リガ、ソチ、ペンザ、キエフ、ウラジーミル、サヴョーロヴォである。このほかバクー、ヴィリニュス、ザポロージェ、オデッサ、ウラジオストク、サマルカンド、タリン、タルトゥー、タルーサ、タシケント、フェルガナ、チェルノブイリの生活にも言及した。[64] フィールド調査は、手始めに一九九四年から九五年にペテルブルグのいくつかの日刊紙に定期的に広告を出し、できるだけ多くの個人資料、五〇年代半ばから八〇年代半ばの後期社会主義の時期に書いた日記や手紙を集めた。こういう広告文である。

一九八五年以前のペレストロイカ開始前の生活を、私たちは今現在どれだけちゃんと覚えているでしょうか。ソ連時代の暮らしぶりを映し出す個人のメモや日記や手紙は、多くの人の手元に今もあるはずです。これらは歴史の重要な資料であり、永遠に消え去ってしまうのを許してはなりません。私は後期ソ連時代（だいたい一九六〇年代はじめからペレストロイカ開始前まで）の歴史・社会学調査をしており、個人の日記や手紙など、当時の日常生活の様々な側面が刻印された資料を探しています。

文面には、著者の名前と連絡用の電話番号を書いておいた。広告文は、ペテルブルグの各紙に一年間にわたって定期的に載せたが、予想以上の反響があった。数カ月間、連日のように電話が鳴り続けた。留守番電話が容量不足になることもしばしばで、電話機を録音時間の一番長いものに買い換えなければならなかった。年齢も職業も実に様々な人が、電話口から個人的な資料の提供を申し出てくれた。ソ連時代の思い出話をして終焉の理由を考えたかっただけの人もいた。提供してもらった資料は大部分が日記や手紙だが、調査時（一九九〇年代半ば）に三十歳から四十歳だった人のものが圧倒的に多い。なぜこの世代が特に熱心に反応したのだろう。他の世代よりも新聞広告を熟読していた、日記や文通を頻繁にしていた、といった理由が考えられる。

だが、この調査をしていた数年間、様々な人から数多くの話を聞くうちに、重要なことが分かってきた。ソ連システムの崩壊が予想外だが驚きではないと語ったのはどの世代にもどの社会グループにも共通するが、とりわけ若い世代が、一九七〇年代から八〇年代はじめに学校を出た人たちが強い印象を受けていた。予想外の急速な変化だったとはいえ、驚いたことに、他のどの世代よりもこの変化に心の準備ができていた。国家の崩壊は予想外であると同時に全く自然な出来事に感じられたという。この世代こそ、出来事と自分の経験の意味を知りたいと何より願った人たちだった。

後期社会主義と最後のソ連世代

世代という概念は、決して自然な概念ではなく、共通の経験や公的言説の影響下につくられるものだ。世代という概念を使うことに根拠はあるのか、意味はあるのか、さらにはどう定義するか――これらはすべて文化や歴史の具体的な文脈にかかっている。

本書では、「最後のソ連世代」という概念を使いたい。この概念はどう理解すべきか、説明しておこう。まず**最後のソ連世代**とは、分析カテゴリーにすぎない。当事者が自分をその一員だと意識したことはないし、「最後のソ連世代」という用語を使ったこともない。では、まとまりある一つの世代と見ることに意味はあるのだろうか。社会主義の受け止め方を決めるのは、年齢だけでなく、他にも数多くの指標がありうる（社会的地位、教育水準、民族、性別、職業、居住地、言語など）。とはいえ、ソ連システムが思いがけず危機に陥って崩壊したことは、この人たちを一瞬にして一つの世代にしたと言えるように思う。この出来事こそ、ソ連時代の生き方がよく似た特異な経験だったと意識させるきっかけだった。つまり、この世代のソ連人は過去を振り返る中で形成された――突然の崩壊、驚きとまさかという思い、場合によってはそれに伴う多幸感が、この世代を形作る基本原理である。

この世代に相当するのは、ソ連時代に自己形成は終えていたが、ペレストロイカや九〇年代初頭の改革にすぐ適応して若手の「ポスト・ソ連人」になった人たちである。この定義に従えば、**最後のソ連世代**は年齢層がやや広く、生年なら一九五〇年代半ばから七〇年代はじめ、ペレストロイカ時に大学入学年齢から三十代だった人となる。[65] この定義だと、最後のソ連世代に、ソ連崩壊時に子供だった人は含まれない。ソ連時代に生まれたことを考慮してこの人たちを最後の世代と見る研究者もいるが、本書は先述した定義を優先し、正真正銘のソ連人とみなすのは、単にソ連という国に生まれただけでなく、そこで成人して自己形成した後に突然の崩壊に直面した人とする。

先にも述べたが、ポスト・スターリン期のソ連は、権威的言説におきたパフォーマティヴ・シフトのために注目すべき特徴を持っている。この特徴ある時期（ペレストロイカ前の三十年間）を、**後期社会主義**と呼ぶ[66]。この三十年間はよく二つの時期に分けられる——「雪どけ」（フルシチョフの改革期）と「停滞」（ブレジネフ期）である。両者の画期をなす出来事は、一般に一九六八年夏のソ連のチェコスロヴァキア軍事介入だと言われる[67]。この二つの時期は、ほぼ二つの世代に相当する——年上がソ連史で**六〇年代人**と言われる人たち、年下が先述した**最後のソ連世代**である。では、最後のソ連世代はどれくらいの数だったのだろう。一九八九年には、総人口二億八千百万人のうち、十五歳から三十四歳にあたる人は九千万人を数えた[68]。つまり、この時点で最後のソ連世代は国全体の約三分の一だったことになる。

本書で用いた資料の代表性について一言。本書の課題は、平均値の「ソ連経験」なり平均的な「ソビエト的主体」を描くことではない。そうではなく、いくつかの傾向を探り当て、後期ソ連システムの内部で進行していたが、ある時期まで目につかなかったずれや変化を、イデオロギー儀礼・発話の形式レベルや意味レベルで明らかにすることにある。このため一部の資料は、規範や規則ではなく、そこから逸脱するものを選んでいる。資料を「代表性」の原則で精査すると、既知の規範や状態の分析になる。システムの思いがけない変化やずれをこうした手法で見抜くのは至難の業だ。起きた後にようやく分かるのだから、当然である。むしろ資料選択の基準を、規範のゆがみや違反、システムが機能できる限界といった点の分析に置くことで、何か新しいことが規範についてもその変化についても分かるだろう。そうした分析はシステムを動態で見ることなので、内部で高まるずれや変質を見て取れるはずだ。例外や逸脱は、どのくらいの自由がシステム内部に存在しているかの指標であり、小さなずれがどのように生じて蓄積していくのか、また将来どのような変化になりうるのかを教えてくれる。システムの中にいると当面は分からないような変化も、ここに着目すれば見えてくる。

カール・シュミットが言うように、「例外は、普通の出来事よりも興味深い。なぜなら、規範や規則が適用される境界が分かるだけでなく、そうした規範や規則がつくられる内部のもっと大きな条件も分かるからだ」[69]。キルケゴールを引きながら、シュミットはこう続ける。「例外は一般規則とそれ自体の双方を説明してくれる。もし規則を正しく研究したいなら、その中の本当の例外を探すように努めるべきだ。規則よりも見事にシステムが現れるのは、そこだ」[70]。また規範を動態で理解したいなら、潜在的な変化や突然変異や崩壊といった、規範という言語で描けないものを目にしたいなら、例外を理解する必要がある。なぜならまさに「例外においてこそ、現実生活の力は、常にくり返して硬直したしくみの殻を突き破るからだ」[71]。

逸脱や例外に着目する方法が適しているもう一つの理由は、本書が過去を振り返る研究だからだ。本研究の考察には、いくつかの強みがある。考察の始まりであるソ連システムの予想外の崩壊は、現時点ではもう予想外ではない。崩壊に先立つ時期であれば、その当時そうした展開を予想できた人はまずいない。崩壊が最終的に起きるのを知っていて、どのように起きるのかも知っているのだから、崩壊に先立つ時期にシステム内にあった一定のずれや変化や緊張を見つけ出すのは難しくない。このため着目するのは多くの場合(すべてではない)システムの内部動態の、潜在的なずれや変化、例外や不一致や逆説とする。もちろんシステムの静態や「代表的な規範」の形成過程や、そうした状態や規範がどんなものかという分析にも留意する。

最後の最後に、著者が本書の文章や分析にどのような態度でいるかを書いておく。人類学で一般的とされる作法とは距離をとり、本書は一人称の語りをしない。また出来事・観察・インタビューの記述でも、自身の役割をくどくど言わないことにする。これは意識的な選択である。当然のことだが、観察者が観察対象に接する立場を自省することはどの分析にも欠かせない基礎要件だし、社会人類学にはこの伝統が深く根付いている。とはいえ、これは必ずしも、自分を起点に自分のことを書くことを意味しているわけではない。自分の場所を書くことがフィールド調査で特に重要なのは、調査方法が参与観察のような、調査主の存在が集めた資料に直接の影響を与える場合である。一方、本書のような調査方法は趣が異なる——眼目は、適切な歴史「資料」を集めてインタビューを行うことだ。この場合、著者の役割は確かに重要ではあるが、参与観察のような、資料との関係に直接の影響を与えるものではない。

加えて、もう一つ別の、もっと深い理由がある。調査主たる〈私〉を資料分析に敢えて明記することに、明白な利点がないのだ。時には逆の結果につながる可能性もある——ある自立した独白的な作者の声を作り上げて、現実からかけ離れたものを出現させかねない。基本的に著者の声とは常にそこそこ脱中央集権化した対話的なものなのだとはよく言われるとおりで、バフチンの見事な例証もある。だが、時にこの声はあまりに多声(ポリフォニー)で逆説的となる。例えば本書が世に出るには、空間・時間・主体の要因が様々に入り混じって作者の声に影響を与えないかぎり、ありえなかった。本書を書いたのがどんな人かと言えば、後期社会主義の崩壊後に始めた人物、ポスト・ソ連時代をアメリカ合衆国ですごし、まずアメリカの博士課程で学び、続いてソ連に生まれ育ち、ペレストロイカとソ連解体の目撃者となった人物、社会主義研究を過去を振り返る形でアメリカの大学で教壇に立っている人物、この間ずっとアメリカとロシアを股にかけ、年に数カ月はロシアですごし、英米とロシアの二つの言説・メディア・学界を行き来して、様々な政治の伝統や言語や視角を持つ人物、などなど。本書を可能にしたのはこうした数多くの視点移動や分裂やポリフォニーな作者の声のおかげだという意識が、ある種の統一した静的な〈私〉という人称で文章を綴る伝統から距離をとるように仕向けたのだ。

第二章　形式のヘゲモニー

スターリンの予期せぬパラダイム・シフト

自分なりの言葉を探り当てるとは、その実、自分なりの言葉ではなく、私自身を超える言葉を探り当てることだ。これは、自分の言語表現から離れよう、そのままでは本質的なことが何も言えない状態から離れようとする試みだ。私自身がなれるのは登場人物にすぎず、大本の作者ではない。

ミハイル・バフチン(1)

権威的言説

ソ連で育った人であれば、ソ連時代の人気コメディー映画「運命の皮肉、あるいはいいお湯を」（一九七五年）の面白さは、説明するまでもない。映画の主人公ジェーニャ・ルカーシンは、大晦日にモスクワのサウナで友達と飲んで酔いつぶれ、間違って飛行機でレニングラードに行ってしまう。レニングラードで目を覚ますと、何の疑いも持たず、タクシーの運転手に自分のモスクワの住所「第三建設者通り」を告げる。そうした名前の通りがレニングラードにもあった。モスクワと同様、一九七〇年代に建てられた新興住宅地である。同じ形の住宅団地、スーパーマーケット、バス停――どれも主人公が住んでいるモスクワの地区とそっくりそのまま。アパートの階段も同じだし、ドアの形や鍵まで同じである。中に入ると規格どおりの間取りで、家具も家財も同じ。だが酔っ払っている主人公は何も不思議に思わない。自分の家にいると思い込んで、ベッドにばたんきゅうとなる。この後、おかしなエピソードとロマンチックな歌の数々を経て、主人公はレニングラードの部屋の本当の住人である女性と恋に落ちる。

この映画は、一九七〇年代のソ連の日常でおきていた定型化や画一化を明るみに出す。通りの名前や建築様式、ドアの鍵から家財道具まで、どれも全く交換可能に思える。こうした身の回りのモノ・名称・光景の画一化とともに、もっと大掛かりな言説の画一化も進んでおり、イデオロギー的なスローガンやポスターが至る所で都市空間を覆っていた。こうした記号はどれもよく似て代わり映えせず、道行く人には有って無きが如し、「日常生活の巨大な背景」(Havel 1986) にすぎない。見知らぬ街を旅しても、目にするのはいつもの見慣れたスローガンにローカル色が少しある程度だった。ソ連の権威的言説は、党組織によって管理統制され、日常生活に浸透させるべく、新聞記事、演説、プロパガンダ広告、学校の教科書、都市の記念碑、通りの名前、ニュース映画、集会、パレード、選挙などで繰り返されていた。

本章は後期社会主義のソ連を歴史的な文脈に置いて一九五〇年代はじめにソ連の言説体系におきた大きな変化を詳しく分析し、これが最終的に権威的表象の極度の画一化や硬直、あらゆる構造レベルでの引用の頻発につながったことを示したい(2)。本章の分析は、まず言語に焦点を当てる。権威的言語の画一化は、統語論、形態論、意味論、ナラティヴ、文体、時制など、様々なレベルに及ぶ。同じことはビジュアル・プロパガンダや儀礼でもおきた。イデオロギー表象の形式を正確に再現することが重視され、コンスタティヴな意味への執着(事実をどう述べるか、世界をどう描くか、そうした主張や描写が本当かどうか)は弱まった。こうして権威的言説ではコンスタティヴな意味よりもパフォーマティヴな意味の方がずっと大きな役割を果たすようになる。結果的に、権威的な形式の正確な再現を通じて、それまでにない予想外の意味がソ連の日常生活に生み出せるようになり、システムは一枚岩で強大なのに突然の崩壊もありうるものになっていった。どのように言説の画一化がおき、最終的にどのような形式になったのかを理解するために、歴史的な発展から話を始めよう。

革命をめざす言語

一九一七年の十月革命からしばらくは（フランス革命の時もそうだったが）言語の実験が盛んに行われた。[3] 実験に加わったのはボリシェヴィキの関係者だけではない。直接的には国とかかわりの薄いアヴァンギャルドの芸術集団も一翼を担っている。このころ生まれた新しい言葉のスタイル、例えば「電報」言語は、短縮形や省略形で新たな文物や政治概念を作り出そうとした（ナルコムプロス〔教育人民委員部〕、プロレトクリト〔プロレタリア文化〕、アギトプロプ〔煽動宣伝部〕など）。新語や借用語も数多く現れる。こうした新たな言語形式は、革命的な意識変革の道具とみなされていた。あえてぎこちない音や表記を選んだものも多く、居心地の悪さを意識させて言語習慣を変えようとした。当時の言語実験に注目していた言語学者によると、新たな言語形式が「ロシア語の響きや体系になじむ」のは容易ではなく、「外国語の音声に不慣れな人が取り入れる」のは困難だった。[4]

革命が生んだ実験精神と多幸感は学問にも伝播する。言語学もその一つだ。ソ連の言語学者にして考古学者、民族学者でもあるニコライ・マールが打ち出した「言語に関する新学説」の背後には、言語学は新たな研究方法を発展させるだけでなく、学者の意識改革も課題とすべきだという確信がある。この考えは多くのアヴァンギャルド芸術家や政治家も共有していた。一九二〇年代にマールは、「言語に関する新学説が求めるのは、古い学問ばかりか古い社会思考をも捨て去ることだ」と書いている。[5]「新学説」によれば、言語は極めて社会的な現象と見るべきであり、マルクス主義の立場からの研究が必要である。言語が変化するのは、社会がそうであるように、階級状態から無階級状態へと向かっているからだ。このため世界のどの言語も、発展を続けると革命的な爆発と混合によって統一へと向かう。共産主義社会においては、言語はいずれ融合して一つの共産主義語になる。このようにマールは説いた。[6] 未来の統一言語という理想は、アヴァンギャルド運動の詩人や芸術家も共有していた。一九二八年のオベリウ宣言に、「新たな詩的言語」をつくって「新たな生活感覚」をうたうとある。[7] 未来派もザーウミ〔超意味言語〕に取り組み、新造語や、標準ロシア語の文法や音声に反する文法構造を考案した。[8] 未来派の巨頭ヴェリミール・フレーブニコフは、一九一九年の論文「世界の芸術家たちよ！」の中で、未来派の主たる目的は「太陽系第三惑星の諸民族が共有できる共通の文章語をつくること、人類が入植した星のすべてに理解し受け入れられる文章記号を構築すること」と書いている。[9] ロマン・ヤコブソン（当時、未来派と近しい関係にあった）によると、ザーウミ詩の意義は「その破壊的姿勢であり……言語の形式再編」にあった。[10]

スターリンという外部の〈主人〉

言語・政治・学問・芸術の多岐にわたって繰り広げられたアヴァンギャルドの実験は、一九二〇年代末になるとボリシェヴィキ政権に問題視されはじめる。国家建設が主たる課題になったため、中央集権的な管理が社会・文化生活や言語で求められた。[11] このころから国の言語政策が変わってゆく。実験精神は押し止められ、言語分野でも党の統制が強まる。この変化に伴って表面化したのが、ソ連のあらゆるイデオロギーの基底をなす逆説である。社会・文化・個人の生活の完全な解放（この目的が達成されるのは、共産主義の下である）のためには、生活を党の完全な統制の下におく必要がある、というのだ。この逆説は、そもそもが、共産主義社会の建設を党の指導の下で行うという構想に由来する。社会で主導的役割を演じる（つまり、真理を知る唯一の存在である）党は、いわば社会の枠外にいて、この外部の領域から指導を行っていた。

この逆説は、ソ連システム特有の問題なのではない。クロード・ルフォールが言うように、どんな（近代的な）政治システムでも正統性を主張する根拠は、そのイデオロギーの外部の位置にある何らかの「明白な」真理に基づく（第一章参照）。システムのイデオロギー言説は常にこの「真理」を参照しており、その根拠を論証することはできない。これが、近代国家のイデオロギーがそもそも抱え込んでいる矛盾である。イデオロギー発話は、現実の完全かつ忠実な説明だと自負しているが、説明の根底にある「真実」がなぜ本当に真実なのかを明らかにできない。このような「真実」は初めから信仰とみるべきなのだ。例えば、共産主義は人類史の必然の未来という命題がソ連にあるが、これはソ連共産党のイデオロギーの範疇を超える。党のイデオロギー言説の枠内では証明することも疑問をさしはさむこともできない。逆に言うと、ソ連システム内のイデオロギー発話は、この命題をあらかじめ疑いのない真実とみなす場合にのみ可能となる[12]。この命題についに疑問符がついたペレストロイカ期に、ソ連の政治システムは急速に崩壊の道をたどる[13]。

一九二〇年代に党指導部が社会・文化生活の一元管理の強化に乗り出した際、党は依然として革命の前衛（アヴァンギャルド）を自負し、生活の解放事業を行っていると考えていた。このため、環境が変わっても文化や言語は、それまでと同様、ひきつづき新たな共産主義意識をつくる道具とみなされた。このモデルの想定は、言語の枠外に何がしかの場所があり、そこからの評価で、言語が適切に現実を反映しているのか、どのように修正すれば現実をより良く反映できるのかが決まる、というものだ[14]。新聞の用例集に、こうある。言語は道具なので、「どんな道具でもそうだが、完成度を高め、磨き上げ、丁寧に扱って壊したり傷つけたりしないようにすべきだ[15]」。だからこそマールの「新学説」の主要テーゼ（言語は極めて階級的な現象なので、発展し完成度を高めつづけ、最終的に未来の共産主義語となる）がソ連言語学で重要な位置を占めたのだ。かつてアヴアンギャルド芸術家が唱えた考えを、今度は党指導部が唱えた——ボリシェヴィキの言語はブルジョア言語より完成度で先を行く、なぜなら、純粋に学術的観点からみて、過去の規範に拘束されず、未来の創造に開かれているからだ。党の定期刊行物の課題は、したがって、この新たな完成度の高い言語の具体的な用語・表現・文法を読み手に教え込むことだった[16]。

ルフォールの逆説は、第一章で見たように、さしあたって覆い隠せる。イデオロギー言説の主人という、言説の外部の位置にいて、外部の客観的な真理を知る唯一の存在がいるからだ[17]。イデオロギー言説の主人は、言説に超越する（その上に立つ）特別な地位なので、イデオロギー的なテキストや発話のどれが「客観的な真理」に合致しているのか公的な判定を下せる。革命期は政治や芸術の前衛（アヴァンギャルド）がこの地位を占めていたが、一九三〇年代はじめには一人の個人、スターリンに収斂する。この変化は、必然ではないが、自然ではある。そもそも革命の前衛という発想自体が、イデオロギーに対して特別な外部の位置にある運動だからだ[18]。以後スターリンはこの外部の位置を独占する。公的な発話と外部規範である客観的な「マルクス＝レーニン主義」の真理とが合致するかどうかを外から判定できるただ一人の存在になった。政治文書、文学・音楽作品、学術研究など、あらゆるものが槍玉にあがった。

マクシム・ゴーリキー監修の『内戦史』[19]の編纂中、スターリンは草稿のすべてに目を通し、無数の手直しをさせている[20]。変えさせたのは事実よりも字句の表現だった。スターリンの見解は中央各紙に掲載され、小冊子や解説書にも転載されたので[21]、広く行き渡った。ソ連の読者はスターリンの言葉を通じて、様々な表現のどこが間違いで、どう直すべきかを体得した。例えば、改訂前の『内戦史』は、臨時政府首相だったアレクサンドル・ケレンスキーのことを、「妥協家」、ブルジョアジーと勤労者の「調停人」と書いていた。スターリンはこの定義に「ブルジョアジーの利益に立った」を付け加え、コメントとして、新たな表現は、読者がこの妥協家の本当の役割を理解する一助になるだろうと書いている。[22]『内戦史』は別の箇所で、「レーニンのスローガン〈全権力をソビエトへ〉はブルジョア機構の粉砕と新しいソビエト権力機構の設立を呼びかけていた」と説明していた。スターリンはこの表現を手直しして、こうコメントした。マルクスが言っていたのはブルジョア機構の完全な「粉砕」ではなく「破壊」にすぎない。つまり、レーニンのスローガンは旧制度の完全粉砕ではなく部分的な破壊と見るべきであって、であれば後にこれを新制度の建設に使うこともできる。[23]こうした手直しを説く相手は、『内戦史』の執筆者よりも、むしろソ連の一般読者だった。

別の例を挙げよう。新憲法の制定準備が進む一九三〇年代半ばのソ連の新聞雑誌は、草案の「全人民討議」を詳細に報じている。新聞には読者が提案する様々な憲法の条文が掲載され、後日それに対するスターリンのコメントが出た。この時のスターリンの判断の基準が、またしても、スターリンしか知ることのできないマルクス゠レーニン主義の規範にどれだけ合致しているかだった。読者の提案が本物かどうかはともかく、これが中央紙にスターリンのコメントとともに載ったことが重要である。このようにイデオロギー言語に関するスターリンのメタ言説（イデオロギー言語の枠の向こうでつくられ、ソ連市民に向けて発せられる）は、スターリン期の言説体系の不可分の要素だった。

このメタ言説の例を見てみよう。『プラウダ』にこういう投書が相次いだ。今では（一九三〇年代半ば）ソビエト社会は大きく姿を変え、かつての革命初期とは様変わりした。農民はソビエト・コルホーズ員になり、新たな階級としてソビエト知識人などが誕生している。だからソ連は「労働者と農民の社会主義国家」だと謳う旧来の表現を改め、「勤労者の国家」としてはどうかという趣旨だった。この提案に答える形で、スターリンはある演説で次のように説明する。そうした表現は、マルクス゠レーニン主義の階級定義の規範に合致しない。「ソビエト社会は、周知のように、二つの階級から成っている。労働者と農民である。憲法草案の第一条は、まさにこのことを言っている。つまり、憲法草案の第一条はわれわれの社会の階級構成を正確に反映している。質問が出るかもしれない。では勤労知識人はどうなるのか、と。知識人の階級としての存在はこれまでなかったし、これからもありえない。これは、社会の全階級からその一員をリクルートする階層だったし、今もそうである」[24]（全文は新聞に掲載され、小冊子にもなった）。スターリンらしい表現（「周知のように」「これまでなかったし、これからもありえない」など）を交えたこの回答は、新たな状況の理論的な説明ではなく、存在するとされる客観的で不変の「真実」の引用にすぎない。それは、現今の具体的な条件の枠外にあって、何物にも左右されない。

スターリンの筆削が及んだのは政治文書だけではない。重要な芸術作品や学術研究にもコメントや修正を加えている。例えば、一九四三年のことだが、セルゲイ・ミハルコフがつくったソ連国歌の新たな歌詞[25]に修正を加え、解説もしている。字句の微妙なニュアンスも見逃さなかった。例えば、ソ連を指す「高貴な同盟」〔союз благородный〕という表現を削った理由として、「高貴な」という言葉は「道徳的な気高さ」だけでなく、「身分の高さ」といった「貴族階級」につながる含意もあるからだと説明した。決定稿の歌詞は、「高貴な」が「揺るぎなき」〔нерушимый〕に代わっている。ソ連が「人民の意志」〔волей народной〕によって作られたと歌う部分も、スターリンから見ると失敗だった。「人民の意志」派〔Народная воля〕という皇帝アレクサンドル二世を暗殺した十九世紀末の革命テロ組織を連想させるからである。「人民の意志」は「諸民族の意志」〔волей народов〕に代えられた。[26]

こうした用語の批判は、なぜどのように修正すべきかの説明も含めて、中央紙だけでなく地方紙でも繰り広げられた。これを受けて、地方紙が自分で政治用語の批判を行った例もある。ケメロヴォ州プロコピエフスク市の党ソビエトの機関紙『クズバスの突撃作業員（ウダールニク）』が、地元炭鉱の党ビューローが出している社内報の記事にあった表現や言い回しを次のように批判した。「短信や記事が使う言葉の純粋さや明晰さを求める闘い」――これは「最終目的ではなく、大衆への政治的影響力を強化する手段である」。社内報の表現が政治的に正しい表現だと自信を持って言えるようにするには、スターリンの言葉と比べてみる必要がある。なぜなら「すべての活字労働者の責務」とは、「同志スターリンの言葉の寡黙さ、明晰さ、澄み渡った純粋さを学ぶ」ことだからだ。[27]

ここまでの例から分かるように、イデオロギー言語に関する公のメタ言説の重要な任務は、個々のイデオロギー表現の意味そのものを検討解釈することだった。その際、このメタ言説はスターリン個人の名でできている。つまり、スターリンは外部の主人の位置からあらゆるイデオロギー発話に接していたのである。[28]このことは、たえず新聞雑誌で強調された。一九三五年にソ連中央執行委員会議長ミハイル・カリーニンがある演説でこう言っている。「ロシア語を一番よく知っているのは誰かと尋ねられたら、スターリンと答えるでしょう。あの言葉の寡黙さ、明晰さ、澄み渡った純粋さを学ばなければいけません」。カリーニンのこの発言は、新聞や小冊子で何度も引用された[29]（先に見た『クズバスの突撃作業員』紙もその一つ）。マクシム・ゴーリキーもスターリンへの私信で同様のことを書いており、スターリンの言葉が「正しい書き方の見本」だからと述べて、自身が編集長の雑誌『文学の訓練』に寄稿を依頼している。[30]

突然のパラダイム・シフト

一九五〇年に思いがけない変化が訪れる。スターリンが、外部からイデオロギー言語に接する立場を捨てて、言語モデルの根本的改変に踏み切ったのだ。逆説的だが、この改変の結果、外部の位置からイデオロギー言説に接する立場が消えてしまった。イデオロギー発話・表現に外から評価を下せる公開のメタ言説も姿を消した。

変化のはじまりは、スターリンが言語の性質そのものを考察した、今日スターリンの言語学批判として知られる論文である。一九五〇年六月に『プラウダ』紙に載ったこの論文は、ニコライ・マールの「言語に関する新学説」[31]を観念論の俗流マルクス主義だと批判した。スターリンは、こう書く。「N・Ya・マールが言語学に持ち込んだ、言語を上部構造とみる間違った非マルクス主義的な見方は、自分自身を混乱させ、言語学を混乱させた。間違った見方を基礎にしてソ連言語学を発展させるのは不可能である」[32]。さらに別の俗流マルクス主義の言語モデルも槍玉にあげ、言語を上部構造や生産手段などと見ていると批判した。最初の論文につづいて、批判を広げ深めるスターリンの文章が次々と『プラウダ』に掲載される[33]。スターリンは、読者の投書に答える形で、なぜ言語は上部構造でも下部構造でもありえないのかをマルクス＝レーニン主義によって説明した。革命後の歳月でソ連社会の上部構造が変化したとはいえ、ロシア語の文法は、革命前の文法と比べて、ほとんど変わっていない。「過去三十年の間にロシアでは古い資本主義的な下部構造が一掃されて新たに社会主義的な下部構造がつくられた。これにあわせて資本主義的な下部構造の上にあった上部構造が一掃されて社会主義的な下部構造にふさわしい新たな上部構造がつくられた。つまり、古い政治や法律などの制度が、新しい社会主義的なものに取って代わられたのだ。しかし、にもかかわらず、ロシア語は基本的に十月政変以前と同じままだ」[34]。となると、言語は社会の上部構造ではない。だが下部構造（例えば「生産道具」）でもありえない。その理由をスターリンは、こう説明する。「言語と生産道具との間には根本的な違いがある。何が違うかと言うと、生産道具が物質的財貨を生産するのに対して、言語は何も生産しない、もしくは単語しか〈生産〉しない。……言語が物質的財貨を生産できるのなら、おしゃべりの冗舌家が世界一の大金持ちになってしまうのは誰でも分かることだ」[35]

このスターリンの解説に答える形で『プラウダ』は再び読者の投書を掲載する。「論文を拝読して、言語が下部構造でも上部構造でもないのだと納得しました。では言語は、下部構造にも上部構造にも特有な現象と考えるのが正しいのでしょうか、それとも言語を中間的な現象と考えるのが正確なのでしょうか」。スターリンはまたもや『プラウダ』紙上で回答する。言語はある程度は「社会現象」であって、下部構造とも上部構造とも関係があるとはいえ、同時に社会の現実に無関係なまったく別の何かでもある。だから言語は「下部構造の部類にも上部構造の部類にも入れてはならない。また下部構造と上部構造との間の〈中間的な〉現象の部類に入れるのもいけない、なぜならそうした〈中間的な〉現象は存在しないからだ[36]」。

マールなど「俗流マルクス主義者」の言語理論をスターリンが批判したことは、二つの思いがけない結果をもたらした。一つ目。言語は上部構造の一部ではないのだから、革命的な跳躍で自動的に変化するというマールの見通しはありえない。二つ目。言語は生産手段（下部構造）ではないのだから、政治目的で言語を操作すれば共産主義の自覚を生み出せるという未来派や前衛詩人の展望は期待できない。幻に終わった夢に代えて、スターリンは新たな考えを打ち出す。ソ連言語学が取り組むべきは言語の奥底で作用する「客観的な科学的法則」を解明して、言語の進化や意識・心理学・生物学などとの関連性を究めることだ。

スターリンのこの主張は、革命アヴァンギャルドの遺産として学問や芸術に残る「俗流唯物論」や「観念論」を一掃して客観的な科学的法則にもとづく唯物論に置き換える大キャンペーンの一環だった。学術研究が「科学的かどうか」〔научность〕の理解も変わった。理論が科学的かどうかは、一九三〇年代であれば、党派性（学者の世界観が党の見解にどれだけ一致しているか）と密接に関連していたが、この時からは何らかの「客観的な科学的法則」にゆだねられ、党派性とは無関係になる。

〈科学的〉という概念の変化はあらゆる学問分野でおきており、この結果、カテリーナ・クラークの卓見だが、こうした分野を「過度の経済決定論から解放した」[37]。一九四八年にルイセンコの演説原稿を読んでいたスターリンは、遺伝学も含めた学問全般の階級的基盤を述べている箇所に目をとめ、自身もかつてはそうしたことを言ってルイセンコ理論を支持していたのに、手のひらを返したように余白に嘲笑の書き込みをする。「ハハハ!!! じゃあ数学はどうする。ダーウィニズムはどうする」[38]。こうした変化は芸術でもおこった。本物かどうかを決めるのは客観的な自然法則になる。一九四八年にジダーノフ[39]がスターリンの特命を受けて作曲家のプロコフィエフとショスタコーヴィチを痛烈に批判した際も、「不協和音だらけ」の二人の音楽が問題なのは、それが「正常な楽音の役割の原則ばかりか、人間の正常な聴覚作用をも破壊」し、「人間の正しい精神生理機能に反している」からだった[40]。

一九五二年創刊の『言語学の諸問題』第一号は、スターリンの批判を踏まえて、ソ連言語学の完全な「刷新」と「建て直し」を訴える一文が巻頭にある。言語学は、プリズムを押し広げ、階級現象にとどまらない研究をすべきである。必要なのは、社会の歴史に還元できない言語の「客観的な」法則や原理を理解することである。「ソ連言語学は、いくつかの非常に本質的な言語理論の諸問題のすぐそばにまだ到達していない」し、まだ理論化できていない問題として「言語と思考との……文法と論理との関連性……思考の発展と言語の文法構造の完成との相互関係、生き生きした分かりやすい思考とは何か……」がある[41]。

スターリンの言語学批判や学問全般の引き締めに続いておきた最も重要な変化は、先述したソ連のイデオロギー言説のパラダイム・シフトだ。このとき見方が変わったのは、「客観的な真理」とは何かであり（これはイデオロギー記述に反映させる必要がある）、この真実が個々のイデオロギー発話・表現とどのような位置づけなのかである。思い出して欲しい。ソ連のイデオロギー言説が依拠していたのは、客観的な真理という予め決まっている不動の外部規範だが、これを知っているのは外部の主人（スターリン）だけであり、この外部の主人がイデオロギー言説の枠外から、公的発話について判定を下していた。だがこれからは、予め決まっている不動の真理規範は存在しない。イデオロギー発話の正しさを決めるのは、外部の主人ではない。何らかの「客観的な法則」――予め知ることはできず、まだこれから解明しなければならない法則だった。つまり、イデオロギー言語に対する外部の位置は存在しなくなった――テキストや発話などの政治表象が不変の規範に合致するかどうか「客観的」に判断できなくなったのである。このため、イデオロギー・テキストの判定をしてコメントを付していた公的なメタ言説も姿を消した。

繰り返そう。逆説的ではあるが、言語学などの学問分野をスターリンが批判した結果、政治言語の外に位置する主人の立場、スターリンが批判を始めた立脚点が消えてしまった。スターリンは、自分でも意識しないまま、ソ連の言説体系の根本的なパラダイム・シフトに舵を切ったのである。一九五六年には、スターリンの死から三年を経て、フルシチョフが新たな党のトップとしてこのパラダイム・シフトを完成させ、後戻りを不可能にする。第二十回党大会でフルシチョフが行った公的なスターリン批判の後は、イデオロギー言説の枠外に立つ可能性が完全になくなる。イデオロギー言説の外にいて、マルクス＝レーニン主義の真理規範を知る唯一絶対の存在は、もはやありえなくなった。この結果、ルフォールの逆説は、ソ連のイデオロギー構造でももはや隠しおおせない。イデオロギー発話のあらゆる面で露呈して、ソ連のイデオロギー構造の全てをじわじわと変えてゆく。ソ連の言説体系でおきたこのパラダイム・シフトとともに、後期社会主義の時代も始まった。

言語の画一化

イデオロギーのメタ言説が消えた影響は、政治や文化のあらゆる方面に及んだ。党の文書や書類の作文・

編集・議論といったプロセスが表から見えにくくなり、世間の目の届かない党中央に秘匿される。このころから、社会学者のイーゴリ・クリャムキンが言うように、「イデオロギー言語学の専門家たち」は、政治的な見解を公の場で互いに口にするのを止め、「専門的な問題を密室で議論」しだす。[42] 公開の場で唯一見えるのは、イデオロギー言語の作者ではなく、その中継者——従来の権威的発話を繰り返すだけで、新たなものを作り出さない人だった。

こうした姿勢は一九六〇年代から七〇年代になると、党の補佐官やイデオロギー分野の職員はもちろん、党書記のあらゆるレベルにも広がる。党中央の幹部や書記長すらそうだった。話す時も書く時も、イデオロギー言語の「規範」をできるだけ正確に踏襲しようとするので、何とも具体性を欠いたよく分からない代物になる。規範に合致するかどうかを最終判断する外部の専門家はもはや存在しない。こうなると、新たなテキストは、イデオロギー言語で書かれていても規範違反と見なされるおそれがある。だから、「規範」の枠内にあり続ける唯一確実な方法として、上層部のかつての発言や文章をそっくり正確になぞったのだ。自分のスタイルを、以前に誰かが言ったか書いたかしたスタイルに合わせる術を身に付ける必要があった。一九五〇年代末からのこうした変化を受けてテキスト模倣が広がった結果、ソ連のイデオロギー言説に新たな言語規範が自然発生的にできあがる——この言語で書かれたテキストは、以前のテキストの引用にどんどん似てゆき、次第に見分けがつかなくなった。

この時期に党中央の職員が書いた演説や文章は、かつてと違う不思議な校閲を受けている。以前に誰かが書いたイデオロギー文書に文体や構造が似ることだけを目的に推敲しているのだ。このプロセスは、密室で行われた。かつては公開で行われていた作業が、公共空間から消えてしまった。テキストから独自性がきれいに取り除かれ、個人的な作者の声も消えた。昔のテキストから語句や表現や言い回しを拝借し、文法構造や段落まるごとのコピーも横行した結果、イデオロギー言語はどんどん判で押したような予測可能なものになり、したがって匿名性を増してゆく。

こういう状況では、言葉の形式の正確さが重視され、文脈次第で変わりかねない意味は二の次になる。スターリン時代であれば、先にも見たが、校閲作業で大事なのはイデオロギー発話の文字通りの意味だ。一歩離れた所に真実を想定し、その意味をどれだけ正確に汲み取っているかが重要だった。それが打って変わって形式の正確な再現が重視され、伝える意味はさほど頓着しなくなった。端的に言えば、言葉の形式を正確に写し取れば、伝わる意味に間違いはないと思われていたのである。

こうした発想の根底にあるのは、いわゆる言語の意味論モデルである。ある発話の文字通りの意味は、言語形式そのものに内蔵されており、外部の文脈に左右されないという考え方だ。多くの制度が、言語をこのように考え、自律的な意味の中継者とみている。

一九六〇年代のソ連の権威的言語はこの意味論モデルに従って機能している。文章力は単なる技能に成り果て、従来からの形式（統語構造、語結合、言い回し、論理構造）を寸分たがわず真似るだけで、構造の意味には重きを置かない。フョードル・ブルラツキー（一九五〇年代末から六〇年代はじめに党幹部の補佐官が、こんな話をしてくれた。「若手の党書記（アンドロポフやポノマリョフなど）にとって当時なにより大事だったのは、政治的な過ちになる、型破りなことや定石から外れることを書かないようにすることだった」。二人とも文章を書くときは「規範から決して逸脱しない」ように、「一言でも疑いを持たれないように」していたという。(43) 言葉の形式や言い回しが、過去のテキストを踏まえていることが必須になった。この傾向は、一九六〇年代に拍車がかかる。ブルラツキーの話。

フルシチョフは、演説の時は必ず原稿を読んでいました。ただ不意に「ちょっと脱線したい」と言って、普通の労働者の言葉で話し出すことはありました。あれは、三〇年代はじめの党内論争の時に覚えたのでしょう。……それでも、これが規範の逸脱で、やりすぎは禁物だと自覚していました。……ブレジネフになると、決して〔書かれた原稿から〕逸脱しません。一般的な規範の枠を外れたり、整然とした党の言葉を乱すことを恐れていました。(44)

ソ連の権威的言語の模倣引用が広がるにつれて、作者の声が次第に消えていく。権威的言語は、匿名言語になった。**外部の主人**の位置を占めうる人が、党中央の幹部も含め、誰もいない。話し手は誰であれ、すでに存在しているイデオロギー発話の**中継者**であって、新たなものの**生産者**ではなかった。当時の有名なアネクドートが、権威的発話におきたこの変化をよく表している。

ブレジネフ書記長が、現代美術の展覧会を見に行った。美術館の出口で中央委員の面々がブレジネフを取り囲み、展示物の感想を聞こうとした。しばらくの沈黙の後、ブレジネフはこう言った。「うん、とても面白かった。でも、ともかく上の方がどう思っているか聞いてみようじゃないか」

「上の方」なんて、もちろん誰もいない。イデオロギー言説の**作者**の位置を占めることは、ブレジネフを含め、もはや誰もできなかった。

新たな状況では、党中央の文書の大半を集団で執筆する。従来の文章とそっくりになるまで校閲や推敲を無数に繰り返した。党中央で重要論文や演説に隅々まで手を入れたのが、イデオロギー問題担当書記のスースロフだった。スースロフは、両義性の可能性を徹底的に排除しようと、何回も一字一句に至るまで検討し、適切な表現をいつまでも探し続けた。ある準備中の演説原稿に「マルクス＝レーニン主義とプロレタリア国際主義」という表現を見つけて、その中の「と」を「――」に替えた際は、補佐官への説明として、「マルクス＝レーニン主義」と「プロレタリア国際主義」とは同義語だから、この二つを別の概念と見ることになる接続詞「と」の使用は間違っていると言ったという。[45] こうして「マルクス＝レーニン主義――プロレタリア国際主義」という語結合が公共言説で定着し、決まり文句になって数多くのテキストで繰り返された。

スターリンも、テキストや表現を隅々まで手直しする人だった。だが後年の人たちとは違って、「本物の」政治言語のただ一人の担い手として、テキストの校閲は公然と自分の名前で行っている。一方、フルシチョフ期やブレジネフ期の党書記がしていた修正は、人目につかないように隠されており、新聞紙上での討論もなければ作者の具体的な顔も見えない。事細かに隅々まで修正するのは同じでも、非公開の匿名なのだ。

同じことは党の出版物にも言える。権威的言語の規範から逸脱しないように、党機関紙の論説記事は特別な校閲をしていた。『コムニスト』（党中央委員会の最重要のイデオロギー機関誌）でこのプロセスを一手に引き受けていたのが、イワン・ポメロフである。同誌によく寄稿していたフョードル・ブルラツキーによると、「ポメロフは一時間でどんな論文もすべすべの丸太〔гладкое бревно〕にできた。つかみどころのない文章のことを、私たちはこう呼んでいた」。[46] こうした手直しには特殊な操作が数多くある。例えば、「短いフレーズは歓迎されない。基本的にフレーズは長くして、動詞をできるだけ少なくした」。[47] ポメロフが論文のタイプ原稿を推敲する時は、

……文中に気になる単語があると、そこから長い線を引いて余白に修正案を手書きします。この線のことを手綱と呼んでいました。戻ってきた論文は、たいてい縦横無尽に手綱が行き交っています。一ページに十本

を下りません。ポメロフは異彩を放つ単語を平凡な単語に置き換え、文学趣味[48]［литературщина］と呼ぶものをきれいに取り除き、いくつかのフレーズをぶちこんだ一つの長い文章をつくります。長さは段落一つくらいあって、コンマを山のようにつけて動詞を取っ払うのです[49]。

アンドロポフも[50]、党幹部に提出する報告書の文面を、数限りなく部下に書き直させた。校閲が最終局面になると、

……当人も上座に陣取って、補佐官（通例は四人から六人）の居並ぶ机を囲みます——何人もの部下と同時に仕事するのが好みでした。最終案の手直しは一緒にやりました。アンドロポフがあるフレーズを読んでいて、こう言います。「ここは何かが違う。もっと適切な表現を探す必要がある」。誰かが別のフレーズを提案すると、それを書き留める。続いて誰かがまた別のフレーズを提案し、続いて三人目がといった具合です。全員で文章を一から書き直しました。それからテキストをタイプ係に戻す。その後アンドロポフの読み上げがもう一回、さらにもう一回。表現の変更は、あるべき響きがするようになるまで続きました[51]。

「あるべき響きがする」のなら、いつもの表現に近づいている。校閲プロセスとは、従来のテキストの自覚的な模倣なのだ。この集団的な模倣作業によって個人の書き癖が目立たなくなり、作者の声はゼロに近づく。テキストから作者の存在が消えるなら、書かれたものへの個人の責任も消える。言語の構造レベルでは、権威的言語はどれも似たり寄ったりになった。党の補佐官たちの俗語だが、この模倣文体を「ブロック作文[52]」［блочное письмо］と言う。標準ブロック（一塊（ひとかたまり）のフレーズ、場合によっては段落）が別のテキストでほとんど変更なく繰り返されることから来ている。そうしたテキストの論理構造は往々にして内向きで、閉

鎖循環の原理でできている。そのため、ブルラッキーによれば、こうした演説や文書は多くの箇所で「上から読もうが下から読もうが同じ結果になった」[53]。指導者が没個性の文体に徹すると、言語構造のあらゆるレベル（統語論、形態論、語彙、構造、ナラティヴなど）で、自然発生的にできた新たな言語規範を指向する流れに拍車がかかる。こうして権威的言語の引用性が高まった。

後期社会主義のソ連の権威的言説には、通例とは異なる大きな特徴がある。単に形式が画一化しただけでなく（決まり文句や繰り返しの多用、語彙や文体の類似、予想可能で儀礼的になる）、「水ぶくれ」が激しくなって、要領を得ない不恰好なものになったのだ。常用される表現がどんどん長く不恰好になり、同じことを別の表現で無数に言い表せた。一文が長くなり、動詞の数が減って名詞の数が増える。こうした名詞をだらだらつなげてつくった長い名詞句は、多くの修飾語、とりわけ比較級や最上級を持っている（後述）。

こうしてできた発話は、通常の文字通りの意味で理解するのが非常に難しい。形式が意味を凌駕しているからだ。このような場合、単に言語が画一化（ノーマル）したと言うだけでは不適切で、むしろ超画一化（ハイパーノーマル）と言うべきである。ハイパーノーマル化とは、ある言語に数多くの決まり文句や常套句ができるだけでなく、そうした決まり文句や常套句が次第に複雑化していくことだ。そうした発話は、コンスタティヴな意味が極めて曖昧になる。ソ連のイデオロギー言語は、このハイパーノーマル化を通じて、発話の伝える意味から解放された[54]。イデオロギー発話の構造におきたこの変化こそ、後期社会主義のその後の発展を決定付けた最大の要因だった。

単義（モノセミック）言語

ソ連の言語学者は、こうした政治用語モデルの優位性を学問的に裏づけようとした。一例として、一九八二年の『言語学の諸問題』誌の論文を見てみよう。政治言説の「語彙の意味」をロシア語と「ブルジョア」諸言語（英仏独）とで比べている。論文は、先述した意味論モデルそのままに、発展した社会主義の時代には「ロシア語話者の意識において」政治用語は多義性を失い、類例のない単義（モノセミック）の用語になったと主張する。[55]そうした用語が内包できる意味はただ一つ、ソ連の現実と「イデオロギーで結びつく」ことの可能な意味だけである――この意味は、それ以前の歴史上の時代と違って、文脈が変わっても変化せず、永久不変で誰にでもよく分かる。というのも、ソ連の現実がこの時期に分かりやすい、論理的かつ予想可能なものになっているからで、ソ連の政治用語であるマルクス＝レーニン主義を使えば、余すところなく描くことができる。こうした現実を描く際の正確さや一義性や包括性こそ、ソ連の政治用語とブルジョア社会の政治用語とを分かつ点だと論文は指摘する。ブルジョア社会は、日々の現実に利害対立や解釈競合が満ちあふれているが、ブルジョア・イデオロギーの言語はこれを完全かつ論理的に描くことはできない。というのも、言語が多義で、ブルジョア社会のごく一部の立場しか反映できず、対立する別の部分が除外されるからだ。[56]ソ連とブルジョア諸国の政治用語にこうした語義の違いがあることから、論文によれば、ソ連の翻訳家には「二重の課題」がのしかかる。ブルジョアの用語を単に訳すだけでなく、その含意をも伝えなければならない。[57]このため、翻訳者が特殊なマーカーを使うことを論文は勧めている――例えば、かっこや「いわゆる」という言い回しを付けて、外国の表現は現実を正しくあるがままに反映していないとソ連の読者に気づかせ、「わが国の文献で用いられている」用語との違いを意識させるべきだと書いている。[58]

ソ連のイデオロギー言語は単義（モノセミック）であるという命題は、後期社会主義のもっと早い時期の文献にも見られる。『政治・経済・技術用語小辞典』(59)は、一九六二年に出た発行部数十五万部の本で、対象は「若い読者、コムソモールの宣伝活動家、政策宣伝員、ジャーナリストなどの政治知識の自習をしている人」だが、ソ連の政治用語の最重要五百語を一覧にして示し、それぞれに極めて単義(モノセミック)な定義をしている。辞書といえば、単語や複合語の様々な意味を用例とともに列挙するものだが、この辞書はどの用語にもたった一つの意味しか与えておらず、文脈に左右されない唯一の意味が前もって完全に細部に至るまで分かっているかのようだ。ためしに「ア」で始まる用語や表現をいくつか紹介する。辞書の定義に従うなら、現代ロシア語は範囲の狭い、具体的で「イデオロギーと結びついた」意味しかないことになる。

〈アプセンティズム〉〔абсентеизм〕「ブルジョア諸国の有権者が議会などの選挙を集団で忌避すること、勤労者が反人民的なブルジョア国家やその権力機関に不信表明する形式の一つ」

〈アグレッシヤ〉〔агрессия〕「一国もしくは複数の帝国主義国家が別の一国または諸国に攻め入って、領土の奪取や、その国民の政治的または経済的な従属化や奴隷化を目指すこと。帝国主義については、ソ連共産党綱領が〈侵略(アグレッシーヴナヤ)戦争——国際係争の通常の解決手段〉と指摘している」

〈アナーキズム〉〔анархизм〕「反動的で、マルクス＝レーニン主義に敵対する小ブルジョアの政治潮流、前世紀四〇年代から六〇年代のヨーロッパで発生」

〈アンチコミュニズム〉〔антикоммунизм〕「現代世界における帝国主義の主たる思想・政治面の武器、ブルジョア・イデオロギー劣化の極端な段階を反映」

ソ連の政治用語のこうした決まり文句の意味が、辞書に倣えば、完全に明らかで変化しないのだから、長い複合語や言い回しであっても短い単義(モノセミック)の用語と同じように扱えるわけだ。その証拠に、辞書の見出しは単義の用語ばかりだが、「プロレタリアートの絶対的貧困化」といったかなり複雑な句も混じっている。(60)

この時期の学術論文や解説書も、右に見たものと同じく、権威的言説の画一化に一定の役割を果たした。党の宣伝員や新聞編集者や一般市民に向けて無数に発行されていた小冊子は、かつてと同様、政治的な文書や演説の言葉は正確でなければならないと書いてはいる。[61] だが、スターリン時代の社会の注目が意味のニュアンスだったとすれば、今や注目点は形式にだった。

言語の語用論モデル

言語についての別の解説書を見てみよう。一九六九年に出た『初級党組織書記便覧』は、イデオロギー問題の議論を党の常套句を使わずまだ自分個人の言葉でしている書記や宣伝員を槍玉に挙げ、皮相な「エセ科学的」やり方になるのは必至だと批判している。[62] 同じような内容で、十年後の一九七九年に出た地方の政治学習会の講師向けの小冊子は、聞き手との対話で用いる言葉の正しさを保証できるのは「本物の党の言葉」を形式レベルで再現している場合であり、党の表現や言い回しを繰り返すべきで、新たなものを作ってはいけないと力説している。[63] 一九七五年に出た文献は、政治学習会の講師に人前での演説は創造的に行うべきだと呼びかける。ただし、創造的なやり方を発揮するのは発話の形式ではなく、その形式を伝える手段（声の大きさ、聞き手とのアイコンタクト、身振り、軽い冗談など）だと強調していた。[64]

少し前で取り上げた〔註(21)参照〕コンダコフ編の小冊子『新聞のことば』（一九四一年刊＝権威的言語に今述べているような変化がおきる前）は、地方の党委員会の演説や文書で散見される「不正確な」言葉づかいの実例が数多くあがっており、どこが間違いなのか、間違いを読者とどう議論すべきかも詳しく説明している。ところが二十六年後の一九六七年（＝権威的言語に変化がおきた後）に出た同じような本、グレブネフ編の『新聞はどうやってできるか』は、地方の党幹部の言葉の粗探しがないばかりか、新聞は政治的な表現の不正確さを公の場で議論すべきではないと何度も強調しているのだ。同書が実例として紹介するコミ共和国シクトィフカル市の地区新聞『ザ・ノーヴィ・セーヴェル』は、党州委員会指導部の発言をめぐって党州委員会と紙上論争をしていた。論争を掲載したことは、同書の説明によれば、編集長の許しがたい誤りである――ここで言う誤りは、編集長が州委員会の言い分に同意しなかったことではなく、論争したことを読者に知らせたことだ。編集長が党委員会の主張に同意しないのは十分ありうるが、その場合も批判の場は「党委員会の会議とすべきで、必要なら上級の党指導部に訴えて、最終的には党中央委員会まで持ち込めばよい」。ただし、そうした議論は党の内々の問題なのだから、人目にさらすのは厳禁である。[65]

権威的言語の形式をそっくりそのまま何も変えずに再生産するのが大事なのだから、言説のパフォーマティヴな働きが高まったことになる。

こうして、権威的言語の画一化と定型化が進む中で言語形式を守ることが最優先され、形式に「盛り込まれている」意味への注目が薄れる。このため同じ紋切型の表現を、様々な政治命題で使い回すことができた。その典型例をフョードル・ブルラッツキーが紹介している。党政治局員のスースロフ（党の理論指導の第一人者）は、レーニンの著作のまったく同じ引用文を使って、様々な、時には相反するイデオロギー決定を正当化していた。このためスースロフの執務室には、レーニンの著作や演説の厖大なカード索引があった。あるときブルラッツキーが重要論文の原稿をスースロフに見てもらっていると、ある箇所でスースロフがこう言った。

「ここはウラジーミル・イリイチの引用で補強すべきだな。一つあればいいかな。……これは私が選ぼう」

と言うと、すっと立ち上がって執務室の隅の方に行き、図書館によくある箱を一つ引っ張り出し、机の上に置いて、ほっそりした指で引用カードをさっと調べていきます。一枚取り出してながめる——だめだ、これじゃない。別のを声に出して読む——これも違う。次に取り出した時は満足げでした。「これだ、これなら使える[66]」

このように、頃合いのレーニンの引用を文脈無視で使うことで、スースロフはたとえ政治方針が急変しても、党の路線には継続性があって一貫していると言うことができた。

別の例を、ソ連の言語学者エリック・ハン＝ピラが紹介している。ソ連のマスメディアが党・政府の有力政治家の葬儀を報じる際は、定型化した「赤の広場のクレムリンの壁の脇に葬られた」という表現を長年にわたって用いてきた。この決まり文句は頻繁に繰り返され、ソ連の人におなじみだった。だが一九六〇年代になって、クレムリンの壁近く（レーニン廟の後方）の埋葬場所が一杯になったこともあって、クレムリンの壁を内側に直接彫り込んで壁龕をつくり、火葬した遺体の遺骨を骨壺に入れて、この壁龕に収めることが増える。そのころ赤の広場での葬儀の模様はテレビ中継されだし、テレビを見ている何百万もの人が、用いられる言語形式（「赤の広場のクレムリンの壁の脇に葬られた」）と儀礼の文字通りの意味（クレムリンの壁の中に納骨）との不一致に気づくことができた。この不一致に目を留めたソ連科学アカデミー・ロシア語研究所の専門家十五人が党中央委員会に書簡を送り、旧弊な表現は止めて、新しい儀礼に相応しく、「骨壺がクレムリンの壁に納められた」に代えるよう提案する。数週間して研究所に正式な回答が届いた。言語の専門家の提案を検討したが、党中央の指導部は旧来の表現をそのまま残すことに決めた、とあるだけ。こう決めた理由の説明はどこにもなかった[67]。明らかに党中央の観点は、権威的表象の形式を維持して今までどおりにしておくことが何より重要であって、形式を変えて現実の変化に対応することは考えていなかった。

このように前提が変わると、ソ連の一般の人たちが立場上イデオロギー文書（集会の演説原稿や報告書など）を書く際も、常套句のイデオロギー表現や過去のテキストの断片をそのまま繰り返し、自分らしさをできるだけ付け足さないことが重要になる。形式の無条件の繰り返しを重視するあまり、どう考えてもおかしな意味なのに訂正しない、馬鹿げた事態もおきたりした。レニングラードにある「絵画装飾芸術コンビナート」という、都市の空間や建物に施すビジュアル・プロパガンダの製作工房で働いていた画家から聞いた話だが、一九八〇年代はじめにこの工房へ、十一月七日の革命記念日にあわせた党の命令が届いた。中心街のとある建物の壁面を長い横断幕で覆い、そこに党市委員会から送られてきたスローガンを書き込む仕事だ。だがこの時のスローガンは文面に間違いがあった。ある単語が欠けていて、文章が意味を成さないのだ。工房の画家たちは間違いに気づいたが、上の党組織の許可なしに修正する決心がつかない。工房の責任者は、市委員会のイデオロギー指導員に話をして、必要な修正をして欲しいと訴えた。しかし、指導員は文面が間違っていることは認めたが、修正は取り合ってくれない——表現は上から、モスクワから来ていたので、何か個人的なものを付け加えるのは指導員もしたくなかったのだ。このエピソードにも、権威的言説が機能する重要原理が見て取れる。党のヒエラルキーの現場レベルでは、言説の言語形式を正確に再現することが重要であって、そこに含まれているはずの文字通りの意味に従うことは二の次だったのである。(68)

言説としてのビジュアル・プロパガンダと政治儀礼

形式の硬直と画一化は、非言語の権威的言説でも進んでいた——ビジュアル・プロパガンダ、政治儀礼（集会、式典、デモ行進、学校の朝礼）、新興住宅地の空間設計などである。ビジュアル・プロパガンダとは、街の通りにあるポスター・彫刻・記念碑（レーニンや英雄などの顕彰）、党政治局員の肖像画、共産主義を象徴する造形物、模範労働者を称える表彰板、スローガンを書いた横断幕などのこと。革命直後は、言語がそうだったように、ビジュアル・プロパガンダも実験の対象であり、新生国家の芸術団体や政治組織が積極的に関与した。[69] しかし一九二〇年代半ばから、党の厳しい規制がはじまる。ビジュアル・プロパガンダの主題に公的なメタ言説ができあがり、芸術家の仕事の適否を決める基準になっていった。その後とくに六〇年代から七〇年代にかけて、政治言語と軌を一にするように、ビジュアル・プロパガンダでも画一化と定型化が進む。規範となるビジュアルの「ブロック」ができあがり、これを次々と様々な作品にコピーしていった。

その過程がよく分かるのが、レーニン・イメージの変化だ。六〇年代末のことだが、レーニンの生誕百年〔一九七〇年〕の準備中、プロパガンダ画家に党中央委員会の秘密指令が知らされる。レニングラード絵画装飾芸術コンビナートの画家の話によると、指令の内容は、生前のレーニンを知る人はもう数えるほどだから、プロパガンダ作品でのそのイメージはもっと抽象的にすべきだ、「普通の人として描く割合を少なく」して「英雄の象徴として描く割合を高める」べきだと書かれていた。[70]

レーニンのイメージとしてポスターやプロパガンダ作品などで使われる造形の形式は、どんどん定型化・図式化し、複製可能になる。レーニンは長身で力強い、筋骨隆々の姿になっていった。素描や塑造の技術も、素材や色や質感の選択も、レーニン・イメージの造形では、ほとんど気にしない。標準のレーニン・イメージの数も減ってゆき、どれも似たり寄ったりになる。レーニンのポーズの数も、背景の文脈とともに、減少した。決まりきった視覚要素が次から次へと使いまわされる。ビジュアル・プロパガンダの専門家の間では、定型化したレーニン・イメージは特別な名前がついていた。「われらがイリイチ」〔Наш Ильич〕――ふつうの人間の姿をした思慮深いレーニン。「目を細めるレーニン」〔Ленин с прищуром〕――茶目っ気のあるレーニン。「レーニンと子供」〔Ленин и дети〕――子供や身内に囲まれた素朴で善良なレーニン。「領袖レーニン」

〔Ленин вождь〕――精力的で筋骨隆々の超人レーニン。「潜伏中のレーニン」〔Ленин в подполье〕――革命を語るレーニン。定番の肖像には一つひとつ番号が振られていた。執筆中のレーニンの定番肖像は二つあり、「執務室のレーニン」が六番〔шестёрка〕、「緑の執務室のレーニン」（〔一九一七年夏の潜伏地〕ラズリフの小屋）が七番〔семёрка〕だった。六番だと椅子に、七番だと切り株に座っている。[71] 画家たちは「さっき五番が終わったぜ」といった会話を交わしていた。

画家は工房に標準のレーニン像を取り揃え、「引用」の材料にしていた。こうすれば、画家の個性を消した規範の再生産と製作の能率アップが保証され、しかも高収入につながる。画家が編み出した技法は「ブロック作画」と呼びうるもので、党補佐官の「ブロック作文」（前述）に相当する。目に訴える要素・構図・意匠・色彩・様式・質感を文脈無視でそのまま引き写すのだ。画家のあいだで特に需要があったのが、基礎となる「出発点」のレーニン・イメージ――レーニンの死から数時間後に彫刻家のセルゲイ・メルクロフがつくったデスマスクと頭像（図1）である。[72] 絵画装飾芸術コンビナートの画家ミハイルの話。「一人前の画家でイデオロギー関係の仕事をしている人なら、誰だってツテを頼って彫像コンビナートから入手しようと

図1　レーニンのデスマスクの複製（現物はメルクロフが作成）

した。手に入ったら、あとはひたすら複製さ」[73]。このデスマスクは、領袖のありきたりのイメージではない。本物の実在したレーニンの肉体がソ連のシンボル体系の表面に残していった真正性を担保する「索引」(indexical trace)だった。こうして、あらゆる造形が、イデオロギー空間の鍵となる主人のシニフィアン「レーニン」と結びついていたのである[74]。

ビジュアル・プロパガンダの作成プロセスは、イデオロギー文書の執筆プロセスと同じように次第に定型化していくが、同時に集団性と匿名性を強め、流れ作業のようになっていく。イーゴリ・ジャルコフ(レニングラード某地区の画家、後にプーシキン市の芸術局長)の話。

レーニンの肖像画の依頼は、あちこちの大学や工場や学校などからごまんとあった。だから、レーニンの絵を五つも六つも同時に描くのは画家として当たり前だった。まずキャンバスに一斉に枠をつけて、どれも鉛筆で同じ下絵を描く。翌日は大まかな描画を全部のキャンバスにして、次の日にレーニンの顔をやる。それから背広、それからネクタイといった具合さ[75]。

こうした技術は画家の専門分化をすすめ、ある種のレーニン画だけを請け負う人や、レーニンの特定部分だけを描く人も出てきた。レーニンの顔を描く専門家、レーニンの鼻と耳の名人、背広とネクタイを描く人といった具合だ。ミハイルが、レニングラード市の美術局長ラーストチキンのアトリエで働いていた画家集団のエピソードを教えてくれた。「みなプロ中のプロで、絵でも彫刻でも、レーニンなら目をつぶっても作れた。気晴らしに、誰がうまくそらでレーニンのある部分を描けるか腕比べをやった。レーニンの頭とか鼻とか、さらには左耳をいろんな角度で描いてみることもあった」

流れ作業の手法は、祝日に街の通りに飾る政治局員の巨大肖像を描く時にも用いられた。こうした肖像画は、様式と技法が決まっていて、何年たってもほぼ同じ。ごくわずかの数量的な変化（質的ではない）、例えばブレジネフの背広の勲章の数を増やしたり（図2）、数年ごとに顔に加齢を施すだけで十分だった。マルタ・ポチフォロワ[76]（一九七〇年代末にレニングラードの党地区委員会のイデオロギー指導員）の話。「ブレジネフが新たに勲章をもらうたびに、担当地区の画家に命令を出して、管内にあるブレジネフの肖像画のすべてに一晩でその勲章を描き足させたわ[77]」。大事なのは、たまたま通りかかった人が肖像画の変化のプロセスに気づかないようにすることだった。肖像画は夜に外し、工房で数時間のうちに慎重に処理する。そして朝の通行人が現れる前に再び通りに戻しておく。このように、ブレジネフの勲章が一つ増えたのは周知の事実でも、描かれる姿は、見た目の変わらなさを壊さないようにした。つまり、権威的言説の形式は定型不変で予想どおりという受け止め方を壊さないようにしていたのである。

図2　ブレジネフの肖像画、クラスノヤルスク市内、1982年春（4つ目のソ連邦英雄勲章をブレジネフがもらったのは1981年）

こうしたプロセスの行き着く先が、ソ連の政治家を描くビジュアル言説の画一化だった。同じことが、ビジュアル・プロパガンダで「一般ソ連人」を描く時にもおきている（労働者、コルホーズ員、学者、宇宙飛行士、母親など）。姿かたちや表情がどんどん図式化され、規格化されていく。色彩の豊かさがなくなり、細部や陰影の描き方が単調になり、遠近やポーズや顔の表情が固定した。ビジュアルの一部要素は、別の作品にもたやすくはめ込むことができる。ポスターからポスターへ、ブックレットから教科書へ、街中の横断幕から本の表紙へ、次々とコピーされていった。

図3　住宅の壁面に掲げられたプロパガンダ・ポスター「人民と党は一体！」。モスクワ、1984年

実際には様々な権威的言説がそれぞれ異なる働きをするのだが、ここでも大事なのは量であって、質ではない。例えば、権威的言説で書かれたスローガンは、どの時空間にあるかによって、三つに分けられる。スローガンの中身は異なるが、ある言語構造やテーマの繰り返しという点では互いに関連があり、あとは単に規模が違うだけだ。一つ目は、ごく一般的な、どんな時空間でも可能なスローガン（一例――「人民と党は一体！」「ソ連共産党万歳！」「共産主義の勝利に向かって前進！」）。二つ目は、特定の時空間と密接なつながりのあるスローガン（一例――「第二十八回党大会決定を実行に移そう！」「メーデー万歳！」「レーニン百周年を新たな勤労の勝利で祝おう！」）。三つ目が、ローカルなコンテクストとかなり結びついたスローガンである（一例――「キーロフ工場の勤労者よ、諸民族間の友好を強化しよう！」「レニングラードのスポーツ選手よ、ソ連スポーツの旗を高く掲げよ！」）。

一つ目のスローガンは、建物の壁面につけたり、通りをまたぐ横断幕として掲げる。一番人目につくスローガンであり、すべての人びとに向けて発せられている。街中にどれだけあるかを数えれば、ある場所の「イデオロギー密度係数」（ある空間内にスローガンや肖像画やビジュアル・プロパガンダがどれだけあるか）が算定できる。大都市の中心部は、イデオロギー密度係数が最大値の一・〇に達した。ほかの所はもう少し低いが、モスクワの中心部、赤の広場の周辺だと一を上回った。レニングラードで係数が最も高いのは宮殿広場であり、メーデーと革命記念日の時期が顕著だ。中心部の広場や通り以外でイデオロギー重点地だったのは、いわゆる「幹線」や「政府道路」――党幹部の専用車や外国使節団が通る道筋だった[78]。

どんな肖像画やスローガンを街のどこにつけるかは、党市委員会のイデオロギー部が決める。党中央委員会から各地の市委員会にスローガンと造形物の指定リストが届くので、その中から選んでいた。幹線道路などの特別なイデオロギー空間の飾りつけは、プロパガンダ要員の画家が、地区ごとのプロパガンダ地図と党の指定スローガン一覧を使って独自にやっていた。先述のマルタ・ポチフォロワは、別の地区委員会の指導員ともども、立場上この一覧に従っていたが、打ち合わせをして、隣の地区がどんなスローガンなのかは確認していた。隣り合う地区で文句が重ならないようにして、連続性を確保するためだ。ある地区の境界付近に「ソ連科学万歳！」というスローガンがかかっていたら、隣の地区の画家は一覧から別のスローガン、例えば「労働万歳！」を選んでいたという[79]。

というわけで、この時期の権威的言説は、ビジュアルであれテキストであれ、画一化と定型化が進んでいた。当然ながら他のビジュアル・プロパガンダ、とりわけ映画や写真でも同じことがおきた。プロパガンダとして分かりやすいのは、ニュース映画だろう。各地のドキュメンタリー映画撮影所が製作し、テレビや、映画館の本編上映前に流していた。一九六〇年代半ばからこうしたニュース映画のスタイルが変わりだし、規格化されてビジュアル形式が単純化してくる。編集の段階で、不自然なものや想定外のものを削除したり、穏当なものに差し替えたりした。以前に違う文脈で撮ったちょっとした映像を、別の話題で利用することも増える。ニュース映像の言語に引用しやすい「ブロック映像」〔киноблоки〕が現れた――典型的な背景で撮影された典型的な光景、例えば拍手する聴衆、満員の講堂、幸せそうな顔をしたデモ参加者、コルホーズの畑を列をなして動く農耕機械などである。当時レニングラードのドキュメンタリー映画撮影所で働いていたユーリー・ザニン監督によると、一九七〇年代の十年間、レニングラードの冬のニュース映像で使う新年の町並みのシーンは、一九七〇年十二月に撮影した映像を使い回していたという[80]。

規格化と画一化が進んだのは、ビジュアルや言語がらみの権威的言説だけではない。公共の行事や儀礼もその例に漏れない。クリステル・レインの卓見だが、一九五〇年代末までのソ連の様々な公共儀礼は、統一した中央集権システムになっておらず、構成や内容に関連性がなかった[81]。だが一九六〇年代になるとソ連当局が全国の公共儀礼や政治儀礼の統一キャンペーンに乗り出し、規格化や簡素化を推し進める。明らかに政治的な行事や儀礼はもちろんだが（党やコムソモールの集会、共産主義土曜労働、入党やコムソモールやピオネールへの加入、レーニン記念テストなど）、無数にある世俗儀礼も対象になった（結婚宮殿での結婚式、企業の記念式典、文化や歴史の記念日など）。こうした行事は、かつてなら準備も実施も地元の社会・文化・教育団体が請け負って独自の内容でやっていたのに、この時から中央集権化された儀礼システムに一元化され、内容も共通形式で、党中央のまとめた構想に従っている。儀礼や行事は、様々な理由から行われているのに、共通の形式に従い始めたのである。反復される「ブロック」が儀礼にも出来上がり、様々な文脈の様々な機会で、ときに無関係であっても、再現されるようになった[82]。

儀礼の規格化は大規模な行事にも波及し、五月一日や十一月七日のデモ行進でも見られた。この二つのデモ行進はいつも長い時間をかけて入念に準備していたが、綿密なプランが標準計画に基づいてつくられるようになる。このプランは地元の党組織から何度かチェックを受けた後、市委員会で承認され、最後は党中央委員会に報告が行く。何度も祝日のデモ行進の準備に携わったレニングラードのある地区の画家によると、市の中心部の飾りつけやデモ行進のコース選定は特に念を入れて、事細かに検討した。五月と十一月のデモの度に宮殿広場の精密な模型を用意したが、その模型は旗や横断幕を掲げながら勤労者の隊列が行進し、貨車やトラックが動いたという。広場の音響調査も行われ、スピーカーや拡声器や電源などの配置が確認された。「すべて入念な準備で、レニングラード市党委員会の作業委員会がデモ行進のかなり前から行っていた。その後ですべての模型がモスクワの党中央イデオロギー部で承認を受けていた」(83)

もっと規格化が進んで類型的だったのが、党やコムソモールの集会の運営、とくに大組織の報告改選集会や国の××周年記念行事の協賛集会だった。こうした集会の準備は実施のかなり前から綿密に行うので、計画外や自然発生的な展開はまずありえない。発言の順番、話す内容、「サクラ」の反論や聞き手の反応まで、すべて事前に話がついていた。規格化された予想どおりの形式に忠実に従うことが重要で、文字通りの意味での議論は二の次だった。

図4　レニングラード各地区のデモ隊の先頭が宮殿広場に入る（1970年代末）

「作者の声」の排除

前述したように、権威的言説は形式の規格化・画一化でパフォーマティヴの役割が高まった。テキストや儀礼の定型を正確になぞることが重視され、意味への関心が弱まる。権威的言説が現実をどう描くかが大事であって、何を描くかは重要ではなかった。おさらいだが、こうなる理由は二つ。一つは、こうした集会や行事への参加が逃れられない現実だから（度々ずる休みする人がいると、職場や大学などで責任問題に発展する）。もう一つは、参加といっても、形式的なレベルで十分で、意味には頓着しなかったからだ。

だからといって、こうした行事が全く意味を失ったとか、日常生活が無意味な反射運動の連続でどこもかしこも偽善だったと言いたいのではない（そうした間違った見方を耳にすることが多い）。そうではなく、定型化した形式をパフォーマティヴに繰り返すことが権威的言説の勘所となったことで、様々な発話が持っていた意味（コンスタティヴな意味）が具体的なコンテクストとの結びつきを弱め、それまでにない予想外の理解や解釈に開かれるようになった。

これを契機にソ連の日常にあらわれた数多くの新たな意味や生き方や関心・関係は、権威的なテキストや儀礼の文字通りの意味と重ならないが、正面からぶつかることもない。具体例は次章以降で見てゆくが、理解の前提として、権威的言語の形式が硬直するハイパーノーマル化とはどういうことか、その構造上の特徴は何かを説明しておきたい。

新たな変化は、大きく言って二つの原理にまとめられる。第一に、後期ソ連にあらわれた権威的言語モデルでは作者の立場が一変した――この言語で書かれたテキストでは多くの場合、作者の役割は新たな意味の生産者ではなく、既存の意味の中継者[84]にすぎない。第二に、言説の時制が総じて過去に向かっている――つまり、どんなに新たな情報でも、過去の発話から分かっている既知の情報としてコード化されている。この二つの原理は間違いなく密接なつながりがあり、連動することで、どれほど新しい発想や事実や命題であっても既知の証明不要なものとして提示する。これがスターリン時代のイデオロギー言語との違いである。この原理が権威的言語の構造にどのようにコード化され、言語形式にどのような変化をもたらしたのか見てみよう。

新たな権威的言語モデルでは、主観的な作者の声はかつてないほど奥深くに隠れている。そして、この言語で話す人は、誰かがかつて述べたことの中継者でしかないので、批判にさらされる危険性が減る。(85) この結果、権威的言語の匿名性が高まり、浸透が容易になって画一化がいっそう進む。

最後のソ連世代の大半は、こうした時代に成長してこの原理をしっかり身につけている。権威的言語かどうかは簡単に見分けられたし、必要とあれば、ほぼそっくり再現することもできた。先にも述べたように、権威的な発話はおおむねパフォーマティヴな発話として機能しており、主たる目的は反復にある。文字通りのコンスタティヴな解釈を求められないが故に、身につけた特殊な反応である。だから集会に行ったり投票などの信任行為に加わる時は、発話や行為の文字通りの意味をたいてい無視したし、日常生活でも、そうした発話や行為が提示するイデオロギー的な現実説明の枠外にいた。

権威的発話にソ連の人たちがどのような意味を盛り込んでいたのかを理解するには、コンテクストの分析が重要である。そうした発話の作成・引用・受容・解釈のコンテクストを分析したり、別のテキストや慣行との相互関係を考えたり、権威的言説がないコンテクストと比べる必要がある。そうした多面的な分析をソ連の言説空間に試みることで、イデオロギー発話の本当の意味がやっと見えてくる。手始めに、本章では後期ソ連時代の権威的言語の形式を詳しく分析してみよう。

論説記事

権威的言説の典型例に、中央紙の第一面に掲載される文章がある。文体を決めるのは、もちろん『プラウダ』紙だ。『プラウダ』は党中央委員会の機関紙なので、編集長が党書記局の会議に毎週出ているし、政治局の会合に出ることもあった。(86)『プラウダ』の第一面には、中央委員会の決定、党や国家のニュース概要、党の論評が載っている。中でも重要なのが、毎日の論説記事である。その執筆や校閲は集団で、たいてい中央委員会の職員が行っていた[87]。論説記事は、言語が最大限に脱個性化され、誰も署名しない。時事問題とは直結しない、言ってみればイデオロギー一般についての抽象的な発言であって、目新しい話題を論じたものではない。一九七〇年代の『プラウダ』の論説記事は、題名にもそうした具体性のなさが見て取れる――「メーデーの旗の下に」「勤労人民の団結」「ソビエト人の思想的先進性」。『プラウダ』の論説記事が取り上げるテーマは、前もって党中央委員会の会議で承認される。少なくとも掲載の二週間前に、通例いくつかのテーマが一括して承認された。こういうわけで、論説記事は具体的な事件と結びつきにくかった[88]。執筆条件が風変わりなら、テキストの役割も風変わりだ。周囲の現実の正確な説明が課題でないばかりか、そうした表象機能からできるだけ距離を置こうとする。テキストが果たすべき役割は、現実の説明ではなく、権威的言説それ自体の例示である――来る日も来る日も読者に実例を示すことで、最も重要なのは定型化した決まりきった形式であり、偶然の出来事や一時的な変化に左右されてはいけないと悟らせることにあった。権威的言語の形式の繰り返しが論説記事の主たる課題なので、そのコンスタティヴな意味は重要ではないし、容易に理解できない場合も多かった。

一九七七年七月一日の『プラウダ』の論説記事は、「ソビエト人の思想的先進性」と題されている（図5）。ソ連の社会団体が承認したソ連の新憲法草案のことを書いてある。

だが承認という事実は、ここでは全く抽象的な意味しかなく、裏づけや実例は何もない。一九三〇年代半ばの新聞がスターリン憲法の条文に対する「ソ連の人びとの反応」を伝えた時とは大違いである。三〇年代の憲法の「全人民討議」では、先に見たように、読者の具体的な修正提案（本物もあればでっち上げもあった）が新聞紙上に掲載され、それに対するスターリンのコメントも出た。つまり当時の新聞は、詳細なメタ言説を提示してイデオロギー問題を議論していたのだ。だが七〇年代の憲法「討議」は、様相が異なる。中心は憲法の抽象的な支持であって、具体的な「読者の提案」なり随一の「専門家」の回答ではない。そうした専門家はもはや存在しない。イデオロギー言説の公的評価を決めて解説するメタ言説も消えてしまった。三〇年代と七〇年代の新聞言説のこのような違いは、権威的言語の二つのモデルの差を反映している――ソ連初期のモデルでは、言語は枠外に存在した外部の主人もしくは外部の編集者の統制下にあったが、後期社会主義のモデルでは、権威的言説の外部の編集者の立場が消滅した。権威的言語の機能におけるこのような

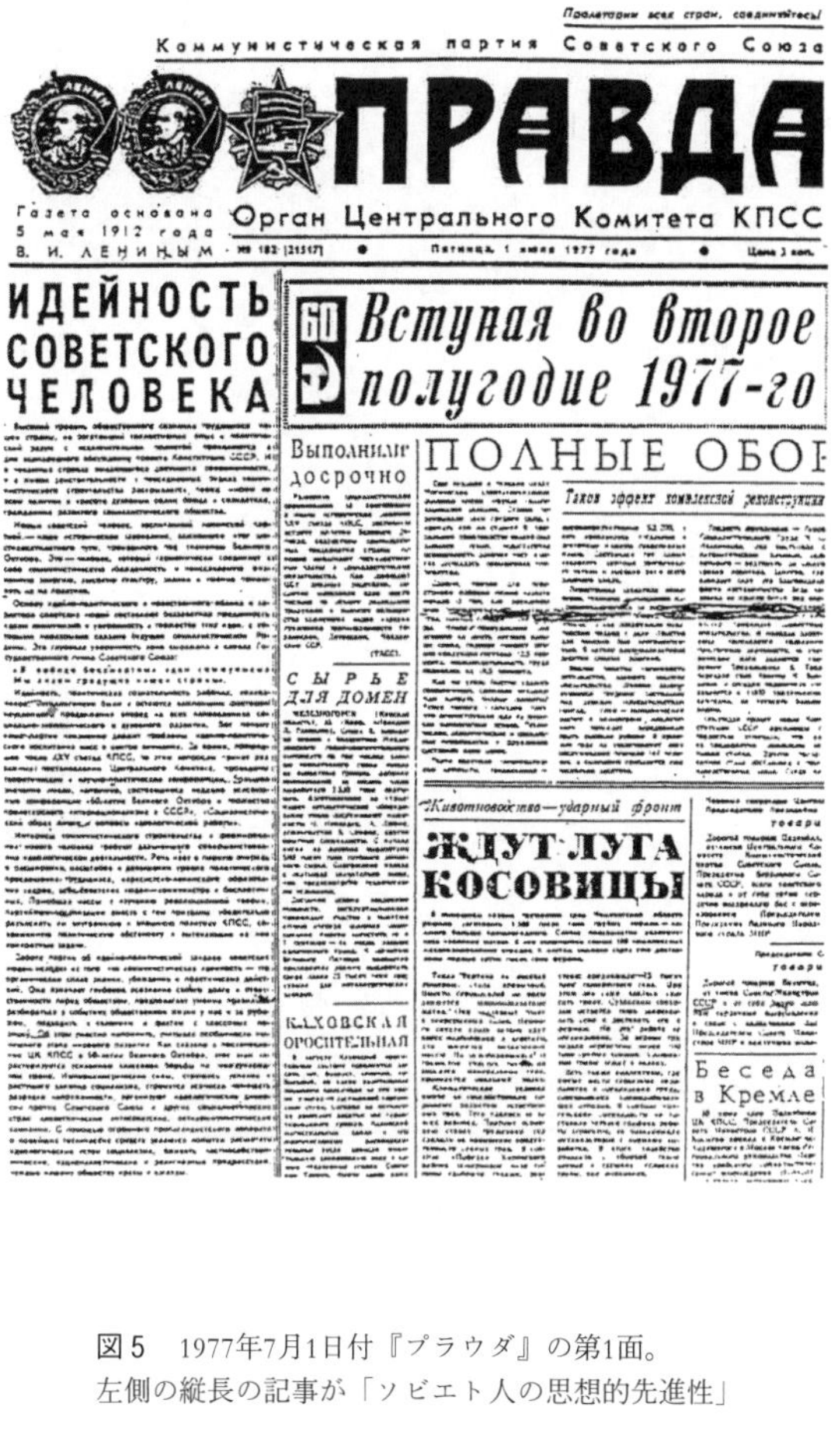
Пролетарии всех стран, соединяйтесь!

Коммунистическая партия Советского Союза

ПРАВДА

Газета основана 5 мая 1912 года В. И. ЛЕНИНЫМ

Орган Центрального Комитета КПСС

№ 182 (21517) • Пятница, 1 июля 1977 года • Цена 3 коп.

ИДЕЙНОСТЬ СОВЕТСКОГО ЧЕЛОВЕКА

Вступая во второе полугодие 1977-го

Выполнили досрочно

ПОЛНЫЕ ОБОР

Таков эффект комплексной реконструкции

СЫРЬЕ ДЛЯ ДОМЕН

Животноводство—ударный фронт

ЖДУТ ЛУГА КОСОВИЦЫ

КАХОВСКАЯ ОРОСИТЕЛЬНАЯ

Беседа в Кремле

図5　1977年7月1日付『プラウダ』の第1面。
左側の縦長の記事が「ソビエト人の思想的先進性」

変化は、内部の言語形式に影響を与えている。後期社会主義に生じた権威的言語の特別な形態を分析するため、一九七七年七月一日付『プラウダ』の論説記事を検討してみよう。

明白なインターテクスチュアリティ

このころの権威的言語の主要原理に、まず「明白なインターテクスチュアリティ[89]」がある。一塊(ひとかたまり)のテキストの「ブロック」をそっくりそのまま、もしくはほぼ同じ形で別の論文で繰り返す手法だ。こうした借用の例はいくらでも挙げられる。一例として、二つのテキストの一節を比べてみよう。書いた人も時期も異なるが、どちらも権威的言語で似たようなテーマ(「社会主義と資本主義の角逐」)について語っている。最初のテキストは一九八〇年に出た本の一節で、こう書かれている。

二つの世界観の闘争には中立や妥協の余地はありえない。帝国主義のプロパガンダはいっそう巧妙になっている。……コムソモールの重要課題は、共産主義イデオロギーやソビエト愛国主義やインターナショナリズムの精神によるソ連の若者の育成と……ソ連体制の成果や長所の積極的な宣伝である。[90]

もう一つのテキスト、一九七七年七月一日付『プラウダ』の論説記事には、こうある。

二つの世界観の闘争には、中立や妥協の余地はありえない――ソ連共産党中央委員会書記長L・I・ブレジネフ同志は第二十五回党大会でこう述べた。〔第八段落〕

……二つの体制の思想対立はいっそう激しくなり、帝国主義のプロパガンダはいっそう巧妙になっている。これは多くのことを義務付けている。〔第七段落〕

党組織の努力が傾注されるべき重要なことは、内的成熟と勤労者の思想的先進性のさらなる向上、……ソ連の生活様式や、資本主義体制を上回る社会主義体制の長所の宣伝である。〔第十段落〕

二つの出版物のテキストは、明らかに部分的に酷似している。そのままの丸写しではないが、間違いなく同じ定型句の繰り返しと同じ言語原理の適用で出来ている。このように相互に結びついていたのは権威的言説のテキストだけではない。非テキストのビジュアル形式や儀礼行為などに付随するテキストも同様である。つまり、権威的言説は、テキストに対する明白な相互依存（インターテクスチュアリティ）の原理が言えるだけでなく、あらゆる表象に対して〈明白な相互依存（インターディスコースシヴィティ）〉の原理が言えるのである。

複合修飾と「前提」づくり

権威的言語のこのほかの原理として、固定した修飾語による概念の特徴付けがある。キャロライン・ハンフリーが後期ソ連時代のシベリア小都市の地方紙の例で示したように、政治論説の言語では、名詞と形容詞との結びつき方がほぼ一定で安定している。例えば、「成功」や「勤労」はたいてい「創造的な」だし、「援助」は「兄弟的な」、「参加」は「積極的な」といった具合だ。[91] ハンフリーの卓見を補足すると、語結合は固定・硬直化した形式を持つだけでなく、次々と複雑な定型も生まれている。例えば、一つの修飾語ではなく複数の修飾語が用いられ、しかも形容詞は原級でなく最上級の場合が多い。このような複合修飾はなぜ生まれたのだろうか。また権威的言語でどんな役割を果たしていたのだろうか。この疑問に答えるために、『プラウダ』論説記事の第一段落を見てみよう。[92]

わが国の勤労者の**社会的な意識**のレベルの高さ〔высокий уровень〕、その極めて豊かな〔богатейший〕**集団**

的な経験と**政治的な理性**が稀にみる完全さで〔с исключительной полнотой〕発揮されるのが、ソ連憲法草案の全人民討議の日である。

この長い一文には、名詞と形容詞の結合の定型が三つある――「社会的な意識」「集団的な経験」「政治的な理性」。だが、すぐに分かるように、名詞の〈意識〉〈経験〉〈理性〉を修飾するのは形容詞だけではない。ほかにも修飾語がある。例えば、「意識」は「社会的」であるだけでなく〈レベルの高さ〉も持っているし、「経験」はただ「集団的」なだけでなく〈極めて豊か〉でもある。また〈意識〉〈経験〉〈理性〉という概念はただ「発揮される」だけでなく、〈稀にみる完全さ〉で発揮されるので、これも概念の複合修飾だ。

複合修飾の機能は何なのだろう。なぜ〈経験〉がただあるだけでなく「集団的」で「極めて豊か」なのか、そしてただ発揮されるだけでなく「稀にみる完全さで」発揮されるのだろう。テキストをこうした構成にすると、意味論で言うところの前提（presupposition）――テキストが事実として考慮しているが、表面上は明示されていないこと――をつくることができる。[93] 前提の機能を明瞭に示す例がある。「深海魚」と「このあたりは海が深い」とを比べて欲しい。前者は、海が深いことを疑いのない客観的事実として提示している。だが後者は、その点を新たな情報として提示しているので、反論の余地がある――例えば、この言い方に「本当にこのあたりは海が深いのでしょうか」と問いを立てられる。前者は、こうした問いを立てられない。

今見た『プラウダ』論説記事の一節にも、いくつもの前提が組み込まれている。例えば、ソ連の勤労者は共通の〈集団的な経験〉を持っているという命題が暗黙のうちにできていて証明を求められていない――「集団的な経験」は「豊か」なのだから、原則として存在しているに違いない。しかも、単なる「豊か」でなく最上級の「極めて豊か」なのだから、存在はまず間違いない。

同じようなことが、他の箇所にも言える。ソ連の人たちに統一した〈社会的な意識〉があることが、ここでは明白な、疑いのない事実として提示されている。その方法も、これまた二つ。社会的な意識が「高い」のなら、原則として存在しているに違いない。同じく、社会的な意識が高いレベルにあるなら、他のレベルもありうるので、初めから存在しているに違いない。

こうした複合修飾はソ連の権威的言語で広く用いられ、固定した定型の語結合という形で、テキストからテキストへと受け継がれた。権威的言語のテキストでは、厖大な数の前提ができた――様々な命題が暗黙のうちにできあがり、周知の客観的な事実として証明を求められなかった。だからといって、こうした言語操作が発話の意味や受け手の意識を操っていたと結論づけてはならない――なぜなら、この言語の受け手の解釈は、前述したように、たいていは文字通りの意味ではなかったからだ。この言語操作の主たる帰結、さらにはこれが広まった主たる原因は、別にあった。主観的な見方でありながら客観的な既知の事実を装っているので、テキストの作者の役割が目立たなくなり、具体的な発話に対する責任をうやむやにしていた。

名詞化と「前提」づくり

先に見たように、権威的言語で書かれたテキストの校閲は、いくつかの短文を一つの長文にまとめ、動詞を取り除くことがよくあった。実際には、単純に動詞を取り除くのではなく、名詞化という手法で動詞から派生させた特殊な名詞に置き換えている。このため権威的言語には、異様に長い、何とも不恰好で醜悪な名詞句が数多くあらわれた。パトリック・セリオが言うように、後期ソ連の政治言語は、名詞句が使われる頻度が他ジャンルのロシア語に比べて極めて高い(94)。名詞句が広まった理由は、先に見た複合修飾と同じだ。名詞句はたくさんの前提をつくれるうえ、テキストの作者の声を隠し、発話に対する責任をうやむやにする。

『プラウダ』論説記事の第二段落を見てみよう。一つの段落が、長い一文でできている。

現代の傑出した文書〔憲法草案のこと〕の力強い文章であれ、ありのままの現実であれ、共産主義建設の日々の生活であれ、世界に向けて明らかにしているのは、偉大さと美しさの精神イメージの、闘士にして創造者たる発展した社会主義社会の市民だ。

文章の最後にある長い名詞句（横線を引いておいた）は、〔ロシア語原文では〕名詞が七つあるのに動詞は一つもない。ここには、隠れた前提がひしめきあっている。解読するには、この文を短い名詞句に分解し、さらにパラフレーズして動詞句にする（つまり〈原初の〉動詞句に戻す）必要がある。その結果はこうだ。[95]

(一) 発展した社会主義社会の市民は、闘士にして創造者である
(二) 闘士にして創造者は、精神イメージを持っている
(三) 精神イメージは、偉大で美しい
などなど

どの動詞句もはっきりした命題を形づくって新たな情報を提示しているので、動詞に問いを立てれば、反論できる。例えば、「発展した社会主義社会の市民は、闘士にして創造者であるのでしょうか」「闘士にして創造者は、精神イメージを持っているのでしょうか」「精神イメージは、偉大で美しいのでしょうか」。しかし動詞を名詞に換える（論説記事のように動詞句を名詞化する）と、こうした命題が前提に変わってしまう――新たな情報の響きが消えて、以前から周知の、証明の必要のない事実に思えてくる。[96]

興味深いことに、こうした長い名詞句の場合、時制がずれてある一つの抽象的な過去に向かうばかりか、

ちょっとしたずれが重なりあって様々なレベルの過去に向かう印象を与える。こうしたずれもテキストに数多くの前提をつくりだす――その結果、前提がごちゃごちゃと「入り乱れ」、複雑な多層構造になる。例として、横線を引いた名詞句をもう一度みてみよう。

偉大さと美しさの精神イメージの、闘士にして創造者たる発展した社会主義社会の市民

この句に前提が三つあるのは先ほど見たとおりだが、その働きは同時一斉ではなく、いってみれば〈連動〉である。「精神イメージは、偉大で美しい」という命題（三つ目の前提）が疑いのない事実と認められるには、まず初めに一つ前の命題（「闘士にして創造者は、精神イメージを持っている」――二つ目の前提）もそのように認められなければならない。とはいえ、この前提も事実として認められるには、その前に「発展した社会主義社会の市民は、闘士にして創造者である」という命題（一つ目の前提）がそのように認められなければならない。このように、この句の組み立ては前提が三層構造になっており、句の末尾に近づくほど強まるイデオロギッシュな断定の当否は、句の初めの方の断定の成否にかかっている。このような複合句にある断定は「遠く」離れていればいるほど、「過去へ」と向かい、明白で疑いの余地がないように思えてくる。

こうした変換手法を使えば、どんな発話であっても、新たな情報の提示を周知の事実の繰り返しへと転換できる。こうした転換の大事な役割は、何度も言うが、意味や意識を操ることよりも、テキストから主観的な作者の声を隠すことにあった。

作者の隠蔽

権威的言語には、これに類した作者の声の転換手法がほかにもたくさんある。論説記事の第五段落の一文を見てみよう。

共産主義建設と新たな人間形成の関心事は、イデオロギー活動のさらなる向上を求めている。

この文章の命題は未来になすべきこと（さらなる向上）なので、これまでの例と違って、周知の事実を書くだけでなく、新たな情報も提供しているように思える。本当にそうだろうか。よく見ると、この命題に主語はあるが、この主語は命題の作者と同一ではない。主語と作者の不一致はどのように生じ、何をもたらしているのだろう。この疑問に答えるために、この文がどのような論理要素からできているかを見てみたい。分析を分かりやすくするため、「と新たな人間形成」という部分を削って、文章を簡略化する（簡略化しても分析に影響はない）。こうして出来た文章（**文1**）を、パラフレーズした二つ（**文2**と**文3**）と比べてみる。

文1　共産主義建設の関心事は、イデオロギー活動のさらなる向上を求めている。
文2　共産主義建設は、イデオロギー活動のさらなる向上を求めている。
文3　主語は、イデオロギー活動のさらなる向上を求めている。

文3の「求めている」の主語は、ここで命題を述べている作者にほかならない——ありうるのは、例えば、書記長とか党中央だ。**文2**の「求めている」の主語は、「共産主義建設」である——この主語はもはや命題の作者ではないが、作者を見つけたければ、「誰の共産主義建設なのか」と問いは立てられるので、その答えとして作者の名前なり名称なりが出てくる。**文1**（『プラウダ』論説記事の文体）の「求めている」の主語は、「共産主義建設の関心事」である。この主語は、ここで命題を述べている作者とのつながりがさらに弱い。今回は「誰の関心事なのか」と問いを立てても、命題の作者は分からない。なぜなら、この問いの答えになりそうなのは「共産主義建設の関心事」くらいで、命題を述べた作者は依然として姿を見せないからだ。

主語の具体名の代わりに、ここでは名詞をつなげた「共産主義建設の関心事」が現れている。こうした名詞のつらなりが長ければ長いほど、[97] これを述べた実際の作者は遠く深くへと姿を隠す。このため「イデオロギー活動のさらなる向上」が必要だと語っていた命題は、反論可能な作者の主観的な意見や新しい情報とはならず、作者とは無関係な、客観的で周知の、疑う余地のない事実として機能する。この結論は、前述した用語を使って、別の形でまとめることもできる。こうした発言の作者は、既知情報の中継者であって、新情報の生産者ではない。

こうした作者の隠蔽には、権威的言語の別のしくみも関わっている。マクロ・レベルのしくみ——言説の論理構成とナラティヴ構成の展開のされ方である。

閉じた論理構造

マイケル・アーバンが言うように、ソ連共産党書記長の一九七〇年代から八〇年代はじめの演説を構成する論理は、不足である。まず初めに具体的な不足に言及し（例えば労働生産性の不足、食糧資源の不足、労働規律の不足、党統制の不足など）、[98] 続いてその解決策が提案される。だがおかしなことに、演説の前段でそうした提案は不適切な解決策だと言っているのだ。つまり循環論法の堂々巡りになっている——具体的な問題の解決策を提案しながら、その実、そのやり方では解決できないと認めているのである。

例えば、一九八四年四月十日の党中央委員会を前にした演説で、チェルネンコ書記長は、地方ソビエトの

「創造的イニシアチブを刺激し、生産・国家・社会の管理に関心を持って参加するよう、いっそう広範な大衆を」引き付けるべきだと語っている。だが同じ演説の前段では極端な「創造的イニシアチブ」の害悪を語っており、党の統制がきかなくなると危惧していた[99]。このように、イニシアチブの刺激と制限を同時に言っているのだ。同じ演説でチェルネンコは、工業生産の「組織管理」をいっそう強めるようソ連市民に呼びかけている。だが、同じく前段では、これまでの組織管理のやり方は期待した結果をもたらさなかったと言っていた。アーバンは、ほかにもチェルネンコ演説から数多くの事例を引いた上で、こう結論づける。書記長の演説では、同一の行為が、不足の克服方法であると同時に不足の原因だと位置づけられている[100]。演説の発想をまとめると、ソ連の人たちは、古い方法と対策を使って新しい方法と対策を考え出さねばならない、これまで結果が出なかった活動にこれからも参加しなければならない、となってしまう[101]。

権威的言説がこうした循環論法なのは、ルフォールの逆説が大きく影響している——厳密に言えば、ルフォールの逆説がソ連イデオロギーの構造に投影された結果である（第一章参照）。循環論法になったのは、上の方でイデオロギー言語を意図的に操作したからではなく、自然発生的なハイパーノーマル化がおきたからだ。別の言い方をするなら、言語形式のほかの要素と同じく、関与する人をどんどん増やし、テキストづくりで主観的な作者の声が目立たないようにしていった結果である。こんなことに気を配ったのは、先に見たように、イデオロギー言説の外に位置する主人が消えてしまい、権威的発話の公的評価を決めて解説できる人がいなかったからだ。

ただ本書の結論は、アーバンとは異なる。党のテキストが循環論法になったのは、党指導部がことばを意図的に操作した結果であり、そうすることで政治的言語の唯一の作者にして組織者であること、すなわち権力者であることを再確認していたとアーバンは考えるが、本書は、先述したように、予期せぬ突然変異がイデオロギー言説においた結果だと考える。もっと言えば、先に見た原理は、熟慮の上の結果でないばかりか、党指導部にも不可解な展開だった。少なくともペレストロイカ開始によって権威的言語が思いがけず公的な議論と分析の対象になるまで、そうした状態が続いていたのである。

先に見た『プラウダ』論説記事にも、循環論法が数多くある。一例として第十段落を見てみよう。

党組織の努力が傾注されるべき重要なことは、内的成熟と勤労者の思想的先進性のさらなる向上、政治的闘士の資質の育成強化である。

「内的成熟」と「思想的先進性」は、この説明では、発展が不足して、まだ必要な高みに達していない。だから党の課題は、不足の克服と今後の育成の刺激となる。だが少し前の第四段落には、ソ連の勤労者の「思想・政治面および道徳面の性格や特徴」は「共産主義思想への無私の献身とこの思想の勝利への確信」だと書いてある。この説明のとおりなら、ソ連の人びとの内的成熟と思想的先進性が不足しているとは思えない。つまり論説記事のテキストは今後の重要課題を提起する（第十段落）一方で、そうした課題はすでに解決ずみだとあらかじめ言っているのだ（第四段落）。

すでに述べたように、もっと以前のスターリン時代（イデオロギー言語がハイパーノーマル化する以前）であれば、テキストは循環論法ではなかった。この違いを分かってもらうために、ここまで見てきた一九七七年七月一日付の論説記事と、一九三五年九月二十一日付の同じ『プラウダ』の論説記事とを比べてみたい。二つは、内容も表題もよく似ている（三五年は「ソビエト市民の資質」、七七年は「ソビエト人の思想的先進性」）。三五年の記事は（七七年の記事と同じく）ソビエト人の特徴づけを行っている。一例をあげる。

……革命的労働者階級の自覚の高さ、勝利への飽くなき意欲、一歩も譲らない意志の強さは、ボリシェヴィキ党に最良のあらわれを見ることができるが、これがソビエト国家の勤労者一人一人の主な特徴に**ならなければいけない**〔強調は筆者〕。

この一節だけでも分かるように、スターリン時代の政治言説は、後期社会主義の権威的言説と違って、循環論法ではない。まず冒頭で労働者階級の性格を列挙し、続いて新たな情報として、この性格が労働者階級でない人も含めてソビエト勤労者一人一人の特徴にならなければいけないと提起されている。一九三五年と七七年のテキストに見られる論理構造の違いは、ソ連史の二つの時代の言説体系の違いの反映である。スターリン時代は、イデオロギー言語の外に主人がいたので、論理構造は**開かれて**いて修正の余地を残していた。主人の声だけは、客観的で、独立した、外部の真理規範をあらわすことができたからだ。こうして出来上がった公的なメタ言説の空間は、外部規範を参照しながら、イデオロギー言語の評価と修正を行っていた。しかし後期ソ連時代になると外部の主人の立場が消えてしまい、イデオロギー言語の論理構造は閉じた循環論法になってしまう。こうなると、**新たな**情報として提示されても**既存**の情報の枠内に限定されてしまい、かつてどこかで言われたこと、昔のテキストや発言で言及していたことになってしまうのだ。

閉じたナラティヴ構造

どんなイデオロギー言説にも当てはまる重要原理だが、言説には限られた数の**主人のシニフィアン**（master-signifier）があって、多方面のシンボル素材（無関係な発話、テキスト、命題、スローガン、表象など）を一つのイデオロギー体系に束ねている。シニフィアンはシンボル空間で特別な役割を担っており、ラカンはこれを不完全なシンボル材料を均質なシンボル織物にする「クッションの綴じ目」(points de capiton) と呼んでいる[102]。

スラヴォイ・ジジェクが書いている例だが、現代の経済関係では、価値の言説における主人のシニフィアンは貨幣である。資本主義以前の交換（物々交換）だと商品は直に交換され、互いのシニフィアンとして機能していた。つまり、どんな商品も別の商品の価値であらわす（意味する）ことができた。だがあるシニフィアン（貨幣）が他のあらゆるシニフィアン（商品）の価値をあらわしだすと、後者は新たな連鎖関係に整理される——互いの直接の関係を失って、貨幣というシニフィアンと一様な関係を持つ。経済関係のシンボル体系が、一対一から一対全に変わってしまうのだ。貨幣があらゆる商品の価値を一元的に意味する役割を有する、つまり経済関係の主人のシニフィアンになったのである。資本主義経済ではこのシンボル体系の変化は「目に見えない」。なぜなら貨幣の役割が画一化され、貨幣が価値の自然な体現者の性格を帯びるからだ。商品の価値は貨幣であらわされ、社会経済関係から切り離される。この価値は、商品の自然かつ不可欠な特徴、本来の特質と受け止められている。まさにこの現象のことを、マルクスは「商品の物神性」と呼んでいる[103]。

ソ連の権威的言説にも、一つのシンボル織物に「綴じ合わせる」主人のシニフィアンがある——レーニン＝党＝共産主義の三つである[104]。この三つは切り離せず、一つがほかの二つの同義語になっている。「レーニン」（および「レーニン主義」や「マルクス＝レーニン主義」）は社会の現実を説明し完成させる科学的な手段、「党」はそうした手段を有する代理人、「共産主義」は代理人がそうした活動で目指す目的である。このような三つの概念からできた三位一体のシニフィアンが、レーニン＝党＝共産主義だった。

正にこの主人のシニフィアンが、ソ連の権威的言説を一つのシンボル織物に綴じ合わせていた。つまり、レーニン、党、共産主義（もしくはその同義語）のどれかに言及すれば、権威的言説の枠外にある「客観的な科学的真理」に言及したことになり、言説を通じた疑問視が不可能になる。権威的言語の発話は、こうした外部の疑いのない真理と直接つながる必要があった（こうすることで発言を「綴じ合わせ」、権威的言説の一つのシンボル織物にしていた）。どういうことかと言うと、党書記や一般コムソモール員や政治学習会講師が書くテキスト（演説、推薦書、報告書、政治学習会）は、外部の疑いのない真理である党やレーニンや共産主義とつながっている必要がある。だからレーニンの引用句を著作集から見つけてテキストに挿入したり（スースロフはレーニンの引用カードを使って様々な、時には相反することを言っていた）、レーニンの肖像を宣伝物に入れたりしていたのだ（画家はレーニンの「デスマスク」を使うことでレーニンの姿を直接「引用」していた）。依拠するのは直近の党中央委員会総会の決定や書記長の演説でもよかったし、党綱領の引用でもよい。共産主義、共産主義建設、共産主義教育、マルクス＝レーニン主義の自覚などへの言及でもよかった。

強調しておきたいが、ソ連イデオロギーの主人のシニフィアンは、レーニン＝党＝共産主義であって、決してスターリンやブレジネフではない。どういうことかと言うと、まず第一に、ソ連の指導者が正統性を得るには、レーニンとの直接のつながり（同僚、事業の継承者、忠実なマルクス＝レーニン主義者など）を立証するしかない。第二に、そうしたつながりの欠如または歪曲（レーニンの敵、レーニン思想の歪曲者など）を党が証明すると、どんな指導者でも一瞬で正統性を失ってしまう。実際スターリンは、レーニンから直々に指名された事業の継承者だと常々公言していた。だからこそレーニンに批判されたことを示す文書を封印したのだ[105]。スターリン死後におきた個人崇拝と大量抑圧の批判も、スターリンの断罪であって、党そのものの批判ではなかった。これは、レーニンとの直接のつながりの「回復」が党のレトリックだったおかげだ。

以後スターリンはレーニンの思想の歪曲者とされてレーニンとのつながりが破棄され、代わって党が「本来の」つながりを回復して領袖と結びつく。スターリンは実際にレーニン思想の歪曲で断罪されたし、遺骸もレーニン廟から撤去され、書籍、映画、詩、歌詞でもレーニンの傍らから姿を消した[106]。この批判は、党が真のレーニン的方針に立ち返る形をとった。一九五六年二月に行われた第二十回党大会のフルシチョフ「秘密報告」の基調は、スターリンが事実を歪めたことや、実はレーニンの選んだ後継者でなかったことである。

百回以上あるレーニンやレーニン主義への言及は、必ずスターリンと対置されている。少しだが、実例を書いておく。「まず思い起こして欲しいのは、マルクス＝レーニン主義の古典が個人崇拝のあらゆる現れを厳しく非難していることだ」「後々の出来事から分かるように、レーニンの危惧は杞憂ではなかった。スターリンは、レーニンの死の直後はまだその指示を尊重していたが、その後ウラジーミル・イリイチの重大な警告を無視しはじめる」「スターリンにはレーニン的な特徴がまったく欠けている――人びとと辛抱強く仕事をする。根気よく丁寧に育ててあげる」などなど。

つまり、スターリンの個人崇拝と独裁権力は、暴力や恐怖にのみ依拠していたわけではない[107]――そんなことがスターリンに可能だったのは、自身の正統性を、レーニンの教えの継承者、レーニンに指名された人物、レーニンの考えをよく知り理解する指導者に擬することで得ていたからだ。だがそうしたスターリンの役割に党が公然と異を唱えると、スターリンはレーニンの歪曲者とみなされ、そのイメージは急速に（死後にだが）正統性を失う。このようにソ連の政治言説では、たとえ個人崇拝の時代であっても、「スターリン」が主人のシニフィアンであったことはない――「スターリン」はレ、ー、ニ、ン＝党＝共産主義という主人のシニフィアンに規定されるものであって、決してその逆ではなかった。だから一九五〇年代半ばのスターリン批判がソ連イデオロギーの主人のシニフィアンを危機にさらすことはなかった――シンボル体系全体の崩壊（ペレストロイカ時におきたこと）とはならず、共産党は安泰で、ソ連社会での指導的立場も揺るがなかった。党は今やスターリン批判を真のレーニンへの回帰と描くことができた。[108] だが前述したように、スターリン批判は、権威的言説の「外部の編集者」の立場の消滅につながり、言説のハイパーノーマル化を推し進める。ペレストロイカ末期にレーニンやレーニン主義の批判が公然と唱えられ、ソ連の権威的言説の主人のシニフィアンそのものが批判にさらされると、ソ連システムは急速に崩壊しはじめる。[109]

イデオロギーのパフォーマティヴィティとソ連の現実

ここまでは、権威的言語の原理をいくつか見てきた。ひょっとすると、これらはイデオロギーの古典的役割にすぎないと思われるかもしれない――聞き手の意識を操作し、現実のある偶然の説明を本物と思わせて疑いを抱かせないようにしているだけだ、と。イデオロギー言語の役割は常にそうしたものだと考えられている。[110] だが、この見方は間違っている。すでに述べたように、聞き手のイデオロギー発話の解釈やイデオロギー言語のテキストでの役割といったものは、発話それ自体の分析だけでは分からない。ソ連の権威的言語であれば、なおさらだ。この文体のテキストは前提（presupposition）という道具があるので、聞き手の解釈が一定の形に収まるはずがない。前提は確かに聞き手や読み手のテキスト解釈に影響を与えうるが、この影響が結果を出す保証もない。

似たり寄ったりの前提がごまんとある後期ソ連時代の権威的言語だが、ソ連の読み手がぼんくらだったわけでも、権威的なテキストの現実説明を盲信していたわけでもない。[111] こうした前提のイデオロギー効果は、聞き手に特定の解釈を強いることではなく、もっと間接的である。一方では、先にも見たが、前提が文体の没個性化を促して作者一人ひとりの主観的な声を隠してしまう。だからこの文体で書いたり話したりする人は、新たな発話の生産者から既存の発話の中継者へと姿を変え、発言内容に対する作者の個人責任が少なくなる。だが他方で、こうした現実説明の形式をずっと繰り返していると、話す方も聞く方も、そうしたやり方がこのまま変わらないという印象を、信じる信じないに関係なく、持つようになる。

こうして、もともとソ連のイデオロギー言語の前提づくりの方法だったはずの言語形式が、若干ちがう役割を果たしはじめる。先に見たように、ソ連初期のイデオロギー言語が管理しようとしたのはコンスタティヴな意味（文字通りの意味）であり、発言の「内部」に限られる（だからこそスターリンがあれほど入念に歴史書や学術論文や芸術作品を校閲したのだ）。だが時代が下って後期社会主義になると、権威的言説にパフォーマティヴ・シフトがおきて当初の目的が失われる。今や権威的言説のコンスタティヴな意味はさほど重要でなくなり、代わって新たな機能が浮上する――異論が出ている見方を疑いのない真理として示すのではなく、そうした現実説明だけが唯一可能でこのまま変わらない（ただし正しいとは限らない）と感じさせることに力点が移った。

この結論は、ソ連の政治言語の分析はもちろん、もっと広く、あらゆる言説の分析にとっても重要である。問題なのは、前提といった言説道具の分析が、往々にしてコンスタティヴな面だけに注目し、パフォーマティヴな面を無視してしまうことだ。だが何らかの変化がおきれば（例えば、ソ連の政治言語でおきる「パフォーマティヴ・シフト」）前提の意味が予想外の形に変わってしまい、新たな思いもよらぬ解釈ができることもある。パフォーマティヴな意味を考慮しないことの間違いは明らかだ。

本章は冒頭から、後期社会主義の権威的言語がうまれる歴史条件を見てきた。結論をおさらいしておこう。一九五〇年代末にイデオロギー言語から「外部の編集者」の声が消え、イデオロギー発話の公的評価を決めて解説する人がいなくなると、言語の構造に変化が生じる。形式レベルでは、ハイパーノーマル化がおきた。硬直した形式が繰り返され、引用しやすいが何とも不恰好なことばになる。権威的言語におきたこの変化は、誰が計画したのでもない。あくまで自然発生的な現象であり、いくつかの歴史条件の変化が重なった結果である。第一に、イデオロギー発話の外部の編集者の消滅とともに、発話の方も明白な規範がなくなった。第二に、多くの人が、権威的発話の再生産にあたって、作者の声がテキストで目立たないように、表に出ないように心がけていた。権威的テキストの作者は、党幹部も含めて、旧知の情報の中継者として振る舞い、新しい情報の生産者になろうとしなかった。権威的言語は現実をありのままに説明する機能を失い、パフォーマティヴな機能を新たに獲得した。ソ連市民の大半にとって今や何より大事なのは、言語形式の正確な踏襲であって、これを現実の文字通りの反映と見ることではなかった。

第一章で批判した社会主義の「二項対立」モデルは、この時期のソ連の権威的言語を現実の嘘の表象と誤認し、パフォーマティヴな要素をまったく無視する。このため出てくる結論も、後期ソ連社会は一種のポストモダン世界になった、実世界に根ざすことは全く不可能になり、リアリティが存在を止めて模擬（シミュラークル）と化した、となる。後者の例が、ソビエト言語を論じたミハイル・エプシュテインの著作である。エプシュテインは、こう書いている。

> スターリンやブレジネフの時代に報じられていた収穫量が本当だったのかは誰にも分からないが、耕作面積のヘクタールや脱穀量のトンがいつも小数点一桁まで報じられていたという事実は、こうしたシミュラークルにハイパーリアリティの性格を与えていた。……そしてイデオロギーと異なるリアリティはあっけなく存在を止めてしまう――取って代わったハイパーリアリティは、何にも増して実感があって頼りになった。ソ

連の中では「夢物語が現実になった」。ちょうどアメリカ版ハイパーリアリティのディズニーランドが、リアリティそれ自体を「想像の国」にしたように[112]（強調は筆者）。

この説の根底には三つの前提がある。（一）ソ連の権威的言語が他を圧倒して現実の唯一の表象となり、ソ連の人びとに受け入れられている。（二）聞き手から見た言語の機能はただ一つ――現実を記述して世界についての事実を述べること（つまりコンスタティヴな機能）。（三）言語の現実説明の適否は不問に付され、反論もできない。この三つの前提から出発したエプシュテインの主張は、こうだ。ソ連の人びとが権威的言説を自分たちの世界のコンスタティヴな表象とみなし、またそうした表象が支配的で、反論も受けず不問に付されているのだから、ソ連の人びとは何が本物（リアル）で何が模擬（シミュラークル）か確信を持てない。正誤で言い表せる世界の表象がないのだから、リアリティのすべては根拠がなく、シミュラークルになった。

エプシュテインが指摘した権威的言説の支配的で一元的な性格は妥当な見方だが、その先の結論――ソ連の人びとが権威的言語をそっくりコンスタティヴな発言と見ていた――は正しくない。むしろ権威的言語が支配的で不可避でハイパーノーマル化していたからこそ、聞き手は文字通りのコンスタティヴな意味で受け止めようとしなかった。そのため、どの発言が「事実」でどれが違うかは、さほど重要でなくなる。ソ連の人びとが意を用いたのはむしろ権威的言語のパフォーマティヴな面だったのに、この点をエプシュテインは見落としている。第一章で見た、党やコムソモールの集会で決議に賛成投票する様子を思い出して欲しい。投票行為には二つの側面があった――コンスタティヴな意味（決議への意思表示）とパフォーマティヴな意味〈投票〉行為に伴う余得）である。後者は現実を記述していないし、真偽で分析することもできない。それでも一定の作用はあって、現実の中に事実をつくっている。

言語形式の踏襲、儀礼への参加、賛成投票といった行為が有意義で大事なのは、その余得が重要だからだ。このおかげで、ソ連の人びとはリアリティある新たな形式や意味の生産に勤しみ、実感のある、複雑で「実世界」に根ざしたものをつくることができた。こうした多面的な現実は、権威的言説をパフォーマティヴに読み解くことで可能になったのであり、コンスタティヴな記述で規定・拘束されるわけではない。エプシュテインは「イデオロギーと異なるリアリティはあっけなく存在を止めてしまう」と言ったが、実はそうではない。この異なるリアリティはむしろ力強く多面的に、また予想外の形でソ連世界に広がっていった。イデオロギー言説のこの予想外の作用に、次章から目を向けていく。

第三章　転倒するイデオロギー　規範（エチカ）と詩学（ポエチカ）

どんな芸術も政治のごまかしに引っかかる
例外は、語る言葉それ自体がごまかしの時さ

ライバッハ(1)

イデオロギーの詩学（ポエチカ）

ヴィクトル・ペレーヴィンの小説『ジェネレーション〈P〉』（一九九九年）は一九九〇年代のロシアが舞台だが、郷愁と皮肉が入り混じる魅力的な文章で、二つの時代――終わった社会主義と始まった資本主義を活写する。題名の「ジェネレーション〈P〉」とは、最後のソ連世代のことだ。一九六二年生まれのペレーヴィンもその一人である。ある場面で、主人公のタタールスキィ（同じくこの世代の一人）が、かつての党幹部と一杯やりながら、ソ連時代に聞いた相手の演説にどれほど驚いたか、レトリックの構造は印象深いのに意味がすっと逃げていったと語る場面がある。

その演説の圧倒的なことなんのって、――とタタールスキィは続けた。――僕はその頃文学大学に入る準備をしてたんですが、すっかり自信を失くしてしまいましたよ。羨ましかった。何しろ、その時分かったんですよ、自分にはこんな風に言葉を操ることは一生出来ないだろうってね。言ってる意味なんてさっぱりなの

に、それが染み込んできて、すぐに分かってしまうんですもの。つまり、分かるっていうのは人が言おうとしていることじゃないんです、だって、実際には何も言いたいことなんてないんですから、でも人生についてすべてが分かるわけですよ。そのためにああいう活動家の集会ってのは開かれてたんじゃないかって思うんです。あの晩僕はソネットを書こうとして机に着いたのに、そうならずに飲んだくれてしまいましたがね。

——俺が何の話をしてたか覚えてるかい？——とハーニンは訊ねた。どうやら、この思い出話が彼には快かったのだろう。

——何か、第二十七回党大会とその意義みたいな話だったと思います。

ハーニンは咳払いを一つした。

——私が思うに、コムソモール活動家の諸君を前にして、——彼は大きいしっかり整った声でこう言った、——第二十七回党大会の決定がなぜ意義深いばかりか、段階的なものと見なされているかを説明するまでもないでしょう。しかしながら、この二つの概念間に見られる方法論的相違ゆえに、宣伝者と扇動者のあいだにすら確実な理解が得られないでいます。その実、宣伝者と扇動者とは明日という日を築き行く建設者であり、その彼らにおいては未来を建設していくに当たっての計画に関して如何なる不明瞭な部分もあってはならないのであり……。

——それです、それです——とタタールスキィは言った、——今のではっきり思い出しましたよ。何と言っても凄いのは、ハーニンさんは実に丸々一時間もかけてこの意義性と段階性との方法論的相違の説明をされたことで、僕はその一文一文を完璧に理解したんです。でも、何でもいいですよ、二つの文を一緒にして理解しようとすると、何かもう壁みたいなものが出来るというか……理解不能なんです。それに、自分の言葉で言い直すこともやっぱり駄目。(2)

この皮肉な文章は、後期ソ連時代にソ連の権威的言説におきたパフォーマティヴ・シフト（第一章と第二章を参照）を見事に伝えている。こうした言葉の作用（聞き手に与えた絶大な印象）は大部分が修辞や構造のレベルであり、意味のレベルではない。これは未知の外国語でよくおきることだ。権威的言語は、内容が伝わらなくても聞き手に影響を与えられる。ヤコブソンに倣って言えば、こうした言葉が聴衆に作用するのは、何より「詩的機能」のレベル、つまり発言の口調レベルであって、内容ではない。言葉のこのような機能をヤコブソンはこう説明する。

「なぜいつもジョーンとマージョリーと言って、マージョリーとジョーンと言わないの。ジョーンの方が好きなの」

「とんでもない、ただこの方が口調がいいだけ」

名前を二つ続けて言う場合、話し手は無意識のうちに短い方の名前を先にする（もちろん、上下関係は考えていない）。この方がメッセージを整った形にする。[3]

言語には詩的機能と指示機能（もしくは事実確認の機能）がある。「ジョーンとマージョリー」と「マージョリーとジョーン」は、指すものは同じ（同一物）でも、詩としては別だ。詩的機能で重要なのは、言語記号を意味するもの（シニフィアン）――音、リズム、強弱、統語構造、語と句のあわい、休止などである。このレベルでは言語の単位が等価であるかどうかは場合による。等価物を意識して揃えると、詩にもなれば語呂合わせや政治スローガンや広告文にもなる。ヤコブソンによれば、こうしたメカニズムの好例が〈I like Ike〉（アイ・ライク・アイク）という、一九五〇年代はじめの米大統領選挙の共和党候補アイゼンハウアーの選挙スローガンである（「アイク」はアイゼンハウアーの愛称）。この中の音の等価物（単音節の単語の三連続、二重母音 ay の三連続、子音 l, k, k と全て三つで統一、［layk］—［ayk］の脚韻）が詩的機能の実例だ。こうすることで「愛する主体が愛される客体に包み込まれる」感情を作り出す。この結果「選挙スローガンの詩的機能が、候補者の印象を強める効果を挙げたのだ」[4]。これは指示機能（事実確認の機能）に関わりなくおきる。アイクを知らない人が別のコンテクストでこのスローガンを読んでも（たとえば大統領選から数十年後）、この表現は読み手に訴えかける力を持っている。

時には詩的機能が前面に出て、ほかの機能を圧倒することもある。広告の言葉に顕著で、例えばナイキの有名な宣伝コピー〈Just do it !〉がそうだ。何をするのか分からなくても構わない。大事なのは、抽象的な「何でもいいから、とにかくやってみよう」である。具体的な行為ではなく、抽象的な何かをする状態、積極性を伝えているのだ。つまり、このフレーズは事実を述べているのではない。感情または主観的な状態を伝えているにすぎず、作用としては指示機能ではなく詩的機能なのだ。同じことは、前章で見た一九二〇年代の実験的なロシア語にも当てはまる。後期社会主義の権威的言語は、詩的機能の重要性がふたたび高まり、指示機能は弱まった。ただ同じ詩的機能の高まりでも、二十世紀はじめの革命期が言語の規範や取り決めを破壊する意識的な行為なのに対して、後期社会主義は無計画である。変革を望んだからではなく、むしろソビエト言語を形式のレベルに留めおこうとした結果なのだ。テキストがこの言語で書かれていると、聞き手は、形式を変えないことを最優先し、文字通りの意味は後回しでよいと受け取った。意味機能の再配分において形式踏襲を重んじる姿勢は、先に見たように、後期ソ連の政治的な意思表明でも見られる（政治や社会の儀礼、宣伝映画や宣伝写真、空間デザインや建築）。

第二章は、イデオロギー形式のハイパーノーマル化と名づけたプロセスの史的前提と帰結を見た。本章は、こうしたイデオロギー形式の踏襲反復がソ連の日常の様々な場面で思いがけない意味や関係、新たなアイデンティティや社会性を生み出していたことを見ていく。ソ連の人びと、とりわけ若い世代が、権威的言説の硬直した形式の再生産に加わる一方でその読み替えをしていたことを明らかにしたい。史料には、ソ連時代に書かれた日記や書類といった文書類に加えて、ソ連なき後の一九九〇年代に聞き取った当時の思い出や関係者のインタビューを用いる。とくに注目するのは、ソ連の大衆団体で、多くの人をイデオロギーの枠にはめこんでいたコムソモールの末端組織の活動である。

コムソモールのイデオロギー再生産

一九七〇年代から八〇年代はじめにソ連の若者が権威的言説に直面する最たる場所は、学校や職場のコムソモールである。コムソモール活動は、若者の日常生活の一部であり、イデオロギー活動（党文献の輪読、「マルクス＝レーニン主義の古典」の暗記、政治学習会の開催、集会・デモ・選挙・建設作業への参加など）はもとより、文化・社会活動やスポーツなど様々な分野が関係する。十四歳になると、大半が学校でコムソモールに入る。[5] 加入は義務ではないが当然の慣例で、時には（たとえば大学進学の）暗黙の義務だった。八〇年代はじめにはソ連の中等学校〔日本の高校に相当〕の卒業生の九〇パーセントがコムソモール員で、全国で四千万人強を数えた。[6]

参考までにコムソモール組織の上下関係を図式化しておく（図6）。枠で囲ったコムソモール組織は、一つ下の枠の組織に指示を与え、一つ上の枠の組織に報告を行う。[7]

一般コムソモール員は、大半がコムソモール班や初級コムソモール組織に所属して行事や儀礼に参加するほか、様々な「コムソモールの委託任務」を実行する。任務の取りまとめや提起点検は、上から上意下達で行う（上級組織が下級組織に任務を提起し、実行状況を点検する）。具体的には、政治学習会、イデオロギー

コムソモール中央委員会
トップ：第一書記

共和国・地方中央委員会
トップ：第一書記

州委員会
トップ：第一書記

市委員会
トップ：第一書記

地区委員会
トップ：第一書記

初級コムソモール組織
（企業、研究所、大学、学校など）のコムソモール委員会
トップ：書記
構成員：委員5人から10人

コムソモール班（初級コムソモール組織）
トップ：班長《コムソルグ》（コムソモールのオルグ）
構成員：一般コムソモール員

図6　コムソモール組織の構造

点検、レーニン記念テスト、コムソモール集会での報告、夏の援農活動、デモ行進、従軍功労者の援助、他班や他団体の監査などである。コムソモールの文献によれば、委託任務は整然と行われており、一般コムソモール員はその意義を理解し、高い自覚と報奨制度の支えもあって活動に積極的に参加していたという(8)。だがこうした説明は、コムソモールの現実とかけ離れている。コムソモール指導部と一般構成員との関係は複雑で、思いがけないこともおきる。コムソモールの委託任務の現場実践も同様である(9)。

専従書記

コムソモールの責任者は、地位が上がるにつれて、相応の専門訓練をうけて活動に臨む。当然だが地位が高いほど、訓練も大変になる（同じことは党組織にも言える）。どれくらい違うかというと、例えば、コムソモールの下級クラスであれば、イデオロギー文書の書き方や書類の作り方を教わることはまずない(10)。だが上級の幹部だと、特別なイデオロギー教育があり、イデオロギー言語とは何かに始まって、その使い方とかイデオロギー行事の段取りなども学んでいる。

こうしたコムソモールの研修の実態を、アレクサンドル・Pというコムソモール書記を例に見てみよう。アレクサンドルは一九五〇年代はじめにレニングラードに生まれた。工業大学を七〇年代半ばに卒業し、化学技師としてレニングラードの某研究所に就職。数年して研究所のコムソモール委員会の書記になるが、技師の仕事は続けた。八一年に優秀書記として表彰された際、地区コムソモール委員会のイデオロギー活動に専念しないかと誘われる。勤務する研究所（と地区内の他企業）の担当である。承諾したアレクサンドルは、化学技師を辞めて地区委員会の指導員になった。専門畑の出世でなくコムソモール「専従」の道を選んだのである。イデオロギー活動と専門職の二足草鞋（わらじ）からは解放された(11)。地区委員会に移ると、すぐレニングラードの上級党学校西北支部で一年間の研修を受ける。ここは、すでに高等教育を終えた人にイデオロギー活動の専門訓練をほどこす所だった。アレクサンドルは、ロシア西北部の各地から集まったコムソモール地区委員会の職員とともに勉強した。講義の一つ、「マルクス＝レーニン主義のレトリックの基礎」では、イデオロギーに則った書き方や話し方を学んだ。アレクサンドルによると、キーワードの一覧が示され、それを使って課題に答えていく（例えば、最近の映画や行事を国内の政治事件に関連づけよ）。「考える時間が二十分与えられ、それから先生が〈誰かやりたい人〉とたずねる」[12]。先生は大学の文学部で教えている、大学の党組織のビューロー員の人で、長らく党学校の教壇にも立っていた。「先生は間違いを指摘し、論拠の補足、論旨の改善、キーワードの使い方などを助言する」。特別なキーワード以外は、普通の表現を使わなければならなかった（「多少陳腐な表現、誰もが耳にしたことがあって、すっと頭に入る言い方」[13]）。研修生は、イデオロギーの観点から見て正しい論拠や表現を習い、公的演説の典型例（大きなコムソモール組織の報告改選集会で地区委員会書記が行う演説など）を学んだ。こうした演説は、アレクサンドルによると、冒頭は「政治部分」といって、新聞に載っている党幹部の発言や党中央委員会総会の演説の一節や数値を使う。またソ連国民の成果や達成にも言及する必要があり、決まりきった表現や言い回しを用いる。アレクサンドルの話。

例えばブレジネフが演説で、労働生産性が最近半パーセント上がった、なんとかは一パーセント上がったと言ったとしよう。私たちは、この数字を自分の文章で使う必要がある。話題が何であれ、まずこの数字と発言を引用しなければいけない。たいてい新聞から取ってきて、そのまま自分の文章に入れた。[14]

党学校の教育の大きな特徴は、イデオロギー文書の構造や形式の議論を学校の敷地内でしか認めなかったことだ。研修生が使う特別文献や教材は持ち出し禁止だった。つまり党学校の授業とは、後期社会主義におけるイデオロギーのメタ言説（イデオロギーに関する言説）の一例である。ソ連の従来のメタ言説と違って、ふつうの人の目から秘匿され、新聞雑誌や一般向け出版物には一切出てこない[15]。

研修を終えたアレクサンドルは、地区委員会の指導員の仕事に取り組む。その際、ここでも数字や事実や引用文やキーワードが記された資料を受け取り、それを使って文章や演説や報告書を作成した。資料の大半は一つ上の市委員会から届いたが、中には中央から直接くるものもあった。アレクサンドルによると、「あの用例集は、ソ連の全般的な動きと党の指導についてだった……いつだって上手く書けていて、地方の事件や出来事を話題にしていても、自分の文章にそっくり取り込むことができた[16]」。

非専従書記

コムソモールの初級組織を率いるのは、数十万人の「非専従」書記と班長(コムソルグ)である。ごく普通の生徒や学生、労働者や事務職員が、学校の授業や職場の仕事のかたわら、コムソモールの仕事をする。地区委員会や大企業の「専従」書記と違って、こうした下級レベルの責任者は、イデオロギー活動で報酬を得たりしないし、専門のイデオロギー教育も受けていない。イデオロギー文書の書き方やイデオロギー行事の段取りは見よう見まねで覚えるか、地区委員会の勉強会で学ぶ程度だ。とはいえ、たいていは飲み込みが早く、権威的言説やイデオロギー儀礼の形式をみごとに踏襲するので、あるコムソモール委員会書記の言葉を借りれば[17]、「純然たるイデオロギー行事」だけでなく「意味のある仕事」をする可能性も生まれた（有意義／無意味の区別は、コムソモールが正面切って掲げる課題と必ずしも一致しない）。こういう活動（彼らが書く文章、彼らが準備する行事）を通して数百万人の若者が参加していたものこそ、現実のソビエト・イデオロギーだった。

こうしたコムソモール末端の責任者の活動をいくつか見てみよう。アンドレイ・Kは、一九五四年生まれ。

先述のアレクサンドルと同じレニングラードの某研究所で技師として働いていた。所内の研究部門の班長（コムソルグ）を数年した後、研究所のコムソモール委員になり、アレクサンドルの下で働いている。一九八一年に先述したアレクサンドルの専従転籍にともない後任の書記に選ばれたのがアンドレイだった。研修を終えて地区委員会の指導員として働き出したアレクサンドルは、古巣の研究所も担当する。研究所には友達も多かったので、時々現れては話をしたり相談にのってやったりした。書記になって日の浅いアンドレイが電話をかけて行事や演説のアドバイスを求めたこともある。アンドレイの回想。

イデオロギー文書か何かの書き方で助けを求めに行くと、サーシャ〔アレクサンドルの愛称〕はひとしきり冗談を言ってはぐらかした。だがおもむろに腰を下ろし、咳払いをすると、はっきりした声で「よし、始めよう」と言い、よどみなく文章を口述しだした。もちろんレフ・トルストイみたいではない。いつもの党コムソモールの言語なのだが、サーシャはこれを完全にマスターしていた。(18)

一九八二年十一月。書記になって一年のアンドレイは、初めて大演説をする。研究所コムソモール組織の報告改選集会である。聞き手は、研究所の四百人をこえる一般コムソモール員。地区コムソモール委員会や研究所の党組織から来賓もくる。書記の報告は細部にわたる大演説と決まっており、アンドレイは当然だが心配でたまらない。地区委員会で多少の講習会はあったが、報告の基本構造が分かったにすぎない。たとえば、総括部分は定番の話題に触れる（社会主義の価値、党の役割、コムソモール員の義務、若者のイデオロギー教育など）。続いて党と政府の直近の決定を取り上げて研究所の活動と結びつけ、研究所のコムソモール組織の活動における成果と欠点に言及し、いくつかの班長やコムソモール班の活動を紹介して翌年度の委員会の計画を述べる、という具合だ。(19) もれなく書くのは簡単ではないし、しかも権威的言語の様式に則って、定番の言い方や文法構造を使う必要がある。こうした作文の経験ゼロのアンドレイは、地区委員会に電話してアレクサンドルに助けを求める。電話口のアレクサンドルはこう言った。「あのね、そんなに悩まなくてもいいよ。僕の昔の文章が委員会のファイルに綴じてあるから、探して下敷きにしな。写せる所はそのまま使って、それ以外を自分で書くんだ。困ったことがあれば、力になるよ」[20]。アンドレイはそのとおりにする。初めての演説（一九八二年）のお手本には、アレクサンドルの一九七八年の報告を選んだ。アンドレイによれば、「それ以来、文章はずっとそうやって書いた。僕の後の人も、同じことをした」。

アンドレイの報告を聞いた人から、数年前の集会で聞いた演説とそっくりの箇所があるという指摘は出なかった。権威的言説の大きな特徴はその明白な引用性、いわばテキストの相互依存なので、言い回しや特定の一節が似ていても誰も不思議に思わない。もちろん全文丸写しはだめで、最新の党中央委員会総会、党の直近の問題提起、研究所の現状などに触れる必要がある。テキストは定番の権威的言説に則りつつ、その時々の局面やコンテクストと結びついていなければいけないのだ。大事なのは、定番の形式と具体的な事実とのバランスだった。アンドレイはこれをどう解決したのだろう。

この疑問に答えるために、アンドレイとアレクサンドルの報告文を比べ、さらに当時広く新聞雑誌で引用されていた別の権威的テキストとも照らし合わせてみよう。二人の報告の一致する箇所に線を引いておいた[21]。

アレクサンドルの一九七八年の報告（抜粋）

コムソモールの重要な課題の一つ――それは、若者の思想政治教育である。その主たる解決手段は、全ソ・レーニン記念テストとコムソモールの政治学習システムである。

アンドレイの一九八二年の報告（抜粋）

> コムソモールの重要な活動方向の一つは、若者の思想政治教育である。ブルジョアのイデオロギーや倫理に仮借ない態度をとるマルクス＝レーニン主義の世界観の形成、ソビエト愛国主義と社会主義インターナショナリズムの精神による少年少女の教育——これこそわがコムソモール組織のイデオロギー活動家が直面する最優先の課題である。若者の思想政治教育という課題の主たる解決手段は、全ソ・レーニン記念テストとコムソモールの政治的な学習システムである。

アンドレイの説明によると、この段落は（報告全体もそうだが）まずアレクサンドルの全体構造と表現のいくつかを拝借し、さらに言い回しを置き換えたり追加したりして「オウム返しにならないようにした」[22]。この部分であれば、まず「課題」を「方向」に変え、「——」で切れていたのを一文にまとめた。これは定番の範囲内で、意味にも違いはない。また合成名詞の「政治学習」を二単語の「政治的な学習」に変えている。アレクサンドルの二つの文のあいだにアンドレイが新たな文（「ブルジョアのイデオロギー」云々）を挿入したため、三つ目の文に手を加えることになり、「若者の思想政治教育という課題」と加筆して冒頭の「課題」（「方向」）と整合性をとっている。

新たな文の挿入（例えば「ブルジョアのイデオロギー」云々）に独自性はあったろうか。すぐ分かることだが、書き加えた文は、瓜二つのものがほぼ例外なく当時の公的文書にあり、新聞や党の刊行物を探せば難なく見つかる。たとえば、アンドレイが追加した文に「ブルジョアのイデオロギーや倫理に仮借ない態度をとる」という表現がある。これは当時の権威的言説の決まり文句であり、様々なよく似たバリエーションが新聞記事で繰り返されている。第二章でみた一九七七年の『プラウダ』論説記事もその一例だ。第九段落に、こうある。「ブルジョア・イデオロギーや政治的な無分別や自己満足の現れには、いかなるものであれ仮借ない態度をとる」。アンドレイが挿入した別の表現（「ソビエト愛国主義と社会主義インターナショナリズムの精神による少年少女の教育」）も、当時の刊行物に類例が山ほどある。たとえば、第二章でふれたコムソモールについての本に、こうある。「共産主義イデオロギーやソビエト愛国主義やインターナショナリズムの精神によるソ連の若者の育成[23]」

アンドレイは、文案をつくる際、よく使われる権威的言語の形式をできるだけ再現しようとしたに違いない。だからアレクサンドルの演説をそっくり書き写し、そこに党の刊行物や新聞雑誌の常套句を付け加え、新たな文も定番の言い方にあうようにした。定番の形式に従い、語りの構造から文法や言い回しまで全てそっくり踏襲すべきなのを分かっていたのだ。アンドレイが自分で書いた文章ではあるが、この報告は創造的な唯一無二の個性とはほど遠い代物に違いなかった。

学校の班長（コムソルグ）と委員会の書記

コムソモールの末端の責任者は、地区の小組織（たとえば中学校）の班長（コムソルグ）や委員会書記である。誰がどうやって班長になるのだろう。実は、イデオロギー活動に極めて積極的だとか指導部から見て「信頼できる」からではない。たいていは優等生だとか、世話好きだとか、頼まれると嫌と言えない性分だからだ。多くの人にとって、班長はできれば避けて通りたい仕事だった。多少の役得はあるが（先生のひいきや生徒の尊敬が期待できる）、面倒な義務が山ほどあって、仲間の言動や単調な儀礼にも責任を持たねばならない。だから同じ人の再選も珍しくなかった。

マリーナ（一九六八年、レニングラード生まれ）は、低学年の時からずっとリーダー役だった（まずオク

図7　大学のコムソモール集会
© RIA-Novosti, Rossiya Segodnya

チャブリャータの班長、次いでクラスのピオネール班の責任者[24]。十五歳で級友とコムソモールに加入するが、担任の先生から班長（コムソルグ）に推薦され、全会一致で選ばれる。マリーナはこうした仕事の経験が豊富で手際が良かったし、他に立候補する人もなかった。マリーナ自身は、適任と思われたのは性格のせいだと自己分析している。「私は社交好きで、一人でいるのは好きじゃなかった。たぶん、ああした仕事にふさわしい人、頼りになる人、社会活動に向いている人という印象を常に与えていたんだと思う[25]」

リューバは、マリーナより十歳年上の一九五八年生まれ。七〇年代半ばにレニングラードの学校を卒業している。在学中は九年生と十年生の時に班長（コムソルグ）をしていて、大学でも一年生のグループの班長に選ばれた。リューバによれば、「一度でも班長をしたことがあると、それで烙印がつくのね。所定の教育を受けた人、事情通、そうね、何をすべきか分かっている人ってわけ」。リューバが入った大学の学生グループの責任者（教員）は、リューバが学校で班長だったことを調査書で知ると「すぐに、コムソモール活動への参加を期待しているよと私に言いました。先生がグループの顔合わせで私を班長に推薦し、当然ながら私がすんなり選ばれました[26]」。

班長に選ばれ続ける体験談は、ソ連全土にある。マーシャは一九七〇年にカリーニングラードで生まれ、地元の学校を卒業した。八年生の時にクラスの班長（コムソルグ）に選ばれ、九年生ではさらに上の地位の、学校のコムソモール委員になっている。先述したアンドレイのように飲み込みが早く、コムソモール活動では権威的言説の形式踏襲が大事だとすぐに気づいた。最初のきっかけは、まだ十歳の時だという。クラス全員でピオネール入隊式の準備をしていて、自分の「ピオネール手帳」をつくるよう指示が出た。一種のアルバムで、ここにピオネールの誓いを書き写し、ソ連のシンボル（赤旗、星、鎌と槌など）を描いて飾る。マーシャの級友のお母さんがプロの絵描きで、その子はピオネール手帳にレーニンの肖像画を描いてもらっていた。金色の丸枠に入った素敵な絵で、周囲に麦の穂と赤旗があしらってある。マーシャの回想。

> その絵がとても気に入ったので、その子に描き写させてと頼んだの。手帳を家に持って帰り、一日がかりで描いたわ。一番むつかしかったのは、レーニンの顔ね。描いては消しを何度も繰り返す。ようやく完成して、色も塗ったの。われながら上出来だと思ったわ。翌日が〔ピオネール入隊の〕記念式典で、みんな学校に自分の手帳を持ってきた。先生は私の絵を見ると、いきなり人目も構わずこう言ったの。「マーシャ、うまく描く自信がないなら、レーニンには手を出さない方がいいわ。他の人はともかく、レーニンはだめよ」。穴があれば入りたかったわ。[27]

前述したリューバは、マーシャより十二歳年上で、住んでいる町も違う。でも美術の先生に指摘されたことが、驚くほど似ている。

> 学校時代、絵が上手くて、美術はいつも良い成績でした。ピオネールの記念の展覧会に出すために、レーニンが赤いピオネールのネッカチーフをした肖像画を描いたことがあります。出展されるといいなと思っていましたが、驚いたことに、美術の先生にこう言われました。「五はつけるけど、あなたの絵は展覧会に出しま

せん。それから、誰にも見せちゃダメよ。レーニンを描けるのは本物の画家だけ。とっても上手に描かないといけないの(28)」

マーシャとリューバは、先生の言葉に仰天した。だからずっと覚えていたのだ。二人がレーニンの肖像画を描いたのは敬慕の念からだが、先生には別の心配があった——子供が描くとどうしても歪みが生じる、そんなレーニンの絵を人目にさらしたくない。教え子がそんな絵を描くのはイデオロギー面の不注意、場合によっては危険思想の現れとみなされると危惧したのだろう。だが、そうした不安が教師の反応のすべてだったのではない。レーニンを描くことはどこか特別な、ソビエト体制のほかのイデオロギー・シンボルとは一線を画すものだという感覚もあった。レーニンは、ほかのシンボルと違って、歪めてはならない。なぜなら、そんなことをしたら単なる不注意や未熟さではなく、物事の秩序そのものを乱すある種の特別な冒瀆行為になってしまうからだ。

生徒のほうは、この一件でソ連のイデオロギー・システムの重大原則にはじめて直面した。「レーニン」は、ありきたりのイデオロギー・シンボルではなく、その中核に位置するシンボルで、すべてのシンボルや発話の頂点に立つ。この「主人のシニフィアン」(master signifier) は、ソ連の権威的言説にあるかぎり、疑問をさしはさむことができない。それどころか、どんな発話であれ、この言説で正統と認められるには、レーニンの教えかレーニンの引用に基づいていなければならない。つまり、ソ連のイデオロギー空間にある権威的発話は、定義するなら、「レーニン」というシンボル記号に**従属**しているのだ。このためレーニンの表象は、著作や演説の引用と同じく、画家や作家の**私的**解釈であってはならない。**たまたま**であっても、規定の標準形を踏み外して描くのは厳禁だった。それどころか、「レーニン」の姿は、オリジナルの寸分たがわぬコピーでなければならない。だからこそレーニンを描くことを許された公認画家は、仕事用にレーニンのデスマスク（現実の肉体を直に引き継いだもの）を持っていたのである。[29]

カリーニングラードのマーシャに話を戻そう。九年生でコムソモール委員になったマーシャは、成績調査の仕事を任された。全学コムソモール集会での結果報告が新たな任務となる。この報告文をつくる中で権威的言説の本質に初めて直面し、形式踏襲の大事さが身に染みたという。こうした文章の特徴を、マーシャはこう言っている。「最後まで自分で書いたのに、自分の言葉では内容を言えそうもない。でも、ほかと同じように、正しい響きがすると思いました。そもそも、こうした言葉の響きは子供の時から印象に残っていました。威厳があって意味不明なんです[30]」

ばつの悪い思いをしたレーニンの肖像画の一件、次いでクラスの班長（コムソルグ）の活動といった出来事を通じて、マーシャの確信は深まる。権威的な文章を書く時に「作文は禁物」。そんなことはせず、新聞雑誌に頻出する定番の形式や用語を使いこなせるようにすべきなのだ。マーシャによると、報告の準備をする時は、「まずテーマにふさわしい新聞記事を探して文章をいくつか書き写し、……使えそうなキーワードも抜き書きしておくの。あとでこれを基に自分の文章を組み立てていくわけ[31]」。慣れてくると、マーシャは実に多くの特別な用語や表現や構造を、新聞を見なくても自由自在に使いこなせるようになった。複雑な文法操作もやり、この言語にふさわしい新語もつくっている。マーシャ自身はこれを個人的な才覚と思っているが、こうした操作は第二章でみた権威的言説の一般原則に驚くほど似ている。だから、マーシャは作者の声を消し、新たな情報を所定の形式にコード化し、発話の時制を過去に向けたりできたのである。

マーシャによると、文章を書く時は意識して日常的な言葉を「特別な構造」に変えた。たとえば「成し遂げられた革命」〔совершённая революция〕ではなく「成就した革命」〔свершившаяся революция〕を好んだのは、「そのほうが響きがいい」からだという。こうした心地よさの理由を考えてみると、「成就した革命」だと、革命がひとりでに歴史の客観法則にしたがって起きたという印象を与え、熟慮の末に具体的な人間によって成し遂げられたことではなくなる。この場合、革命に加わった人たちは、歴史の必然を仲立ちしただけで、歴史の偶然を後押ししたことにはならない。ともあれ大事なのは、こうした言葉の形式が書き手の声を変えることだ。作者の声なら自分の主観的な見解を示して新たな情報を生むが、中継者の声だと発話以前から広く知られているある種の「客観的な」事実を繰り返している印象を与える（第二章参照）。

このようにマーシャの声が作者から中継者に変わったのは、別の原理も関係している。たとえば、単純な語を、複雑なものまたは比較級・最上級を使うものに代えたことだ[32]。マーシャが駆使した特別な言い方を、普通の言い方と並べて例示すると、「深遠な意味」〔глубинный смысл〕と「深い意味」〔глубокий смысл〕、「不滅不朽の意義」〔непреходящее значение〕と「大きな意義」〔большое значение〕となる。前者の「深遠な」という語は、単なる「深い」と違って、事実としての深さばかりか、その特別な度合いを強調する（深遠とは、深い所の最も深い部分を指す）。「不滅不朽」という語は、単なる「大きな」と違って、意義の重要性を認めるばかりか、その重要性がずっと変わらず存在していることも物語る（不滅不朽とは、何か長期にわたる永続的なこと、つまり発話以前から存在するものを指す）。こうした特殊な語を使うことで、ある前提が生まれる——出来事の「深さ」や「大きさ」は広く知られた、アプリオリに存在する事実であって、個人的な意見などではない（詳しくは第二章を参照）。

マーシャが用いた別の方法も、同じような結果を生んでいる。たとえば、動詞から名詞を派生させて、普通の動詞句を異例な名詞句に置き換える。しかも、こうした名詞句を延々と続けるのだ。こうすると、第二章で見たように、新たな情報が周知の事実として提示され、作者の役割が新情報の生産者から既知情報の中継者に変わる。マーシャ自作の実例をあげる。

大十月革命の労働者階級の勝利の不滅不朽の意義に、言い過ぎはありえない。
〔Непреходящее значение победы рабочего класса в Великой Октябрьской социалистической революции невозможно переоценить.〕

この文は「意義に」までが名詞句の連続だが、それぞれに下敷きとなる動詞句がある。こういう内容だ。**労働者階級が革命に勝利した、勝利には意義がある、その意義は不滅不朽である。**第二章で示したように、こうした動詞句から名詞句への転換で、ある前提が生まれる。動詞句の「労働者階級が革命に勝利した」なら、勝利という事実は新たな主観的なもの、つまり反論の余地のある見解だが、名詞句の「労働者階級の勝利」だと、勝利という事実は、客観的で誰もが知っており、反論の余地のない事実となる。

こうした前提が延々と連なる――つまり互いに依存しあう形で配置されると、権威的言説の時制システム全体が過去に向かってずれていくばかりか、同時にいくつかの段階の異なる過去へとずれていく。こうした数多くのレベルでの過去へのずれは、その言説の力を大幅に引き上げ、思いつきに近い発言でも周知の事実であるかのように示せる（第二章八三―八五頁の分析を参照）。

マーシャは、権威的言説の使い方をほかにも数多く身に付けている。たとえば、国の何かの祝日にあわせた全校集会で演説するなら、冒頭でその日を迎えるまでの国の成果や達成をずらずら列挙するのが望ましいという。さらに列挙の際は、最後の直前につける接続詞の「および」はない方がいい、なぜなら、マーシャの説明では「こうすると成果のリストが無限に続く感じを与え、その重みが増す」からだ。マーシャの実例。

ソ連の人びとは一致団結の労働意欲に燃えて大十月〔革命〕の記念日を迎えており、続々と成果を上げている

――工業、農業、科学、文化、教育。

こうした例から分かるように、マーシャの形式踏襲は権威的言説の言語構造の全レベルにわたり、語彙、語法、文法構造ばかりか時間や作者の声の操作にまで及ぶ。前述したように、権威的言説の形式の踏襲には、それなりの意味がある。語り手は、ピエール・ブルデューのいう「委譲された力」（何らかの制度が、その名を語る公的代表に委譲する権力）へのアクセスが可能になるからだ。[33] マーシャの文章や演説の言い回しが権威的言説の形式に近づけば近づくほど、国家機関（＝コムソモール）の全権代表という地位が強まり、いっそう多くの権力が委譲されていく。この結果、国家権力システムから一定の利益が得られる（例えば大学の優先合格）ばかりか、教師の締めつけが緩んで活動の自由が増すという恩恵もあった。国家のイデオロギー機関（コムソモールや党）の委譲権力は、国家の他の非イデオロギー機関の締めつけから人を守り、そこその自由をもたらすことがあった（この実例は後述）。マーシャが、こう言っている。「私はできるだけたくさん陳腐なイデオロギー表現を使うようにしました。そうすれば、先生が私の〔書記としての成績調査の仕事の〕失態を批判しなくなるからです[34]」

権威的言語の決まりきった、ハイパーノーマル化した形式を踏襲するマーシャの手腕は、実に見事だ。形式の固定が当初のコンテクストからの離脱を可能にし、そうして開けた空間で新たな予想外の意味が生じ[35]、個人の創造と工夫の余地が生まれる。権威的言説のこうした特長のおかげで、マーシャは公的な発言や規則とは違った理想をコムソモール活動に持ち込めた。そうしたコムソモール活動の新しい意味が共産主義の価値観や理想と矛盾することはまずないとはいえ、それでも標準的な解釈と一致しないことはありえた。

例えば、マーシャのコムソモール委員としての仕事に、成績のいい子が出来ない子の面倒をみる支援制度の管理統括がある。手始めにマーシャは、全校のクラス・教科ごとの成績集計を提案した。成績簿の閲覧権限をもらい、過去の学期ごとの全校・全教科の成績を一覧表にすると、クラス・教科・教員ごとに比較分析して一定の傾向をつかむ。当初この仕事の印象は、退屈な形式的なこと、報告のためだけに必要で、何も大した影響はないと思われた。だがそのうちマーシャの分析が思いのほか有益だと分かってくる。支援制度がそれなりに機能しはじめ、それにつれて全体の成績も上がっていった。マーシャがこの仕事を「重要で意味がある」と感じたのには、少なくとも二つの理由があった。第一に、これが実際に著しい好結果をもたらしたから、そして第二に、このおかげである程度の自由を獲得し、教師から一目置かれるようになったからだ。マーシャの回想。

学期末になると私は成績表を見ながら平均点や比率を計算し、それから全校生徒の成績分析の報告書を書くんです。こうしたことが好きだったし、学校でも仕事を認めてくれて、一目置いてくれました。報告書のコピーは、校長先生にも届いていたの。……先生たちとの関係も良くなったわ。以前の結果を見せて欲しいと頼まれることもあったの。……とにかく、あの仕事は教育の底上げに役立ったと思うわ。

「純然たる形式業務」と「意味のある仕事」

アンドレイ（前述したレニングラード某研究所のコムソモール委員会書記）は、コムソモールの活動経験を積み重ねる中で、嫌々やっていた数多くの「無意味な」官僚的手続きが、実はある種の積極的な意味を持っていることに気づく——この際限ない繰り返しの中で、いやむしろこのおかげで、アンドレイが肯定し重視する数々のソ連的なありようも生まれてくると気づいたのだ。例えば、若い同僚のあいだに存在した「独特な価値規範（エチカ）」がそうだ。誰もが社会保障や無料教育、専門活動での若者支援など「いわば、将来への手厚い配慮」に重きを置いていた。アンドレイは、自分に任されているコムソモールの活動を二つに分けて考える。一つ目は、実行にあたって文字通りの意味に拘泥しないもの。アンドレイの言う「純然たる形式業務」〔чистая проформа〕とか「イデオロギーの残りかす」〔идеологическая шелуха〕で、報告のために形式的にやっている。二つ目は、これとは正反対で、アンドレイが「意味のある仕事」〔работа со смыслом〕と名づけるもの。社会に役立つので重視し、文字通りの意味にできるだけ注意し、想像力を働かせて熱心に取り組んだ。この「意味のある仕事」は、コムソモールのイデオロギー課題の文字通りの意味と一致することもあれば一致しないこともあった。

「純然たる形式業務」とは、地区委員会から「降って来る」ルーチンワーク、型どおりの式辞、レーニン記念テストの実施、各種点検、活動報告などを指す。こうした仕事は誰だって熱が入らず、権威的言説の形式踏襲となり、コンスタティヴな意味には目もくれない。とはいえ、こうした形式的な活動を無意味と見るのは正しくない。ありふれた存在になって新たな意味を獲得すると何らかのコンテクストを生み出し、場合によっては別の「ふつうの」生活をつくりうる。イデオロギーや国家の締めつけからそこそこ自由だが、社会主義や国家に反するとは必ずしも思えない生き方である。

現実には、純然たる形式業務と意味のある仕事とは持ちつ持たれつの関係にあり、区別しがたいことも多い。前節のマーシャと同じく、アンドレイは、意味のある仕事をする前提は形式業務をこなすことだと分かっていた。だから決まりきった演説をやり、社会奉仕を半強制で割り振り、政治学習のカラ報告や「サクラ」を使ったしゃんしゃん集会をお膳立てした。[36] こうした形式的な活動を最小限に抑えるのは心得たもので、意味のある仕事に取り組む条件を整えるだけで、時間や労力の空費はしなかった。

ここから二通りの結論が出てくる。まず、コムソモールの課題や価値に対するアンドレイの理解は、ややもすると公的な意味あいと齟齬をきたす。他方、アンドレイのイデオロギー活動がそれまでにない予想外の意味を持つといっても、共産主義の理念そのものを拒んだとかソ連体制に否定的というわけではない。今日の視点からどれほど奇異に映ろうと、アンドレイにとって「イデオロギーの残りかす」と「意味のある仕事」は一枚のコインの両面——区別不能なばかりか補完関係にあるものだ。一方への形式的な接し方と他方への熱心な取り組みとの組み合わせは、アンドレイによれば、一筋縄ではいかない弁証法的発展のプロセスである。官僚的な雑務や形式的な業務が山積みでも、向かっている方向はおおむね正しく、好ましい道徳的原則に沿っており、だから未来にまっすぐ通じていると当時は思っていた。

アンドレイにとって「意味のある仕事」とは、まず様々な専門活動と社会活動だという。例えば「見習い制度」という、アンドレイの音頭で研究所コムソモール委員会が行った活動である。

若い人が新たに職場に採用されると、僕たちはコムソモール委員会を通じて経験豊富な先輩の見習いにつけ、専門知識やノウハウを伝授した。……新人が自信をなくしたり、放っておかれることがないようにね。悪くない制度で、研究所では成功だった。

若手職員に職能別（肉体労働、設計、技術、研究）で定期開催した専門技能コンクールもそうだ。アンドレイが熱心に取り組んだこのコンクールは、「研究所で大きな関心を呼び」「仕事にも有益だった」。アンドレイにとって極めつきの「意味のある仕事」は、大祖国戦争時の研究所の貢献を伝える博物館の開設である。アンドレイは若手職員を指揮して展示品の収集や飾りつけを行い、研究所の先輩を招いて体験を語ってもらうなどした。「こうした会は退屈なときもあれば、生き生きとして面白いときもあった」とアンドレイは話している。社会問題の解決や「ふつうの生活」の確保も好きな取り組みだった。例えば、若い夫婦の保育所探し、研究所傘下のピオネールキャンプ場の整備、土曜労働の所内清掃、秋のコルホーズ援農、若手職員のスポーツ大会、記念式典や祝賀行事の準備、新年会、合同ハイキング、詩の夕べ、ディスコ、ロック・コンサートである。

アンドレイはこうしたことを手際よく指揮しただけでなく、コムソモール委員会書記として行ったので、報告書に所内若手職員の「コムソモール青年活動」と記載してコムソモールの資金を投入した。地区委員会はアンドレイのこうした活動を何度か表彰している(「若者の共産主義教育における積極的活動」と「コムソモール青年活動の成功」)。この表彰状はアンドレイの誇りだった。研究所時代はコムソモール委員会の壁に飾っていたし、八〇年代末に退職した後は自宅の机の前に(著者のインタビューする)九〇年代半ばまでずっと飾ってあった。アンドレイにとってこの表彰状は、空疎なイデオロギーに振り回されて愚にもつかない活動をした証拠ではない。自分の組織力や創造力が認められ、社会福祉に尽力したことを示す証しなのだ。

意味のある仕事と純然たる形式業務とを見分けるアンドレイの眼力は、具体的な仕事にとどまらない。アンドレイは、そのころレーニンに代表される共産主義の「理想そのものを信じていた」が、一方でこの理想にたえず付いて回る「見せかけの形式主義を嫌悪していた」。レーニンの理想をこの形式主義から解放しなければいけない、解放は可能なばかりか必然だと考えていた。そうすれば、すべて上手く行くと思っていた。アンドレイの回想。

僕たちが育った環境では、レーニンは聖なるものだった。レーニンは清廉のシンボル、誠実と賢明の象徴。

疑問の余地なしさ。僕たちの生活の問題点は、すべて後年のレーニン的原則の歪曲に原因があると思っていた。欠陥だらけの血まみれのスターリン体制や、あの低脳のブレジネフなどだね。自信があったんだ、僕たちがレーニンの真の思想に立ち戻れば、すべてがまた収まる場所に収まるってね。あのころ〔七〇年代末から八〇年代はじめ〕多くの人は、もしレーニンが生きていたら、起こっている悪いことをすべて正してくれると思っていた。[37]

アンドレイのこの言葉にも、「レーニン」というシンボルの特別な役割がよく出ている。このソ連の権威的言説の主人のシニフィアンは、言説の「枠外」にあって、外部の客観的真理となっている。別格の基準点として、言説の他のシンボルや概念に正統性を与える役割を担っていた（第二章九一―九二頁参照）。後に八〇年代半ばに党員になると、アンドレイは党という概念でも二つの意味を区別する。かつてコムソモール活動で意味のある仕事と純然たる形式業務とを区別したようにだ。アンドレイの説明。

党は、なすべきことを本当に知っている唯一の組織だと無条件に信じていた。ただその際、党を一般人と党官僚とに分けていた。

前者（一般人）は、アンドレイが「誠実に働き、善良で賢明で思いやりのある」と評した大多数の人たち。後者は、無気力なお役所仕事の地区・市委員会の官僚――「内側から腐り、すばらしい思想や原則を歪曲した」人たちである。「もし僕たちがこういった官僚から逃れるか少しでもその影響を減らせるなら、党の活動は当然もっと良くなる」とアンドレイは信じていた。[38]

アンドレイの様々な活動やものの見方から分かるように、後期社会主義に形成されたイデオロギー・システムにはある重要な特徴がある。一見すると相反するかのような考え方や行動が、実は一つのまとまりとして共存できるのだ。単調なイデオロギー活動や無意味な共産主義のレトリックや腐った党官僚に眉をひそめることと、共産主義の理想を信じてその達成手段とみなした活動に心底熱中することとが、一人の人間の中で調和していた。アンドレイのような考え方や行動は、たしかに若者の中では珍しい。だが、特別な例外だったわけでもない。

この世代の別の例を紹介しよう。アンドレイより少し年下だが、ほぼ同年代のイーゴリ・Rである。イーゴリは、一九六〇年にカリーニングラード州ソヴェック市に生まれた。同市の学校を七七年に卒業後、レニングラードの理系の大学に進学。学校の高学年の時にはクラスの班長(コムソルグ)を数年つづけて務めた。この仕事で、アンドレイのように意味のある仕事と純然たる形式業務との区別を学び、コムソモール活動への二通りの態度を形づくる。退屈で無意味な形式主義をばかにする一方で、活動の一部をなす、彼のいう集団主義の精神と万人の幸福の希求とに貫かれたものに情熱を注ぎ込んだ。レニングラードの大学時代のコムソモールの大集会のことを、イーゴリはこう話す。「コムソモール集会のうんざりするような形式主義と退屈さが大嫌いだった(39)」。会場にいる友達の大半と同じく、議事は無視して、ほかのことを考えていた。

それが〔学校や大学などの〕大集会で、百人以上いるなら、僕はいつも本を持って行った――教科書とか辞書などをね。集会のあいだは読書か勉強さ。集会でどんな決定が採択されようが、どうでもよかった。だって、みんなそうだけど、そうした決定が事前に決まっているのは百も承知だったからね。集会で大事なのは、ただ「じっと座っている」ことさ。……その間おしゃべりは難しい。処分されるかもしれないからね。だから読書が無難だった。みんなしてたよ。全員がね。見ていると、おかしかった。集会がはじまると会場の頭と

図8　本文の説明と同じことが党の大集会でも起きた。写真は、レニングラードのスモーリヌィ宮殿の講堂で行われた地区委員会と市内企業党委員会の代表者会議（1980年1月1日）。最後列の人が雑誌か本を読んでいる。© RIA-Novosti, Rossiya Segodnya

いう頭が一斉に下を向いて本を読み出すんだ。居眠りしてるのもいた。でも投票になると、すっと頭が上がる。「賛成の人は」という声が聞こえると、頭の中でセンサーか何かが働いて自動的に手を挙げるんだ。(40)

形式的で退屈な集会や投票に眉をひそめるイーゴリだが、それでも心の奥底で社会主義の理想や価値観の数々を正しいと思っており、そうした理想を具体化するのは、どれほど奇異に響こうと、依然としてコムソモールだった。イーゴリは直感でアンドレイと同じ結論に達していた。まったく形式的な、無意味に思える儀礼だが、それでも一定の重要な意味がある、なぜならこれを前提として他の肯定的で創造的なソ連の現実が存在しているからだ。その一方で、これもアンドレイと同じだが、こうした無意味なイデオロギーの形式をできるだけ減らし、ゆくゆくは全廃して、ソ連的な生活の肯定的な価値を維持すべきだと思っていた。イーゴリにとって「意味のある仕事」とは、アンドレイと同様、この肯定的な現実にかかわるものだ。実に様々な活動がありえたという（政治学習会、詩の夕べ、道徳や哲学がテーマの討論会、年金生活者の支援制度など）。イーゴリが何年も自発的に班長（コムソルグ）に立候補し続けたのは、こうした活動があったからだ。イーゴリの見方は、アンドレイに比べると、かなり理想的で、田舎っぽいかもしれない。だがイーゴリもアンドレイも、特別な例外だったわけではない。イーゴリは後に、ソ連が無くなってから、ソ連時代に持っていた理想や人生観は家庭環境のせいだと説明している。

> 僕がコムソモールに積極的だったのは、若者の前衛として生活を良くしたいと思っていたからだ。……正しい図式（学校、大学、仕事）に従えば、すべて上手く行くと思っていた。……僕個人としては、国の首脳はだいたい正しい政治をしていると確信していた。僕にとっては、人びとへの配慮、無料医療や良い教育だ。念頭には父のことがあった。父は、〔カリーニングラード州ソヴェツク市の〕地区の保健局長で、医療サービスの改善に尽力した。母も地元病院の医師で、いつも使命感をもって仕事に取り組んでいた。国からもらった立派な住宅もあった。そういったわけさ。(41)

この世代の別の例、これもコムソモール活動に積極的だったミハイル・Kは、一九五八年の生まれ。七〇年代末から八〇年代はじめに班長（コムソルグ）を、まず学校の高学年で、次いでレニングラードの大学の学生班で務めている。九〇年代半ばにミハイルが自己分析したペレストロイカ以前のソ連の現実への接し方は、明らかに逆説的で理想的である。そうした現実理解がペレストロイカ期に徐々に変わり、一九九〇年に一変する。そのころのことを、こう言っている。

……自分がかつて〔ペレストロイカ以前に〕どうだったかに気づいて、信じられない思いでした。突然、視界が開けました。つまるところ、ずっと分かっていたんです、党の上層部の一部が芯から腐っているってね。学校では班長（コムソルグ）でしたが、コムソモールに強く引かれたとは言えません。テレビで見るブレジネフの演説は、みんなと一緒に笑っていましたし、うんざりしたこともあります。ほかの人がやるように、政治アネクドートも口にしていました。当然ながら、スターリンは悪いやつだと思っていました。とはいえ、それにもかかわらず、生きている間じゅうずっと、たぶん幼稚園の時から、社会主義や共産主義は良いもの、正しいものだと思っていました。……思想自体はまったく正しい、そうあるべきだとずっと信じていました。もちろん、歪曲や捻じ曲げがあったことは承知しています。でもそれを取り除くことができれば、すべては上手く行くと思っていたんです。……〔一九八五年以前の〕ある時点で、人生のことはすべて理解した、この見方はもう変わらないだろうと確信していました。(42)

一般コムソモール員

ここまではコムソモールに積極的にかかわる書記や班長（コムソルグ）――コムソモール末端の責任者を見てきた。では責任とは無縁だった一般コムソモール員は、ソ連の日常生活にあるイデオロギーにどう接していたのだろう。一九六六年生まれのトーニャ(43)は、同世代の大半がしたように、八〇年代はじめにコムソモールに入る。積極的な部類ではなく、コムソモールの委託任務は逃げて回ったという。それでも、トーニャが語る日常的なイデオロギーへの接し方は、これまで見た人と重なる点が多い。まずトーニャも社会主義の日常を二つに分ける。その道徳的価値はおおむね重要かつ正しいと考える一方で、延々と続く集会や報告の欺瞞性には冷ややかな目を向けて嫌っていた。数々の理想の歪曲を目にする一方で理想を地で行く実例も数多く目にし、いつも「世界一の国に暮らしている実感があった[44]」。またトーニャが伝え聞き口にしたアネクドートは、多くがソ連の現実の良くない面を語っている。ただ大事な点だが、大半のアネクドートは笑い飛ばせても、中には嫌な印象を残すもの、耳にするのは平気でも自分で口にするのは嫌なものがあった。これはシステムへの怯えではなく、一部のアネクドートが引き起こす道徳的な不快感のせいだ。たとえばトーニャにとって、当時のソ連の政治指導者を愚弄するアネクドートは聞くのも話すのもまったく問題ない。だがレーニンとなると、厳密に言えばレーニンが笑いの対象になっているアネクドートは、口にするのは嫌だった。トーニャの回想。「私が〔中等〕学校を卒業した時〔一九八三年〕、弟はまだ小さくて物事をよく分かっていませんでした。それでレーニンのアネクドートをしだしたんです。私は気が動転して、こう言いました。〈いいこと、ブレジネフを笑うのは構わないわ。でもね、レーニンを笑うのはダメよ[45]〉」

最後の一言は、これまでに見た実例とまたしても重なる。学校の美術の先生が教え子への説明で、ほかの人はともかく、レーニンの肖像画は素人が描くのは道徳的観点から認められないと言ったのが思い浮かぶ。しかし、こういう「レーニン」観を持っているからといって、トーニャがイデオロギー発話やソ連の日常を全肯定しているわけではない。アンドレイやイーゴリがそうだったように、イデオロギー生活の多くに否定的で、にもかかわらずそれがレーニンには波及していない。党幹部や地区・市委員会の官僚やブレジネフが清廉な道徳原則の歪曲者なら、レーニンはそうした原則の体現者だった。だから当然の理として、レーニンがらみの政治アネクドートは、当時もあったものの、他の政治家に比べれば極端に少なく、口の端に上ることもめったになかった[46]。

ちなみにトーニャは、両親の薫陶もさることながら、批判精神旺盛なコーリャ叔父の影響を強く受けて、生徒だった時分から「党の言語で言い表される思想は、結局ある種の欺瞞だ」と認識していた。学校の歴史の教師が党の言い回しを多用し、「共産主義の道徳規範」を振りかざすのが嫌だったという。[47] トーニャは意識して権威的言説の決まり文句を用いてそうした言い方の形式主義を強調し、その教師が良心を欠くか鈍物だと印象づけようとした。トーニャの当時の理解では、誠実な人が共産主義を信じることはありうるが、党官僚やご都合主義者には批判的でなければならない、スローガンをむやみやたらに繰り返したり規則にやかましい人は、そうやって「理想そのものを歪曲している」のだった。

「ちょっとしたズル」

権威的言説とイデオロギー実践との間のこうした逆説的な関係は、コムソモール活動を特殊な問題にしていた。大半の班長(コムソルグ)や書記が心得ていたが、一般コムソモール員に割り振る委託任務の多くは、純然たる形式業務でやったふりさえすれば良い。文字通りの実行が不可能な場合すらあった。ただ、こうした形だけの実行が全く無意味でないことも班長や書記は分かっている。それどころか形式的な実行には重要なパフォーマティヴ機能があり、[48]「意味のある仕事」をする前提や資源でもあった。

驚くことに、純然たる形式業務をするのも実は簡単ではない。まず、報告書の形をそれらしく整える必要がある。また参加したがらない一般コムソモール員の動員法も考えないといけない。しかも一般コムソモール員との表立ったやり取りで、活動がまやかしだと認めることもできない。そんなことはイデオロギー的に不可能だし(認めれば活動全体に影響が及び、重要なパフォーマティヴ機能が無に帰す)、道徳的にも(誰も偽善者やご都合主義者だと思われたくない)、現実的にも無理だ(一般コムソモール員の勧誘に支障を来たす)。このようにコムソモール活動が班長や書記に突きつける課題は、実務的・道徳的に大変なものが数多くあり、しかも多くの場合、公に言われていることの文字通りの意味とも違っている。一体どうやってこの課題を解決したのだろう。

もう一度マーシャに登場願おう。マーシャは一九八〇年代半ばにカリーニングラードの学校のコムソモール委員で、成績調査の統計づくりの担当だったことは先述した。学校のコムソモール集会で読み上げる報告書の形式に従えば、成績不振者の名前の公表が欠かせない。マーシャには気の重いジレンマだった。コムソモールの仕事は好きだったし、成績分析も興味深く有益で、先生の覚えもめでたい。とはいえ、大勢の目の前で、他人を犠牲にして点数を稼ぐ奴だと思われるのも嫌だ。マーシャの言い方を借りれば、「大事なのは、ほかの生徒との関係を壊さないことなの、よりにもよってこんな〔形式的な〕ことでね[49]〔на такой почве〕」。

マーシャのジレンマ解消策はこうだ。大勢の目の前でする成績不振者の発表は純然たる形式業務にすぎず、個人攻撃でないと分かってもらう。言い換えると、集会の参加者に、マーシャは批判の発案者ではなく、言説の定番形式をなぞっている仲介者だと理解させるのである。マーシャは、そうした術を心得ていた。言説レベルの、個人を特定する〈私〉をテキストから消す文責回避にはじまり、実務レベルの生徒への根回しまで、方法はいくつもある。たとえば、成績不振者の名簿に新しい名前を入れないようにしたのは、選んだのが自分以前だと分からせるためだ。しかし取り組みの真剣さを示すには、「何人かは目新しい〔незатасканные〕名前」を挙げる必要がある。そこでマーシャは、あちこちの集会で同じ名前を繰り返さないようにした。また言及予定の人とはできるだけ事前に会って、ふつうの状況で、公的スタイルとは違う友達同士の雰囲気で話をした。こんな感じだ。「あのね、気を悪くしないで欲しいんだけど、わたし、勅書〔学校の報告集会での演説〕であなたのことを良くない形で言わないといけないの。個人的に含むところは何もないし、あなたのことは良く思っているわ。でも触れないといけないの。ね、いい?」。こうすると「たいてい渋々同意してくれる」ので「必要なだけの人数が集まった」。こうした話し合い、親しい口調、冗談めかした「勅書」という言い方が、報告のこの部分は文字通りでなく形式的な儀礼として理解すべきだと分からせたに違いない。こうすることでマーシャも一度にいくつもの課題をこなそうとした。興味深く有益と思っている仕事に取り組む。決まりきった「形式業務」の再生産に関与する。学校の生徒との関係を壊さない。さらに個人的な目的だが、金メダルで卒業してレニングラードの名門大学に進学する（積極的なコムソモール活動が評価されて、この夢は実現した）。マーシャのことを厚顔無恥な成り上がり者とか、「システム」に利用された意志の弱い人などと見るのは間違っている。マーシャは厚顔無恥ではないし、取り組んでいる数々の課題が重要だと心から信じていた。ただその際、別の課題や要請は積極的に無視したり手抜きをし、さらに個人的な目的も追求したにすぎない。

　前述した某研究所コムソモール委員会書記のアンドレイも、マーシャと同じく、いつも難しい選択に直面していた。研究所の同僚に決まりきった退屈な仕事を押し付けて顰蹙を買いたくない。かといって、仕事の未達成で地区委員会から譴責されるのも避けたい。また書記の仕事をむなしい雑務にはしたくない、決まりきった手続きを何も考えずに繰り返すのは嫌だとも思っていた。アンドレイは打開策をあれこれと考え出し、「ちょっとしたズル」と名づけている。このおかげで、上級機関とも一般コムソモール員とも正常な関係を維持できたし、純粋に形だけの委託任務もアンドレイが重視する意味のある仕事も履行できた。ちょっとしたズルが特に有益なのは、決まりきった委託任務を一般コムソモール員に割り振る時だ。アンドレイの話。

　あるとき気づいたんだ。誰かに仕事を頼もうとして「ねえ、次のコムソモール集会で演説してもらいたいんだけど」ともちかけると、その人は出来ない言い訳をすぐに山ほど並べ立て、勘弁してくれと言ってくる。……それを利用するのさ。まず、しばらく演説が必要だと突っぱね続け、そのあと出し抜けに白旗を上げて、こう言うんだ。「分かった、しかたない。誰か代わりを見つけるよ。でもひとつ条件がある。ほんの少しでいいから、仕事を手伝ってくれないか」。そうしておいて、演説の代わりに議事録の作成とか報告書の準備とかを提案する。これは大概ずっと簡単さ。型どおりの仕事だからね。でも、ものすごく時間がかかるんだ。所内のあちこちで人から話を聞き、情報を集め、報告書に盛り込むといった具合にね。でも集会で演説しなくてすむから、この仕事は引き受けてくれた。(50)

地区委員会がしょっちゅう言ってくる非現実的な委託任務を文字通りの（コンスタティヴな）意味に拘泥せず形式レベルで遂行する方法も、アンドレイは考え出した。ある時、所内に「講師陣」を組織する仕事が来る。講師になった一般コムソモール員十人が、所員に向けて定期的に政治学習会を開催するというのだ。この講師陣を足がかりに政治教育プログラムを大々的に展開することで、地区委員会は中央の命じる企業での活動強化を推し進めようとしていた。政治学習会のテーマは、アンドレイの記憶では、お決まりのテーマ――たとえば「党中央委員会総会決定」とか「ハンガリーのコムソモール運動」だった。コムソモール集会の演説と同じように、政治学習会の運営責任者に手を挙げる人はいない。若手職員の大半が何のかんのと理由をつけて敬遠するので、アンドレイはまたもや「ちょっとしたズル」に訴えた。

コムソモール委員会で現状を話し合い、講師陣づくりは形だけ、書類の上だけにすると決めた。……このための五、六人の目星もつけた。……親しい友人の一般コムソモール員に、「君は責任者だからね」と言っておいた。この政治学習会の報告書を作ったり、地区委員会が点検に来た時に口裏を合わせる役回りだ。また、年に数回でいいので、できれば本当に政治学習会をして最低限の辻褄あわせをする。それ以外の政治学習会は、書類の上だけの存在さ。(51)

アンドレイが講師に指名した一般コムソモール員は、みな良好な関係を築いている人だった。その人たちにアンドレイは、可能性はごく低いが、万一、地区委員会や州委員会が点検に来たらどうすべきか、ちゃんと指示している。こうした仕事のやり方や、報告書や点検への対処は極めて普通のことで、ほかのコムソモール委員も一般コムソモール員も驚かない。そればかりか、地区委員会の研究所担当の指導員(前述したアレクサンドルもその一人)の方も、課題の文字通りの履行(一年間に数多くの政治学習会を実施)はまず無理で、おそらく形だけのプランになるのは百も承知だった。しかし地区委員会は、このやり方に口出しする気はないし、でたらめ仕事が表沙汰になるのも避けようとする。地区委員会の指導員から政治学習会の仕事を命じられた際、アンドレイはざっくばらんに〔по-дружески〕こう言っている。「たぶんお分かりでしょうけど、うちにはご期待に応えるだけの余力がありません。これだけの数の政治学習会をこなすのは、体力的に無理です」。アンドレイによると、返答はこうだった。「うん、もちろんよく分かってます。でもこっちも上から圧力があるのでね」。話し合いの結果、必要最低限の政治学習会の数を確保する、ただしその中身は問わない、となった。アンドレイは、地区委員会が講師陣の点検をすることは多分ないと見ていた。万一あっても、紙の報告書と政治学習会の名称どまりだ。地区委員会の職員が一般コムソモール員に聞き取りをして、どの政治学習会に出たかまで確認することはない。「誰も問い質したりしないと分かっていた。すべてがそうなっていた。地区委員会が実際に人と接することはまずない。あそこは、報告書を点検するだけ。報告書の作成が、僕たちの主な義務だった」(52)

地区委員会の部局は、地区の各団体の政治学習システムの報告書を点検すると、さらに短い報告書をつくって市委員会に報告する。「××研究所コムソモール組織の点検に関する資料」といったものだ。この文書は、アンドレイが所内に設けた幽霊組織の政治学習会を「模範例」として特筆し、地区のほかの団体と比べている。というのも、アンドレイたちが一年を通して「国際的な社会政治問題の学習会を毎月」行っていたからだ。文書は「具体的な実例」として、アンドレイが空報告した講演会に言及している。「研究所職員の同志Nによるレニングラード州の人口問題と農業発展に関する講演会は、大成功を収めた」[53]。地区委員会の別の部局がつくった「若者の余暇利用の改善に関する結論と提案」という報告書も、アンドレイたちの政治学習システムに触れている。「研究所のあらゆるところで政治学習会が定期的に開かれている。成功の要因は、自前の講師陣の結成にある。こうした活動は現在、研究所の党組織の積極的支援の下に行われている」[54]

アンドレイの「ちょっとしたズル」は、上級組織の純然たる形式業務をできるだけ回避するためにも発揮された。回想を引く。

市委員会や州委員会で何か報告書をつくる時は、初級組織の実例〔примеры из жизни〕が山ほど必要になる。そこで初級組織に電話をかけまくり、これこれの実例が必要だと言うんだ。むこうの用件は五秒で言い終わるが、こっちの仕事は、それから三日はかかる。ずっと電話仕事だったので、全員の声を覚えていた。聞き覚えのない声だと、これは違う、誰か別の人だとすぐ分かるので、別人のふりをしていた。たとえば、こんな感じさ。

「こんにちは。市委員会の誰それです。そちらは、どなたでしょうか」

僕は、こう答える。

「コムソモール員のセミョーノフです〔でたらめな名前〕」

「コムソモール委員会書記をお願いできますか」

「あのぉ、いま不在なんです」

「いつお戻りですか」

「分かりません。二、三日かかると思います。出張なんです。研究所のピオネール・キャンプに、開所準備の点検に行ってます」

むこうが、こう言います。

「こちらの市委員会で今こういう問題を準備していて、そちらの初級組織の実例が至急必要なんです」

これは大掛かりな仕事になるとピンと来た。やらないと言おうか。ダメだろうな。でも、やることが山積みだ。そこでこう言います。

「あのぉ、お役にたつのは難しいように思います」

むこうが聞いてくる。

「あなたは誰なんです?」

「初級組織の者で、〔一般の〕コムソモール員です。たまたまここに来て、とある文書を見ていたんです」

むこうは、こう言います。

「お願いがあります。書記に伝えて下さい。戻られたら、必ず電話をくださいってね〔電話番号を言う〕」

「分かりました。必ず伝えます!」

アンドレイは経験上、市委員会が「実例」を至急必要とするのは、上級組織に提出する市のコムソモール活動の点検報告書を書くためだと分かっていた。であれば、ほかの組織に電話をかけている間にアンドレイの研究所のことは忘れてしまうだろう。また、市委員会の報告書を受け取る上級コムソモール組織にとっても「実例」なんて純然たる形式業務にすぎないことを、アンドレイはよく分かっていた。

指導する側の上級組織からして、ほかと同じように委託任務の遂行や報告書の作成が義務なのだから、形式的な委託任務の増大を嫌がる初級組織の班長（コムソルグ）や書記に対して、これまた「ちょっとしたズル」で対応する。一例をあげよう。地区委員会の義務に、定期的にコムソモール協議会を開いて、地区のコムソモール諸団体の代表がコムソモールの活動経験を交換する場をつくるという仕事がある。大きな講堂で行われるこの協議会は、地区内の学校や企業の書記が報告をして、地区のほかのコムソモール委員会の代表が聴衆になる。地区委員会の目標は出席率の高さなので、地区の初級組織は協議会に必ず代表を送る必要があった。

リューバ（前述した学校の班長（コムソルグ））は、こうした協議会にまず学校から、のちに大学からいつも代表として派遣された。無意味で退屈な行事に時間を取られるのは嫌だったが、断ることもできない。だからいつも会場に行くと、議長席にある出席簿に名前を書いて席につくが、一回目の休憩に入ると、そっと抜け出して家に帰っていた。同じようにする出席者が多く、協議会が終わりに近づくと会場はがらがらで、最後の投票が定足数に達しないこともあった。地区委員会の担当者は、投票結果の報告が義務なので、運営方針の変更に踏み切る。リューバによると、出席簿の記名が開会時でなく閉会時になり、議長席でなく出口でチェックするようになった。新たな方針に対抗して、リューバは座る場所を講堂の端っこから真ん中に変えて目立たないようにし、協議会の最中は宿題の時間に当てることにした。それは大学時代も同じだったという。

活動家、異論派、「スヴァイー」

ここまでは、権威的なテキスト・報告・儀礼がコムソモールの様々な活動分野で作られる実態を見てきた。ここからは、その結果を、予想外のものも含めて見ていく。コムソモールの主たる任務は、権威的言語のコンスタティヴな（文字通りの）意味によれば、共産主義の精神で結びついたソ連青年の独特な社会集団をつくることである。この任務が全く実行されなかったわけではない。ソ連独特の青年集団は確かに生まれている。ただ、その中核精神は、がちがちの共産主義とは何かが違っていた。また、その構成員は、雑多な人たちなので違っていて当然だが、よく似たところもあり、一まとまりの「仲間（スヴァイー）」だった。当時の日記やコムソモールの思い出話をみると、イデオロギーがらみの制度や儀礼やレトリックにまつわる描写で、このスヴァイーという語を頻繁に目にする。

「スヴァイー」はロシア語やロシア文化で多用される概念で、ソ連体制やそのイデオロギーと関係ない文脈でも用いる。[55] 日常会話で用いる最広義の「スヴァイー」は、チュジーエ（スヴァイーでない他人）との間に一線を引く。ただ注意して欲しいが、この線は不動固定ではない。文脈に応じて様々に動き、変わりうる。キャロライン・ハンフリーがいみじくも指摘したように、社会主義国ソ連の「国家」や「国家制度」といった概念は独特で、〈国家／社会〉や〈公的分野／私的分野〉といった単純な対比ができない。社会主義の文脈は、国家が社会の隅々まで浸透して各レベルで新たに再生産され、マトリョーシカのような入れ子構造になっている。[56] つまり、主体と共同体の関係が一対一とは限らないのだ。責任者、店員、守衛、掃除番など誰であっても、それぞれのレベルで、それぞれの職務の文脈で、国家機関に特有の関係モデルを再生産していた。この場合、その職務の文脈を超えると、制度上の関係モデルが瞬く間に変化して、「守衛」が「ふつうの人」や「スヴァイー」になる。こうした制度関係のために、ソビエト・システムは〈国家／社会〉の二項対立の図式では検討できない。同じように、スヴァイーの共同体もこの図式に当てはまらない。

一般コムソモール員や班長（コムソルグ）が自分たちと「活動家」や「異論派」とを区別する時に普段どんな言い方をするかというと、スヴァイーやその同義語のふつうの人が圧倒的に多い。ここで「活動家」や「異論派」と言われるものは、実在する主体ではなく、ある種の観念モデルだ。現実には、権威的言説への態度が「活動家」や「異論派」と五十歩百歩の人は確かにいる。しかし、本書があえてこの簡易モデルを用いるのは、大半の人（本章の登場人物のような人）がこうした基準で〈仲間（スヴァイー）〉や〈ふつうの人〉を規定しているからだ。

活動家と異論派では、権威的言説に対する態度が正反対のようだが、実は共通点が多い。理想主義者の「活動家」と「異論派」は、権威的言説を文字通りに受け取る――活動家は忠実な現実描写として(57)、異論派は嘘八百の現実描写として(58)（第一章参照）。「活動家」は、権威的言説のいう社会主義を信じて疑わず、自覚や勤労意欲の向上を人びとに呼びかけ、新聞や地区委員会に投書して責任者の法律違反を訴えたりする。若い世代に本物の活動家がいるのは稀で、そうした人に出くわすと、多くの人は目を疑う。あいつは何者だ、生真面目な堅物か、世間知らずのお人よしか、それとも鉄面皮の出世主義者か(59)。インナ（一九五八年生まれ、七〇年代後半から八〇年代初めにレニングラード大学史学部で学び、後に学校の先生になる）の学生時代の知り合いに、そうしたばりばりの「活動家」がいた。その人は、周りの大半から理想家と見られていた――コムソモールの集会で頻繁に発言し、史学部のコムソモール班が「あらゆる党やコムソモール組織の基礎である民主集中制のレーニン的原則に従っていない」と批判したという(60)。レーニン的原則の立場から発言しているのに、この学生はその活発さゆえに厳重戒告を何度も受け、最後はコムソモールと大学を除名になる。周囲は世間知らずの理想主義者とも、愚鈍とも見た。ただ、誰もが思ったことがある。創造的エネルギーを現実的な目標に振り向ける方がずっと賢明なのに、イデオロギー機関に党文書の文字通りの意味に沿った行動を求めるなんて馬鹿げている。文字通りに受け取る人は、あそこのお偉方も含めて、たぶん一人もいないのに。

イリーナとナターリヤは、ともに一九五八年生まれ。大きな専門図書館の別々の課に勤務する司書で、どちらも所属課の班長（コムソルグ）である。この二人も職場でときおり活動家に出くわすことがあった。典型例が、レオニードという一九六〇年生まれの図書館のコムソモール委員会書記、つまりイリーナとナターリヤのコムソモールの直属の上司である。レオニードのコムソモール全体集会の演説は、大半の人には何とも場違いで、困惑し、気恥ずかしさすら覚えるものだった。ナターリヤによると、レオニードは「新聞の論説記事の文体で話した」[61]。何より奇妙だったのは、演説の際、他の人がするように事前に原稿を準備して一本調子で読み上げるのではなく、原稿なしで滔々と情熱的に語ることだ。このスタイルで淀みなく、即興でも延々と話すことができた。若者の間での西側ブルジョア文化の蔓延に憤慨し（時には会場に困惑の笑いが広がった）、図書館のコムソモール員や班長（コムソルグ）の行状を批判し、上級の党の同志にはコムソモールを代表してこうした傾向に歯止めをかけると請け合う、といった具合である。イリーナは、皮肉まじりの笑みをうかべながら、レオニードの言い回しを真似て再現してくれた（「われわれ若者世代のコムソモール員は、誰それの名誉を損なわないことを、われわれの上級の同志にお約束します……」[62]）。イリーナとナターリヤやその友達がいっそう驚いたのが、レオニードがこの特別な文体を集会ばかりか、同僚と話す時にも使ったことだ。権威的言語と強く一体化しようとするレオニードは、周りには不可解きわまりない人物だった。イリーナによると、「わたしは不快だと彼が口にすると、不思議な感覚に襲われました。本当にそう思うからじゃなく、単に周囲のみんなを嘲笑うためなんじゃないかしらってね」[63]。

図書館の若手職員の間では、レオニードはおそらく猫かぶりで、積極的な共産主義者のふりは出世のためだという噂が広まっていた。ナターリヤによると、実際に「結果は悪くなかった。大学の史学部を卒業して図書館のコムソモール委員会書記になり、それから地区委員会の専従に転籍。入党して図書館に戻ってきたら、三十前で副館長でした。この年では相当の出世です」[64]。レオニードの地区委員会時代を知る人も出世主義者と記憶しており、「いい意味でも悪い意味でもね。欲しいものが明確で、自分の目的を極めて意識的に追求した」と言っている[65]。だがレオニードには不可解なことがあった——あの積極さは実は本心ではないかという疑いがどうしても消えない（ごりごりの出世主義者は、レオニードのような言葉は使わないし、ああした情熱もない）。だからこそ誰もが困惑したのだ。案の定ペレストロイカが行き詰まっても、レオニードは周囲を驚かせ続ける。一九九一年末のソ連解体で、共産主義の美辞麗句が一切の権威と出世の要素を失い、道義に反するとすら見なされる中で、レオニードは大勢に背を向け、しゃべり方も頑として変えず、今度は九〇年代の改革の批判を昔と同じ党員活動家の立場から行ったという。

コムソモールの班長（コムソルグ）や下級レベルの書記の大半はたいていが「ふつうの人」で、「活動家」ではない。こうした環境に活動家は珍しい。先述のリューバは班長の経験が長く、はじめは学校で、ついで大学でも班長だったが、本物の活動家にお目にかかったのは一度きり。リューバの通った大学のコムソモール委員をしていた女性で、リューバのコムソモールの直属の上司である。この人は、ほかのコムソモール委員と違ってコムソモールの委託任務にことのほか熱心で、班長にも文面どおりの厳格な実行を要求した。ひっきりなしに点検と批判があるので、コムソモール活動がリューバのストレスになる。

この人は私に事あるごとに政治集会をやらせようとしました。中央委員会総会やら、ブレジネフの演説やら、何かの記念日といった政治事件の度ごとにです。政治学習の開催や一般コムソモール員への委託任務の割当なども始終言ってきました。要するに私の仕事をずっと監視してたんです。頭がどうかしています。あの人のせいで私はとうとう班長辞任を申し出ました。(66)

「理想主義者」の異論派は、権威的言説を文字通りに解釈し、嘘八百の現実描写だと受け取る。著名な異論派の作家であれば、実際に真実の追求と権力の嘘の暴露とを人びとに呼びかける。ソルジェニーツィンの「嘘によらず生きよ」（一九七四年）やハヴェルの「真実に生きる」（一九八六年）である。だがソ連の大多数の人は、後期社会主義の間（ペレストロイカが始まるまで）、異論派のことは全くといっていいほど知らないし、党の権威的言語のことも文字通りに受け取るべき現実の描写、つまり嘘八百の現実描写だとは思っていない。こうした事情もあって、多くの人の「異論派」観は具体性を欠き、否定的というより無関心だった。ナンシー・リースが自著で、ある女性の言葉を紹介している。一九八五年（ペレストロイカ開始以前）に話を聞いた際、その人は得々と、ソ連の全ての人を代表するかの口調で、サハロフ・アカデミー会員のことは聞いたことがある、でも詳しいことは知らない、なぜなら「私たちにとって存在しない人」だからと言ったという。[67]この女性はきっとサハロフの発言を読んだこともないし、政治信条も知らない。ソ連メディアが時々流す「反ソ活動」批判を耳にしただけだ。この一言は、当時のソ連大衆に広まっていた「異論派」観の典型である。だがペレストロイカが本格化すると、わずか数年でソ連の言論界に大変動がおきて権威的言説が一変し、[68]サハロフの道徳性がにわかに脚光を浴びる。時代の良心として、以前から敬意を払っていた人だけでなく、かつて無関心だった人からも尊敬を集めた。[69]

ペレストロイカ以前のことは詩人のヨシフ・ブロツキーも同意見で、ソ連市民の大半は異論派を取るに足りないもの、注目に値しないものと見ていたと書いている。これは、ハヴェルへの回答の一節だ。ハヴェルは、一九九〇年代になってだが、社会主義諸国の市民がかつて異論派を避けたのは、恐怖や、そうした恐怖感への困惑からだと書いた。だがブロツキーは同意しない。人びとが異論派を避けたのは、決して恐怖のためではない。「体制が明らかに安定しているので」、異論派は大多数の「考慮から排除されていた」。「素行の悪さの見本」とみなされて「ほっと胸をなでおろす材料」になっていた、いわば「健康な大多数の人」から病人だと思われていたと反論した。[70]ハヴェルと同じようにソ連時代はほとんど活字にならず、国家に迫害され、最後はソ連追放になったブロツキーだが、にもかかわらずハヴェルに賛同しなかったのである。[71]ブロツキーの言う「健康な大多数の人」(大多数のソ連市民のこと)を、本書では「ふつうの人」や「仲間(スヴァイー)」と呼んでいる(当時の人もそう言っていた)。この人たちが「権力の嘘」の暴露に無関心だったのは、権力のプロパガンダの文字通りの意味を信じていたからではなく、それを嘘とも真実とも受け取らなかったからだ。ブロツキー説の比較材料として面白いのが、ソ連の「非公認」芸術家イリヤ・カバコフの体験である。カバコフは、後期ソ連時代からポスト・ソ連時代にかけて、インスタレーションという手法を用いて、ソ連の日常生活を特徴づける疎外と退屈という感情を追求したことで世界的に有名だが、これまた異論派芸術家と見られるのを拒否している。カバコフが初めて訪米した一九八〇年代末のことだが、『ソ連異論派芸術家』(Soviet dissident artists: interviews after Perestroika)という本の取材でインタビューを受けた。その冒頭、アメリカ人の聞き手が、昔の異論派活動について話して欲しいと切り出すと、カバコフはこう即答する。「私が異論派だったことはありません。誰かと何かを争ったこともありません。その言葉は、私には当てはまりません」[72]。当然ながら、カバコフがソ連システムの支持者だったわけがない。このように答えたのは、社会主義システムやソビエト的主体を単純な「二項対立」で描く紋切型に同意しかねるのに、質問がそれを前提としていたからだ。

後期社会主義の若者世代にとって、本物の異論派と知り合うのは、本物の活動家と知り合うくらい珍しいことだった。多少とも可能性があるとすれば、体制に批判的で、時おりそうした意見を親しい友人にもらすが、異論派の一員ではなく、積極的な活動もしていない人だろう。批判の声をごく少数の親友だけでなく、職場で同僚に向かって話す人も、いることはいる。ただ、大多数の「ふつうの人」にとって、そうした人は奇妙なだけでなく、「ふつうの生活」そのものを危うくするため、潜在的な脅威だった。

アレクセイ(一九五八年生まれ)は、八〇年代はじめにレニングラードの某出版社で働いていたが、コムソモールの年頃だった同僚のことを、こう語っている。

例えば、その人はコムソモールの会費を払おうとしない。道義的問題だって言ってね。……もの静かだけど、異論派ぶっていた〔тихий, но диссидентствующий〕。たいていの人から嫌われていたよ。やってることが馬鹿げてるだけじゃなく、無意味だった。何より、一緒に働いている周りの人に迷惑さ。(73)

周りに迷惑とは、コムソモールの会費を払わない人がいるせいで班長（コムソルグ）が戒告になるとか、会議の議論が延々と続いてうんざりとか、コムソモール除名の不愉快な手続きに同席させられるなど、様々である。

このため、こういう主義主張をふりかざす人は、すぐに周りから「ふつうじゃない」〔ненормальность〕と思われた。道徳的、もしくは精神的にずれているというわけだ（健康な大多数の人から病人と思われるという先のブロツキーの卓見と同じである）。エドゥアルド（一九六〇年生まれ）が、勤め先の電波工学研究所で一人の若い技師が同僚にどう思われていたかを語ってくれた。一九八〇年代半ばのことだが、この技師がアフガン戦争を批判する異論派の文書を広めていたことが発覚した。「研究所の多くが、あの若者は精神的におかしいと考えていた。ポルノをばらまいているという噂すらあった。私は信じていませんでしたが」(74)。この場合、多くの人がこの手の輩は現実が分かっていないと思っており、そうした理解の欠如は道徳や精神の欠陥の現れだと受け取ったのである。

オレーシャは一九六二年生まれの芸術評論家だが、八〇年代はじめの学生時代に「異論派ぶった」学生を見たことがある。

その人は、いつも懐疑的に党やソ連システムなどのことを語っていました。私たちみんな、当時はもちろんブレジネフのアネクドートをしゃべっています。これは正常です〔в норме вещей〕。でもこの人はアネクドートを言うだけでなく――深い結論〔глубокие выводы〕を出して、共感を求めるんです。……周りの人はみんな、行動が馬鹿げていると思っていました。諺にあるでしょう、「バカを神に祈らせれば、額をぶち割る」って〔「度を越した熱心さ」の意〕。……あの人の言葉は強い印象を与えるんです――恐怖というより、不快な感情をね。ドストエフスキーを読むのと、現実にその登場人物に出くわすのは別物です。読む分には面白いけど、目の前にいるのはねぇ。目の前にいる人がいつも懐疑的なことを言っていては、不快になります。反応を求めてくるんだけれど、言うことなんかありません。あの人みたいな分析能力がないからではなく、そんなことをしたくないからです。(75)

ドストエフスキーの登場人物という言い方で〔理想家、求道者、つまはじき者、精神薄弱〕、オレーシャは先に見た、どこかずれた「ふつうじゃない」人を言っている。繰り返すが、ここまで述べたことは本物の異論派とは無関係であり、ソ連時代に英雄的行為を行い、高邁な理想に燃えて活動した人を貶めるつもりは毛頭ない。ただ「異論派」と「活動家」がペレストロイカ以前に「ふつうの人」からどう思われていたかを長々と説明したのは、事実かどうかはともかく、「ふつうの人」とソ連システムとの関係を示す兆候だからだ。これによって、両者の関係が抵抗でも対立でもないことが再確認できる。

スヴァイーになる――イデオロギー儀礼のパフォーマティヴ化

イリーナ〔専門図書館の某課の班長(コムソルグ)、前出〕の仕事に、課内の一般コムソモール員のコムソモール会費の徴収がある。(76) 集めた会費は図書館コムソモール委員会に上納され、さらに地区委員会へと送られる。滞納や未納があると、イリーナがコムソモール委員会から戒告処分になる。戒告となると、無傷ではいられない——出世に響くし、ボーナスの減額や外国旅行の禁止もありうる。しかしコムソモール員には支払いを渋り、不快な形式業務で金の無駄遣いだと言い放つ者もいた。催促すると、「徴税吏め」と嫌味を言われたりする。この皮肉な言い回しは、有無を言わさぬ会費徴収に対する一般コムソモール員の不満の表れだが、とはいえイリーナの立場も分かっており、取りまとめ役（徴税吏であって、課税人でも受取人でもない）として「上から」の指示で動いているだけで、達成しないと、この人がひどいめにあうと理解していた。このため、払わないという選択肢はないに等しい。イリーナの言い方を借りれば、「みんな仲間（スヴァイー）だったし……誰も力ずくで払わせたりしなかった。……ちょっとその人のところへ顔を出し、ざっくばらんに〔по-дружески〕説明した。〈知ってのとおり、地区委員会が会費を出せと言ってきたわ。お願い、面倒をかけないで欲しいの〉」。

繰り返される会費徴収という儀礼（班長（コムソルグ）と一般コムソモール員との間で行われる説得・交渉・非難のプロセス）は、権威的言説のほかの儀礼や発話と同じく、新たな社会集団の誕生に一役買った。だが、そこに集う人は、一連の儀礼が目標に掲げた「共産主義の世界観を持つ青年」ではない。自覚あるコムソモール員の社会集団は生まれず、こうした慣行は、思ってもみなかったスヴァイーの社会集団をつくる。権威的言説に独特な態度をとり、相互理解と相互責任という独特な価値規範（エチカ）を持つ集団である。前述の例で言うと、「主義主張」を盾に支払いを拒んだ若い男に対する周囲の苛立ちは、会費を集める「徴税吏」イリーナとは比べものにならないほど大きい。イリーナは仲間（スヴァイー）だが、この男はそうでないからだ。

コムソモール活動には他にも数多くの儀礼があり、権威的言説とは異なる意味や態度をソ連の日常に生み出すのに一役買っていた。とりわけ重要な儀礼が、定例のコムソモール集会である。イリーナによると、各コムソモール委員会には地区委員会から集会で討議すべきテーマの一覧が届いていた。イリーナは、広くみられた態度をこう語る。「誰も集会にこれっぽっちの関心もありません……でも開催が義務で、わたしのいい加減な思いつきでないことは、みんなよく分かっていました。開催する理由なんて、誰も真剣に考えていません」。プログラマーのニコライ（一九五九年生まれ）が勤め先のコンピューター研究所のコムソモール集会に出たのは、「たぶん群居本能だね。周りの大多数がそうしていたもの」。また、班長（コムソルグ）に道義的責任を感じていたという。「すべては、ぼくたちグループが、この集会の責任者にどう接するかにかかっていた……もしふつうの人なら、もちろん集会に行って、迷惑をかけないようにする」(77)。似たような状況を、前述したオレーシャも語っている。

当然ながら、コムソモール集会は出なくちゃいけない、サボるのはもってのほか。……連帯責任〔круговая порука〕というか、一定の道義的義務があった――もし会費を払わなかったり集会に行かなかったら、誰かがそのせいで戒告になってしまう。うちの班長（コムソルグ）は、とても感じのいい女の子だった。集会に来ない人がいて、そのせいで投票が定足数に満たなかったら、地区委員会のバカに大目玉をくってしまう〔даст ей по голове〕。あのかわいい子が、日ごろ仲の良い、毎日一緒にコーヒーを飲んでる子がですよ(78)。

ここでも班長（コムソルグ）は仲間（スヴァイー）だった（地区委員会の人は違う）。イリーナたち班長の仕事には、一般コムソモール員に課す毎年恒例の「レーニン記念テスト」もある。このテストは、コムソモール委員会が個人面談の形で行うもので、地区委員会が送ってくる設問に答えさせ、結果を地区委員会に送り返す仕組みである。コムソモールの義務を尋ねたり、ソ連憲法や直近の党の声明や国内外の出来事を知っているかを確かめることになっている。だが実際のレーニン記念テストは、ほかのコムソモールの儀礼と同じく、たいてい変質していた。テストの時期になると、イリーナによれば、「委員全員が集まってコムソモール員一人ひとりについて確認しました。話は、こんな具合です。〈みんな、この人は知ってる?〉——〈うん〉——〈いい人?〉——〈うん〉——〈じゃあ合格ね〉」。こうしてテスト前に「合格」にする。それから当人を委員会に呼んでしばらく面談し、時には職場で話をする。

リューバ(一九五八年生まれ、前述)は、一九七三年のことだが、導入当初のレーニン記念テスト[79]の仕組みができあがる過程に、学校のコムソモール委員会書記として立ち会った。リューバの回想。

レーニン記念テストという仕組みがありました。コムソモール員が一人ひとり認定を受けなければいけません。一人ずつ試問されます。ただし質問事項は事前に準備してあり、私たちコムソモール活動家が失敗しないように、私たち自身に答えが分かるようにしてありました。……私は「テストの担当よ」と言われて想定問答を渡されたので、暗記しました。でも当然ながら、このレーニン記念テストはすぐ形だけになります。私が上級生だったコムソモール書記の時に聞かれた唯一の質問は「BAMとは何か」でした。準備はばっちりです。クラス全員が集められて、こう言われていました。BAMとは何かという質問が出る。そうしたらバイカル・アムール鉄道って答えるんだ。それだけです。それ以外、何も言う必要はありません。建設中の場所も、第何回コムソモール大会の建設決議だったかもです。何の略称か言うだけでいいと全員に前もって伝えてありました。[80]

大事なのは、その人が儀礼の必要性を理解し、委員の面々にスヴァイーとして接するかどうか——テストに「合格」する気があって、言われたとおりに答えるかだった。たいていの人がこの点を理解してしかるべく行動し、問題なくテストに「合格」した。こうなると、この儀礼の実際の意味はテストという形式の再生産となり、イデオロギー試験の文字通りの意味、テストという儀礼をつくった目的はほぼ失われている。とはいえ、儀礼化した形式の再生産に参加しない人が出ると（「主義主張」が理由であれ、ずぼらのせいであれ）、コムソモール委員会は場合によっては処分を検討し、イデオロギー形式を文字通りに解釈してテストの細々した全過程に本当に受かることを要求し、その過程をそのまま報告書にした。別の言い方をすれば、コムソモール委員会の姿勢は、それまで二の次だった権威的な言説や儀礼のコンスタティヴな意味に従ったのである。某研究所のコムソモール委員会書記のアンドレイ（前述）によると、

> うちの研究所の若い人は、ほぼ全員が仲間（スヴァイー）だった……システムには無意味極まりないことが数多くあると全員が理解していた。だからうちの委員会は、余計な委託任務で自分たちや他の人を苦しめないようにしていた。ただ、どうしようもない怠け者やけんか腰の人には、儀礼どおりにして改善を呼びかけ、最悪の場合は戒告にした。(81)

同様の対応を専門図書館のコムソモール委員会もしている。イリーナによると、「委員会の一般コムソモール員への態度は、その人が私たち〔委員〕にどう接するかで決まりました」。問題になるのは、言動が委員を不快にさせたり、けんか腰で委員とスヴァイーで接するのを拒んだ時だ。例えば、イリーナの話だが、

> コムソモール員が着任の際に図書館のコムソモール組織に登録し忘れたり、登録する気がなかったりすると、(82)わたしたちは委員会に呼び出します。暴言を吐けば、さっさと戒告処分にするか書類を地区委員会に送って調査できます。ですが出頭してきて「みんな、分かって下さい、仕事でてんてこ舞いで、登録の時間がなかったんです」とざっくばらんに〔по-дружески〕話す場合は、分かったと言ってもみ消すのです(83)〔понимали и прикрывали〕。

この場合、「ざっくばらんに話す」ことの含意は、一方では他人が苦しい状況にあるのを理解し、追い討ちをかけない、他方ではイデオロギー儀礼の主要部分はやむをえない形式業務だと理解し、これを形式的に守ることで「ふつうの生活」を実現したい、である。この二重の了解が、スヴァイー帰属の重要指標だった。

こうした例から分かるように、権威的言説の踏襲を形式レベルにとどめず文字通りの意味で行うかどうかは、委員会の匙加減一つだった。しかもスヴァイーからの排除はコムソモールの戒告に匹敵する、時にはそれ以上の強烈な処罰になった。前述の例なら、イデオロギー機関（コムソモール委員会）が非公式の（つまり非イデオロギーの）処罰を下した（スヴァイー帰属の剝奪）わけだが、これは国家からイデオロギー機関に委譲された権力を用いて行われている。非公式の処罰が実現したのは、公式の手続きの適用によってだ。一般に、コムソモール活動の文脈では、スヴァイーの共同体づくりも一般コムソモール員の帰属の再生産も、国家の委譲権力を用いて行われる——ただし国家が想定しなかった形で使うのだが。

コムソモール委員会は、こうした相互関係を一般コムソモール員だけでなく、地区委員会とも行っている。コムソモール委員会書記のアンドレイが組織した政治学習会を思い出して欲しい。アンドレイは「ざっくばらんに」自分のところのコムソモール員と話をつけるだけなく、地区委員会の指導員にも話を通している（前述）。命じた学習会の完全実施はアンドレイには無理だと指導員が了解したのだから、つまり学習会の一部が書類上だけの存在なのを承知していたことになる。相談を受けた指導員は、自身の同意を口にはしなくても、ほのめかしたに違いない。

現実の「イデオロギー活動」はこうしたコンテクストにあるので、人びとをスヴァイーと非スヴァイーとにあらかじめ線引きできるとは限らない。そうした線引きが可能なのは、往々にして特定の状況、特定の瞬間、特定の人間関係だけだ。コンテクストとは、お芝居の台本どおり、とりとめなく出来事が展開する静止した舞台ではない。それ自体が絶えず発展変化し、周りで起こるとりとめのない出来事に影響されて形づくられるものだ。[84] イデオロギー発話を、ある場合は文字通り、ある場合は形式レベルのみと、様々な解釈がありうる。動的で矛盾に満ちたプロセスで、意味があらかじめ決まっているわけではない。

イデオロギー儀礼に備わるこうした力学をまざまざと見せつける出来事が、一九八〇年代はじめに専門図書館のコムソモール委員会で起きている。レニングラード大学の古典学科を出たある若い司書に、神学大学のラテン語教師の口が舞い込んだ。ソ連の人にとって、宗教団体への転職は驚天動地の大事件である。この一歩は、言ってみればイデオロギーに満ちた世界から「落伍」して、一定の寛容さはあるものの、国家がまだまだ猜疑敵視する世界へ逃げ出すことを意味する。この司書がコムソモール員だったため、地区委員会の指示を受けた図書館コムソモール委員会が当人と面談して思想状況を調べ、コムソモールの「形式的」脱退に問題がないことを示す推薦状をつくることになった。[85]

当初コムソモール委員の面々は、この若い司書に好感を持っていた。「ふつうの人」で、宗教臭さは微塵もない。ラテン語を教えるのも、古典の専門家なら、悪い話ではない。そもそもラテン語や古典文学が読めるなんて尊敬に値する。だがコムソモール委員の評価は、当人との面談中、思いも寄らぬ形で一変する。イリーナのこの事件の思い出を引く。

はじめはコムソモール除名なんて、したくありませんでした。個人的には、あの人の博学と見識はずっと尊敬していました。古典学を修めた人ですから、〔神学〕大学でラテン語を教えるのが、司書の単調な仕事より数倍面白くて当然です。でも面談中に問題がおきました。私たちにふつうの人として話しかけてくれないのです。けんか腰で、私たちの意見なんて糞食らえだという態度を続けます。それでとうとう私たち委員全員が、自分でも思ってもみなかったことですが、あの人を糾弾しはじめたんです。祖国の裏切り者と言った人もいましたし、「じゃあＣＩＡで仕事があったら、承知するんですか」と皮肉った人もいました。こんな比較は、もちろん馬鹿げてます。ＣＩＡに何の関係があるって言うんですか。でも、こう言ってしまったら、後はもうみんなで一斉攻撃です。好感は消えてしまいました。[86]（強調は筆者）

面談の実施を要求した地区委員会は、これが形式業務なのは百も承知だった。面談の雰囲気や結果がどうあれ、この若者の除名は前もって決まっている。また面談した図書館コムソモール委員の面々も、地区委員会が自分たちの与り知らぬところで決定を下すだろうと思っていた。こうしたせいもあって、面談は友好的に行ってコムソモール除名は強調しない予定だったし、あうんの呼吸で、事情はよく分かった、僕たちは仲間（スヴァイー）だからねと知らせるつもりでいた。このイデオロギー儀礼が顔合わせの最中に新たな意味を獲得するとは、誰も思っていなかった。委員たちは自分でも知らぬ間に権威的言説の位置づけを改め、パフォーマティヴな意味（儀礼の表面的な形式を再生産して新たな意味を付与する）から、ふだんはさほど重視しないコンスタティヴな意味（権威的言語で言うことそのままの文字通りの意味）に捉えなおしていたのである。

こうした思わぬ展開は、委員たちが相手のイデオロギーの未熟さに反発したというより、ふつうの人としての対応を拒絶されたせいだ。権威的言説の常套句や非難（「祖国の裏切り者」「ＣＩＡの手先」など）の文字通りの意味など馬鹿げている。そんなものは目もくれないのが普通だ。だが面談のコンテクストでは、常套句のまさに文字通りの意味がにわかに最重要になり、報復手段と化した。面談の記録に、本委員会は地区委員会に対してこの司書の除名を勧告すると書いたが、こうすることで委員会はこの人物をスヴァイーの共同体から除名したのだった。

コムソモール末端の責任者（班長、書記、委員）の多くにとって大事だったのは、一般コムソモール員や同世代の人から権威的言説よりもスヴァイーで想起されることだ。この人たちが同世代の人より権威的言説に身近に接しているのは確かだが、その接し方にはいくつかの主体の立場がある。まず公的人格という、国家機構を代弁する立場。次に「ふつうの人」や「スヴァイー」という、権威的発話を口にしてもたいてい文字通りに受け取らない立場。そして、この二つの立場を併用して、あるときは社会的に有用な結果を、あるときは個人的な問題や特権を得る場合である。こうした役割が渾然一体となっていたからこそ、書記は自分のコムソモール活動をイデオロギー面でさほど深刻に受け止めずにすんだし（活動家との違い）、道徳的無関心やごりごりの出世主義者の冷淡なプラグマティズムにも陥らずにすんだ。

こうした人たちの活動では、権威的言語とスヴァイー間の日常語とは、二つの孤立した（もしくは相矛盾する）言語ではなく、互恵対話の形で存在する（一方が片方のおかげで存在している）言語だった。若者の大半が権威的言説の形式レベルでの再生産に加わって至るところでスヴァイーの共同体が生まれていたし、この共同体に帰属していることが今度は権威的言説の形式のさらなる再生産やそこから連想される意味の変更を促した。本章のはじめで紹介した地区委員会指導員アレクサンドルのことを思い出して欲しい。アレクサンドルが元同僚の演説原稿の作成を手伝った時、アンドレイによれば、まず一しきり「冗談を言って」いたが、その後「咳払いをする」と「はっきりした声で」原稿の権威的言語による口述をはじめている。またペレーヴィンが描く党幹部（本章冒頭）も、まず「咳払いを一つした」後、「大きいしっかり整った声で」党の演説をしている。こうした言説マーカーの使用（冗談を言う、咳払い、通常の声がはっきりして整った声に変わる）は、言語の切り替え手段（日常語から権威的言語へ）であるだけでなく、聞き手に向けて、ここから先の権威的言語の意味は文字通りに受け取ってはいけない、この意味を理解するには権威的言語とスヴァイーの言語が常に対話共存していることを念頭に置くよう注意を促す手段でもあったのだ。別の言い方をすれば、このマーカーの役割はメタコメントであり、権威的発話の文字通りの意味はたいてい重要ではない、その解釈は別であるべきだ、と説明するものだった。マーシャ（カリーニングラードの学校のコムソモール委員、前述）が学校のコムソモール集会の演説で批判的に言及しないといけないコムソモール員に、信頼した口調で事前に話をつけたのも、同じような役割を果たしている。

脱領土化

第二章で説明したように、後期社会主義のイデオロギー生産が拠って立つ原則は、パフォーマティヴ・シフトである。この場合、権威的言説の示していること（述べている状態）は変化せず、別のコンテクストでもずっと繰り返されるが、示されること（述べている内容）は新たな解釈の余地が生まれる。賛成投票、活動報告、デモ参加、権威的言説の踏襲は、コンスタティヴな意味をさほど気にせず行う。こうして再生産される権威的シンボル体系は、ソ連の人びとが暮らしている意味の空間を狭めたりせず、むしろ拡大する。新たな意味や存在形態が無数に可能になり、国家の監視監督が行き届かなくなる。

ソ連の日常の描写形式を厳重に管理している国家システムは、そのつもりはないのに日常の創造的な再解釈や変革に道を開いた。わざわざ計画したわけではないのに、間違いなくシステムを内部から掘り崩していた。ソ連人の大半は、ひそかに進行するこのシステムの内部変化に直接かかわっているが、とはいえ、社会主義の日常の様々な側面や価値観に自分はそこそこ忠実だと思っており、自分をソ連体制の敵対者と位置づけることはない。別の言い方をすれば、進行するシステムの内部変化は、体制への「抵抗」や「反対」といった概念とはつながらない。少なくとも、普通の解釈では難しい。こうした変化から連想されるのは、むしろ有機体の突然変異、すなわちドゥルーズとガタリが脱領土化と名づけたシステム再編である。

ドゥルーズとガタリが脱領土化の説明で使うのは、自然界にある二つの異なる種の共生、たとえば蘭とすずめ蜂である(87)。蘭は蜂に食べ物を与え、蜂は蜂で蘭の花粉をまわりに運ぶ。この二つのプロセス（餌やりと花粉はこび）は相互依存の関係（mutually constitutive）にある。このため蘭の性質も蜂の性質もともに変化する。蜂は脱領土化されて「蘭の生殖機構の一部分となる」――不特定の領土を無秩序に飛び回る小さな虫であることを止め、巨大な静的システムの一部になって、蘭と同じように具体的な場所に結びつく。一方、蘭の方は領土化が進み、蜂の働きのおかげで小さな静的な花から大きな多数の分岐を持つ動的システムになって、まわりの領土をどんどん取り込んでいく(88)。

共生の喩えをドゥルーズとガタリが用いたのは、擬装にみえて実はそうではない社会関係を描くためだった。蜂は花のふりはしないし、蘭が虫を装うこともない。どちらも相手の仮面をかぶって隠れ潜んでいるわけではなく、別もののふりもしていないが、別ものになっている。蜂は蘭の特徴を獲得して部分的に蘭になっているし、蘭は部分的に蜂になっている。両者が経験したプロセスは擬態ではなく、「生成変化（ドゥヴニール）」〔なること〕である。

ドゥルーズとガタリの言う脱領土化と生成変化は、後期社会主義システムに生じた変化を照らし出す。本章の実例で見たように、コムソモールの書記、班長（コムソルグ）、一般コムソモール員は年がら年中コムソモールの委託任務の実行状況を報告し、権威的言説の文体で文章を書き、コムソモール活動の儀礼に参加する必要があった。こうした仕事はやらないわけにはいかず、またあまりにも形式的な仕事だったため、誰もがこうした報告書や文書や儀礼の意味を部分的に変える戦略に走る。結果として権威的言説の空間におきたことは、端的に言えば脱領土化だった。

この角度から前述の例を検討してみよう。某研究所コムソモール委員会がアンドレイ書記の下で作成した政治学習会の報告書は、学習会のことだけを書いていたのではない。報告書には、数多くの政治学習会が毎月毎月一年間にわたって行われたとある（実際は、わずか三回）。ここから、報告書は擬装した仮面であり、その奥には別の現実が隠れていると結論付けては正確さを欠く。この報告書の言うことを理解するには、コムソモールの各レベルの参加者（地区委員会、研究所コムソモール委員会、一般コムソモール員）を結びつける関係・合意・相互理解のしくみを考慮に入れる必要がある。この手の報告書を読み書きする人であれば、たいていの報告書が現実の文字通りの記述を目的としていないことは百も承知だ。経験上、報告書には別の、同じくらい重要な*儀礼*という課題があることを分かっていた。報告書を書いたり読んだりは、権威的言説の形式をそのまま踏襲する数多くの儀礼の一つであり、これなしには「ふつうの生活」（ここには、国の管理下にない意味や存在形態の多様性が含まれる）は無理だったろう。こうしてコムソモールの報告書は性質が（少なくともその多くは）変化する。現実の文字通りの説明からパフォーマティヴな（儀礼的な）発話に変わり権威的言説なので正確な繰り返しが求められるが字義どおりの理解はまず必要なくなった。[89]

報告の性質の変化は、もっと大きな変化――ソ連体制のシンボル体系全般におきた変化の余波だった。シンボルはじわじわと内部で脱領土化され、あらぬ方へずれて行き、権威的表象で記述されるものから離れていく。この内部のずれはシステムのあらゆる所で起きていたが、内部に暮らす人は当面は気づかない。なぜなら内部には*ずれ*の全体像が把握できる遠くからの視点がないし、権威的言説と違う形でこのずれを記述できる共通の公的言語もないからだ。こうした視点と言語はようやくペレストロイカ期に現れる（結論参照）。

「ふつうの生活」

一九九〇年代半ばに筆者と話していたオレグ（一九六〇年生まれ）が、レニングラードの大学生だった七〇年代末から八〇年代はじめの生活をこう説明してくれた。「僕たちには、ふつうの生活があった。友情、勉強、読書、おしゃべり。展覧会に通ったり、あちこち旅行したり。みんな、それぞれ関心や目的があった。ふつうの生活を送っていたのさ」[90]。またオレグは、イデオロギー活動がどうにも好きになれず、コムソモールから逃げて回っていたとも言っている。オレグが「僕たち」と言うことばで想定するのは、自分の友達に限らず、ふつうの生活を送っていた人全員である。この「ふつうの生活」という捉え方は、「ふつうの人」や「仲間（スヴァイー）」によく似ている。積極性や反発は感じられず、抑圧された存在とかイデオロギー盲従とはつながらない。多くの人にとって、ふつうの生活は面白く充実していて、そこそこ自由がある——前述した「意味のある仕事」になぞらえれば、「意味のある生活」だった。

イデオロギー機構は、国家の委譲権力を頻繁に「ふつうの生活」づくりに回している。コムソモール委員会もこれに長けていた。新しく委員を選ぶ時は、スヴァイーが基準だった。前述した専門図書館の班長兼（コムソルグ）コムソモール委員のイリーナが、一九八〇年代の委員会の顔ぶれをこう説明してくれた。

> 最初にコムソモール委員に選ばれたのは、私の親友のアナスタシーヤでした。とてもエネルギッシュで、生き生きした人です。でも、すぐ一人じゃ寂しくなって、私を引っ張り込むことにしたんです。つまり、私がコムソモール委員になったのは友情のためなんです。しばらくしてナスチャ〔アナスタシーヤの愛称〕は入党を決め〔たのでコムソモール委員を辞め〕ます。……今度は私が寂しくなって、友達のナターシャを委員にしたんです。その後、二人の共通の友人も誘い込みました。こうして私たちは、メンバー全員が友達という最高

のコムソモール委員会をつくりました。本当になつかしい思い出です[91]。

後日ナターリヤ〔ナターシャのこと〕もこの委員会のことを話してくれた。

私たちは委員会の部屋に集まって会議をするのが好きでした。もちろん、勤務時間中です。はじめにコムソモールの議題をさっと片付けると、後は委員会に数時間は居座って、自分のことをしながら、おしゃべりしたり、お茶を飲んだりしていました。要するに、委員会が〔司書の〕仕事をさぼる手助けをしていたとも言えます[92]。

スヴァイーを基準にした委員会をつくったとくれば、もうお分かりだろう、書類や文書や委託任務のうち、どれは形式的な実行にしてコンスタティヴな意味を二の次にできるか、どれはダメか、委員がみんな分かっていたことを意味する。コムソモール委員会が一種の自治ゾーン（国家やイデオロギーや集団の監視の目を逃れられる場）になっていて、ソ連システムのイデオロギー空間が大きく脱領土化されていたのである。ただし、これを他所で口外したり公的批判するのは禁物だ。レオニード（前述）のような何をしでかすか分からない活動家が委員だったら、こんなコムソモール活動は不可能だったろう。

初級組織のコムソモール委員は、定期的に管轄の地区委員会に行って指導員とコムソモールの諸問題を協議する（課題の言い渡し、書類の受け取り、徴収したコムソモール会費の納金など）。地区委員会は国の重要なイデオロギー機構なので、職場の上司も面倒な係わり合いを嫌う。そこで、委員は「地区委員会の呼び出し」をもっともらしい口実にして、勤務時間中に職場を離れるようになる。地区委員会に着くと、仕事はさっと片付け、後は友達と散歩したり、展覧会や買い物に行ったりした。ナターリヤの回想。「仕事中に展覧会やカフェに行きたくなると、課長のところへ行って、地区委員会に呼び出されていると言った」。国の時間・権力・言説を私する際にその権威的形式を用いるこうした方法はイデオロギー機関の全階層で行われている。党委員会も例外ではない。時には笑い話のような事態も起きた。一九八〇年代半ばのあるとき、ナターリヤとイリーナは、職場の課長に用事で地区委員会に行くと言って外出する。向かった先は、レニングラード中心部のルービンシュテイン通りに開店したばかりのピザ屋だった。一時間後、そのピザ屋に課長が同僚と二人連れで現れる。二人とも図書館党委員会の委員として党地区委員会に顔を出した後、一休みしてから職場の図書館に戻ろうと考えたらしい。課長はテーブルについてから、店内の反対側にいるイリーナとナターリヤに気がついた。ナターリヤの回想。「何とも居心地が悪い、でも笑いだけは必死でこらえました。別々のテーブルに座って、平然とした顔をしていました」(93)

レニングラード大学ジャーナリスト学部の学生エレーナ・Kh(一九六三年生まれ)の当時の日記に書いてあることも、権威的発話の形式踏襲が国家機構の管理下にある時間の意味を変えて私するために使われた実例である(この場合は大学の授業のエスケープ)。権威的発話の意味は、当然ながら変わっている。エレーナが書いている事件は、一九八三年六月四日にジャーナリスト学部の教室のドア近くで起きた。

ぽかぽかした素敵な日だった。とはいうものの……授業に出るのは飽きてきた。一時間目は哲学のゼミ。『オブローモフ』を読んでいた。次はロシア文学のゼミ。

Sが言う。

「レーニク、ねえレーニク。イリーナ・パーヴロヴナをぶっちしない?」

「どうやってぶっちするっていうのよ」

「許可をもらうの。そうねぇ、コジーツキー名称テレビ工場のコムソモール委員会書記にインタビューするって言うわ」

笑っちゃう。私たちのお決まりの口実。別のを考えるのすら面倒。Sがイリーナ・パーヴロヴナのところへ行って、決まり悪そうに言う。

「イリーナ・パーヴロヴナ、すみませんが二十分後に……」云々。

私はしおらしく、いくらか打ちひしがれた様子で立っている。何とか分かってもらわなくちゃ。どんなことがあってもロシア文学のゼミはぶっちしないつもりだったのに（大好きなゼミだもの）、現実は厳しい……。リアリズムは、なんと恐ろしいことを人にもたらすのでしょう！　イリーナ・パーヴロヴナは感激の面持ち（もしくは振りをした）。こう言う。

「もちろんよ。行ってらっしゃい」

私たちは、悲しみに打ちひしがれて退出。ほかの人たちが羨ましそうに私たちの背中を見ている。学部の建物を出ると、陽気にはしゃぎ出す。

「ねえ」――Sが言う――「ご飯どこで食べる？」

私たちは、スレードヌィ大通りと第八リーニヤの角にあるカフェに向かう。[94]

「リアリズムは、なんと恐ろしいことを人にもたらすのでしょう」という一文が、状況が尋常一様でないことを示している。大学の先生が（図書館の課長もそうだったが）行かせて欲しいという学生の申し立てを却下しなかったのは、口実が権威的言説の用語で出来ていたからだ（地区委員会の緊急呼び出し、工場コムソモール委員会書記のインタビューなど）。権威的言説のコンスタティヴな意味にかこつければ、社会主義体制の時間・空間・関係・発言に新たな意味を付与できた。日記を見ると、一時間目のゼミ（マルクス＝レーニン主義哲学の授業）でエレーナは権威的言説の文字通りの意味を無視して、『オブローモフ』を読んでいる。二時間目のゼミは、権威的言説の文字通りの意味を使って、授業をエスケープしている。どちらの場合も、権威的言説の意味が変化して、システムは脱領土化されていた。

デモ行進

毎年恒例のメーデー（五月一日）と革命記念日（十一月七日）のデモ行進は、一面ではわずらわしい強制的な義務だが、同時に心弾むお祭りでもあった。この儀礼は見た目の大枠こそ厳格に決まっているが、大きく言えばロシア風縁日（ナロードノエ・グリャーニエ）と化していて、党の決定やスローガンの文字通りの意味を支持するデモ行進とは言いがたい。壮大なスケールの国のプロパガンダ行事が強力な装置となってスヴァイーの共同体をつくりだす。その場かぎりだが、かなり安定した共同体で、知っている人も知らない人も参加でき、街を練り歩く。権威的言語で書かれた横断幕やスローガンを掲げ、拡声器の呼びかけに答えて「ウラー」と叫び、お祭り気分を高める。この行事に参加することで一まとまりの集団に属しているのを再確認するわけだが、こうしたスローガンや横断幕が仲立ちするとはいえ、その文字通りの意味とは直結していない。ナターリヤがデモ行進に行ったのは、本人によれば、「班長（コムソルグ）や書記がたいてい〈来て、お願い！〉と頼むからです。そういう人が知り合いなのだから、当然行くわけです。まあ色々あるけど、デモですごす時間は悪くなかったわ。全員一斉に〈ウラー〉って叫ぶのは気持ちよかった」[95]。コムソモール書記のアンドレイ（前述）は、この行事をこう振り返っている。

デモ行進は、もう一つのお祭りだった。友人知人に会えて、一緒に騒げるからね。単なるイデオロギー行事じゃなかったというわけさ。……メーデーのデモは、たいてい天気も良いし、ようやく明るく暖かくなってくる。みんなウキウキしている。楽しい時間さ。子供もたくさんいた。子供はデモが大好きだ。だってそうでしょう、手に風船を三つ持たされ、旗が渡されることもあるんだよ。子供は大満足さ。スローガンには誰も注意を払っていなかった。(96)

図9　10月革命60周年のデモ行進（モスクワ、赤の広場、1977年11月7日）　© RIA-Novosti, Rossiya Segodnya

図10　ピオネール創設60周年のデモ行進（モスクワ、赤の広場、1982年5月19日）。中央の横断幕には「レーニン主義コムソモール、我らの導き手、万歳」とある。　© RIA-Novosti, Rossiya Segodnya

十月の革命記念日や五月のメーデーといった多くの祝日は、大衆参加の儀礼と化した。ここでも権威的発話の形式は再生産されているが意味が変化している。祝日なので、人びとはお客に行き、お祝いの夕食やパーティーで、親戚友人同僚と楽しく飲んだり食べたり歌ったりする。また数百万の人びとが、お祝いのカードを送りあう。カードに描かれているのは伝統的なソ連のシンボル（星、赤旗、鎌と槌、スローガン、レーニンの肖像画）だし、カードに書くお祝いの言葉は典型的な権威的言説の言い回しが多い（「大十月革命の祝日をお祝いします」「ますますのご活躍と、ご健康とご多幸をお祈り申しあげます」）が、非権威的な文体に移ると、この機会を使って、友人や身内の近況を伝えている。この大衆規模のとりとめのない儀礼は、年に数回繰り返されて様々なスヴァイーの共同体を生み出すが、これは権威的言説の言う「ソビエト社会」とは決して重ならなかった。

新聞と党幹部補佐官の言語

一九八三年秋、ジャーナリスト学部の学生エレーナ（前述）は、レニングラードのとある工場の社内報に教育実習へ行く。あるとき編集員のウラジーミルから、大型野菜集積所の実績報告を書く課題が出る。「〈ほれ、これが紙。机に座って、プリモルスキー野菜集積所の現状を推測して、書いてみな〉。私は机にすわり、ヴァリク・Vに倣って何かをでっち上げ始めました」（エレーナが言及しているのは、「日常の事実」をでっちあげる名人だった同じ班の人）。こうした報告で大事なのは、肯定的な内容で、権威的言語の常套形式に忠実なことだった。この手の文書は現場に行かなくても書けるし、それが慣行になっていた。[97] エレーナも編集者も、こうした提灯記事を字面通りに受け取る危うさは百も承知だ。だから二人とも多大な時間と労力をこの執筆に費やさないようにしていた。

ところが、机に向かって下書き中のエレーナは、すぐに向かいの壁に掛かっているレーニンの肖像画に気づき、いたたまれない思いになる。一九八三年九月十九日の日記に、エレーナはこう書いている。[98]

目を上げると、壁のレーニンの咎めるような目に遭遇し、いたたまれなくなった。

「ヴォロージャ〔編集員への呼びかけ〕、これじゃあ出来ません。じっと見つめられるんです」

「反対側を向いて、首筋を見てもらうんだな」

振り向くと、眼鏡をかけた、じろっと探るような目つきのアンドロポフがいた。


またしても「レーニン」である。「レーニン」はソ連の権威的言説の主人のシニフィアンで、他とは違って、パフォーマティヴな意味をつけにくい。おさらいすると（前記および第二章を参照）、「レーニン」というシンボルは、その意味が権威的言説の枠外にあり、したがって権威的言説の他の要素におきうるパフォーマティヴ・シフトが十全に機能しない。いつまでも当初と同じ道徳的立場を指し続け、「純然たる形式業務」に堕すことがない。このように「レーニン」は権威的言説において特別な位置にあるわけだが、これはつまり、他のシンボルなら割合あっさり無視したり（今回の例ならアンドロポフ）気づかないでいられるのに、同じことを「レーニン」にするのは容易でなく、しかも、それは共産主義のスローガンをどう思うかとは無関係なのだ。[99]「いたたまれない思い」とエレーナは自嘲的に記しているが、こう書いた理由は、でっちあげの記事を書いたことより、それがレーニンの目の前で起きたからだ。エレーナの日記は、こう続く。

「そういえば、私の友達に、机にヴィソツキーの写真を置いている子がいるんです。ギターを抱えて、嫌悪むきだし〔с ненавистью〕の目――あの人ならではの表情ですよね。わたし、その机に座って、やっつけ仕事をしようとしたんですけど、出来なくて、写真を片付けちゃいました」

〔編集員ヴォロージャの〕しげしげと見る目
「その子は、ヴィソツキーが好きなの？」

「ええ、たぶん」

「君は？」

「好きな方かな」

〔ヴォロージャは〕沈黙の後
「ちょっと党委員会に行ってくる、君には、ほらこれ」

テープレコーダーのスイッチを入れる。〔中略〕

「嫌になったら、切りな」

そんなこと本当にあるのだろうか、わたしがヴィソツキーを嫌になるなんて。〔強調は原文のまま〕

雑談でヴィソツキーの名前が出たとたん、二人にスヴァイー感覚が生まれている。(100) 編集者もヴィソツキーの歌が好きだし、同じように義務として形式的な文章を権威的言語で書き、型どおりの党の集会に出ている。ただ、エレーナもそうだが、社会主義やレーニンを完全に見限っているわけではない。「純然たる形式業務」と「意味のある仕事」とを区別するのも、同じだ。まさにこのおかげで、エレーナと編集者は相手をスヴァイーと感じたのである。

記事を書いていたエレーナは、権威的言説に囲まれている。書いている文章がそもそもソ連の新聞のためだし、書いている場所は党員編集者の執務室で、その人は党の集会に行こうとしていたし、目の前にあるのはレーニンの肖像画といった具合だ。ただ、エレーナと編集者の雑談や二人の好きな音楽の方に焦点を当てると、ここまでに見た考え方を見事に裏付ける——権威的形式の儀礼や実務を再生産すると、予想外の意味が新たに生まれることがあり、それは権威的言説の文字通りの意味と一致しないが、必ずしも対立するわけでもない。

このような権威的言説との相互関係（賛否の二項対立に収まらない、柔軟で多面的な、文脈によって激しく変化する関係）は、イデオロギーのあらゆるレベルで存在した。党中央の職員にも、とくに若手の分析官や補佐官（今の言葉でいうとコンサルタントやスピーチライター）には、ヴィソツキー崇拝者が数多くいた。一九七〇年代にヴィソツキーは、モスクワの大学通りにあった党幹部アパートで何度もミニコンサートをしている。ヴィソツキーと面識のあったゲオルギー・シャフナザーロフが招いたというが[101]、ヴィソツキーに来てもらった党幹部は他にもいる。六〇年代に党幹部の補佐官をしていたフョードル・ブルラツキーによると、レフ・デリューシン（党国際部の中国専門家）は、演出家のリュビーモフ、詩人で歌手のオクジャワ、それにヴィソツキーと旧知の仲だった。デリューシンの招きでヴィソツキーが自作の歌を披露したという[102]。有名な「オオカミ狩り」も歌ったというが、これは、ソ連システムの抑圧や、体制によって隅に追いやられた人が感じていることを平明な譬えで歌った歌だ。追跡者から逃れようとする若い狼をこう歌う。「全力で走る、根を限りに／だが今日もきのうと同じ／俺はやられた、取り囲まれた／楽しそうに追い立てやがる、この俺を」〔訳詩は宮沢俊一による〕。後にヴィソツキーは、この党幹部アパートでの一夜を詩にしている。「俺を呼んだのはお偉いさん／俺が彼らに「オオカミ狩り」を歌うため[103]」。ブルラツキーによると、党国際部の若い補佐官がアンドロポフのためにモスクワ郊外のブルラツキーの別荘で党の文案を練っていた際、ヴィソツキーの録音テープを大音量でかけていたという[104]。

スヴァイーの公衆

後期社会主義システムはたえず内部の脱領土化にさらされていた。突然変異で「ふつうの生活」が数多く生まれ、新たな意味や可能性がもたらされたが、国は予見・管理すらできなかった。このようなプロセスの背後にあるのは、システムへの正面からの抵抗ではなく、その一部たる主体がじわじわと推し進める創造的変更である。脱領土化によって体制内部にそれまでにない種類の自由が生まれた。それは、いうなれば観念的で孤立した自由、つまり大上段にふりかぶった道徳論（道徳・真実・欺瞞などの理解に際して歴史の文脈や語り手の立場を考慮しない）が想定する自由ではなく、それとは違う実際的な自由——具体的な歴史の文脈や実在する関係の中につくられ、同時にそうした文脈や関係を変容させていくもの——だった。

後期ソ連社会の脱領土化がもたらした予想外の大変化の一つが、独特な社会集団の登場である。これをひとまずスヴァイーの共同体と名づけよう。イデオロギー機構と権威的言語が支配するコンテクストでは、スヴァイーが生まれる基準は、共通の社会的出自や特定階級への帰属ではなく、権威的言説の受け止め方が似ているかどうかだった。してみると、スヴァイーは権威的言説の「公衆」と位置づけることができる。

「公衆」（public）とは何か。近著でこれを現代の重要な社会集団と評したマイケル・ワーナーは、公衆とは人びとのつながりが、社会・エスニック・地理などの空間の共通性ではなく、ある公共言説に対する反応の共通性を原則につくられる社会集団だと指摘する。公衆の存在は、ひとえに「呼びかけがあるおかげ」だという[105]。公衆に該当する人は、とりとめのない発話が自分に向けられた発話だと受け止める。公衆は「本の出版、ラジオ放送、インターネット・サイト、演説が目指したことの結果なのだ」[106]。公衆の重要な特徴は、その開放性（知り合いも見ず知らずの人も包含できる）[107]と大量さである——つまり、どんな社会のどんな時代にも無数の公衆（publics）が存在しうる。こうしたことから、公衆という概念は、公共（パブリック）空間という概念とは異なっている。公衆は国家機構や法律や国籍に支えられて存在している（これらが公的言説を広める条件をつくっている）とはいえ、隅々まで統制されているわけではなく、それなりの自立性を国家権力に対して持ちうる。(108)

「公的な呼びかけ」に答えて公衆ができるとワーナーは説くが、この考えは、アルチュセール（Althusser 1971）の言う「呼びかけ」（interpellation ＝尋問・質問）を拡大発展させたものだ。アルチュセールの議論は、国家権力の代表（たとえば警察官）に道で呼び止められたと意識する時――つまり、ある所定の呼びかけに反応して振り向いた時――、その人はこの権力の対象になる（対象として「尋問される」状態に陥る）というものだ。ワーナーが言うように、アルチュセールのこのモデルは、孤立した呼びかけが単一の個人に向かう限定的な文脈であって、公的言説の機能を説くのには向かない。公的な呼びかけの場合、たとえ自分が受取人だと分かっていても、同時にその呼びかけが見ず知らずの「数限りなくいる他の人」にも向けられていて、「自分に注意を向けてはいるが、それは具体的でユニークな個性に目をつけたのではなく、〔他の人と同じく公的〕言説の関係者だからにすぎない」ことも意識している。このため公的な呼びかけの重要な特徴（アルチュセールの私的な呼びかけとの違い）とは、呼びかけの受取人と想定される人と、実際にそれを受け取る人との間に部分的な不一致があることだとワーナーは言っている。(109)

本書が「スヴァイーの公衆」と名づけた共同体は、至る所で年がら年中あった公的な呼びかけへの答えとして生まれたわけだが、そうした呼びかけはソ連体制の権威的言説で出来ている。コムソモールなどの集会で呼びかけられた〈賛成の人は〉という問いかけ、デモ行進の際の労働者向けの標語（〈××万歳！〉の類）、通行人向けに建物に掲げられる横断幕のスローガン、テレビ画面や新聞紙面にあふれる党幹部の演説など、無数に存在したソ連市民への呼びかけは、権威的文体に貫かれ、ソ連の日常を満たしていた。大切なので繰り返すが、こうした権威的な呼びかけを受取人は必ずしも額面通りに受け取っていたわけではない――それどころか、文字通りの意味は、ほとんどの場合さして重要ではなかった。ただソ連の人は、自分が呼びかけの受取人なのは、当然だが、苦もなく分かった。デモ行進では呼びかけに答えて〈ウラー〉と叫ぶし、集会では〈賛成の人は〉という声を聞けばさっと手を挙げ、党幹部の演説が終わると延々と拍手をする。とはいえ、そうした呼びかけの文字通りの意味を突き詰めて考えることはなかった。こうした繰り返しが続くうちに、呼びかけにパフォーマティヴ・シフトがおこり、儀礼の硬直した形式は再生産されるのに、意味が予想もつかない形に変化していく。だからこそ、権威的言語の呼びかけに答える形で生まれたソ連のスヴァイーの公衆と、権威的発話を真に受ければソ連に存在するとされた「若き共産主義の建設者」や「人民」(「人民と党は一体」は当時の常套句)とは重ならない。こうして、呼びかけの受取人と想定される人と、実際の人との間に不一致が生まれた。実在する受取人、実在するスヴァイーの公衆は、一般に言われるソ連の共同体を若干「ずらした」もしくは「脱領土化」したものだった。

レオニードを思い出して欲しい。専門図書館のコムソモール書記で、同僚から浮き上がり、いつも活動家式の党の言語で話す人である。コムソモールの集会でレオニードが様々な発言を権威的文体でする時、同僚の大半はそれが自分に向けられているのは百も承知だった。レオニードが採決を提案すれば、さっと挙手で答える。演説が終われば、拍手で答える。だが会場に座っているコムソモール員の大半は、レオニードの言葉をまともに受け取っていなかった。肯定的な反応は、レオニードの発言の文字通りの意味に同意する意思表明ではなく、この儀礼の形式的な再生産に加わる必要性が分かっていると確認していたのだ。もっと言えば、こうしたパフォーマティヴな呼びかけこそ、その場にいる人の大半がまさに自分に求められていると受け取っていた呼びかけなのだ。だから、それに答えた。だから、スヴァイーの公衆が生まれたのである。

なお、スヴァイーの公衆と微妙に異なるものに、ナンシー・フレイザーが西側の文脈で定義した「対抗公衆（カウンターパブリック）」がある。これは「言説領域は類似するが、下位の社会集団のメンバーが対抗言説をつくって広め、自身のアイデンティティや関心や要求について異なる見方の確立を目指すもの」とされる。[110] すぐに分かるように、対抗公衆とちがって、スヴァイーが自己組織化する時は、異論を唱える対抗言説は用いない（対抗言説をつくってメンバーに呼びかけるのは、異論派や異論派文献の積極的な読者の共同体であり、これこそまさしく「対抗公衆」である）。用いるのはほかならぬ権威的な呼びかけであり、違いといえば、この権威的な呼びかけを文字通りに解釈せず、パフォーマティヴですることとくらいだ。ソ連システムや権威的言説へのあからさまな異論表明（つまり対抗言説をつくること）を、スヴァイーの公衆は避ける。この人たちは対抗公衆でなく、脱領土化された公衆である――活動家の権威的言説と異論派の対抗言説とが混じり合っているからだ。そもそも公共性という概念がソ連の文脈ではたえず脱領土化されており、だからこそ、語る意味があるのは、ソ連の「公共圏」（「私圏」の対義語とされる）ではなく、ソ連の人びとが接していた、無数に存在する脱領土化されたスヴァイーの公衆である。[111]

ちなみに、一口にスヴァイーの公衆と言っても、名称も形態も規模も様々なものがありうる。友人知人の小グループもあれば、顔見知り程度のそこそこ大きな集団もあるし、互いに見ず知らずの巨大な群集に権威的言説が同時に呼びかける場合もある（テレビ放送や数万人のデモ行進）。出来る場所も、コムソモール委員会、研究所、学生グループ、学校のクラス、音楽サークル、ハイキングといった交際親睦の場はもちろん、デモ行進や同時に見たテレビもあれば、通行人向けのスローガンや標語を建物に掲げているソ連の都市空間にいることでもよい。スヴァイーの公衆で最も大きいのは「ソ連人」だが、これは権威的言説がいう数千万人の「共産主義の建設者」とは明らかに異なる。スヴァイーの公衆のいくつかは、次章以下で詳しく見る。

＊＊＊

最後に一言。この章で出会った人たちを「標準断片」と見て、当時のソ連の若者を考えてはいけない。一口にコムソモール員と言っても、一途に党を信じていた者もいれば、出世目的で加入したにすぎない無定見無節操な輩もいた。とりわけ多かったのが何となくコムソモールにいた人で、所定の年齢になったから入ったまでで、大きな関心も強い嫌悪感もない。第一章で述べたように、本書の課題は、後期ソ連時代にありえた主体や関係の代表的姿を描くことではない。そうではなく、ソ連システムのいくつかの内部矛盾を取り上げ、これが構造上欠かせない一部でありながらじわじわと内部変化を促したことを明らかにしたいと考えている。本章で見たコムソモールの班長（コムソルグ）、書記、一般コムソモール員といった人たちの経験は、ソ連システムの逆説的な特徴を映し出している。こうした人たちのシステムへの態度は、単なる支持や抵抗には還元できない。「われわれ」（庶民）と「やつら」（党、権力）との二項対立では描けないのだ。この相互関係は、相矛盾する主義主張や感覚感情の逆説的な共存である――社会主義のある種の道徳的価値への敬意にはじまり具体的な共産主義レトリックの拒絶まで、「意味のある仕事」の重要性を信じることから旧習墨守の形式的な繰り返しという八方ふさがりの閉塞感まで、様々である。こうしたものがないまぜになった結果が、後期社会主義の主体であり、ソ連の人たちのスヴァイーの公衆であり、ソ連システムでの「ふつうの」生き方だった。これらは決まりきったイデオロギー形式にも、共産主義の完全否定にも、「活動家」にも「異論派」にも行き着かない。こうした生き方が今日から見ていかに逆説的に思えようとも、当時の多くの人にはこれこそが当たり前だった。

第四章　ヴニェで生きる　脱領土化された生き方

みんなもそうだが、俺には天使がいる
その子は俺の後ろで踊ってる
サイゴンでコーヒーを持ってきてくれる
でも、どうでもいいのさ、俺がどうなろうと

ボリス・グレベンシチコフ[1]

ブロツキーの行動モデル

六〇年代人に思いを馳せて、セルゲイ・ドヴラートフがこう書いている。

ニールス・ボーアがこう言った。「真実には、明白な真実と深い真実がある。明白な真実の対立物は嘘だ。深い真実の対立物は、それとは別の、負けず劣らず深い真実だ」。……僕の友達は、誰もが明白な真実に取りつかれていた。僕たちは口々に創造の自由、情報の権利、人間の尊厳と言っていた。[2]

ドヴラートフが明白な真実と好対照をなす新たな態度に初めて出会ったのは、一九六〇年代半ばである。これを実践する人は、ソ連の現実を真実／嘘や道徳的／不道徳で分けたりしない。世の中の出来事や事実は所詮すべてうたかたの夢で、「深い真実」とは比べ物にならないと思っていた。六〇年代半ばのそうした実

践例が、レニングラードの詩人ヨシフ・ブロツキーである。ドヴラートフはこう書く。

ブロツキーの周りの若い非公式芸術家（ノンコンフォルミスト）は、別の職業の人に思えた。ブロツキーは、前例のない行動モデルをつくった。暮らしているのは、プロレタリアの国ではなく、自分の魂の修道院。体制と闘うこともない。そんなものは気にも留めていなかった。存在を知っていたかも怪しい。ソ連的な生活への不案内ときたら、そらとぼけているかのようだった。例えば、ジェルジンスキーは生きていると信じていた。「コミンテルン」は音楽アンサンブルの名前だった。党中央の政治局員は誰一人分からない。住んでいるアパートの壁面にムジャヴァナッゼの六メートルの肖像画が掲げられた時、ブロツキーはこう言った。「あれは誰だい。ウィリアム・ブレイクに似ているね(3)」

ブロツキーは、ソ連の権威的言説がその頃すでに純化されてヤコブソンの言う「言語の詩的機能(4)」の状態に達していたのを見抜いていた。だからこの言説の指示内容に自身の独自世界の意味を付与できたのである。権威的発話の意味にブロツキーを取り込めないのは明らかで、国は結局「徒食生活」（取り込まれない状態の公的同義語）で有罪にする。(5)しかし一九七〇年代にはこうした行動モデルも珍しくなくなり、都市住民にかなり広まった。それが最後のソ連世代である。

一つ上の世代である六〇年代人（ドヴラートフやブロツキーの同世代）は、フルシチョフが自由主義的な改革を行った一九五〇年代はじめから六〇年代半ばに大人になった。当初は多くが当時の党の改革路線を誠実な原点回帰の試みとして支持し、スターリンの歪曲のない、そもそもの純粋な共産主義の理想を取り戻そうと思っていた。だがフルシチョフ改革が六〇年代前半に尻つぼみになってブレジネフが登場すると、そうした希望は消えうせる。結果として多くの人の現状評価はどっちつかず——共産主義の理想に忠実でありながら大いにソ連システムの批判が入り混じるものになった。

前章は、イデオロギー生産の「現場」のプロセスを後期社会主義の日常の文脈に即して、とりわけコムソモールに接点を持つ人について検討した。本章も引き続きイデオロギー形式の再生産や意味の変化を分析するが、今度はイデオロギーと直結しないものを見ていく。異次元にいるかのような生き方――システムの内部にいてその一部として機能しながら同時にその枠外の別の場所にいる生き方がどのように生じたのかに注目する。

インナとその友達

インナ（一九五八年生まれ）は、七五年に学校を卒業してレニングラード大学史学部に進学する。その瞬間、生活態度が一変した。インナの回想。

学校の生徒だった頃は、何もかもくっきり明白でした。……八年生〔日本の中学三年に相当〕で、意気揚々とコムソモールに入りました。クラスの一番乗りです。……でも家では、その時分からもうヴィソツキーやガーリチ(6)を聞きかじっていました。……九年生か十年生の頃〔一九七四年か七五年〕、わたしの熱狂は冷め始めました。……もちろん相変わらず聞き分けのいい子ですが、それはそうしなきゃいけないと分かっていたからです。でも学校を卒業したら、そんな生活から足を洗いました。その後コムソモールの集会には行っていません。行かなくても特に影響はないと分かったからです。(7)

インナが大学で仲良くなった人は、みんなシステムのイデオロギー儀礼を避けていた。

私たちは一度も投票に行きませんでした。選挙やデモ行進などは無視したのです。……私とソ連の日常との唯一の接点は、仕事〔インナは学業の傍ら、大学図書館で働いていた〕と勉強。といっても、大学もほとんど行っていません——私たちには時間がありませんでした。

インナは、自身や友達のこういう生き方を「反ソ」とは思っていなかったと強調する。ソ連体制の支持も体制への抵抗も、どちらも同じくらいどうでもよかったという。そのくだり。

私の友達に反ソだった人は一人もいません。……仕事や勉強や政治のことは話題にもしませんでした。本当に一言も。テレビも見ず、ラジオも聞かず、新聞も読まない。こういう状態が一九八六年〔のペレストロイカ開始〕まで続いたと言えば、分かってもらえるでしょうか。

インナたちは、異論派の政治言説にも深入りしなかった（政治色のない地下出版物（サミズダート）は読んでいる＝後述）。インナの説明。「私たちは異論派のことは一度も話題にしませんでした。分かりきったことを、なぜ話すんですか。あんなもの面白くありません」(8)

最後の一言から思い浮かぶのは、お馴染みの権威的言説のパフォーマティヴ・シフトである。権威的な発話・シンボル・慣行を文字通りに受け止めなくてもよくなった（コンスタティヴな意味が重視されなかった）ため、インナたちをはじめ多くの人が、その意味が正しいかどうかを考えるのも時間の無駄と思っていた。形式的かつ取り込まれないように権威的シンボルを再生産し、そこから生まれた可能性を活用する方が賢いし面白いとも思っていた。そうすれば、システムの統制の目が行き届かない新たな意味を自分の存在に付け加えられた。だからこそインナとその友達は、システムの慣行や発話の文字通りの意味に取り込まれない方を選び（それが肯定的なものでも否定的なものでも）、活動家の言説も異論派の言説も黙って遠ざけた。

あの人たちにどう接したかですって。言ってみれば、没交渉ですね。私たちは別の人でした。私たちがこっちなら、あの人たちはあっち。……みんなで特に話したわけではないけど、思っていることは一緒。システムに賛成する人も反対する人も、さして違いはない。単に記号が変わるだけ。どちらもソビエト人です。私は自分がソビエト人だと思ったことはありません。私たちは、本質的に違っていました〔мы органически отличались〕。本当です。私たちは言ってみれば超越（ヴニェ）していました。

いかにもという言葉でインナは自分の立場を語っている。「あっち」とか「ソビエト人」という言い方は、党や国の役人だったり党を支持する人だけでなく、党を敵視する人も含んでいる。この立場から見ると、異論派の言説と党の権威的言説は、対立していようと、一つの言説体系の一部なのだった。

党と異論派の言説をよく似た相互関係で描くのがセルゲイ・ウシャキンである。ウシャキンによると、異論派の言説と権力の言説との関係は「土俵を同じくする言説〔intradiscursively〕であって、土俵を違える言説〔interdiscursively〕ではない」。異論派の反発は「模倣する抵抗」〔mimetic resistance〕であり、支配する者も支配に反発する者も、方向は異なるが同じ言説空間を共有して「同じボキャブラリーの象徴手段と表現方法を備えている。支配する側もされる側も、このボキャブラリーの枠外に自身を位置づけるのは不可能だった」(9)。このように図式化したウシャキンは、ソ連社会で「真実の言説」と認められた唯一の言説は、党の支配的言説を模倣してコピーした異論派の言説だったと結論づけた(10)。だがこの結論は間違っているように思う。〈真実／嘘〉という形で評価できるのはコンスタティヴな意味、つまり文字通りの、指示的な（パフォーマティヴでない）意味だけだ。だが権威的言説のコンスタティヴな意味は、すでに見たように、この時期の大半の人にとっては二の次で、パフォーマティヴな意味ほどの重要性はない。このため異論派の言説は、権威的言説と同じく、ペレストロイカ以前のソ連社会で「真実の言説」とみなされなかった。ドヴラートフの用語を使えば、異論派の言う「真実」は、「明白な真実」なのだ（本章冒頭を参照）。後期ソ連社会では明白な真実の重要性は後景に退く。代わって重視されたのが、権威的言説とも異論派の言説とも意味的な関係を持たない「深い真実」だった。この深い真実は権威的な「言説体系」の一部ではない。そのありかは、言ってみれば、この言説体系の内部でもなければ枠外でもない。システムの言説体系に対する姿勢そのものが違っており、言説の形式的な指標の内部にありながら（その表現や言語形式を踏襲する）、同時にその文字通りの意味の枠外にあるのだ。インナが、自分と友達はソビエト人と「本質的に違う」と言ったのは偶然ではない。「本質的」な違いという言い方は、原理的に別の主体になったことを強調している。ドゥルーズとガタリの例を思い出して欲しい（第三章一五四頁）。蘭と蜂は共生する中でどちらも原理的に別の生き物になり、蜂は「蘭」の特徴を、蘭は「蜂」の特徴を獲得する。これと同じことなのだ。

インナは、ソ連の現実への接し方について「私たちは言ってみれば超越（ヴニエ）していました」とか「私たちは社会的地位なんか超越（ヴニエ）した存在でした」と言っている。こうした接し方は、システムの一翼を担うコムソモール員や班長（コムソルグ）や書記とは違うが、それでもコムソモール員が「活動家」や「異論派」に抱く違和感に重なる点がある（第三章一三七―一四四頁参照）。つまり何が言いたいかというと、システムを超越（ヴニエ）した存在というありよう（権威的言説の形式の内部にいながら、そのコンスタティヴな意味の枠外にいること）は、インナやブロツキーといった人たちだけでなく、程度は様々だが「コムソモール員」の大半にも当てはまるのだ。ヴニエという生き方が、後期ソ連システムの共通原理、構造の主要部分になっていたのである。

この命題を前述の問題を踏まえて換言すると、ソ連システムではどんな言説が「真実の言説」と認められれうるか、となる。この問いに答えるには、「真実」という概念を二つに分けて考える必要がある。一つは「明白な真実」という異論派や六〇年代人の大半の言説で支配的だった概念、もう一つは「深い真実」という一九七〇年代から八〇年代に浮上し、最後のソ連世代の大半の言説で支配的だった概念である。ソ連最後の数十年間に「真実の言説」と受け止められたのは、言うまでもなく後者であり、「党の支配的言説を模倣してコピーした」異論派の言説ではなかった。最後のソ連世代が党の言説に対峙する原理は、抵抗ではなくバフチンの言う外在（ヴニェであること）〔вненаходимость〕である。この原理をつかむために、本書の文脈にそって「外在」を定義してみよう。

後期社会主義の作者と主人公

インナとその友達は、異論派の言説に通じており、無視はしていない。地下出版（サミズダート）の本は読んでいるし、ソルジェニーツィンの『収容所群島』も知っている。だが、その読み方が変わっていた。「ソ連的」という概念〔党の権威的言説と異論派の対抗言説とを包括するもの〕を作り上げ、そこから距離をとるためなのだ。インナの話。「私たちは、ソルジェニーツィンが仲間（スヴォイ）だと思っていませんでした。これは大事な点です。……私たちは、ああしたシステムの敵対者ではありませんでした」。抵抗文学が大事なのは、比べることで自分の場所を見定められるからだという。「理解すべき大事なことは、私たちが実際どこにいるのかでした——権力に対してでなく、すべてに対してです」(11)。インナはソルジェニーツィンを尊敬していたが、訴えているソ連システムへの強い道義的姿勢は現実味がないと思っていた(12)。

インナの言葉に出てきた「スヴォイ」〔スヴァイーの単数形〕は、前章の登場人物が口にしたスヴァイーとほぼ同じ意味で使われている。スヴァイーの公衆のことは第三章で見たが、本章の目的はその特徴をイデオロギーと直結しない文脈で考えることなので、今一度インナの言葉に目を向けてほしい。「私たちは言ってみれば超越していました」「私たちは社会的地位なんてものは超越した存在でした」「私たちは、本質的に〔ソビエト人とは〕違っていました」。このようにインナが「ヴニェ」という言葉を使って言おうとしているのは、政治システムに対して特別な状態にある主体――システム内部に暮らしながら、システムから見えない存在、視野の外にある状態である。こうした状態はシステムの支持とも抵抗とも異なる。

スヴァイーの公衆がそうだったように、インナの交友関係も権威的言説への反応として生まれた。だが、一般コムソモール員や班長が権威的な文章や儀礼の形式踏襲にちゃんと参加しているのに、インナの周りにいる人は、そうしたことを積極的に回避する。不参加やその理由を話題にすることすら敬遠し、そんな話は「面白くありません」と考えている。面白くないとシステムを超越する生き方とは関連しあうカテゴリーであり、国家権力の形式的な枠組みの中で生活・機能しつつも文字通りの意味の大部分と（少なくとも可能な範囲内で）切れている状態を意味する。

大きく言えば、どんな人も一定のコンテクストでは外部のシンボル体系に取り込まれないでいられる。例えば、サッカーに興味がない人がたまたま見たテレビ中継のユヴェントスとアヤックスの試合でどちらを応援するか選べと言われれば、面白くない（別の言い方なら現実味がない）だろう。だが問われているのがある分野の知識や意味ではなく、主体が帰属する自律システムの場合は、取り込まれないことのレベルが変わってくる。インナとその友達が面白くない、現実味がないと思ったのは、明白な真実を守れという異論派の呼びかけだった。ハヴェルが呼びかけた「真実に生きる」やソルジェニーツィンが呼びかけた「嘘によらず生きよ」を退け、インナたちは「軽やかに暮らし」〔жили легко〕、「とても楽しい生活をしていた」(13)〔вели очень весёлую жизнь〕。こうした言い方が物語るのは、真面目な考えや意欲や政治的責任感の欠如ではない。

権威的言説を文字通りの意味で体現した政治・社会のありようとは違うものを志向し、文字通りの意味を超越（ヴニェ）した面白い充実した創造的な生活を送ることだった。

こうした生き方の最たる例が、「内なる亡命」である。[14] ただこの言い方を真に受けて、ソ連の現実や「ソ連体制」を離れて自由と正義の独立した個別領域に逃げ込むことだと思ってはならない。それでは現実をとらえられず、国家から完全に自立していたかのような錯覚を助長しかねない。実際には、当然だが、「内なる亡命」は本物の亡命とは違って、国家が保証する可能性（資金面、法律面、技術面、イデオロギー面、文化面など）を積極的に利用することで可能になったものだ。また内なる亡命とは形容しがたい別の例もある。内なる亡命ほど極端でなく、広範囲に見られたヴニェという生き方は、ソ連システムの何らかの活動に積極的に関与して大いに興味を持って取り組むが、その際、システムの権威的発話のコンスタティヴな意味の大半を無視する（典型例は後述の理論物理学者）。この実例を本章以下で見てゆく。

システムを超越（ヴニェ）する生き方（内であり外）とは、「視野の外（ヴニェ）」という表現で説明できる。つまり、あるものがここにあってその存在は知っているが、それが目に入らない（別のものの陰になっている、小さすぎる、注意が他に行っている、などのせいで）ということだ。だからシステムを超越（ヴニェ）するとは、システムの視野から消える、厳密に言うなら、システムの「可視状態」（もしくは「被視状態」）でなくなることを意味する。そうなれば、システム内にあり続けてもシンボル・法律・言語といった媒介変数に従わずにすむ（周囲が理解できない行動をとる、誰も分からない言葉を使う、周囲の現実を意に介さない、起きていることを自分ひとりしか分からないように解釈する、など）。本章の命題を一言でいえば、後期社会主義の下では大半の主体・公衆と国家との相互関係が、程度の差はあれ、このヴニェの原理に基づいて構築されていた、となる。そればかりか、これが後期ソ連システムの存在と再生産の中心原則となっていた。このような関係は、国家への抵抗ではないのに国家をじわじわと変えて脆弱にし、突然の崩壊を（一定程度であるが）準備する。なぜなら党＝国家体制には、この関係を見抜いて理解する、つまり全面統制する力がなかったからである。

＊＊＊

ヴニェ状態の分析に使える理論枠組みは、様々な分野にある。ただ本書の研究対象は様々な登場人物が権威的言説を生産・拡散・解釈する条件なので、ミハイル・バフチンの初期の論文「美的活動における作者と主人公」が最適である。バフチンは外在（ヴニェであること）［вненаходимость］という概念を導入して、文学テキストにおける作者と主人公との間のある特殊な関係を考察し、これを「主人公のすべての要因に対する作者の緊張感ある外在の位置、空間的・時間的・価値的・意味的な外在の位置」にある関係と定義した(15)。

この理論は主体と言説の関係を説いた一般的なものだが、ソ連の文脈におくと特有の意味あいを帯びてくる。後期社会主義という文脈の特異さは、言説空間を権威的言説が支配し、どこまで行っても逃げられない点にある。だがヴニェ状態（バフチンの言う外在）でこの言説に接することはできる。正しく（まさ）これを実践していたのが「ふつうの」ソビエト的主体だった。この主体は同時に二つの役割を権威的言説に対して演じる——主人公として、自分に課せられた言語で「語る」（この言説形式のパフォーマティヴな再生産として集会に参加したり賛成投票をするなど、ともかく言説に逆らわない）一方で、この言説の作者でもある（言説に新たな解釈をほどこし、権威的発話の文字通りの意味とは必ずしも一致しない慣行・関係・意味と結びつける）。また「ふつうの」主体は、主人公の役割を演じる（権威的言説をきちんと再生産する）からこそ、作者の役割も演じられる（新たな意味をソ連の現実の内部に作り出す）。

付言すると、外在（ヴニェであること）と脱領土化（第三章参照）は、明らかに類縁概念である。脱領土化とはシステムの内部が変化して別のシステムになる過程であり、外在とは主体がそうしたシステムに接する姿勢である。本章で検討するヴニェの実例は、一九六〇年代末から八〇年代半ばの多種多様な社会的文脈から取った。ヴニェとは、後期社会主義の規範や規定との絶縁ではなく、そうした規範や規定の不可分の要素であることを本書で証明したい。この関係は後期ソ連システムに上から下まで浸透しており、システムの不可欠の存在条件だったが、相対的に国家の目に付きにくい——正確に言えば、権威的な現実描写の文字通りの意味の枠外にあった。

イデオロギーの発話やシンボルにヴニェで接することを、政治的無関心や無気力や引きこもりと見るのは正しくない[16]。この姿勢の特異さは、自分自身を「政治的」姿勢で特徴付けることの拒否にある(インナとその友達が、政治テーマは面白くなく現実味もないと言っていたのを思い出して欲しい)。その理由は、ソ連の権威的言説が「政治的」という概念を二項対立で作り上げているので、政治姿勢といったら「ソビエト的」か「反ソ的」しかありえなかったのに対して、ヴニェの政治はそのどちらでもなかったからだ。

ピオネール宮殿

インナの大学の友達には、入学前から顔見知りの人がいた。レニングラードのピオネール宮殿に通ったクラブ仲間である。ピオネール宮殿は、一九三七年にアニーチコフ宮殿(フォンタンカ運河とネフスキー大通りが交わる一角)に開設された。ソ連時代はここで数多くのサークルやクラブが昼夜開講し、合唱団、オーケストラ、ジャズバンド、舞踊アンサンブルもあれば、文学や数学やチェスや考古学のクラブもあった。常に数千人の児童生徒が宮殿に通って勉強しており、後年著名人になった人もいる[17]。一九三七年の開所式で挨拶した詩人のサムイル・マルシャークは、ここで「子供たちが見つけるであろう鍵は、もっと大きな学問・

技術・芸術へとつづく扉を開きます。……ここで身につけるのはよく働くこと、仲良く働くこと、力をあわせて集団で働くことです」と述べている。[18] マルシャークの言葉は、直接的にも比喩としても予言的だった。ここには前述したソ連文化の逆説が現れている。ピオネールという組織（そのレニングラードの中心拠点がピオネール宮殿）の公式目的は「偉大なレーニンの遺言と共産党の教えにしたがった生活・勉強・闘争」を子供たちに教えることにある。[19] その一方でソ連の教育理念が想定するのは個性を全面的に伸ばして自立精神と批判的思考を育む必要性であり、先の課題とぶつかる時もある。こうした批判的な力を身につけるのは、学校より課外サークルの方が簡単だった。

後期社会主義の時代、子供を対象とするクラブやサークルは、多種多様なものが国内各地に無数に存在した（普通学校や音楽学校、文化宮殿やピオネール宮殿、スポーツ学校、素人劇団、居住アパートなどに併設）。こうした学校外の教育形式では、多くのことが教える側にかかっている。レニングラードのピオネール宮殿の場合、講師は個性的な人が多い（作家、音楽家、歴史家）。[20] 喜んで教える人が多かったのは、金銭のためではなく（この手の施設の報酬は平均以下）、実験を認める自由闊達さが理由だ。「特殊な」クラブやサークルなので、内容がきっちり決まっていて上下関係も厳しい普通の学校に比べると、ずっと自由度が高かった。インナの大学の友達は、多くがピオネール宮殿の二つの有名サークル（文学サークルと考古学サークル）のどちらかにいた経験のある人だった。

文学サークル「チェルザーニエ」

子供が文芸創作に励むサークルは、ピオネール宮殿の開館と同時の一九三七年に設置されている。だが名声を確立した最盛期は後期社会主義の六〇年代から七〇年代のことで、その頃は文化・文学・社会の諸問題を正面から議論する自由闊達な気風があった。サークルにいた人によると、当時の自由な雰囲気はまさに「文学サロン」で、授業は気の向くままの「即興」だったといい、実質どんなテーマでも議論できたし、どんな立場も批判にさらされた。[21] サークルの卒業生の回想。

クラブの主な活動は、文学土曜会でした。……「土曜会」で一番面白かったのは、公開討論です。事前に準備してくる人もいましたが、多くの人はぶっつけ本番です。何でも議論し、激しく自由にやりあいました。先生たちを招いて、学校の文学の教え方を議論したこともあります。〔スターリン〕個人崇拝や高邁な理想、詩やSFも取り上げました。議論するときは先生も子供も対等です。討論会では、誰の発言かなんて全く気にしません。真実を知っている唯一の存在だから先生は権威があるなんて考えは通用しないのです。この点は誰もが懐疑的で、真実を手にしているのは彼〔土曜会の主宰者ジュコフスキー〕だけ、他は誰ひとり分かっていないと信じていました。[22]

ソ連システムそのものを批判した人はいない――イデオロギー上してはいけなかったためでもあるが、面白くないと思ったからでもある。ただし、ソ連史のある時期についての批判的発言や議論（例えばスターリン時代のテロルや個人崇拝）は、サークル会員の記憶では、自然だった。スターリン時代が遠い過去になり、少し前の「雪どけ」期に〈スターリニズムは共産主義思想の逸脱である、体現ではない〉という考え方が広まった結果、こうしたテーマが可能になり、面白くなったのである。ソ連文学の美の基準をテーマに議論することもできたが、論拠が反ソ的でないこと、真面目で真剣な主張で、嘲笑や敵意がないことが条件だった。別のサークル参加者の回想。

ここに来る人には、すばらしい詩を書く人がいました。作品を聞いたときは、何か大事なことが起きていると感じました。ソ連的な美の要素もあるのですが、ぎりぎりまで弱めているのです。さらに重要なのは、啓蒙的ソビエト自由主義[23]の枠を超えた人でも他の人から拒否されなかったことです。クラブは才能を認め、知的誠実さを目指し、なおかつ文学には祈りのように接していました。あそこには健全な創作の雰囲気がありました。これこそ、そうした雰囲気がない時代に、生きるよすがだったのです[24]。

別のサークル参加者の思い出には、サークルの詩の先生ニーナ・アレクセエヴナ・クニャーゼワのおかげで、当時（七〇年代半ば）のソ連では禁書だったソルジェニーツィンの作品を知ることができたとある[25]。別の人は、サークルの先生が企画したロシアの古都めぐりの旅のことを語っている。堅苦しそうな旅行だが、生徒たちはここで、学校の授業では決して触れないソ連時代の歴史や文学の事実を数多く知ったという。

こうした創造的な協力と自由の雰囲気は、クラブの旅行でも保たれていました。年によって違いますが、ヤーブロネフカ、クジモロヴォ、プーシキンスキエ・ゴールィに行きましたし、夏にはロシア中部を歩いて回りました。各地の名所旧跡を見学したり、（それより何より）あちこちにひっそり隠れている往時の文化の担い手に会ったりしました。タルーサ[26]では〔詩人の〕マリーナ・ツヴェターエワの娘アリアドナ・エフロンに会いましたし、〔作家の〕コンスタンチン・パウストフスキーの家も訪ねました。〔著名詩人の未亡人〕ナジェージダ・マンデリシタームと話をした人もいます。ポリーナ・ベスプロズヴァンナヤ先生とは、一緒に〔白衛軍の大物〕ワシーリー・シュリギーンを訪ねました。刑期を終えて奥さんとウラジーミルに住んでいたのですが、私たちの生活をあれこれと聞いてきて、ピオネール宮殿の子供が自分のことを知っているのにとても驚いていました。「黄金の輪」を回った時にはあちこちの寺院に行って、聖セルギー・ラドネシスキーの日にはザゴルスクのトロイツェ・セルギエフ大修道院に行きました。クラブで宗教がらみの問題を議論したかは覚えていません。無神論の宣伝がなかったのは確実です。信仰には、敬意ある沈黙が定着していました。[27]

このサークルは、文化の批判的分析や自由な議論と意見の表明を大事にし、また多くの人が知りえない知識に触れられるとあって、次第に連帯感が芽生えていくが、その基礎は友情や共通の関心事であり、さらには参加者全員が共有した「平凡な」ソ連人とは違うという意識である。これこそが人びとを結びつけるそもそもの始まりだった。別の回想によると、サークルは「文学一本槍だったのではありません。ここには色んな人が来ていました。ものを書く人だけじゃなく、ここの価値観に共感するなら、どんな人でもよかった」。ここでの人のつながりは、ある種の「人工的な小世界」であって、子供たちは「さわやかな空気を吸っている」が、「一歩外に出ると別の世界があって、クラブのルールは全く通用しませんでした」[28]。

サークルはソ連の価値体系の不可欠の（ただし特殊な）要素であり、この価値観の逆説性がきわめてよく出ている。サークルの公式名称「チェルザーニエ」〔「高邁なことに挑戦する果敢な精神」の意〕は、あらゆる意味で正しかったと言えよう。

考古学サークル

インナの友達や周りの人には、入学前にピオネール宮殿のもう一方の雄の考古学サークルに行っていた人もいた。考古学サークルは、一九七二年の開設である。八〇年代末には数百人が在籍し、アマチュア考古学者として勉強している。出身階層は様々で、知識人の子弟が多かったものの、労働者の子もいた[29]。加入した動機は、子供らしい探検や旅行へのロマンチックなあこがれが多い。しかし、サークルを指導していた歴史家アレクセイ・ヴィノグラードフのおかげで、考古学の授業ではいつも文学や詩や歴史や宗教が話題になった。サークルの参加者は考古学調査でソ連各地に足を運ぶ。近くはレニングラード州、遠くはトゥヴァ、シベリア、カフカスまで、あちこちに行っているが、キャンプファイアとなれば、子供たちの詩の朗読がはじまり、マンデリシターム、アフマートワ、グミリョフといったイデオロギー上の理由からソ連でほとんど活字になったことのない作品が響き渡り、ガーリチやヴィソツキーの歌をうたうのだった。文学サークル「チェルザーニエ」と同じく、考古学サークルもこれに参加することで、友情と共通の関心事と独特な価値観（独自の見解、他人の意見への寛容さ）で結びついた強固な社会環境が生まれ、政治的見解はどんなものでも同意せず、自分たちは「平凡な」ソ連市民と違っていると思うようになった。サークルに参加した人によると、サークル内には「私たちは何者かの共通理解があった。つまり……ソ連の庶民で、大事なのは仲間（スヴォイ）の人間で、……同じようにこの違いを感じている人、意識的に群れにならない人、何というか超越した（ヴニェ）……別の人。そう、意識が別の人です[30]」。公然と反ソの立場をとる人や、逆にソ連システムを支持する人と違って、サークルの会員は自分を別の、非ソビエト人と感じている人だった。政治やイデオロギーの話題は、面白くないと思っていた（少なくともペレストロイカ以前は[31]）。

サークルの会員は、学校を卒業してピオネール宮殿に来なくなっても、多くが考古学調査には参加しつづけた。インナもその一人だ。インナによると、参加の目的は考古学よりも、自分なりの考えを伸ばすことにあったという。「調査でとくに重要なのは……各人が自分自身の目標で前進し、誰もその行く手をさえぎらないこと、自分流の思いや感覚を妨げないことです。これは極めて重要なことです。……あれは一種の瞑想でした[32]」。瞑想という喩えは、スヴァイーの空間を髣髴とさせる。興味深い話題を共有して親しく話し合い、果てることない議論が続くさまが眼に浮かぶ。さらには周辺世界との特別な関係も示唆する——生きているシステムは他の人と同じだが、できるだけその意味に深入りせず、内であり外のヴニェで生き続けよう。

繰り返しになるが、こうした生き方や社会集団が可能になったのは、ソ連当局の逆説的な文化政策に負うところが大きい――当局が教育制度を重視し、公式文書で高級文化や集団主義や物欲にとらわれない価値〔нематериальные ценности〕の重要性を繰り返し語ったおかげである。サークルの会員は、「ふつうの」ソビエト的主体にも増して金銭欲を恥ずかしく思っており、お金を「卑しむべき金属」〔презренный металл〕と呼んでいた。[33] こうしたお金への態度は、当時よくあることとはいえ、サークル参加者の間では教員（六〇年代人や旧世代の知識人が多かった）との交流を通じていっそう強化された。サークル関係者が闇屋などを軽蔑したのも、この現れだ。こうした物欲にとらわれない関係・信念・評価を基礎とする倫理観が生まれたのは、社会主義国家の公的価値観が存在したおかげ、国家が常にこれを触れ回っていたおかげである。また、これを可能にした経済システムも忘れてはならない――国がこうしたサークルを含めて様々な課外活動を支援し、基本となる最低限の生活条件も保証していたので、生活の不安はほとんどなかった。あるサークル会員が、こう言っている。

正直に言うと、たくさんのお金を稼ぐなんて誰一人関心がありませんでした。当時はそんなこと必要ありません。給料は、多い少ないはあっても安定していて、腹を減らして死ぬことはないですし、服装がみすぼらしいのも気になりませんでした。[34]

ソ連システムの不可欠の要素であるこうしたサークルは、ほかのこの手の環境とともに、ソ連的なありようの意味を壊していた。ここに参加したソ連の一部の若者は、システムにヴニェ状態で接する生き方を学ぶ。だがそうした学びの場を提供したのは国家だった。

改めて力説しておきたいが、ヴニェで生きるとは、昨今の大雑把にソ連の「非公式文化」と言われるものに限られるわけではない。むしろこうした生き方は「公式」「非公式」、その混合などを問わず、当時のソ連の生活のあらゆるコンテクストに広まっていた。

権威的言説に対するヴニェ状態は、国家システムの一部として制度設計され、国の資金や特権を利用するグループや共同体でも生まれている。例えば、技師や研究員や学者である。典型例として、研究所に勤務してそれなりの給与と社会的名声を得ていた理論物理学者を見てみよう。理論物理の研究は、国のイデオロギー規制も研究テーマのしばりもさほど厳しくない（応用科学とは対照的）。後期社会主義の時代の理論物理学者の世界を研究したニイリとブライデンバッハが、こう言っている。「物理学の発展がしばしば予想外の発見に基づいていると主張することで、〔ソ連の〕物理学者はたいてい上手く上層部を説得し、自分がしたい研究をすることができた[35]」。一九七八年から八九年までレニングラード核物理研究所の研究員だったボリス・アリトシューレルは、当時の所内の理論物理学者の勤務条件を、ポスト・ソ連時代のはじめから勤務するアメリカの大学の研究者の勤務条件と比べて、こう述べている。

> 私たち〔の核物理研〕は、とくに義務はなかったです。教育はしなくていいし、基本的にやりたいことは自由に選べました。アメリカじゃあ、あんな自由は想像できないでしょうね。ここでは、ものすごい時間を費やして、もらえるかもらえないか分からない助成金の書類を書く。レニングラードなら、固体物理から素粒子物理に転向しても、問題ありません。必要なのは、せいぜい別のグループに移ることくらいですね[36]。

先述した例と似ているが、理論物理学者の環境をつくったのは、緊密な知的・文化的な交流、研究アイディアの交換、友情、さらには共通の関心事（物理学でなくてもよい）である。これらが相俟って、理論物理の諸問題にも間違いなく関わってくる「深い真実」（「明白な真実」ではない）を共に追い求めようとしていた。理論物理の研究とは、

とにかく考え続け、ひっきりなしに同僚と話すことだ。セミナーで発見された問題は、一緒になってあらゆる観点から議論した。こうやって「熱い」テーマのアイディアは、あっという間に全員に広まった。各人の個々のアイディアの基礎には、多くの人のアイディアがあったんだ。[37]

この社会環境の言説も、先般の例と同じく、自分たちの特異さ、ソ連の「平凡な」共同体との違いや、内部の寛容さと非政治性の重要性を力説する。内部での議論は「平等と協同の精神で行われ、各人に批判が許されていました」[38]。この意味で、共同研究、共通する知的関心や文化的な楽しみ、さらには連れ立っての夏期休暇といった諸々のことは、切り離せない一つらなりの連環である。学術交流や物理研究は、連れ立ってのハイキングやキャンプ、ギター伴奏のコーラス、詩の朗読、考古学探検、音楽づくりなどと切り離しては考えられなかった。

夏や冬の理論物理学の講習会は、正真正銘の物理が生まれる「祝祭の場」だった。レニングラード物理工学研究所（後にレニングラード核物理研究所と改称）の行事は、科学アカデミーが持っていた郊外の別荘で行われた。幼少時に父親から厳しい音楽教育を施されたユーリー・ドクシツェルが、オクジャワやヴィソツキーやガーリチの歌をギターで弾き、アレクセイ・カイダロフ（ＩＴＥＦ）[39]が歌った。理論物理学者の生活というのは、連れ立って登山やカヤック旅行をしたり、地下出版（サミズダート）で出回っていたマンデリシタームの詩やソル

ジェニーツィンの散文を朗読したり、西側旅行中に買ったアガサ・クリスティやアーヴィング・ストーンの作品を読むことでもあった。物理学者のアパートで行われる自作朗読会や吟遊詩人（バルド）のコンサートには、ブラート・オクジャワやウラジーミル・ヴィソツキーといった、全体主義の画一的な文化から生まれたもう一つの文化の旗手が登場するのだった(40)。

引用文が活写するように、この社会環境で重要なのは、創造力、集団性、それなりに自立した専門的・文化的な関心や活動である。ただし、ニイリとブライデンバッハが引用文の最後でこうした関心や活動に与えている評価には、この研究のイデオロギー色が見て取れる。抑圧的な国家と英雄的な抵抗グループとを対置するおなじみの構図である。この解釈には盲点があり、創造的でダイナミックな、それなりに自立した理論研究者の社会環境の存在そのものが（ほかの知的分野における文化の担い手も同様だが）、ソ連当局の文化プロジェクトの逆説的ではあるが不可欠の要素であって、決して対立物ではないという事実を見落としている(41)。理論物理学者の世界のような、それなりに特権のある知的環境の存在を可能にした条件は、この人たちがヴニェ状態を育むことができた条件でもあった。先の例でもそうだったように、こうした条件の多くは国が保証したものである。小さいものは学者がソ連社会で享受した特権にはじまり、研究施設の国家支援、学者の教育義務の免除、財政面や政治面のそれなりの自立性、研究領域の選択でのそれなりの自由、大きいものは基礎科学とか科学や文化の知識そのものを重視し、個性の全面的発展や文学・音楽の知識を重んじる国の言説まで、枚挙に暇がない。こうした相矛盾する課題と活動をソ連当局がしなければ、あのような環境はありえなかったはずだ。理論物理学者の世界は、学者が様々な活動に参加して人づきあい（オブシチェーニエ）を続けただけで出来るものではない。一つの社会空間に纏め上げた大きな要因は、権威的言説に対するヴニェの姿勢（権威的形式を再生産しつつ、その意味を変える）だった。こうした環境ができたのは、権威的言説のおかげであると同時に、この言説に反応したから、つまり権威的言説の公衆の一つだったからだ。先にスヴァイーの公衆と名づけたものは、ヴニェの公衆と見てもよい。

「サイゴン」[42]

ここまで見た例は、ヴニェの原理が機能する文脈が国家制度の一部だったものだ。しかし、この原理は国家とほぼ無関係の文脈でも作動する。その例と言えるのが、種々様々な「トゥソフカ」［тусовка］である。これは俗語で「たむろすること、たまり場」を意味するが、後期社会主義にあらわれた、国家制度や専門機関になっていない社会環境で、興味関心を共有する人がそこそこ長期にわたって交流する場を意味する。こうした社会環境は、後期社会主義の時代にとりわけ多く生まれている。

一九六〇年代はじめのフルシチョフの「雪どけ」期にソ連の大都市の多くに生まれた社会現象は、量的には微々たるものだが、文化的には巨大な意味を持っている。この現象をレニングラードの例に即して語ったヴィクトル・クリヴリンは、これを「大珈琲革命」［великая кофейная революция］と名づけた[43]。ここで言う革命とは、街の真ん中にこぢんまりした喫茶店が数軒できたことを指す。濃いコーヒーとお菓子を出すだけでなく、新たな時空の文脈を少人数のグループ（主として若者だが、それだけではない）に提供する場だった。こうした場所での語らいは、前述したサークルや専門集団の語らいをどことなく思わせる――たしかに国の資産をある程度は使っている（喫茶店の場所や設備などに財政補助が出ており、例えばコーヒーやお菓子の値段がかなり安くなっていた）ものの、前述のサークルと違って、国制上の地位がなくてメンバー登録の義務もないため、扱うテーマが予想外のものでもよく、出入り自由で顔ぶれも変わる。

こうした施設は、たいてい味も素っ気もない「カフェ」が正式名称なのだが、多くはすぐに俗称ができる。しかもたいていは、「西側」の地名にちなんだものだ。レニングラードでカフェに使われたのは、「ロンドン」「リバプール」「テルアビブ」「ローマ」「アルスター」「ヨーロッパ」などである。一九六〇年代末ごろ、あるカフェが「サイゴン」という名前を得て、主な語らいの場になる。[44] 開店は一九六四年九月十八日（元常連の多くが今もこの日を祝っている）、場所はレニングラード中心部のネフスキー大通りとウラジーミル大通りが交わる角である。このカフェ（や他のカフェ）の俗称は、実験詩や古代語や理論物理と同様で、権威的言説とヴニェの関係[45]にある別の言説につながっている。「サイゴン」の含意は、ソ連のメディアがアメリカのベトナムでの「帝国主義戦争」を常に批判的に紹介していたので、すぐに分かる。だがその意味する内容が新たな文脈では変化している。否定的な政治の含意[46]が後景に退き、米兵が休暇をすごすエキゾチックで東洋的な、西側の植民地の街という連想が前面に出ているのだ。もしかしたら、ソ連のメディアがつくった負のイメージにエキゾチックなデカダンスが混じり合い、「サイゴン」という名前に、権威的言説をあざ笑うそれとない皮肉の調子が加わり、それがカフェを訪れる若者にいっそう魅力的だったのかもしれない。とはいえ、その意味をおおっぴらに議論するお客は一人もいなかった。なぜなら、政治の話題はこの環境では「面白くない」と見なされたからだ。

「サイゴン」は、たちどころに常連客がついた。やってきた面々は顔見知りや知らない人とおしゃべりをし、濃いコーヒーを飲み、時にはポートワインをこっそり持ち込んで飲んだりした。[47] 常連とふりの客との違いは、前者にとって「サイゴン」とはコーヒーが飲める場所であるだけでなく、ある回想によれば、「自己アイデンティティ、つまり自分が何者で同年輩の中でどんな地位にあるかを理解する場、情報や本やアイディアのみなもと、異性との出会いがはじまる領域、両親のくどくどしい説教からの避難所、レニングラード

図11　レニングラードのカフェ「サイゴン」、1979年。画家ミハイル・ペトレンコ（1970年代のカフェの常連、現在はサンフランシスコ在住）の作。絵の右端にいる髭のベレー帽がペトレンコ。

の不快な天気から守ってくれる所」でもあった[48]。

この特異でまずまず開放的な環境「サイゴン」では数多くのグループが生まれたが、お互いに干渉しないことが多かった。できるグループは、その時々で様々である。ヴィクトル・トポロフが記す一九六〇年代末から七〇年代はじめの「サイゴン」の雰囲気は、こうだ。「僕たち詩人グループがいた、それから僕たちの近くに画家のグループ、その隣は麻薬中毒の連中、その隣は靴のブローカーに闇屋[49]」。七〇年代はじめは、別の常連客によると、カフェで最も存在感があったのは「詩人グループだ。ピオネール宮殿の文学クラブ〈チェルザーニエ〉で知り合ったエヴゲニー・ヴェンゼリ、ヴィクトル・トポロフ、後に演出家になったニコライ・ベリャクである[50]」。魅力は人との出会いにある。だが、ここで出会う人は、ピオネール宮殿のクラブ会員に似てはいるが、それとは比較にならないほど雑多で、のびのびして、予想がつかない。トポロフの回想。

僕は今に至るまでお客に行くのも、お客を呼ぶのも好きじゃない。何が起きるか予想できてしまうからさ。でも「サイゴン」の状況は何でもありだった〔открытая ситуация〕。あそこへ行くと、どうなるか分からない――その晩はものすごく退屈かもしれないし、胸がわくわくするほど楽しいかもしれない、誰に会うのか、お開きは警察署なのか「ヨーロッパ」ホテルのバーなのかもね。僕は固く信じていた、あそこへ行けば、二時間のうちに必要な人間にきっと出会うってね。なぜならそういう人が行く所だからさ。あそこには自由な人がいて、飲んでしゃべっていた。詩を書いている人もいたし、絵を描いている人もいた。アトリエなんてまず誰も持っていなかったからね。(51)

トポロフによると、彼の仲間の人たちは（前述したインナの友達もそうだったが）全く「政治的な」問題に関心がなく、異論派とは黙って一線を画していた。

……〔サイゴンには〕異論派も来たが、あっちは自分のグループがあった。挨拶して握手くらいはしたけど、あれは面白くない、僕たちは自分のグループがあった。誰かが西側で出たグミリョフかマンデリシタームだったかを手に入れた――「サイゴン」に来ると、すぐにそれで飲んじまった。三十か四十ループル持ってる奴に売ったのさ。異論派の活動に手を染めた奴は、僕たちのグループにはいない。(52)（強調は筆者）

「サイゴン」は、数は少ないが異論派に近い人がいたし、延々としゃべっているグループが国外出版（タミズダート）や地下出版（サミズダート）の本を交換しているので、KGBの諜報員がソ連の若者の動向調査を行う恰好の場だった。ヴィクトル・クリヴリンの説だが、諜報活動に便利だったからこそカフェは閉鎖にならず、警察にもさほど煩わされず、数多くの社会環境を生み、発展できた。ところでクリヴリンとその仲間は、時々「当局」に呼び出されて話をしている。そのため、一九六〇年代末のことだが、クリヴリンは、隣の席でコーヒーを飲んでいる人が、前に会ったことのあるKGBの諜報員だと気づいた。カフェに正体を隠したKGBの諜報員がいるのは、常連客の常識だった。ただクリヴリンによると、大半のお客は、「政治的な」言動をしていないので、KGBの存在をさほど気にしなかった（「恐怖はなかった。……あったのは一種のロマン——命がけの冒険だね」）[53]。このような関係が国家（ここでは治安機関や警察）との間にあったのだから、多くの点で国がこうした環境の発生と発展を促したが、統制が隅々まで行き届かなかったことが再確認できる。だからこそ、大半の人が国家の秘かな監視をさして気に留めていなかったのだ。

一九七〇年代末に、インナ（前述）も「サイゴン」に足繁く通い出す。インナによると、インナの知り合いたちは、

> 「サイゴン」の窓辺に腰を下ろし、コーヒーを飲みながら色んなことを話しました。……あそこはいつだって話し相手が見つかりました。日中に「サイゴン」に行けば、必ず誰か語らう人が見つかります。語り合うことが主な仕事でした。また私たちはあそこで、どこへ行っても絶対に買えない本を次々と読みました。二十世紀初頭のロシア詩が多かったですね。フランス詩も読みました。古代スラブ語の文献も。……学術書、例えば昔の古典物理も読みました。ベケットやイヨネスコも[54]。

乱読に見えるが（ベケットから古代スラブ語の文献や物理の古典まで）、実はこの選書には共通する特徴がある。時空や内容の点でソ連当局の権威的言説とヴニェの関係にあるのだ。反ソではないものの、その様式・発想・内容・文字（古代スラブ語や外国語）・出版の場所と時期などが、権威的言説の文字通りの意味空間から逸脱しているのだ。

当時（一九七〇年代末から八〇年代はじめ）、インナなどが読んでいた芸術や詩の本の多くは、ソ連でもう数十年も出版されていない。そうした本を書いた人は、弾圧の犠牲になったり、権力の不興を買ったり、亡命したりしていた。だが、これこそソ連の文化政策の逆説だが、こうした本が完全な禁書かというとそうでもなく、一部は公のルートでも、ただし限定的な手段だが、読むことができた。例えば大学生であれば、ソ連初期やソ連以前の出版物は専門図書館で閲覧できる。インナはレニングラード大学の図書館で働いていたので、そうしたことが可能だった。「私たちは図書館で閲覧できた本がそこで読めたんです。長いこと再版されず、店頭では買えない本、インナの話。ほかでは絶対読めない本が読めました。グミリョフの初版本は、そうやって読みました。長いこと再版されず、店頭では買えない本です[55]」。こうした本を頻繁に交換していたのに、インナとその友達もKGBのことはさほど気にしていない。インナの話。

私たちの手提げ袋は、いつも本でいっぱいでした。つまり少しは危険を冒していたことになりますね。でも当時は、誰も私たちに特別の関心を持っていないと確信していました。私たちのどこが関心を引くというんです。一番危ないのは、私たちの場合、ガーリチの歌やブロツキーの詩のタイプコピーでしょう。私たちはそれも交換していました。でも、そんな理由で私たちを逮捕するんですか。そんなこと誰に必要でしょう。私たちがしていたことは、大したことではありません。じゃあ異論派の公開書簡に署名したり、その手の活動をするのか――いいえ、そんなことを信じたことは一度もありません[56]。

「サイゴン」の文学グループの代表格だった文化史家のレフ・ルリエによると、仲間うちでよく本を回覧したのは、アンドレイ・プラトーノフ、ミハイル・ブルガーコフ、マルセル・プルースト、ジェイムズ・ジョイス、アーサー・ミラーだったという[57]。このため、当時「サイゴン」で身につけた文学や哲学の教養は、レニングラード大学の文学部や史学部を凌駕するとルリエは言う。時を経てから分かったことだが、「サイゴン」での教育は、ポスト・ソ連時代の一九九〇年代に新興の独立出版社の創設者や編集者、翻訳家や読者を数多く生み出すのに間違いなく重要な役割を果たしている。[58]

このように書くと、「サイゴン」のような場所に生まれた社会環境は、ユルゲン・ハーバーマスの言う「公共圏」の古典的な一例に思える。公共圏は、ハーバーマスの定義によると、資本主義の初期に、政治や社会の問題を話し合う過程で、自由な公共の場所、例えばカフェやサロンで発生する。[59]「サイゴン」がカフェなのでハーバーマスのこの定義が思い浮かびやすいし、類似性を指摘した研究もある。[60]だがこの類似には、明らかに難がある。「公共圏」という概念は、「政治と社会の問題」を議論するので、二項対立の政治システムを前提とする。つまり、後期社会主義に当てはめると、システムの権威的言説を文字通りの意味で議論する、となる。だが、このように描く社会環境の言説は重要な事実を見落としている――後期社会主義では国家の政治的発話であれ国家に抵抗する人の対立発話であれ、その文字通りの意味に意識的に距離を置いているからだ。ああした環境での語らい(オブシチェーニエ)は、システムの権威的な言説体系で「政治と社会の問題」とされるものを議論しない。むしろ、たいていはそうした話題を「面白くない」と避ける。このため公共圏の概念でこうした環境を説明すると、実態に合致せず、現実の姿を見失ってしまう。一九六〇年代から七〇年代のほかの社会環境がそうだったように、「サイゴン」で生まれたのは「公共圏」ではなく、無数の「ヴニェの公衆」[61]である。先に見たように、この公衆がソ連システムの権威的な言説や儀礼に接するときは、権威的言説の文字通りの意味を議論せず、ヴニェで臨む――システムの言説や儀礼の形式の内部にいながら同時にその文字通りの意味の枠外にいるのだった。

先に述べたように、こうした生き方を支える前提は、多くの点でシステムの資産だった――生存の基礎レベルの保障は物質面の不安を後景に追いやったし、道徳的価値観の支えもあった。その基礎は、いわばリベラリズムではなく社会主義なので、私的生活への没頭や、プライバシーや私有は重視されず、むしろ絶え間ない不定形で集団的な人づきあい（オプシチェーニエ）だったり、ややもすると時間や参加者やテーマが予想できないものが貴重とされる。重きを置くのは内なる「自我」ではなく、スヴァイーの空間で他人と語らって出来上がる〈自己〉であり、多かれ少なかれ金銭を蔑視する。ヴニェで接するので、システムの権威的な言説や儀礼を無視するが、その一方でシステムの下支えで可能になった数多くの文化的な価値や慣行や関心を共有している。

ヴニェの公衆にとって、対抗言説に与してソ連の政治システムを批判するのは現実味がない。当人の言い方を借りれば「面白くない」。また、この公衆の間で重要な役割を果たす言説が屈託のなさや楽しさなのは偶然ではない。「サイゴン」の雰囲気を要約して、クリヴリンが「楽しく暮らしていた」と言っている[62]。この言い回しは、先に見たインナが友達との交友の雰囲気を語った言葉（「軽やかに暮らし」「とても楽しい生活をしていた」）を彷彿とさせる。念のために言うと、この言葉は能天気な生き方ではなく、別の（本質的な、面白い）現実の創造に主体が積極的に関わっていることを物語る。この「楽しい生活」は、その頃広まった「ふつうの生活」（第三章参照）と同義であり、予想外の創造的な生き方に満ちている。しかし、この出現に一役買ったソ連という国は、そんなことがほとんど見えていなかった。

音楽の「トゥソフカ」

レニングラードのロック・ミュージシャンやロック愛好家は、一九八〇年代はじめにはかなりの規模になっていたが、これまた「政治問題」の話は「面白くない」と考えており[63]、当局が時おりこうしたグループやその関心を批判しても、全く危機感を持たなかった。社会学者トーマス・クッシュマンによると、このグループ内では七〇年代末から八〇年代はじめ頃に、音楽の録音テープを手に入れ、交換し、流す時に、そうした活動が政治的に不穏当と見なされるとは思いもしなかった。〔国家が〕時折ロックの規制を試みるが、ロック・ミュージシャン〔やロック愛好家〕は国家のこうした動きに特に注目しないか居心地の悪さを感じるだけだった。……驚くことにロック・ミュージシャンは政治そのものを話題にすることがないだけでなく、広い意味での国家への恐れも、国家が自分たちの生活に介入してくる不安も全くといっていいほど持っていなかった(64)。

レニングラードのロック・ミュージシャンの多くは、クッシュマンに自分の創造的関心を語る際、「事実（プラウダ）」と「真実（イースチナ）」という二つの概念の違いを説いている（この区別は本章冒頭で紹介したドヴラートフの「明白な真実」と「深い真実」を髣髴とさせる）。ロックに打ち込むのは「真実の表現、人間存在の基礎の具現化」と考えており、特定の政治的立場をとるのは、事実を追求しているようで、面白くないという(65)。あるミュージシャンの説明を借りれば、「俺たちが関心を持つのは全人類的な問題、システムや時代の違いに左右されない問題だ。千年前に存在していて、今も存在し続けているもの。人と人との関係とか、人間と自然とのつながりなどさ(66)」。この人が言っているのは、権威的言説に対するヴニェの姿勢である。面白いことに、クッシュマンはこうしたロック・ミュージシャンの姿勢を「対抗文化（カウンターカルチャー）(67)」と呼び、システムへの政治的抵抗と位置づける。この集団の根本にある「知識の集積は、文字通りの意味で、社会の支配的な知識の集積に対抗するものだ」と述べている(68)。だが、この図式は、クッシュマンの前言といささか矛盾する。ロック・ミュージシャンは政治問題にも、特定の政治的文脈につながる「事実」にも関心がなかったはずだ。むしろ力説していたのは特定の政治的文脈に収まらない概念、「体制の違いに左右されない」「全人類的な真実」への関心である。こうした関心のありようは、インナとその友達が古代のことばや二十世紀はじめの詩や古典物理に引き寄せられたのと同じことだ。こうした問題に一緒になって熱中し、意見を交わしあい、国の権威的発話の文字通りの意味に無関心だった結果うまれたのが、権威的言説にヴニェで接するスヴァイーの公衆である。権力の発話へのこうした態度は、ペレストロイカ以前のロック世界の特徴であり、一九八〇年代後半の非公式ロックの批判精神とも、一般に「対抗文化（カウンターカルチャー）」と呼ばれるものとも違っている。ロック・ミュージシャンはこのおかげで積極的かつ創造的で、それなりに自由な生活を送れた。

重要な点だが、一九八〇年代はじめにこうした人たちが政治問題を現実味がなく面白くないと受け取ったのは、ただなんとなく無意識に思ったのではない。こうした見方を成り立たせる、この世界特有のイデオロギーが確固として存在した。例えば、この中では「政治」問題に少しでも触れると、他の人から嘲笑と「からかい」［подколки］の種になる。アレクサンドル（アリク）・カン（評論家、当時のロックやジャズのミュージシャンの多くと親交があった）が語るエピソードは、そうした状況をよく伝えている。一九八二年のあるとき、外国人向けホテル「レニングラード」のロビーで、彼とボリス・グレベンシチコフとセルゲイ・クリョーヒン、それに当時レニングラード在住でロンドンに一時帰国するイギリス人の友人の四人がしゃべっていた。

僕はそのイギリス人にロンドンから英国の新聞か雑誌を持ってきてくれないかと頼んだ。すると、クリョーヒンとグレベンシチコフがすぐさま皮肉な口調で反応した。「アリク、お前、新聞なんか読んでるのか。えっ、［政治問題が］面白いのか」[69]

ここはソ連の新聞でなく、西側の新聞なのだが、それでもアリクが西側のソ連批判に興味があるらしいという事実そのものが仲間うちでは不適切とみなされた（少なくとも、そうした関心を仲間の目の前で示すことが不適切と思われた）。仲間うちでのやり取りは時に辛辣な口調になり、検査官のように目を光らせて、話がそうした「現実味のない」「凡庸な」話題（ソ連システムを議論する、国の「嘘」を批判する、など）へ行くのを許さなかった。辛辣な口調は他の問題、音楽や文化全般にも及んだ。アリクによると、一九八〇年代前半（ペレストロイカ以前）のロック世界は、

いつだって冗談を言っていた。しかも極めて辛辣にね。自分の皮肉に磨きをかけるかのようだった。いつだってそんなことをしていた。嘲笑癖とあらゆる政治的なものへの関心の欠如が、ロック・トゥソフカの人間関係の主たる特徴だった。(70)

すでに見たように、ソ連システムの批判といった政治問題に無関心なのは、ソ連システムの実態を知らないからではなく（本章冒頭で見たブロツキーの言動が好例）、ヴニェの姿勢を積極的に吸収した結果である。こういう姿勢も、正面からの批判でないだけで、権威的言説への反応である。だからこそ、こうした集団は「サブカルチャー」（音楽や文化といった共通の関心によって出来る）でも「カウンターカルチャー」（抵抗の原理で出来る）でもなく、ヴニェの公衆もしくはスヴァイーの公衆（権威的言説の受け取り時の特殊な反応によって出来る）なのだ。

もう一つ言うと、政治問題やシステム批判への無関心が重要なのは、こうした公衆が自立した具体的な主体とか、確固たる「メンタリティ(71)」を内部に抱える主体ではなく、横並びの関係を特徴とするからだ。だから、こうした公衆の一員でも、別の文脈に置かれてスヴァイーの公衆の「枠外に」ある時は、政治問題やソ連システムの批判に注意を向け、非常に危ない話題を口にしたりした。アリク・カンによると、「トゥソフカの中では政治や社会の問題を話すのは冷ややかな調子で見られた」が、クリョーヒンと一対一の時は「延々と真剣にソ連システムや政治や西側など手当たり次第に話し合うことができた(72)」。

オブシチェーニエ

ヴニェの公衆は、国が制度化したもの（物理学者、文学クラブ、コムソモール委員会など）であれ、制度化と無縁な空間で生まれたもの（「サイゴン」、ロック・トゥソフカなど）であれ、どれも国の権威的言説への接し方として成立し、多かれ少なかれ国の資産やイデオロギーのレトリックを利用しながら同時にその意味を変える。こうした様々な公衆の特徴を形作ったのは、信じがたいほど親密で、組織性を欠く人づきあい（オブシチェーニエ）である。こうした関係を生むのが参加者に共通する「専門的」な関心だけではないことは、すでに見た。

ここでオブシチェーニエという概念で言っているのは、実際のコミュニケーションなり、知り合いどうしの時間のすごし方はもちろんだが、何より参加した人に特別な一体感が生まれ（一時的でも継続的でもよい）、深く親密に結びつくことだ[73]。このためオブシチェーニエとは過程であるだけでなく、この過程で生まれる親密な「空間」で主体一人ひとりの個性が溶け合って一体感が生まれることなのだ。オブシチェーニエという主体間空間は、無言でもいい。同じ語根の名詞「共同体（オープシチナ）」や形容詞「全般的な（オープシチィ）」からも、言葉（ヴニェ）を介さないオブシチェーニエの特徴が浮かび上がる。オブシチェーニエという社会文化現象は、ロシアでは長い歴史があるが、後期社会主義の時期にとりわけ一般化して広まり、新たな特徴も加わってソ連社会の主たる存在形態になり、様々な文脈に浸透していった。一九六〇年代から七〇年代には一般化して浸透したばかりか、後期ソ連の主体性づくりで特別な役回りをしている[74]。こうした特質をふまえ、オブシチェーニエのことを後期ソ連の新たな「崇拝（カルト）」（ワイリとゲニス）[75]とか「新たな呪物（フェティシュ）」（クロトフ）[76]と呼んだりする。

オブシチェーニエは、友人知人に限らない。まったく未知の人でも構わないし、一晩かぎりでも電車の相席でもよい。オブシチェーニエの空間にいる人は、一時的にスヴァイーになる。逆に、つきあいを断る人は、決してスヴァイーと見なされない。クロトフがこう指摘する。

進んで話に加わり、一杯すすめてくれる人は、社会の評価がどうあろうと、犯罪者や悪人とは思われない。怪しい、意地悪だ、ユダじゃないかと思ってしまうのは、右であれ左であれ、異論派であれKGB〔гебист〕であれ、とても閉鎖的な人、「自分のことばかり考えて」つきあい（オブシチェーニエ）を避ける人だ。(77)

後期社会主義は、オブシチェーニエの習慣がとくに広まり、容易になった。この習慣によって社会主義の時空間が変化し、存在する社会関係やアイデンティティも姿を変える。そうした習慣とは、クロトフによれば、例えば「大人数の宴会、寄り合い、雑談、酒盛り、……職場や家で祝う様々な祝日や誕生日。……オブシチェーニエ崇拝が最高度に機能したのは〔テレビの人気バラエティ番組〕〈青い灯〉だった（部分的には「KVN」や「居酒屋〈十三の椅子〉」も）」。(78)

多くの人にとって、スヴァイーの公衆の一員になってオブシチェーニエを続けることが、ほかの関係や専門分野での成功よりも重要で大切だった。先に見たように、オブシチェーニエは専門と非専門の文脈が密接にからみあうことが多い。理論物理学者の場合なら、その社会環境をつくった原理は、研究機関という制度上の枠組みを大きく上回る。ワイリとゲニスが言うように、一九六〇年代は、

> 束の間の喜びをもたらすオブシチェーニエが高く評価され、もっと現実的で面倒な成果、例えば出世とか昇給は低く見られた。スヴァイーになることが心構えでも現実でも、公共の利益より重要だった。……友情という六〇年代を席巻した感情が、独自の世論の源泉になった。非公式の権威が公式の権威を凌駕し、その獲得が難しくなった。スヴァイーの排斥圧力（オストラシズム）は、職場の厄介事より恐ろしかった。(79)

オブシチェーニエは、権威的言説では無理だが、権威的言説が生産される多くのコンテクストを支配して

いた。コムソモール委員も、地区委員会で働く人も、党国際部の補佐官もそうだった（第三章参照）。

オブシチェーニエのおかげで生まれる特別な関係は、「共同体」や「社会集団」や「公共圏」といった概念では書き表せない——本書のスヴァイーの公衆が言わんとするのは、正にこうした主体間の状態である[80]。時にはオブシチェーニエ参加者一人ひとりの人生が他の参加者の人生と密接にからみあい、空間の主体間関係が通常ではありえない準肉親のような親密さになることもある。考古学サークルの元会員によると、この集団内の雰囲気は「家庭的だった。家庭的と言っても、肉親や親族といったものではないですが。……私にとっては今でもそうです。親戚ではないけど、みんなスヴァイーで、近しい愛しい人たちです。誰もが相手のためにできるだけのことをしようとします[81]」。別の参加者は、こう懐かしんでいる。「あのサークルの人とは意気投合して、とっても親しい肉親のようでした。実際のところ、血のつながり以上のものを、あそこには感じます。私には兄弟姉妹がいますが、何年も会っていないし、どこで生きているのかも知りません[82]」。さらにもう一人。「私たちはもう言ってみれば肉親です、ほとんど親戚みたいなものです。……全く別のレベルですね[83]」

オブシチェーニエの中から生まれる「価値」を今一つ挙げるなら、新たな世界を無数につくりだし、これまた時空や内容の面でソ連の権威的言説にヴニェの姿勢をとることだ。例えば、インナは仲間うちのオブシチェーニエの実態をこう述べている。

私たちが話していたのは、芸術観だったり、トルストイやプーシキンだったり、詩だったり、ブロツキーだったり、ソスノラ[84]のことです。……色んなことを話しました、本当に色んなことを。街を歩きながら、建築様式やモダニズム〔アールヌーヴォーのこと〕の話をしたこともあります。中庭をぐるぐる回ったり、屋根に上ったりして、ずっとしゃべっていました。……一九八一年か八二年ごろは宗教に興味を持ち、そんな話もしました。少しずつ洗礼を受ける人も現れだしました。ほかにも手当たり次第に歴史哲学や宗教の話をしました。そしていつも議論です。……みんなでベルジャーエフの〔一九二三年の著書〕『ドストエフスキーの世界観』を読みました。自分の手で古い稀覯本を書き写すことが私たちには大切でした。旧字の旧正書法で、句読点もそのままです。……ほかに話したことと言えば、植物や花もそうです。……理由は簡単で、私たちには他のことはどれも重要ではなかったからです。

先にも述べたように、こうした集団やサークルの参加者を魅了したアイディアや問題とは、ヴニェという特別な関係をシステムの内部につくるものだ（古代史や外国文学、ソ連時代以前の建築や〔二十世紀初頭の〕「銀の時代」の詩、理論物理学や植物学、考古学や西側ロック、仏教哲学や正教、探検旅行や登山）。「サイゴン」の常連がフランス詩と古代スラブ語と古典物理に同等に関心を持ち、でも「政治」問題には興味がなかったことを思い出して欲しい。こうした問題やシンボルの大半は、ソ連システムの権威的言説にヴニェで接している。古い文献の筆写に昔の文字や古い正書法を用いたり、外国で出た違う言語の本を読むことも同様だ。太古の歴史や外国の文化というシンボルは、それ自体が面白く重要だが、何よりの魅力として、ソ連の日常の文脈に時空や内容の面で別世界の要素を持ち込む。これがヴニェという辛辣な感覚をソ連システムの内部にもたらした。オブシチェーニエのこうした様子や話題の効果は、譬えるなら、シャーマンの儀礼の「憑依」のような、現実世界と想像の世界や遠くにいる人との間に複雑なつながりをつくることだと言える。(85)

ボイラー室

後期社会主義の時期に最後のソ連世代の間で（主として知識人の子弟だが、それだけではない）生まれ広まった傾向に、立派な専門キャリアを捨てて、自由な時間が多い仕事につく現象がある。もっとも極端な場合は、ボイラーマン、警備員、ポーター、掃除番などに転職している。[86] こうした仕事の魅力は、通常と異なる勤務形態にある。週二、三回の夜勤という最低限の労働義務だし、あくせく働く必要がなく、ほかの仕事なら避けられない集会やデモなどの社会行事にも行かずにすむ。おかげで自由な時間がかなりあって、人づきあい（オブシチェーニエ）など色んなことに費やすことができた。

ボイラー室とは、地区ごとにある集中暖房システムの管理センターである。一階または地下にあって、むき出しになった給湯管に開閉バルブや温圧計がついている。ボイラー室の技師のやることは、給湯管の圧力の監視、お湯と水の開閉、修理センターへの連絡といったところ。勤務中はボイラー室に常駐しないといけないが、実際にすべきことはほとんどない。通常は十二時間の勤務を終えると三日の休み（通称「一勤三休」〔сутки через трое〕）だが、これとは違う勤務形態もある。給与こそ最低賃金すれすれ（月に六十から七十ルーブル）だが、自由な時間はたっぷりあった。

こんな職業が魅力的に見えてしまう異様な歴史条件が生まれたのは、権威的言説のパフォーマティヴ・シフトのおかげである。この場合なら、就労義務法の適用がまったくの形式レベルで、コンスタティヴな意味が跡形もないほど変化した（専門労働の就労義務をすりぬけて合法的に就労を最小化した）結果、新たな共同体づくりや、知識・関心を育んで創造的なことに打ち込み、時間を自由に使うことが可能になった。作家同盟に入れず、出版もできない人は、表向きには何か別の「職場」が必要だが、そんな人でも作家になれる。古代語の研究やロックに打ち込むことが、国の公的地位なしでも可能になった。プロの作家や音楽家の肩書きがないと、原則として文学や音楽では生活費を稼げない（もちろん例外はある——例えば「アマチュア音楽家」がレストランのパーティーでバイトするといった場合）。だがボイラー室の仕事があれば、就労義務法の要件を満たし、しかも最低限の収入と最大限の自由時間を確保して文学や音楽に打ち込める。この慣行が都市の若者の一部や中年にまで広まり、一九八〇年代はじめには街の中心地区でボイラー技師の職を見つけるのが難しくなったほどだ。アマチュアのロック・ミュージシャンは「ボイラーマン・ロッカー」の異名をとり[87]、有名バンド「アクヴァリウム」は同世代のことを「掃除番と警備員の世代」と歌った曲を後年つくっている[88]。

前述した例にもあったが、こうした状況でできた共同体は、採用も自分たちで決めはじめ、欠員の補充ではスヴァイーを優先した。こうすれば、システムの権威的言説に同じような態度で接して芸術・哲学・宗教に同じような関心を持つ人が集まったし[89]、仕事の交替の融通がきくので、「自由時間」に創作活動や学術研究に打ち込んでいる人が多い場合は大いに助かる。そうした活動が国に認められていない制度外のものなら、なおさらだ。「ボイラーマン」には、歴とした学位を持つ人もいた。インナの知人がボイラー室の仕事につこうとしたら、専門は何かと尋ねられた。中世史だと言うと、こう言われたという。「えっ、中世史。だめだめ。ここは全員、法制史なんだ。修士

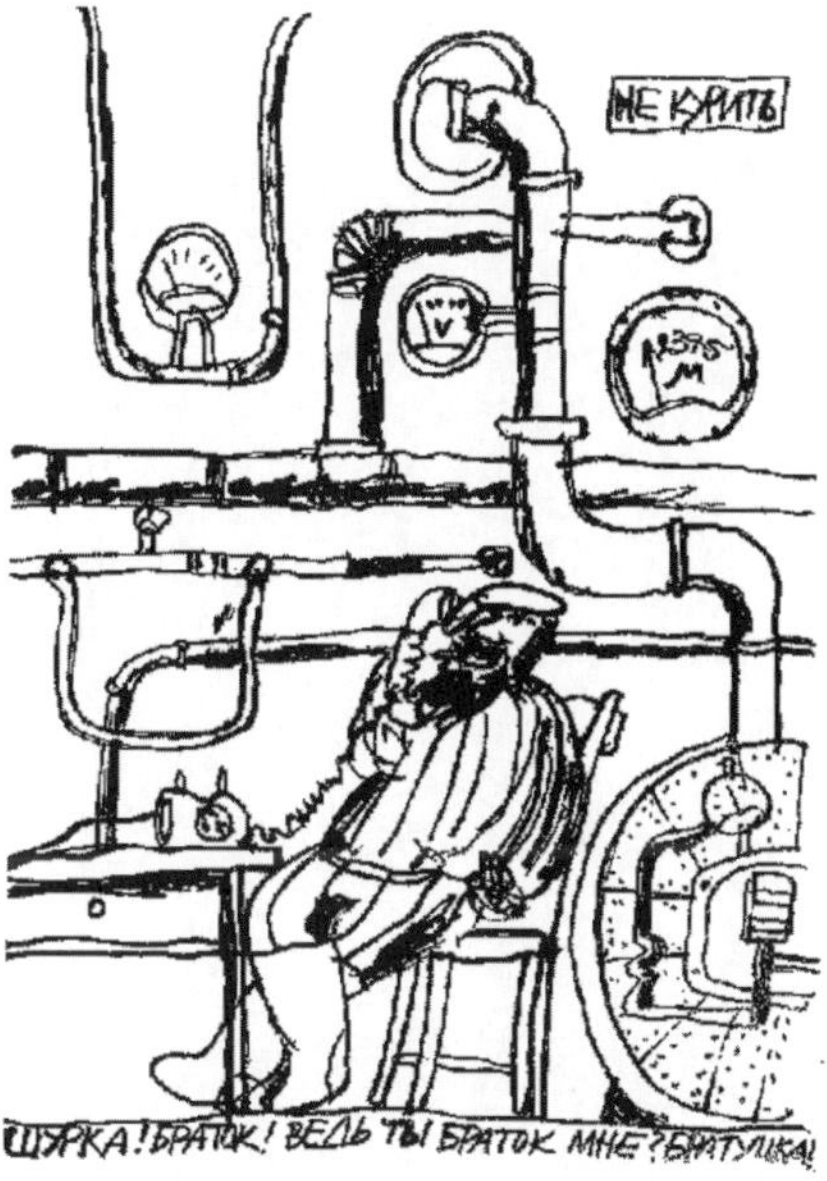

図12　レニングラードのボイラー室にいるミチキー、1980年代はじめ。絵:アレクサンドル・フロレンスキー

が二人いて、三人目は試問が目前さ」[90]。この法制史家が欲しかったのは、国家機構での仕事に煩わされずに研究できる自由な時間であり、国の出版規制に縛られずに文献を読み論文を書く可能性だった。してみると、ボイラーマンの給与は国からの「研究費」に相当し、国の制約を受けずに創作活動や学術研究に打ち込めるようにするものだったとも言える。ただしこの「研究費」が機能する文脈は、国の言説にヴニェで接する場合だけだ――「研究者」は学問のリソースや共同体にアクセスできないし、そうやって書いた論文が国営出版社から出ることもない。これもシステムが内部にかかえる逆説の露呈なのだが、国がスポンサーの仕事や生き方は、国の予想しなかった、時には権威的言説に矛盾さえするものだった。

ボイラー室の仕事のおかげで取り組むことのできた文化や哲学や宗教の問題は、ソ連の公認学問からほぼ排除されていた――仏教、外国のジャズ、実存主義哲学など。ただボイラー室の労働者の賃金は、最低ランクとはいえ、そこそこの生活はできた。というのもソ連の最低生活費は安く、基礎的需要も国が補助していたからだ。あるロック・ミュージシャンによると、「グラスノスチとペレストロイカが始まるまでは、週三ルーブルあれば暮らせた」[91]。住宅費、食費、交通費、被服費、書籍代、劇場・映画・博物館の入場料はどれも低廉だし、医療費や教育費はほぼ無料だった。このように、芸術・哲学・学術の環境は国の直接支援でできていたが、そこから生み出される知の形式は、隅々まで国の統制が及ぶものではなかったのである。

数百軒の住宅に暖房を供給する配管が錯綜するボイラー室は、システムの最深部にあって、システムの再生産を可能にする構造上不可欠の一部である。だがそこには思索のための時間と空間が十分にあり、部分的にはシステムの統制も及ばない。別の言い方をすれば、ボイラーマンの技師はシステムの内と外に同時に存在し、ヴニェの地帯で最高の時間をすごしていたのだ。

ヴニェの時空間

専門キャリアを棒に振ってこうした地位や仕事を求めた人は、もちろんごく少数にすぎない。だがボイラー室の事例が重要なのは、これがある種の行動「規範」だからではなく、ここに活写されるヴニェの関係が、目立たない形でこのころシステム全体に広まり、システム内の存在や再生産の原則になったからだ。ボイラー室は一般原則の例外ではなく、そうした原則の最も顕著な現れと見るべきである。

一九八〇年代はじめになると、「珍妙さ」は見劣りするが、実は重要なヴニェの実例が至るところに広まっている。すでに見た例もあるので、別のものを考えてみよう。ソ連の企業・団体（工場、研究所、図書館、コムソモール委員会など）で働く人の大半が定期的に参加する各種の公式行事（デモ行進、土曜労働[92]、人民パトロール隊[93]の当番、援農のジャガイモ掘り[94]〔на картошку〕など）は、自主参加の無償である。だが現実には、上層部は参加と引き換えに明け番休み〔отгул〕（有給休暇）を認めなければならなかった。どんな行事でもそうだったわけでなく、出ない時もあったし、企業によっては出し渋ることもあったとはいえ、明け番休みの制度そのものは広く普及し、「自発的に」社会行事に参加すれば恒例の手当が出ると期待する労働者は多かった。明け番休みのような措置は、言ってみれば、ヴニェの時空をつくることでシステムの制度や関係を再生産する、ちょっとしたローカルな技術だった。

この手の技術が他にも山のようにあり、システム全体に広まっていた。街中のお店や施設で臨時休業が増えてゆき、営業時間の一部（もしくは終日）を「都合により」〔по техническим причинам〕「清掃日」「修理中」「棚卸」などの理由で休んだ。住民の方も、どこそこの店は開いている時より閉まっている時の方が多いと覚悟することが増えた。休業の理由は形式的には筋が通っているが、たいてい本当の意味は仕事から解放される時空間をつくることにあった（第三章で見た、コムソモール委員がその地位を使って勤務時間中に仕事を離れるのと同じこと)。役人や管理職やレジ係がずっと職場におらず、そうした事実が誰の目にも明らかになると、都市伝説もできる。当時のアネクドートだが、「役人の墓碑銘――〈私はいない、戻ってこない〉[95]〔меня нет и не будет〕」。

こうした技術の一つひとつがソ連システムの媒介変数の脱領土化を推し進め、国家の時空独占を掘り崩していく。先行研究によると、社会主義国家が自国民の時間を占有すれば[96]、国民は国民で時間遅滞で対抗した[97]。社会主義の時制変更を見抜いた重要な指摘だが、若干の修正が必要である。力点を時間遅滞という戦略におくと(例えば、のんびり仕事をして課題遂行にあくせくせず、休暇はできるだけたくさんもらう)、この分析はどうしても〈国家の抑圧/市民の抵抗〉というあの二項対立モデルの再生産になってしまう。作業時間の遅滞は、ソ連という国の時制を変える唯一の手段ではないし、おそらく主たる手段でもない。ソ連国民はほかにも時間操作の技術を山のように持っていた。時には反対に時間を早めることもあった――例えば、日常化していた「コネ」[98]〔блат〕を使って行列に並ぶ時間を短縮したり、非公式の合意事項を駆使して課題は全く形式レベルでさっさと片付け、文字通りの意味を遵守する無駄な時間を費やさない(班長(コムソルグ)がコムソモールの委託任務をする時に使った方法、第三章参照)。また時間の流れを曖昧にして(例えば、いつまでも際限なくおしゃべりして、一晩でも勤務時間中でも続ける)象徴的な自由時間を数多く作り出したり、要求の厳しくない、休みの多い仕事を好んだり(ボイラー室の仕事、病気休暇の常用、明け番休みの積み立てなど)、さらには時間でもヴニェ状態を作り出し、国の権威的言説とは時空の点で遠いテーマや仕事に関心を持ったりした(古代史の研究、「エキゾチックな」言語の勉強、理論科学の研究、考古学の調査旅行、歴史時間を「超越(ヴニェ)」するかのような国内僻地めぐり)。その結果こうした実践や活動や関心が至る所に広まり、国が統制しようとする時間を遅らせるばかりか、新たな時制を作り出した。国家システムの内部で進んでいた時間が、その枠外で進む時間にもなった。こうした内であり外という状態は、すなわちヴニェである。この新たな時制では、「ふつう」のソ連の仕事をする時間がない場合も間々あった。本章冒頭〔一七四頁〕でインナが言った、時間がなかったので大学にはほとんど行っていないという一言が思い出される。

先にも指摘したが、様々な社会集団におけるオブシチェーニエの時空間を、国家の時空間から隔絶した真実と自由の「孤島」とみなすのは誤りだろう。実際には、国家の時空間とヴニェの時空間との関係はきわめて複雑にからみあっている。このような関係の特質を明らかにするには、部分と全体の現象学的反転〔phenomenological reversal〕という方法が有益である。この反転を援用して、社会地理学や人類学では、空間(スペース)と場所(プレイス)という二つの概念の関係を説明している。[99] 例えば人類学者のマリリン・ストラザーンは、空間と場所の「自然な」見方をこう批判する。一般に空間とは巨大な「共通の背景」であり、そこから切り取られたものが具体的な「個々の場所」と言われる――つまり、任意の具体的な場所とは、無限に広がる空間全体の個別事例だという見方だ。だがここにはパラドックスがあるとストラザーンは指摘する。抽象論は、人間が実際に経験してきた空間とは相容れない。なぜなら、空間を認識する時は、丸ごとそっくりで理解することはありえず、常に具体的で限定された「場所」で理解している。こうした個々の「場所」は、決してどこか空間の内部に存在しているのではない……そうではなく、場所は自らの中に空間を含んでいる。ちょうど、時間や行程や歴史を含むのと同じことだ」。[100] つまり、場所と空間の実際の関係は、この関係の通常の説明を反転したものなのだ。場所は、空間に対して従ではなく主である。場所は空間の一部ではなく、空間が存在するための必要条件である。

現象学的反転は、時間の説明にも使える。一区切りの時間を限定された時間の「断片」と見て、無限に続く直線的な時間の中で切り取られたかのように考えるのは、歴史上よくある時間の観念だが、近代に生まれた[101]国民国家の時間イデオロギーの産物である。[102] 実際に私たちが経験してきた時間認識といえば、「直線的な時間」を生み出す具体的で限定された時間の「断片や一区切りや瞬間」の中に私たちは常に存在していたのであり、そうした断片に「なにがしかの一貫性を持たせる」のはごく最近のことだ。

こうした現象学的反転を念頭において後期ソ連システムの時空間を考えてみると、本章で考察した社会集団やスヴァイーの公衆を真実と自由の「孤島」とみなし、社会主義の国家システムから「切断」されたかのように対置するのが間違っているのが分かるだろう。これらは後期ソ連システムの不可欠の一部であり、システム内の至る所で広がっていた原理に基づいて動いていた。まさしくこのために、システムの再生産に関わりながら同時にこれを内部から積極的に変えていたのである。後期社会主義は均質な時空間の全体主義的なシステムと思われがちだが、実は至る所で特異な生き方に浸食されている。そうしたものが現れたのは、国の後押しがあったからだが、国はそれを完璧に理解説明することはできなかった。

本章で見た社会集団のすべてがリフレインのように繰り返していた〈政治問題は面白くないし現実味がない〉は、ニヒリズムや無責任な政治的無関心の表れではない（ポスト・ソ連時代になって時にこうした指摘がある）。そうではなく、これは政治的な姿勢とみなすべきだ。ただし、政治とは何かという理解が通常と異なるので注意を要する。ここで言う政治は、「明白な真実」や英雄的抵抗といった高尚な言説を認めない。別の時空間軸に根源を持つ「深い真実」の政治である。政治的な目標は、その場かぎりのことなので、そもそも関心を持つことすら認めない。それでも、こういう姿勢が政治的だと言うのは、行動の立脚点が、システムの権威的言説との対峙ではなく、こうした言説のパフォーマティヴ・シフトだからだ。このような政治は、言うなればヴニェの政治である。このヴニェの政治こそ、後期ソ連システムとの接し方で最も生産的なものだった。まさにこれこそ、このシステムの内部で脱領土化をじわじわと進め、ペレストロイカ期の予想外の崩壊につながる条件を準備した。ヴニェの政治は、次章以下で再び考察することにしたい。

第五章　想像の西側

後期社会主義のヴニェ空間

ゾーンは何の象徴なのかとよく尋ねられる。言えることは、たった一つ。ゾーンは存在しない。あれは、ストーカーの思いつきだ。ゾーンを考え出したのは、不幸な人をそこに連れて行けるし、希望の実現を信じさせられるからだ。願いがかなう部屋も彼の思いつきで、これは物質世界へのさらなる呼びかけだ。ストーカーの頭の中で出来たこの呼びかけは、信仰行為になっている。

アンドレイ・タルコフスキー(1)

ザグラニーツァ

一九七〇年代のソ連ではやったアネクドートから話をはじめよう。二人の対話である。

「またパリに行きたくなったなぁ」

「えっ、お前あっちに行ったことがあるのか」

「ないよ。でも行きたいと思ったのは前にもあるよ」

このアネクドートを成立させる逆説が、ソ連の特異な概念ザグラニーツァ（заграница）である。ザグラニーツァが意味するのは国境や現実の領土ではなく想像の空間である——現実味があるのに抽象的、よく知っているのに手が届かず、日常的でありながらエキゾチックで、ここでもありあちらでもある空間だ。

こうした逆説的な発想は、元をたどると、他の世界に対して国際性と孤立性が奇妙な形で同居するソ連文化の特性に行きつく。ソ連の人たちの意識として、共産主義の思想は、自他ともに認める自分たちの特色だが、これはそもそも国際主義的（インターナショナル）な思想なので、人類すべてにかかわることだと考えている。こうしたソ連文化の内なる国際主義を体現するように、ヴィクトル・クリヴリンの言い方に倣えば、ソビエト人は「きわめて歴史的な存在」であって、自分の国に暮らしながら「国際的な歴史プロセスに参加し、世界中の出来事を実存主義的レベルで、まるで自分個人の生活の一部として体験していた」[2]。ソ連の自意識に特有の国際主義や、ソ連文化に備わる世界への一定の開放性は、実際の「ソビエト」概念の多文化性からも確認できる[3]。他方、ソ連の人たちは、国境の向こう（とりわけ東欧の社会主義諸国の向こう）に暮らす人と直に接する可能性がないに等しいこともしっかり分かっていた。

こうした二つの対外世界への相反する態度——開放と閉鎖、国際主義的な参画と実体験の望み薄——が混じりあうことで生まれた空間が、ザグラニーツァである。この想像の空間は、国境の向こうの現実世界と直接の結びつきがない。場所が不特定なのは、当時の言い方「あちら（タム）」「むこう（ウ・ニフ）」から分かる。この想像の空間はよく話の種になったが、具体的な場所感覚を伴わない。どこにあるかは、さほど重要ではなかった。

ザグラニーツァという概念につきまとう現実かつ非現実という感覚は重要なポイントであり、あちこちで笑いのネタになった。一九八〇年代半ばにレニングラードの劇団「リツェデイ」のピエロは、こう言って観客を抱腹絶倒させていた。本当はザグラニーツァなんてない、ソ連の街中にいる「外国人の観光客」は扮装した俳優だし、「外国映画」はカザフかどこかの撮影所で撮ったんだ。[4] ミハイル・ヴェレルの小説「パリへ行きたい」〔初出一九九〇年〕の主人公は、ウラルの小さな町に暮らす男だが、七〇年代にはかなうはずもない夢にとらわれていた――一度でいいから生きているうちに「本物のパリ」を見たい。何度となく外国旅行を試みるが上手くいかず、年金生活入りが間近になって、やっと工場労働者のツアーの一員として許可がおり、念願のフランスに行く。数日はフランスの首都で幸せな日々をすごしたが、しばらくして疑念がきざす。

エッフェル塔はまったく三百メートルに達していなかった。それはおそらく、コレニコフが住む街にあるテレビ塔よりも高くなかった。せいぜい百四十メートルだ。鉄鋼の基底部に、コレニコフがザポロージェの鉄鋼圧延工場の刻印を見つけた。

のろのろと歩き出した、向こうへ、向こうへ、向こうへ、向こうへ！　そして立ち止まり、見えるかぎり左右に遠く伸びる障害物にぶつかった。

それは巨大な舞台用の背景で、不自然に色を塗られたキャンバスが骨組みに張られていた。建物や通りがキャンバスに描き出されていた。瓦屋根、栗の木の梢。

ライターの調節装置を慎重にぎりぎりまで開けて、偽者の風景に沿って火をつけると、それは淀みなく跳ね上がる白い炎の果てしない波となった。

パリはどこにもなかった。

まったくなかった。(5)

この手の小説や笑い話は、後期ソ連に数限りなくあり、どれもザグラニーツァを現実の外（ヴニェ）の空間として描いている。ザグラニーツァの典型といえる「西側」もソ連特有の現象で、こうしたものが存在できたのは、現実の西側世界がソ連の大多数の人の手が届かない場所だったからだ。「西側」は特殊な想像の空間だった。

本書はこれを想像の西側と名づける。(6)

先の二つの章は、後期社会主義の様々な社会環境や人びとを分析し、ソ連システムの意味や時空の座標軸にヴニェで接するありかたを見た。本章はこの分析の続きとして想像の西側を取り上げ、これがそのころ日常のヴニェ空間で中心的な位置を占めていたことを明らかにする。重要なのは、先と同じく、この想像の空間を、ソ連体制への抵抗空間に矮小化しないことだ。多くの「非ソビエト的」な美意識やモノや表現が現れて想像の西側をつくる一助になっていたが、それは国に逆らってソ連の日常に現れたのではない。大半はイデオロギーの逆説や、その場しのぎの文化政策のおかげだった。

ヴニェ空間

ソ連の日常に存在する別世界の好例は、一九六〇年代に、日常とかけ離れた事実や知識や活動への関心が大規模かつ急速に高まったことだ。こうした関心や活動には、外国語や東洋哲学の勉強、中世の詩やヘミングウェイの小説を読むこと、天文学やSF小説への熱中、モダン・ジャズや海賊の歌を聞くこと、登山や探検や旅行への熱中がある。この結果うみだされた様々な空間は、イデオロギー言説に対してヴニェの関係にあり(実例は前章で見た)、巨大な統一空間であるソ連の想像世界を形作っていた。それは、ワイリとゲニスの卓見に倣えば、「知られざる麗しのイルカの国」であり、「どんな場所にでも存在できた。SF小説の別の銀河系でもよかったし、自分の部屋であっても、周囲から何か個人的なもの——ロシアでよくあるのは自分の蔵書——で隔絶されていれば、それでよかった」。(7)

こうした想像の世界がソ連の日常のあちこちに出現すれば、ソ連の文学や映画にも顔を出す。ストルガツキー兄弟の有名なSF小説『路傍のピクニック』(一九七二年の発表、これを原作としたタルコフスキーの七九年の映画「ストーカー」も同じくらい有名）には、ゾーンと名づけられた不可解な空間が出てくる。ある国の領内に異星人の宇宙船が不時着してから二十年がすぎた。そのまわりに出現したのがゾーンだった。ゾーンには不思議な力が働いており、多くの危険が潜んでいた。侵入を試みる者は、死を覚悟しないといけない。国はゾーンを立入禁止にし、周囲を厳重に警備する。しかし、ゾーンの中心部にある部屋は切実な願いをかなえてくれるという噂が国中に広まっていた。ストーカーと呼ばれる何人かの怖いもの知らずが、謝礼とひきかえに命がけで人びとをゾーンのその部屋まで連れて行く（邦訳は『ストーカー』深見弾訳、ハヤカワ文庫、一九八三年）。

ストルガツキーの小説のゾーンは、当時ソ連に実在した隔離警戒地域の暗示だと受け止められることが多い。「収容所」や原子力関連の閉鎖都市、さらにはチェルノブイリ原発の「立入禁止区域」である（後者は小説の執筆後の産物だが）。しかし、これをソ連内部の具体的な領域と見るよりは、具体的な所在地を持たない想像の空間、ソ連の「正常な」現実から切り離せない、むしろその不可分の一部となっている空間と考えた方がよい。ゾーンは、言ってみれば、ソ連の「正常な」空間そのものを規定するもう一つの次元なのだ。この想像の空間には、逆説的な特徴がある。どこにでもあるのに、孤立して現れることはない。だから、それだけがソ連の現実から独立して存在することはできない。ストルガツキーのゾーンはまさにこうした空間——現実的でありながら具体化していない空間だった。想像の西側も、まさにこうした空間である。ソ連システムの内であり外という、ヴニェの関係にある存在だった。

ミシェル・フーコーが一九六七年の論文「他者の場所——混在郷（エテロトピ）について」で論究しているが、「独自の主体」の編成と存在には、現実かつ非現実という特別の空間が重要な役割を果たす。例えば、鏡という空間である。鏡とは、フーコーによれば、私が覗き込んで自分の姿を見るときに位置する場所を写すが、それは高度に現実的で周囲のあらゆる空間と結びついたものでありながら、高度に非現実的である。なぜなら、この場所を知覚するには、鏡の中という、ある仮想的な場所を通過しなければならないからである。(8)

こうした特別な自己認識の状態――内発でありながら外発、現実でありながら想像の産物――を通じて形成され、たえず再生産されてきたのが、われわれの独自の主体たる「自我」である。(9) 想像の西側という空間は、多くのソ連市民にとって、とりわけ若い世代にとって、この「鏡という空間」の役割を果たしていた。これがソ連の日常にあったおかげで、ソビエト的主体のいる「場所」(自らの〈自我〉を意識する、周囲の世界との位置関係)は「高度に現実的で周囲のあらゆる空間と結びついたものでありながら、高度に非現実的」だった。この場所を感じ取るには、つまり後期ソビエト的な主体であるためには、「ある仮想的な場所を通過」する必要があったが、それが「あちら(タム)」や「むこう(ウ・ニフ)」といった想像の西側という空間だった。まさにこうした自己認識――ソ連システムの内であり外――を通じて形成されたのが、後期社会主義のソビエト的主体である。同じことは、後期社会主義に自存したソ連システムそのものにも当てはまる。一見すると一枚岩で不変だが、その実、内部は常にゆれうごいて脱領土化され、自らの一枚岩的なありようを浸食し続けていた。

想像の西側の系譜学

想像の西側という空間は、具体的な境界も明確な説明もない。当時は様々な呼び方があったが、「想像の西側」とは言っていない。これは本書の命名である。しかしながら、「西側」と関わりのあるモノ、音楽やデザイン、表現や言葉づかい——直接言及したもの、出所が「西側」のもの、「西側」を象徴する美的感覚（言葉、文字、デザイン、サウンド、モノの質感など）を利用したものなど——がこの時期のソ連で広く普及した結果、ソ連の日常で次第に存在感を増し、誰もが実感できるものが生まれた。それが想像の西側である。この想像の産物の後期ソ連時代における発生・発展・変容を分析すれば、先の章で見たように、逆説や変質に事欠かない後期ソ連システムを新たな観点から検討して新たな知見を示すことが可能になる。そのために、想像の西側が生まれるまでの系譜をたどりたい(10)。

系譜学の分析手法に先鞭をつけたミシェル・フーコーの研究は、近代に移り変わる時に、狂気という現象に次第に新たな理解が生まれたと説く。かつて、大きく言って十七世紀以前のヨーロッパでは、狂気という現象は悪魔や神秘的な力のせいだとされていた。だが十七世紀以降は次第に「精神の病気」とみなされることが増え、「狂人」かどうかの判断は医者が下すようになる。こうした狂気の近代的な理解は一時に起きたわけではないし、医学界の言説がことさら提唱したわけでも、誰かが具体的に提起したわけでもない。こうした理解の定着は、少しずつ思いがけない形で進んだ。それは、人間の本質を定義する数々の学問分野（宗教、医療、立法、民法、行政など）の中に無数に存在する雑多な発言・思想・発見・法律・文化規範を見ると分かる(11)。こうした多種多様な発言、テキスト、思想、文化規範、法律が、直接の関係がないにもかかわらず、同じようなテーマについて構造的に同じ言い方や言説をしていて、社会のある歴史的時期で引用され続けている状態を、フーコーは言説編成と名づけた(12)。

後期社会主義の文脈で考えると、ソビエト人を何らかの「国際的な」文脈に結びつける様々な発言は、特異な分布の言説編成であり、ここから次第に想像の西側という現象が形づくられた。この言説は、相反する発言・モノ・文化物を内に抱えており、実に様々なテーマと関連がある（資本主義、国際主義、コスモポリタニズム、国際情勢、世界文化の至宝、西側の特務機関、諸民族の友好、消費社会、「すべての進歩的人類」、高尚芸術、「全面的に発展した個性」、ブルジョアの影響、などなど）。こうした発言・テキスト・モノ・象徴の多くは、互いに相容れないように見えたし、生活分野や政治的立場を異にするようにも思えたが、実は共通のテーマと一つの言説原則で結びついていた。このことを理解するには、これらすべてに共通するソビエト文化の逆説という文脈で考える必要がある。例えば、西側の「文化的影響」を例にとれば、たとえソ連当局の権威的言説の枠内であっても、マイナス評価（ブルジョア的価値観の宣伝）もあればプラス評価（全世界の勤労者の国際主義の一例）もありえた。ソ連国内への広まりも、当局の「非公認」ルートもあれば、当局自身の宣伝もある。日常への浸透も、外国からの場合もあれば、ソ連内部で自然発生する場合もあった。

コスモポリタニズムと国際主義（インターナショナリズム）

ソ連という国は、ずっと西側文化の受容に神経をとがらせ、たえず可否の線引きを試みてきた。だが、それは一貫性を欠いた、矛盾だらけの代物だった。指導部の失政はもちろんだが、社会主義がそもそも抱える矛盾のためでもある。第二章で見たように、スターリンが介入した一九四〇年代末の政治や学問や芸術の論争は、ソ連のイデオロギー論争に内在する矛盾を浮き彫りにした。例えば、スターリンの言語学批判は、冒頭で、言語を階級闘争の産物としか見ないマルクス主義の通俗言語理論を槍玉にあげる。スターリンは、こう批判する。ソ連の言語学は言語発展の階級法則にきわめて大きな注意を向けたが、その際「客観的で科学的な」（つまり自然）法則——心理や生理や思考の法則を無視してきた。これまでのところ、こうした法則がどうやって言語を統御しているのか明らかではない。この批判は、スターリンの新しい見解の反映である。かつての立場をかなぐりすてて突如批判しはじめたのだ。スターリンの同様の批判は、ほかの学問分野でもある。なかでもトロフィム・ルイセンコの生物学については、自然の「客観的な科学的法則」を研究する必要性を指摘し、自然界にはマルクス＝レーニン主義的な階級分析を持ち込んではならないと述べた。こうした新機軸の重要な、しかもまったく予想外の結果が、マルクス＝レーニン主義の「規範」のゆらぎである。以後、真理は明確不変なイデオロギーの言葉で定式化できなくなった。真理は自然法則の中に隠れているのに、自然法則はイデオロギーの枠外にあってまだ十分に理解できないからだ。(13)

イデオロギー言語と同様の変化が、文化でも起きている。マルクス＝レーニン主義の真実という独立した真理が消えたことで、ここでも文化や芸術の様式をイデオロギーの真偽で評価することが難しくなった。こうした変化の影響を受けたものに、例えば芸術や文化における外国の影響を問題視して党＝国家主導で一九四八年に始まったコスモポリタニズム批判キャンペーンがある。コスモポリタニズムという現象は、党のレトリックでは、西側帝国主義の産物であり、帝国主義者は虎視眈々と世界の諸民族のあいだで愛国意識を掘り崩し、民族の自立性を弱めようとしていた。(14) コスモポリタニズムに対置されるのは、ナショナリズムではなく（こちらも危険な敵である）、国際主義（インターナショナリズム）である。このレトリックによれば、コスモポリタニズムは民族の文化や芸術を貧しくするが、国際主義は豊かにするのだった。

コスモポリタニズム批判は、ソ連の芸術文化のあらゆる方面に影響を与えた。一九四八年に音楽関係者の会議で演説したジダーノフ（イデオロギー担当の党書記）は、ソビエト音楽におけるコスモポリタニズムと国際主義の実例を比べている。まず音楽の国際主義を次のように褒め称えた。

音楽の国際主義や他の諸民族の創作への敬意がわれわれの間で発展しているのは、民族の音楽芸術が豊かに発展しているから、繁栄期にあって他の諸民族と分かち合うものがあるからだ。民族の音楽芸術が貧しく、別の手本を盲目的に模倣したり、音楽の民族的性格の特徴を消し去ったからではない。ソビエト音楽と外国音楽との関係を語る際は、こうした点を忘れてはならない。[15]

つづいてジダーノフは音楽のコスモポリタニズムを痛罵する。コスモポリタニズムはソビエト音楽をブルジョアのエセ美学で汚すものだと述べて、作曲家のプロコフィエフとショスタコーヴィチの作品を槍玉に挙げた。ジダーノフは言う。外国の悪影響を受けて、この作曲家たちは下手くそで不協和音だらけの有害な音楽をつくりはじめた。こうした音楽は「正常な楽音の役割の原則」や「人間の正常な聴覚作用」に矛盾しており、「明らかに人間の正しい精神生理機能に反している」[16]。ジダーノフの音楽形式の批判は逆説に満ちているが、これはスターリンが少し前に言語学などの学問に行った批判（第二章参照）と同じことだ。ジダーノフは「客観的な科学的事実」だとして正常な聴覚作用、正常な楽音の役割、正常な精神生理機能などを引きあいに出す。にもかかわらず（その少し後では）話を継いで「われわれは、残念ながら、〔科学〕理論の分野の発展が不十分なので、音楽が人体に与える生理的な影響について語ることはできない」[17]とも言っているのだ。こうした点はスターリンも認めており（言語学批判で）、言語と意識の関係についての客観的な科学法則はまだ解明されていないと強調していた。

ジダーノフの主張は、次のように要約できる。外国の音楽の影響は、否定的なコスモポリタニズムとしても、肯定的な国際主義としても現れうる。コスモポリタニズムはブルジョア文化の「盲目的な模倣」の産物であり、国際主義は他の諸民族と文化様式を交換する進歩的な産物である。前者は民族文化を貧しくするが、後者は豊かにする。コスモポリタニズムの影響の現れは、人間の生理法則に反する不自然な音楽である。逆に国際主義の影響の現れは、自然な進歩的リアリズムである。音楽（および文化全般）における外国の影響を進歩的か不自然かという観点で判断するには、客観的な科学的法則にのっとる必要がある。だが、そうした客観的な科学的法則を明らかにするはずの「理論の分野」は、残念ながら、まだ十分に発展していない。

この論法は、スターリンが言語学などの学問に行った批判と同じく、逆説に満ちた結論を導き出す。客観的な科学的規範があれば音楽作品の様式を比べられるのに、残念ながらまだ全容が解明されていない。だから、音楽における外国の影響は、どれが肯定的な国際主義で、どれが否定的なコスモポリタニズムなのか断言しがたい。ジダーノフ自身がプロコフィエフとショスタコーヴィチにああした評価を下したものの、言っていることは主観的にしか聞こえなかった（音や聴覚の客観的な科学法則は、自分で認めたように、まだ分かっていないのだから当然である）。こうした評価の心もとなさは、ウラジーミル・テンドリャコフのエッセー「狩」によく出ている。一九七一年に「こっそり（フ・ストール）」（公表を考えず）書いた作品だが、五〇年代はじめの雰囲気をこう振り返っている。

コスモポリタニズムへの興味は、もっぱら理論だった。雑誌や事典をひっくり返して答えを見つけようとした。国際主義（これは最高の褒め言葉！）とコスモポリタニズム（こちらは全く許しがたい！）は、実際のところ何が違うというのか。雑誌の記事も事典も、明快な答えを与えてくれなかった。

テンドリャコフは、見ず知らずの人に「教えてください、国際主義とコスモポリタニズムは何が違うのでしょうか」とたずねてみた。すると、こう言われたという。「そうだな、頭とおつむの違いだな」[18]

このように外国文化の影響の評価が一定しないために、ある音楽や文化の様式を様々に、ときには相反する形で解釈する空間が開けた。これはつまり、文化様式の大半は、「社会主義的」か「ブルジョア的」かの二者択一の客観評価が難しいことを意味する。となれば、自分はまっとうなソビエト人で、社会主義の原則に忠実に生きていると思っている人でも、ソ連のメディアで報じられる文化様式の個々の解釈に必ずしも同意する必要がないことになる（そうした解釈が場合によっては主観的かもしれないから）。

こうしたずれが生じた結果、外国から取り入れた文化様式や現象の解釈が様々に揺れ動くことが常態化し、後期社会主義の不可欠の特徴になった。[19] こうした揺れ動きの例は数多くある。一九六一年九月にフルシチョフ第一書記がモスクワのソコーリニキ公園での展覧会で、ピカソの抽象芸術はブルジョアの反リアリズムで馬鹿げていると嘲笑したことがある。これを受けて、ピカソを愚弄する批判記事がソ連の新聞をにぎわした。だが一年もたたない六二年五月に党中央がピカソは偉大な進歩的党員画家だと賞賛し、レーニン平和賞を授与して作品の傑出した国際主義をたたえている。[20] 別の例なら、後期ソ連時代に目まぐるしく変わったソ連当局の米国ジャズ評価がある。ジャズ黙認もあれば、肯定的な文化影響の一例に祭り上げられてアメリカの一般労働者や無権利の奴隷の音楽が起源だと強調されたこともある。[21] かと思えば、ブルジョアのエセ芸術だと非難され、民衆文化のリアリズムとのつながりを失ったと批判されたりもした。[22]

ジャズ

第二次世界大戦の結果、ソ連の生活のあちこちに諸外国の影響が押し寄せた。合衆国は戦中および戦後数年はいちおう同盟国であり、武器貸与法にもとづいて対ソ援助を行っている。[23] 一九四四年に第二戦線がひらかれ、四五年四月に米ソの兵士がエルベ川で出会って以降、アメリカ映画とジャズはファシズムに対する共同の勝利に重ねあわされた。解放なったクラクフとプラハで赤軍オーケストラが地元住民向けに催したコンサートでは、アメリカのジャズナンバー「チャタヌーガ・チュー・チュー」や「イン・ザ・ムード」が演奏されている。[24] 戦争が終わると、軍楽隊にいたソ連の音楽家がこうした音楽をソ連各地のダンスホールやレストランに持ち込む。レニングラードの高級ホテル「エヴロペイスカヤ」最上階のレストラン「クリィシャ」でヨシフ・ワインシュテインのジャズ・オーケストラが演奏していたアメリカのスウィングは、戦争末期の同盟国が教えたものだった[25]。

こうした開放的な雰囲気が戦後しばらく続くが、コスモポリタニズム批判キャンペーンで一転して批判にさらされる。党中央委員会で開かれた音楽関係者の会議が、ジャズに対する新たな態度を打ち出した。指揮者のボリス・ハイキシは、こう言っている。ジャズの起源は一般労働者に由来し、これがジャズを進歩的な音楽にしていたが、今ではそれも失われた。取って代わった「俗悪なメロディー」は、もはや「ソビエト人の頭と心」に何も訴えかけない[26]。

こうした発言の文字通りの意味は、ジャズ排撃であるが、同時に別の重要な結論も出てくる。ジャズという様式もやはり様々なコンテクストで様々に解釈できる。あるコンテクストでは労働者や元奴隷といった被抑圧者の芸術だと肯定できるし、コンテクストが変わればブルジョア文化の芸術だと否定できる。であるなら、ジャズという美的様式の意味をあらかじめ確定するのは不可能で、この様式の再生産と引用がなされる具体的なコンテクストを見ないと決められない[27]。こうした考えは、明言こそないが、外国文化の影響を取り上げた批判的な論評にも垣間見える。時期や出版物が違えば発言の趣旨が異なることも幸いした。結果として、ジャズなどの「西側」の文化様式は批判キャンペーンの数々を生き残り、損失と変質は避けられないとはいえ、新たなコンテクストに適応をくりかえして存在し続けた。ジャズが排撃の嵐にさらされた時ですら、いくつかのオーケストラはジャズの曲をソ連風の「軽音楽」にアレンジし、曲名を変え、ソ連の作曲家の作品のあいだに挟み込んで演奏していた。こうした修正を施した形でジャズはレストランやダンスホールで流れ続け、時にはオーケストラの演奏会ですら演奏されたのである[28]。

ジャズをアマチュア・バンドの演奏で聞くこともできた。学生の夕べという、大学や専門学校のコムソモールが若者向けのイデオロギー活動の一環で行ったパーティーである。素人の演奏だから、国立フィルハーモニー協会に登録していないし、大きな場所で演奏したりチケットを売ったりもできない。だがその代わりに曲目が国の規制にひっかかる可能性は、フィルハーモニー傘下のプロのオーケストラ（や後にはボーカル・バンド）に比べればずっと低い。このため当事者にかなりの解放感があり、予想外のハプニングがおきやすかった。一九五〇年代半ばにレニングラード大学で学生ジャズ・バンドを結成したウラジーミル・フェイエルターグの回想を引こう。ある時、学生のダンス・パーティーで彼のビッグ・バンドがグレン・ミラー楽団の作品「イン・ザ・ムード」を三度続けて演奏する。これは、コムソモール員の面々が「自制心を完全に失って」アンコールを求めたからだった[29]。普段はジャズ・バンドの演奏を大目に見る大学の党組織も、この時ばかりはコムソモール員があからさまにアメリカ音楽に興奮したのを知って、演奏曲目の批判に踏み切る。演奏者に正式な警告が言い渡され、ソ連の若者とは縁もゆかりもない悪趣味なアメリカ音楽を今後また演奏したらコムソモール除名と退学だと念を押した。だが、ここから引き出せる結論も、こうなる。問題は、バンドが演奏した音楽ではなく、学生のあいだに引き起こした異様に興奮した反応の方だ。別の言い方をすれば、問題は形式そのものではなく、具体的なコンテクストでの解釈だった。

映画

解釈が一定でないのは、西側映画も同じだ。戦後しばらく、数多くのアメリカとドイツの映画がソ連で大ヒットし、ソ連社会に新しい音楽・ファッション・語彙・行動スタイルをもたらした[30]。スポーツマンの若者を「ターザン」と呼ぶ新語が生まれたのは、アメリカの人気映画「ターザンの冒険」に由来する[31]。ジャズ・

ファンは、アメリカ映画に登場する音楽家のしぐさや身振りの真似をする。レニングラードのジャズ・クラブ創設者エフィム・バルバンがアメリカのジャズを聞く時によくやった足を机の上に投げ出す姿勢は、アメリカの映画俳優の真似だ。「行儀が悪い」と注意されると、アメリカの音楽を聞く時は「アメリカで聞いているように」しなくちゃいけないと答えたという[32]。

後期ソ連では、西側映画の公開は大々的なこともあれば、批判されて縮小されたことも、再び大規模に戻ることもあった[33]。その理由が歴史的な事件だったり政治キャンペーンや国際情勢だったりするのは確かだが、目まぐるしい変化を生む可能性が社会主義システムに内在する逆説にあったのは前述したとおりだ。外国映画がある文脈では賞賛され、ある文脈では非難される。こういう場当たり的な対応は、終戦直後からあった。一九四七年の『文学新聞』の「俗物に一撃を」という記事は、ソ連の写真家をこう批判する。ソ連の人たちの映画好きに付け込んで、にっこり微笑むアメリカの映画スターのブロマイドを数千枚も印刷し、キオスクや本屋ならどこでも手に入るようにした。中でも同紙が憤慨したのは、白黒の小さなブロマイド写真一枚で三ルーブルから五ルーブルもふんだくるのに、かたやトレチャコフ美術館にあるロシアの名作絵画のカラー複製絵葉書がわずか五十コペイカだったことだ[34]。この批判に倣えば、問題は西側映画がソ連の観客の人気をさらっていることではなく、写真家がこうした人気を悪用していることにある。また、この記事のアメリカ映画の位置づけは、卑俗な大衆文化と見たからだろう、トレチャコフ美術館に代表される高尚な古典文化と対置しているが、前日の『文学新聞』に載ったイリヤ・エレンブルグの評論記事は、アメリカ映画界が生み出した数多くの名作映画は、高尚な世界文化の一部とみるべきだと書いていた。エレンブルグは、こう説いている。アメリカが世界に誇る巨匠には、五大陸全土で愛されるチャーリー・チャップリン、素朴で善良なユーモアに満ちたマルクス兄弟、まさしく映画詩というべきアニメ映画のディズニーがいる[35]。

諸説紛々の西側

外国の文化様式の意味の解釈が一貫性を欠く傾向は、西側文化のいくつかの「極端な」現れをブルジョア的だと非難する時だけでなく、この文化の「一般的な」現れを肯定的な国際主義の一例だと位置づける時にも現れる。西側の物質文化に接した時も傾向は同じだ。スターリン時代ですら、ヴェーラ・ダンハムが言うように、国は率先してソ連の人たちに個人消費物資（衣服、腕時計、口紅）の楽しさを覚えさせようとした。ただし条件があり、使用目的が（社会的地位の獲得や出世欲など）自己中心的でなく、労働の成果に対する褒賞であったり、ソビエト人の高い文化水準の反映でなければならない。[36] この延長線上にあるのが、物質財や文化財の消費のあり方をめぐる一九五〇年代半ば以降の国の言説である。西側の生活の「ブルジョア的贅沢」の要素に興味を示しても、それだけで罪科（つみとが）になるわけではない。前提条件は、そうした興味のはじまりが個人の快楽でなく、高尚な芸術や工芸の愛好だとか、そうした奢侈品を生み出した巨匠や勤労人民の才能への敬意であることだった。だからこそ『文学新聞』は、誰憚ることなくパリの豪華な店みせを描けたのである。有名なブルジョア地区のヴァンドーム広場やフォブール・サントノレ通りを讃嘆する一節を引こう。

ヴァンドーム広場は、「高級品」を売る中心地である。フォブール・サントノレ通りと同じように、この広場は流行の何たるかを教えてくれる（とくに宝飾品や金銀製品）。それは絶えず刷新される好み、想像のほとばしりである。……今ならパリの職人技が見られる。家具職人や宝石職人がいるし、インテリア・デザイナーという、ショーウィンドーの一つひとつが全体として変幻自在の見事な絵になるように整える人もいる。[37]

ソ連の新聞は語学の学習も呼びかけており、真の文化人はせめて一つ、できれば複数の外国語ができなければならないと読者に説き、まず学ぶべきは英語、ドイツ語、フランス語だと勧めていた。[38] 言葉ができれば、よその国々や文化に関心を持つので教養あふれるソビエト人という理想像に合致するとみなされた。もちろん関心を寄せるのが正しい情報であって、情報の是非を判断できることが前提である。正しい情報とは、例えば科学技術分野の知識だった。ある研究所のエンジニアが『文学新聞』紙上でこう説明している。

結論として、英独仏語は技術的創造を自負する人の必須条件である。こうした言葉ができれば、外国の新聞雑誌やカタログなどにも必ず目を通すようになる。……学校の語学教育法を根本的に改め、学校や大学にこの仕事を限定している垣根を取り払い、企業や職場に広げる時期である。[39]

アカデミー会員も同感だった。

〔外国語は〕仕事の上で必要なだけでなく、文化的視野の拡大にも欠かせない。……バーンズの歌の魅力に……直に本物で接することができる人は、どれほど胸の高鳴る感動を味わうだろう。ハイネの詩にある強烈な皮肉と柔らかなリズムは、どんな素晴らしい翻訳でも、きっと鈍ってしまう。[40]

こうした記事や意見はソ連の読者の想像を刺激し、ソビエト人たるもの関心を世界の優れた文化に向けなければならないと自覚させていた。列挙されたものの多くは「西側」諸国の文物である（原則として西側の文学・音楽・映画の数々）。ジャズの名作もこの範疇に入る。このためこの時期のソ連のジャズ愛好家の多くが、ジャズは明確なブルジョアとも完全な反ソとも思っていなかった。したがって、ソ連文化に共通する逆説だが、ジャズ批判がソ連の新聞雑誌で繰り広げられても、同じ紙面にこれを中和する記事が現れ、全人類的価値を持つ高尚な世界（つまり西側）文化だとか国際主義的価値を持つ一般人や勤労大衆の文化だと強調するのが常だった。ナタン・レイテスは、一九六〇年代はじめにレニングラードでジャズ・クラブ「クヴァドラート〔正方形〕」をつくって当局の公認も得た人物だが、この逆説をこう表現している。六〇年代はじめに自分はアメリカ・ジャズの大ファンだったが、同時に「そこそこのアカ、ピンクぐらいの人間だった。少なくとも私は社会主義を信じていた」[41]。知人のジャズ音楽家やジャズ・ファンも、そのころは多くが同じだったという。またソ連解体後のインタビューでは、こう力説している。「今〔一九九七年〕とても多くの人が、あのひどさはずいぶん前から分かっていたと言う」（ソ連時代から強くシステムに反発していたという意味）が、実際は「そんなことがあるはずがない……」[42]。アメリカ・ジャズが多くの人に何の象徴だったかと言えば、資本主義やブルジョア的価値観ではなく、楽観主義と未来への希望であり、社会主義社会の一般的な価値観とおおむね合致するものだった。

スタイルの意味するもの

当時の都会の若者の一部に見られた外見や服装へのこだわりにも「西側」の影響が目立つ（とくに映画・文学・音楽）。ただし大部分の若者は、ファッションやジャズやロックへの関心がソ連的な生活や道徳と両立しないとは思わなかった。ファッションや個性の面で国が正面から批判したのは、ブルジョアの影響の極端な現れ、とりわけ少数の「まともでない」（不道徳・粗野・無教養な）若者である。だから人畜無害で人目につかないなら、大多数の極めて「ふつうの」ソ連の若者が西側の文化現象に熱中しても、国は気づかないか無視していた。

そうした例が、一九四〇年代末に現れたスチリャーギ〔スチリャーギ（стиляги）は英語のスタイル（style）と同語源〕——多くのソ連市民と外見や服装や行動様式で区別されうる若者である。[43] スチリャーギは、ディック・ヘブディジの有名なサブカルチャー概念[44]を用いて、ソ連社会の「サブカルチャー」と定義することもできる。ヘブディジによれば、サブカルチャーとは、ある集団の特別なスタイルが社会の支配的な文化様式との差異の象徴として機能することである。(45) ヘブディジの論じた資本主義イギリスの文脈なら、この差異は支配的な文化様式への抵抗と結びつきうる。だが、こうした抵抗はシステムそのものへの対抗手段とはならず、むしろシステムの一部になる手段である。だからこそシステムの下位文化(サブカルチャー)であって、対立物ではない。七〇年代のパンク(ヘブディジの論じたイギリスのサブカルチャーの一つ)がつくった自分たちのスタイルは、支配的な規範と違っていて、なおかつシステムの一部だった。彼らはレコードの製作販売やコンサートにとどまらず、多くの若者の服装や言葉づかいや音楽にもすぐに影響を与えている(パンク・スタイルの服を売る店は、はじめからパンク運動の不可分の要素だった)。

この意味では、スチリャーギもサブカルチャーである。社会主義システムへの対抗ではなく、逆説的ながらその一部だったし、同世代の「ふつうの」文化の例外というよりは、そうした文化の奥深くでひっそり起きていた変化が最も鮮明な形で現れたものだった。スチリャーギは、システムの権威的言説に盾突くことはしない。システムの形式(例えば、コムソモールのダンスと休息の夕べ、ソ連のアイスクリーム・カフェ)を利用しつつ、だが意味を読み替える。本書の分析でスチリャーギ現象を重視するのは、それ自体が重要だからだとか(スチリャーギはごく少数で、ほかの若者グループと接点がない)、ましてやほかの人に影響を与えた出来事だからではない。これが、数百万の平凡な若者の間で、西側の文化様式が重要性を増していく兆候と見ることができるからだ。そうした若者の多くは、自分がスチリャーギの一員だと思ったこともなければ、スチリャーギのことは皆目知らないし、知っていても、否定的に見ていた。

スチリャーギの美意識には、実に様々な「西側」の様式が影響している。中でも少なからぬ役割を果たしたのが映画、とりわけ戦後ソ連で上映されたアメリカ映画である。一九四〇年代のことだが、レニングラードのスチリャーガ〔「スチリャーギ」の単数形〕ワレンチン・チホネンコがスタイルを真似たのは、ソ連の映画館で何度も見たアメリカ映画「非常警戒線」の主人公だった。[46] アメリカの諜報員が戦争中にドイツのゲシュタポに潜入する話だが、これはソ連の文脈では文句なしのヒーローである。チホネンコの言葉を借りれば、「すごく魅力的なやつ」で「僕はすぐにそっくりそのまま頂戴した」。チホネンコの出で立ちは白いジャケット、スエードの帽子、シックなロングコートになったが、これは国営の古物商で見つけたり、外国人の旅行者から手に入れたり、闇屋から買ったものだった。[47]

アメリカ映画の主人公に倣って、スチリャーギは髭をはやし、髪型はオールバックにした。服を自作した者も多い——カラフルなニットのセーター、ゆったりしたズボン、派手な柄のネクタイ（銀色の蜘蛛の巣、椰子の木、猿、水着姿の女性[48]）。モスクワやレニングラードの若者だけが、こうしたスタイルの服をつくったのではない。

一九五〇年代末のペンザ（モスクワ東南五百キロの小都市）に、スチリャーギのグループがあった。労働者の家庭の未成年が多く、流行の服は自作していたが、時には地元の闇屋がモスクワから持ってきた「本物の」服を買うこともあった。ペンザのスチリャーギは文化会館のダンスに出かけてはツイストやブギウギを踊ったという。その一人、ペンザ自動制御技術大学の学生ヴィターリー・シニチキンは、六〇年代はじめに、薄茶色の縮れ毛を、プレスリー風のリーゼントにしていた。長い前髪は、額のところで盛り上げて固めていた。ただラッカーやムースがまだソ連になかったので、……砂糖のシロップでやった。外に出る時にヴィターリーが着るのは、明るいココア色で深紅の縦縞の入った派手なジャケット（フランス製）、白い厚底の黄色い編上げ靴——大きなバックルのついた「マンケ」（これもフランス製）、緑色のズボン。ネクタイは細長く、腰まで届く。

ペンザのスチリャーギには、夏休みに黒海の保養地へ行く者もいた。ここは、数十万の若者がソ連各地からやって来て休暇をすごし、最先端のファッションを仕入れて去ってゆく場所である。南国の夏休みという文脈なら、服や音楽や踊りに西側スタイルが現れても大目に見てくれて、大都市のコムソモールの夕べほど厳しくない。一部の保養地の公園では、ツイスト教室も可能だった。シニチキンの回想を引こう。「ソチの

図13　モスクワのスチリャーギ。「ブロード」（ゴーリキー通り〔現トヴェルスカヤ通り〕）の中央電話局前。1960年代はじめ。前景のスチリャーガは、西側流行のノッチドラペルのフレンチ服にストライプのネクタイ。その左側のスチリャーガは、明るい色のジャケットに流行のチェックのチョッキを着て、自信満々に手をポケットに入れている。後景右側のスチリャーガは暗い色のジャケットにアスコット・タイをつけ、明るい色のゆったりしたズボンをはいている。髪型はみんなオールバックのリーゼント。全員にっこり笑って、流行の姿でめかしこんでいる。

図14　ハバロフスクのスチリャーギ。鉄道運輸技師大学の建物のそば、背景は党政治局員の肖像画。1960年代はじめ（ブレジネフがまだ一介の政治局員で、党書記長になっていない）。左側のスチリャーガは派手な色のシャツを着て、サングラスの白いフレームが目立つ。ヒッピー風の長髪で、前髪を上になでつけている。どれも明らかに非ソビエト的なスタイルである。

リビエラ公園にあったダンス場で、アメリカ式ツイストのコンクールが行われた。あれは、我慢くらべだな。七秒から十秒の間、片一方の足でジャンプしつづけて、その間もう片方の足でオリジナルな動きを五つ、違う型で見せなきゃいけなかった」。公園やダンス場で踊る若者はソ連のあちこちから来ていたが、それを見てシニチキンは、少数のスチリャーギだけでなく「国中がツイストに熱中」していると確信したという[50]。

スチリャーギを非難するソ連の新聞雑誌は、この手の輩はごく少数の無教養なろくでなしで、考えなしに西側を崇拝する、大多数のソ連の若者とは無関係な存在だと書きたてた。

当時コムソモールのパトロールが都会の大通りに現れてこうした輩を摘発しているが、まず目をつけたのが若者のきわめて「挑発的な外見」である。レニングラードのあるスチリャーガの拘束理由は、着ていたのが「ダンロップ」の大きなロゴの入った「派手な」アメリカ製ジャケットで、赤黄色のトラが黒いタイヤから飛び出てくるデザインだったからだ[51]。「オウムみたい」な格好――目の覚めるような色彩の服と超前衛的な髪型――のせいで呼び止められた人もいる[52]。チホネンコがかぶっていた舶来のつばの広い帽子を、大学の教師は「ポルノグラフィーだ」と言ったという[53]。新聞雑誌はスチリャーギの外見を愚鈍や非道徳と結び付け、「カナリヤ」、「サル」、怠け者、無学な連中と呼んでいた。風刺雑誌『クロコジール』の記事は、こうだ。

> スチリャーガは、あらゆる国のあらゆる時代のファッションに通じている。だが知らないのだ……グリボエードフのことは。フォックス〔トロット〕もタンゴもルンバもリンディも、隅から隅まで調べつくしたが、ミチューリンとメンデレーエフを取り違え、天文学（アストロノミヤ）と食料品（ガストロノミヤ）を混同するのだ。「チャールダーシュの女王」と「マリツァ」のアリアはすべて諳んじていても、歌劇の「イワン・スサーニン」や「イーゴリ公」が誰の作品かは知らないのだ[54]。

図15 〈サル〉 L・フヂャコフ作（『クロコジール』、1957年第２号）。ここではスチリャーギを、おつむ空っぽのサルと比べている。

図16 〈―おいおい、何てひどいんだ／―どうです、お気に召しましたか〉 A・バジェーノフ作（『クロコジール』、1957年第７号）。この絵に従えば、スチリャーガの関心は、西側の会社のレーベルといった無意味なものだけである。

図17 〈主導的な怠け者。主導的立場になった、ロックンロールだけだけど〉 S・スミルノワ作（『クロコジール』、1958年第35号）。ここでのスチリャーガは、どうしようもないろくでなしである。

こうした手を替え品を替えの特徴づけから浮かんでくるスチリャーギは、少数の脱落者であり、大部分のふつうのソ連の若者と接点を持たず、ほかの人と違った暮らしをしている連中である。同誌の表現を借りれば、「暮らすといっても、この言葉の本当の意味で暮らしているのではなく、いわば暮らしの上っ面を漂っている……」のだった(55)。

こういうスチリャーギ観が新聞雑誌で広まると、若者の多くが西側のファッション・ジャズ・ロック・映画に関心を持ち、でもなおかつ文学やクラシックや科学にも関心があったので、自分とスチリャーギとが結びつくとは夢にも思わず、スチリャーギを否定的に見るのが常だった。ウラジーミルは、レニングラードの某工業大学の学生だが、一九五〇年代半ばに友達と足しげく通った若者のダンス・パーティーで、ヴィターリー・ポナロフスキーのジャズ・オーケストラがアメリカ映画のテーマ曲を演奏するのを耳にしている。もちろんレパートリーの大半はソ連の作曲家の曲で、そこに紛れ込ませて流していた。このパーティーで特に人気だったのは、デューク・エリントンのジャズ・ナンバー「キャラバン」である。ウラジーミルの思い出を引こう。「オーケストラがこういった〔アメリカの〕メロディーを弾き出すと、一人残らずダンスホールに駆け出した。ポナロフスキーは、レニングラードの若者の崇拝の的だった(56)」。ここで注目すべきは、ウラジーミルも彼の友達も真面目な学生で、科学者になりたいと思っていたことだ。卒業にあたって成績優秀の特別表彰状をもらったウラジーミルは、得意満面で記念のダンス・パーティーに持参し、ポナロフスキーに見せている。その晩、オーケストラはお祝いにアメリカ映画のジャズ・ナンバーを何曲か演奏したという。ジャズと米国ダンスへの愛が、ウラジーミルや彼の友達の中では、科学への関心や勤勉と一つになっていた。その晩は、彼の思い出によれば、スチリャーギ丸出しという連中もいたが、ウラジーミルも彼の学友もその中に知り合いはおらず、「接点を探す気も全くなかった(57)」。

同じくレニングラードの人で、後に作家となるワレリー・ポポフが五〇年代半ばに通ったダンス場でも、時おりアメリカのジャズが流れていた。彼は外見を大いに気にする人で、外国の服を手に入れようと闇屋や古物商に行ったこともある。だが、ソ連の新聞雑誌が揶揄する「天文学と食料品を混同する」無教養なスチリャーガと違って、ポポフと彼の友達は真面目な文学を読み、詩や小説を書いて観劇にも行く。その一方で「エヴロペイスカヤ」ホテル最上階のレストラン「クリィシャ」の常連で、音楽を聞いたり、文学を語り合ったり、習作の合評会をしたりしていた[58]。スチリャーガとは無縁だと思うだけでなく、ソ連の若者の前衛すら自任していた、とポポフは回想する。この世代にとって、五〇年代は「幸せに満ちた」時代である。ソ連の夢見た明るい未来が何の違和感もなく実験文学や舞台公演やアメリカ音楽や舶来衣服と同居しており、ソ連と西側の文化様式や意味が混じりあって奇妙な楽観主義を生んでいた時代だった[59]。

ソ連の新聞雑誌はスチリャーギをごく少数のまともでない連中として批判したが、こうした批判が西側文化の影響阻止に役立った形跡はなく、むしろこれが一般化して多くの平凡で教養豊かなソ連の若者の間に広がってしまった。こうした若者は自分のことをスチリャーギだと思っていないので、新聞雑誌の批判が自分に向けられていると思わなかったし、西側の音楽・映画・ファッションに関心を持つことがふつうのソ連人のあり方に反するとも思わなかった。このように、国が動いても目算が外れ、イデオロギー課題の文字通りの意味に反する結果をもたらす場合がしばしばあったのである。

短波ラジオ

ソ連の文化政策の内なる矛盾は、他にもある。国が新技術を広めて国民の文化水準や社会主義文化の国際性の向上に努める一方で、こうした技術の悪影響でブルジョア文化の様式が広まるのを抑え込もうとしたことだ。そうした新技術の典型例が、短波ラジオとテープレコーダーである。テープレコーダーは後に回して、まずラジオから見てゆこう。

短波ラジオの受信機がソ連で重要だったのはよく知られているが、このメディアの技術特性やソ連文化を育んだ特異な役割は、あまり理解されていない。その特異さは、どこにあるのだろう。西側の、後期ソ連に対応する時期（衛星テレビやインターネットの急速な普及以前）の主要な電子マスメディアは、FMラジオである[60]（テレビ放送のことは註を参照[61]）。FMラジオ放送の重要な特徴は、電波信号の届く範囲があまり広くないことだ。ラジオの放送主からさほど遠くない所に受信機が、つまり聞き手が存在する必要がある（その距離は通例五十キロメートル）。このためFMラジオ（およびソ連で使われたVHFラジオ放送）の電波が伝わるのは直線のみで、地平線を回り込めない。受信は「直に見える地域」に限られる。西側でラジオといえば、戦後はほとんどが地元のFMラジオだった。こうした放送で、どこか遠くでつくられたニュースや番組が流れることもあるが、聞き手への再配信はやはり地元の放送局である[62]。

同じラジオでも、短波の周波数[63]を使う場合は事情が異なる。短波の電波は遠隔地まで伝わり、FMラジオと違って、地平線をも回り込む。電離層[64]と地面の間で何度も反射を繰り返し、地球を一周する。短波がすべて同じように伝わるわけではないが[65]、ともかく厳然たる事実として、短波の伝達範囲は数百、時には数千キロメートルと地球を一周するが、FMとVHFの電波は数十キロメートルしかない。短波放送は別の大陸でも聞けるが、FMとVHFの放送は近くしかだめだ[66]。短波ラジオは、こうした他のラジオ（とテレビ）と異なる特性があるため、後期ソ連では、「西側」諸国以上に「文化を育む」きわめて重要な手段となっていた[67]。

外国のラジオ放送は反ソ宣伝とみなされてソ連当局があらかた「電波妨害」していたという説を今日よく目にする。だが現実はもっと複雑で微妙である。一方で、遠くの放送局を聞くことは世界を知る方法であり、教養豊かな個人や国際人の育成を重視する国のレトリックとも合致する。外国の短波放送の聴取は、原則禁止でないばかりか、ある面では奨励されていた。条件は、外国の放送がイデオロギー中立の文化情報におさまり、ブルジョアの反ソ宣伝でないことである。とはいえ良し悪しの判断が難しいのは、先に見たとおりだ。例えば、外国のラジオ放送は、大部分がポピュラー音楽、芸術・スポーツ・科学の番組、外国事情、語学講座であり、良いとも悪いとも言い切れない。文化人の重要な知識だと言うこともできれば、危険なブルジョア宣伝だと言うこともできる。このどっちつかずから生まれたのが、ソ連国民の大多数が外国の短波ラジオ放送を聞く際の微妙な二面性である。聴取は、それなりに危険だが、同時にきわめて当たり前のことだった。

この矛盾の具体例を見てゆこう。一九四〇年代末のバイポーラー・トランジスタ(68)の出現から十年して、ソ連でも携帯可能なトランジスタ・ラジオの大量生産がはじまる。当時主流だった据置型の真空管ラジオ電蓄に比べると、格段に小さく安い(69)。この結果、短波ラジオは、ソ連の多くの人が入手可能になる。しかも六〇年代はじめから八〇年代半ばまで、生産台数が右肩上がりで増え続けた。増産しつづけたのは、このラジオがあれば、ソ連各地の、たとえ人里はなれた辺鄙な場所でもソ連中央のラジオ番組が聞けるからだ。言ってみれば、ソ連マスメディアへのアクセス拡充という国家プログラムの重要な一部だったのである。

図18　短波ラジオ「VEF-Spidola」（リガ・ラジオ工場製、生産開始は1960年）

短波ラジオの開発の目的は、これだけではない。すでに五〇年代の大型固定の真空管ラジオの時代から、ソ連の短波ラジオの宣伝文句には、世界を学ぶ道具の一つ、教養ある国際人の必需品とある。こうした位置づけは、例えば、当時のソ連製ラジオのデザインでも分かる。外国のラジオでもそうだが、国産ラジオ電蓄の多くは（後の携帯トランジスタ・

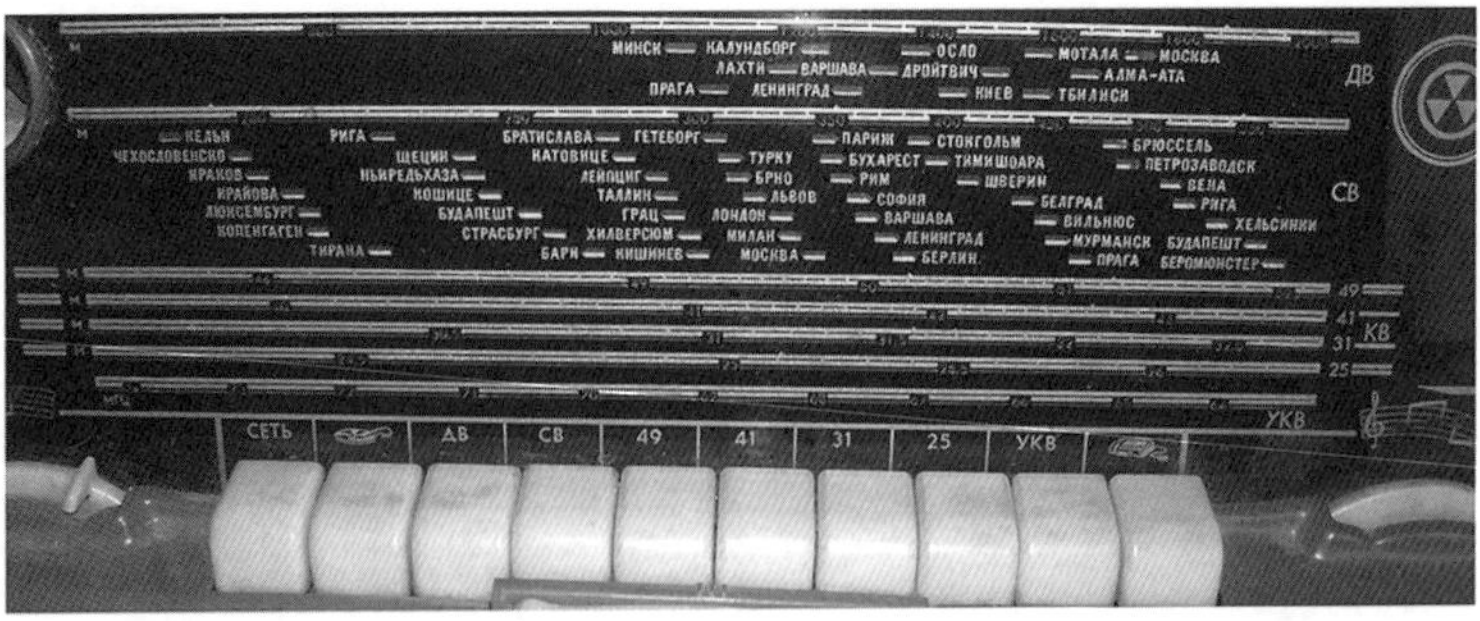

図19　真空管ラジオ「フェスティバル」の目盛（リガ・ラジオ工場製、生産開始は1959年）

ラジオも一部は同様）ダイヤル目盛にメーターバンドと周波数だけでなく、外国の都市名が「西側」も含めて記してあり、放送局が見つけやすくなっていた（図19）。社会主義国のプラハ、クラクフ、ブダペストの隣に、資本主義国のパリ、ストックホルム、ウィーン、ブリュッセル、ロンドン、ミラノ、ストラスブール、ケルンなどが並んでいる（ただしワシントンはずっと欠落）。こうした仕様は、ラジオ所有者の外界、とりわけ「西側」への好奇心を刺激するだけでなく、受信機がまさにそうした放送局を聞くために作られたこと、ソビエト人にとってその聴取がきわめて当たり前であることを教えてくれる。

国と短波ラジオとの関係にひそむ矛盾は、ソ連製ラジオの技術規格にも現れている。例えば、国産携帯ラジオには、多くの場合、二つの仕様があった。国内で販売する「国内仕様」と、国外で販売する「輸出仕様」である。国内仕様の短波ラジオはメーターバンドが二つ、二十五mbとそれ以上（三十一、四十一、四十九mb）しかなく、高周波数の四つの短波帯（十一、十三、十六、十九mb）はない。だが同じラジオの輸出仕様には、すべての短波帯があった。二つの仕様があった理由は、物理学とイデオロギーが関係する。国内販売のラジオに欠けている四つの短波帯は、遠隔地の放送局を昼間に聞くための専用チャンネルである（これは、電波伝搬という物理学が関係する）[70]。こうした制限を設ければ、ソ連当局の課題である外国ラジオの聴取が管理しやすくなる。西側の放送が聞ける周波数が減るうえ、残る周波数の放送局の電波妨害に集中できるからだ。だが、この対策はいかにも中途半端だった。遠隔地の国際放送を聞こうと思えば、ソ連国民に認められている周波数でも十分に可能である。しかも二十五ｍｂと三十一ｍｂの短波帯は、国際放送が世界でもっとも集中する周波数だった。

受信機の性能規制をこうした中途半端な国家規格で試みるのは、ソ連の文化政策の逆説の典型である。短波ラジオの受信がソ連で全面禁止だった事実はなく、一部に制約があったにすぎない。むしろ大々的な国家キャンペーンでラジオの普及を絶えず訴えている。戦後は大学や高校に無線技術や電子技術の専門学部が次々と新設され、専門家が大量に生まれた。たしかにこれは軍事研究を推し進めたり、電子工学や軍事通信といった新分野を発展させる必要性と結びついている。だが専門教育と秘密の研究施設だけがこのキャンペーンの結果だったのではない。ラジオがアマチュア・レベルでも急速に普及し、愛好家が急増している。全国にラジオ愛好家のクラブが次々と誕生した。月刊誌『ラジオ』はアマチュア向けの記事や技術解説を載せる官製雑誌だが、早くも一九四〇年代には、短波ラジオの自作や長距離受信アンテナの設置法といった記事がある。おそらく何より大事なのは、その間、短波ラジオの工場での生産台数や店舗での販売台数が右肩上がりで増え続けたことだ。

多くの町にラジオの部品を売る国営の専門店ができたし、そうした店のそばに現れる非公式の「露店」では、手に入りにくい部品や、工場から違法に持ち出された図面の一部や受信機そのものが入手できる。(71) 買い手は、地元の愛好家だけでなく、ほかの町からも来た。少しお金をはずめば、国の技術規制のかいくぐり方や受信機の性能アップの方法を無線技師に教えてもらうこともできる。こうして手持ちのラジオは、ないはずの周波数が加わり、機能限定の国内仕様が拡張バンドの〈輸出仕様〉に化けるのだった。

ラジオの受信における国の文化政策の矛盾は、あの有名な国際放送の「電波妨害」にもある。実はここでもソ連のやったことが、正しく理解されていない。当局の電波妨害は、西側の放送局がロシア語もしくはソ連の諸民族や東欧諸国の言葉で流す番組すべてが対象だったのではない。妨害したのは、当局が「反ソ的」とみなした放送局と番組だけだ[72]。例えば、後期社会主義の間、非国営の放送局「ラジオ・リバティ」はずっと電波妨害されていた（妨害の開始は一九五五年、停止は八八年十一月[73]）。ラジオ・リバティと違って、VOAやBBCやドイチェ・ヴェレの電波妨害は、ロシア語放送もソ連の諸言語の放送も、一時期に限られる（また妨害電波の規模もラジオ・リバティより少なく、受信はそれなりに可能だった[74]）。これは、米英独の国営放送という地位がものを言っている。「二流の」西側ラジオ局のロシア語放送（スウェーデン放送、ラジオ・カナダ・インターナショナルなど）は、妨害なく聞けた。ソ連や東欧に無関係の言語で流れるラジオ放送も、一度も電波妨害にあっていない。この中には、世界中に多くのリスナーをもつ重要な放送局――BBCワールドサービスやVOAの英語放送、ラジオ・フランス・アンテルナショナルのフランス語放送など――が含まれる。

短波ラジオを持っていれば、こうした放送局の番組が気軽に聞ける。ソ連のリスナーがジャズやロックなどの西側文化に触れるきっかけになったし、もちろん外国語を学ぶこともできた（多くの放送局に語学講座の番組があった）。数多くの人たち、とくに若者がこうして勉強したが、前述したようにソ連の新聞雑誌は外国語を学んで文化人になろうと説いていたので、まさに願ったり適ったりだ。短波ラジオを聞くのが国中で大流行したが、聞くときには当然ながら一定の注意が必要だった（例えば、たまたま入った国際放送は、特にロシア語の場合は聞かない）。ともあれ夏休みになると黒海保養地の浜辺や公園では、短波のトランジスタ・ラジオから流れる外国の音楽や言葉がよく聞こえてきた。

新聞雑誌に時おり記事が出て西側放送を聞くことを批判したが、前述した例と同じく、批判の矛先はあくまでこの現象の「極端な」現れであって、広く一般化したあまり目立たない動向は無視している。だから、スチリャーギの時と同じく、たとえ記事を読んでも、自分がこの批判の対象だと思う人は少なかった。具体例として、一九七〇年の『クロコジール』誌の風刺画を見てみよう（図20）。三人の若者が浜辺に立って自分のラジオを聞いている（アンテナが伸びているので、おそらく短波ラジオ）。皮肉をこめた、だがよく意味の分からない説明文「共通の言語を見つけた」とは、多分てんでばらばらに外国のブルジョア・ラジオを聞いて（「共通の言語」を見つけ）、自分の友達と共通の母語で語り合おうとしない若者を嘲笑しようとしたのだろう。外国のラジオ放送に耳を傾けるソ連の人の多くが、この風刺画に自分を見ることはなかったはずだ（その昔スチリャーギを「サル」と笑いのめした絵に、ファッションやジャズを愛する普通の人が自分を見なかったのと同じである）。

図20 「共通の言語を見つけた」 L・ソイフェルチス作（『クロコジール』、1970年第14号）

外国のラジオ放送は、ソ連のジャズやロックの発展に多大な影響を与えた(75)。後にジャズ・ミュージシャンになるユーリー・ヴドヴィンの回想だが、五〇年代はじめのまだウラジオストクの学校に通う生徒だったころ、戦前製のソ連の真空管ラジオSVD9のチャンネルをBBCやVOAの英語放送にあわせていたという。

ジャズはレストランには残っていたが、僕たちはそこへは行かなかった。……僕は二部授業の午後組だったので、午前中はずっとＢＢＣを聞いていたが、あそこはいつもジャズがかかっていた。……当時はもう電波妨害をやっていたが、音楽はだいたい聞けた。今でも忘れられないが、〔西側のラジオ放送で〕血まみれの独裁者スターリンと言っているのを聞いても信じられず、くそっ、中傷だと思った。……五〇年代半ばにウィリス・コノヴァーが放送に登場する。二十二時から二十四時まで、ＶＯＡで彼の番組「Time for Jazz」[76]が流れた。最初の一時間がスウィング、次の一時間がビバップだった。でも当時の僕たちは、さっぱり分からなかった[77]。

ウィリス・コノヴァーのジャズ番組がＶＯＡの英語放送で初めて流れたのは一九五五年のこと。長寿番組で、コノヴァーが亡くなる九六年まで続いた。コノヴァーの声はよく響く低音ですぐにそれと分かり、口調がゆっくりで間も長いので、英語が今一つの人でも何とか理解できた。また彼の番組がＶＯＡの特別英語放送（英語を勉強中の外国人向けの放送）として流れていた時期には、話すテンポをさらに落とし、文法も語彙もやさしくした[78]。これに加えてアメリカ・ジャズへの大きな関心もあって、コノヴァーの番組は全世界で数百万人のリスナーを獲得し、結果としてジャズやアメリカ文化や米語を世界に広めるのに貢献した[79]。ウラジーミル・フェイエルターグは、後年こう回想している。「実を言うと、最初に覚えた英語の単語や表現はコノヴァーのおかげだ。ゆっくりはっきり話してくれたし、いくつかの言い回しは来る日も来る日も繰り返してくれた。ジャズ・ファン世代にとって、コノヴァーは英語の先生じゃないかな[80]」。作家のアクショーノフも、こう懐かしむ。「少年から青年への変わり目に、なんと多くのロシア人が夢見心地で聞き惚れたことだろう。デューク・エリントンの〈Ａ列車で行こう〉にウィリス・コノヴァーの甘い声。ああ、ＶＯＡの〈ミスター・ジャズ[81]〉」

ソ連のジャズ・ファンの間でのコノヴァーの知名度の高さ、さらには外国の短波ラジオを聞く習慣のソ連での広まりを物語るエピソードがある。一九六七年のことだが、ソ連のエストニアで行われたジャズ・フェスティバル「タリン1967」にアメリカからチャールス・ロイド・カルテットが参加した。[82] このカルテットには、ウィリス・コノヴァーが同行していた。タリンで仕事を終えた一行は、「インツーリスト」に手配してもらい、一介の旅行者としてレニングラード観光に出かける。レニングラードのジャズ・ミュージシャンたちがこの非公式訪問をタリンの知り合いから聞きつけ、相談のうえ、ヨシフ・ワインシュテインのジャズ・オーケストラが地元のジャズ・クラブでひらくコンサートに一行をお忍びで連れて行った。その晩の会場は超満員で、舞台袖にウィリス・コノヴァーがいることを疑う人は誰もいない。主催者は彼に次の曲の紹介を依頼した。ユーリー・ヴドヴィンの回想を引く。

彼の顔は誰も知らない。でも声なら、その場にいる人は誰もちゃんと知っていた。彼がマイクに近づいて次の曲を告げると、どよめきがおこり、群衆がわっと彼めがけて押しかけた。だって、ロシアでジャズを聴く人は、彼にすべてを教わったんだからね。[83]

このようにソ連当局の文化政策、とりわけラジオの受信は、きわめて矛盾に満ちている。一方で、次から次へと制限を課し、「反ソ的な放送」を非難し、一部の放送は電波妨害し、特別な技術仕様をつくって外国放送の受信を制限した。だがその一方で、数多くの措置を講じて短波ラジオの受信を奨励宣伝する――短波ラジオの生産台数は右肩上がりで増えたし、教養豊かな人間は国際人として世界の文化に精通して外国語ができなければならないと宣伝した。電波妨害は一部の放送局に限られ、していない時期もあった。無線愛好家を育成するクラブや無線技師を養成する学部がどんどん増えた。この結果、外国の短波ラジオ放送の聞き方が管理されていたのは事実だが、その一方で短波ラジオを聞くことがほぼ常識化した。だからこそ当然の反応として、ソ連の人たちの大多数、とりわけ若者は、外国の放送を聞くことを、健全で善良なソ連人の道徳になんら矛盾しないと考えたのだ。自覚的な党員でありながら同時にBBCやVOAのロシア語放送を聞くことも可能だった。エヴゲニー・ドブレンコ（現在は英国シェフィールド大学のロシア文学の教授）によると、彼の父親は大祖国戦争の戦線にいる時に入党し、生涯きわめて自覚的な共産党員だったが、長年熱心にVOAのロシア語放送を聞いていたという。[84]『ニューヨーク・タイムズ』のモスクワ特派員を戦後ながらく勤めたハリソン・ソールズベリーは、後に党書記長になるアンドロポフの別荘に招かれて長時間のインタビューをした際、アンドロポフが（ジャズ愛好家なのは有名だったが）ほぼ三十年にわたってコノヴァーの放送を聞いていることを知って驚いたと書いている。[85]

このように後期ソ連時代に短波ラジオは文化育成の強力な手段となり、想像の西側というソ連的な現象をつくりだすのに貢献した。当局はこの現象が生まれるのに直接手を貸し、なおかつこれを制限しようとした。当然ながら、こうした矛盾する措置がもたらす結果をすべて予測できるはずがない。ラジオが一役買ったのは、ジャズやロックや西側のファッションの広まりや外国語の普及だけではない。こうした関心がごくまっとうで、決して反ソではないという認識も広めた。してみれば、こうした関心や取り組みが、ヴニェの原理に基づくまったく新しい生き方をソ連の日常に広める後押しになったのは明らかだ。ソ連システムは脱領土化の進行とともに内側から変わっていく。だがこのプロセスが不可逆のシステム掘り崩しだとは、まだ認識されていなかった。

ロッ骨（こつ）レコード

西側のジャズやロックの需要は、外国のラジオ放送や映画にあおられ、また同様の音楽がソ連のレコード

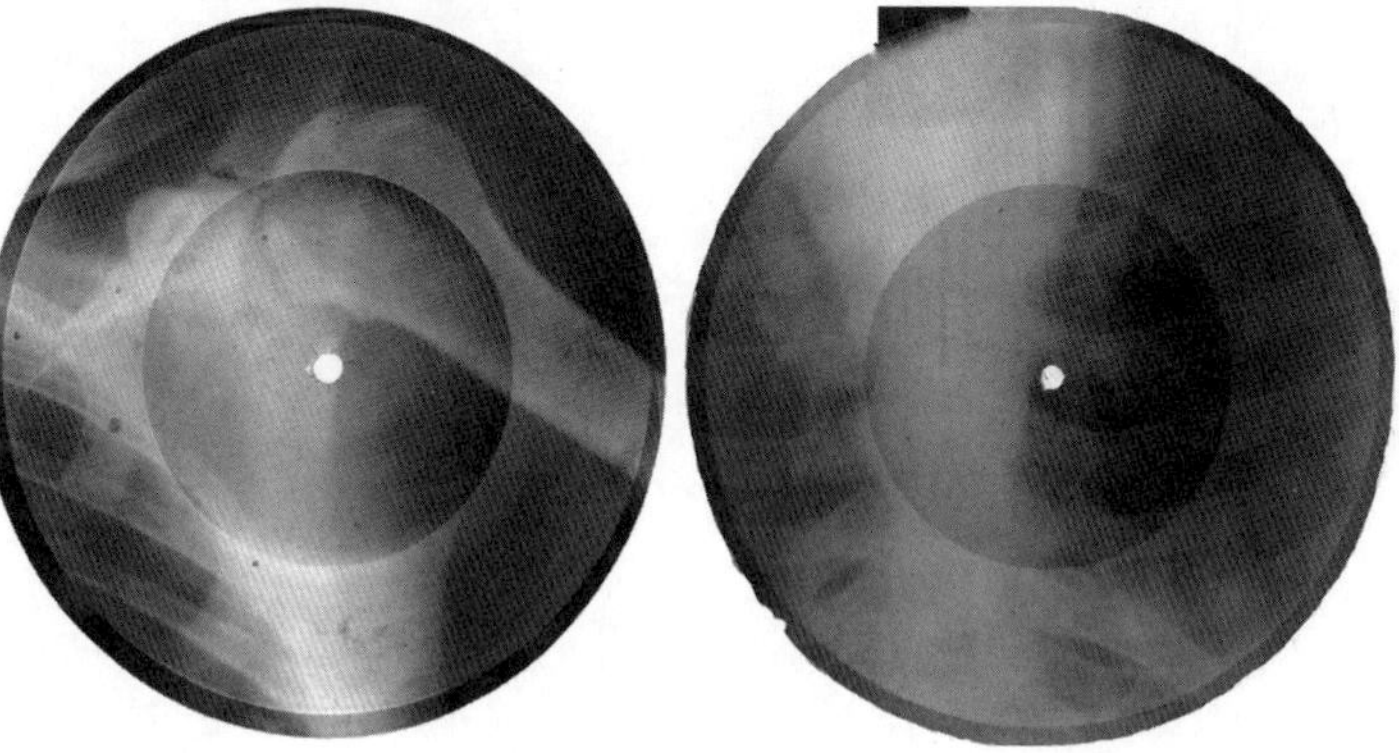

図21 「ロッ骨(こつ)レコード」、レントゲン写真をつかったレコード。著者撮影。

にほぼ皆無だったこともあって、一九五〇年代に音源コピーの驚くべき技術をあみだす。レコード盤の自作である。ジャズやロックの曲が入った西側のレコード（サンバ、タンゴ、黒人霊歌(スピリチュアル)などもあった[86]）を医療用レントゲン写真のフィルムから切り抜いた薄いプラスチックに複製するこの発明は、俗称で「ロッ骨(こつ)レコード」という〔原語は“рок на костях”（骨の上のロック）もしくは“рок на ребрах”（肋骨の上のロック）〕。後には「レントゲン出版」とも呼ばれた[87]。アルテミー・トロイツキーがこう書いている。

> これは本物のレントゲン写真で（あばら骨や背骨や折れた骨が写っている）、真ん中に小さな穴をあけ、はさみで端を丸くして、やっと見える程度の音溝がある。こんなおかしな材料に目をつけて「薄いレコード(ソノシート)」をつくった理由は、簡単だ。レントゲン写真が一番安かったのだ。病院で数百枚が数コペイカで買えた。あとは特別な機械――裏の世界の腕利き職人が古い蓄音器を改造したらしい――を使って溝を掘り、原盤のレコードや録音テープをコピーした[88]。

自作のレントゲン・レコードの由来には諸説あるが、どうやら一九五〇年代に大同小異のコピー方法が国内数カ所でほぼ同時に生まれたらしい。場所として考えられるのは、原盤となる西側のレコードが手に入り（外国航路の船員や西側観光客が持ち込む）、地元で西側音楽の手製コピーへの需要が高く、技術面の知識や設備が整う無線技術関連の大学や研究所があって複製技術を開発できる所だ。この三つの条件から浮かび上がるのは、モスクワ、レニングラード、リガといった都市である。レントゲン出版は、まずここで発生した。こうしたシナリオがありうる証拠に、この種の手製レコードがいろんな国に以前から存在しており、必要となる自作技術の確立という発想すら国外からソ連に浸透した可能性がある。例えばフレデリック・スターは、よく似た自作の音楽コピー技術がアメリカで第二次世界大戦の末もしくは終戦直後に生まれたと指摘している[89]。

国の科学振興や大学の無線技術学部にあった実験精神も、こうした発明を生む必要条件だった。レニングラードのレントゲン出版の草分けに、造船大の学生がいる。彼らが考案した機械は、レコードプレーヤー二台から成る。一つ目のプレーヤーで原盤レコードを再生する。ピックアップ・カートリッジで電気信号を拾って増幅し、特別な装置に流して機械信号に変換する。この信号が、二つ目のプレーヤーの加熱サファイア針もしくはカッターを動かす。ターンテーブルではレントゲン写真を切り抜いたレコードが回っており、感光乳剤で硬く滑らかにしたその表面に加熱針が新たな溝を彫り込み、原盤の音溝をコピーする[90]。自作レコードを売るのはまずレコード店そばの「ヤミ取引」だが、後は人づてで全国に広まった[91]。一九六一年の金融改革前は、「ロッ骨レコード」一枚が約十ルーブル、改革後は五〜七ルーブルだった。音質が悪く、値段が高くても、人気は衰えなかった。技術開発の先駆者の一人は、こう言っている。「五〇年代末から六〇年代初めに引張り凧だったのはエルヴィス、リトル・リチャード、ロックにツイスト。自作レコードは飛ぶように売れた……[92]」

こうしたレコードは、西側音楽の容れ物という以上の摩訶不思議な物体だった。ソ連のジャズやロックの愛好家が、そこに込められた皮肉を見逃すはずがない（だから、その名も「ロッ骨レコード」なのだ）。この物体があれば、摩訶不思議な音を聞くと同時に、負けず劣らず不思議な画像も見ることができる。どちらも普通の耳や目ではダメで、それを可能にするのが特別な技術や社会文化の「装備」――レントゲン装置、加熱サファイア針、外国の観光客との接触、レコードの国境密輸などだった。「ロッ骨レコード」を入手し、しげしげと眺め入ってから何度も聞くうちに、この物体はヴニェの代名詞となる。見聞きしているのは、どこにでもありながら、しかしシステムの見聞領域の外にあるものだ。換言すれば、存在は怪しいが実在し、きわめて個人的な、親密とすら言えるもの（レントゲン写真がそうである）[93]でありながら、同時にスヴァイーの公衆に属するものを見聞きしていたのである。アクショーノフが記したように、誰のものか分からない肋骨や肺のレントゲン画像に「入っていたEvery cloud has a silver lining... の歌声にはっとする」[94]その瞬間、ソ連の内臓が家庭の団欒の一部になっていた。[95]

テープレコーダー化

一九五〇年代末にソ連が実用化したもう一つの新たな技術は、想像の西側を音楽面で広めるうえで絶大な影響を与えた。「ロッ骨レコード」や短波ラジオの比ではない。ソ連の工場で製造が始まったオープンリール式のテープレコーダーである。六〇年代はじめには量産体制が整った。テープレコーダーは、録音が手軽に安くできて音質も良いため、レントゲン・レコードをあっというまに駆逐する。ラジオがそうだったように、当局はテープレコーダーを使って「正しい」音楽（お手本になる外国や西側の音楽）を聞くよう宣伝する一方で、西側の好ましくない音楽の影響を抑えようとした。だが、これまでの例と同じく、テープレコーダーはまず西側のジャズやロックを大いに広める結果になる。

テープレコーダーに録音された音楽の可否を決める当局の判断基準は、ここでもかなり微妙で一貫性を欠く。このため、相反する解釈を同じ音楽に下す可能性が開けた。この微妙な基準によれば、かつてもそうだったが、外国の音楽は、良いものは一般の勤労人民の文化と、悪いものは消費社会のブルジョア文化と結びつく。一九六一年に作曲家のカントールがテープレコーダーの音楽をこの二つに分類している。

時おり若者のパーティーで耳にするレコードは、狂暴な音、ひきつけのようなリズム、異様な叫び声、低俗な歌詞に満ちている。このような「音楽」は過度の軽薄さと陰鬱な無関心を人にもたらす。なのに、これが好きな人がいるのだ！……本物の軽音楽は明るく陽気で甘美だ。……きれいな民衆のメロディーを奏する良いジャズは、聞いていて気持ちいい。良い外国の歌には反対しない。だが、率直に言って、ロックンロールの荒々しい音楽やあの手のブルジョア「芸術」の作品は、熱中するに値しない。(96)

音楽の良し悪しの判断基準がここでも形式の「異常さ」(「狂暴な音」「ひきつけのようなリズム」「異様な叫び声」)だったため、多くのジャズやロックの作品が、その気になれば、良い音楽にも悪い音楽にも分類できた。そもそも、どれくらいなら「ひきつけのようなリズム」の「狂暴な音」かという判断は主観的で、絶対ではない。こうした位置づけは、その気になれば、タンゴにもコサック・ダンスにもワーグナーの楽劇や中央アフリカの民族音楽にも可能である。アメリカのジャズやブルースやロックでも、作品の起源を民衆音楽に求めることは容易であり(階級的に近いアメリカの黒人や貧困層の音楽)、ソ連の新聞雑誌もさんざんそう書いてきた。(97) 西側のジャズやロックにつながる道を断つこともせず、こうした説明を繰り返したために、芸術観にどっちつかずの空間が生まれる。このため、外国のジャズやロックに良い音楽があるのは確かだが、良し悪しの区別の仕方はよく分からない、となった。このどっちつかずをさらに混乱させたのが、急速に広まった音楽コピーの新技術である。西側の音楽が身の回りにどんどん増えたために全否定もままならず、次第にこれが当たり前になっていく。

一九六五年にも作曲家のジェルジンスキーが『文学新聞』への寄稿で簡単に何度もコピーできるテープレコーダーの録音の危険性を訴えているが、このときの批判の矛先は西側の音楽ではなく、吟遊詩人（バルド）という新しいソ連の歌だった（ギター伴奏で自作の詩を歌うバルドの曲は、当時ダビングテープで国中に広まっていた）。

> 今世紀六〇年代のバルドは、磁気テープで武装している。ここには……周知の危険性がある。簡単に配布できることだ。……こうした歌の多くは、わたしたちに羞恥と不快の念をいだかせ、若者の教育に大きな損害を与えている。[98]

図22　「孫娘や、カブを抜くのを手伝ってくれないかい……　——ん、ネズミがいたでしょう」　G・アンドリアノフ作（『クロコジール』、1977年第34号の表紙）

スチリャーギの場合と同じく、当局のテープ録音マニア批判は不正確で一貫性を欠く。一九七〇年代半ばの『クロコジール』誌の風刺画に、西側の最新モードに身を包んだ女の子の絵がある（図22）。裾の広がったベルボトムのズボン、厚底のプラットホーム・シューズ、タイトなTシャツを着て手にタバコのこの子は、サイドテーブルのテープレコーダーを聞いている。どんな音楽かは、女の子の服装や、部屋の壁に張ってある西側ロック・スターの写真から明らかだ。一方おばあさんは平凡な農民の服を着ていて、こう頼んでいる。「孫娘や、カブを抜くのを手伝ってくれないかい……」。後景では、おじいさんがカブが抜けなくて苦労している。孫娘は軽蔑したように、こう答える。「ん、ネズミがいたでしょう」。この風刺画は、有名な民話「おおきなかぶ」を基にしている。おじいさんとおばあさんと孫娘にイヌとネコが加わってもびくともしなかったカブが、小さなネズミが助けに来て、ようやく抜ける話である。しかし民話とちがって、現代の孫娘はおばあさんとおじいさんを手伝わない。怠け者の徒食者で、西側ロックにうつつを抜かしている。前の例でもそうだったが、テープ録音マニアの大部分は、自分や友達がこんな怠け者の図々しい若者で、両親や祖父母のすねかじりで暮らしているとは思ってもいなかった。

こうした批判にもかかわらず、ソ連製テープレコーダー（はじめはオープンリール式、のちにカセット式）の生産と人気は右肩上がりだった。年間の生産台数は一九六〇年の十二万八千台が、六九年には百万台に迫り、八五年には四百七十万台弱。ペレストロイカ前の二十五年間（六〇年から八五年）にソ連の工場が生産して人びとが手に入れたテープレコーダーは約五千万台になる。[99] この間ソ連の人口は二億一千六百万人（六〇年）から二億八千万人（八五年）に増えた。十五歳から三十四歳の若者（テープレコーダーを使って録音テープを消費する主要部分）は、八五年時に九千万人である。[100] 六〇年代から八〇年代はじめに成人したソ連の若者は、自分のテープレコーダーを持っていなかった人も含め、四六時中どこかで録音テープを耳にしていたとみて間違いない（自宅、友人宅、夏のキャンプ、ダンス・パーティー、誕生会、結婚式、ディスコ）。つまり、この二十五年間にソ連社会で巨大な文化転換がおきたことになる。ワイリとゲニスはこれをレーニンの有名なスローガン「共産主義とは、ソビエト権力プラス国の電化である」をもじって、ずばり「国のテープレコーダー化」と名づけている。[101]

このプロセスの主たる成果は、西側のジャズやロックがさらに普及しただけでなく、最後のソ連世代が自分たちの文化の文脈にしたがってこうした音楽の意味を積極的に読み替えたことにある。こうした音楽がソ連で獲得した新たな意味は独特で、ソ連の新聞雑誌で批判される時の解釈とも、「西側で」持っている意味合いとも、大きく異なることがあった。ソ連の若者の大部分にとって、こうした音楽はきわめて個人的なものでありながら同時に全体的なわれわれの音楽となっており、だからこそ世代全体の美意識や自意識に影響を与えている。タチヤーナ・チェレドニチェンコの卓見だが、同じ世代に属しているという世代感は、六〇年代から七〇年代に成長した人たちの場合、ソ連のそれ以前の世代と違って、画期的な成果や悲劇的な事件よりは「年齢要因そのもの」を中核とする[102]――つまり、共通の関心・習慣・好み、さらにはシステムの権威的言説や儀礼化した制度との応対のしかたが重要なのだ。テープレコーダーで外国のロック・グループを録音することは、もっとも顕著な現象の一つであり、これによってこの世代の人びとは自己形成したりスヴァイーとして認め合っていたのである。

外国のレコードがソ連に入ってくるルートは様々だが、特に重要な役割を果たしたのが港町（レニングラード、リガ、オデッサ、ウラジオストクなど）である。まずソ連の船員で、商船や外国人観光客の乗るクルーズ客船に乗務する者が、大量のレコードを航海先から持ち込み、コレクターや音楽の闇市場の仲買人に転売する。その後レコードは大都市で売りさばかれ、テープレコーダーでダビングされる。録音テープはダビングを繰り返し、どんどん広まる。何度もダビングするうちに音質は劣化するが、西側ロックの一定部分は数万数十万の単位で国中にコピーが出回るのだった。

選択肢の多さは、大都市に限ったことではない。中小都市も、その多くにコレクターがいて、西側のアルバムを幅広く揃えていた。ヴィクトル・M（一九五九年生）は、生まれも育ちもスモレンスク。ここで、十

三歳の時（一九七二年）に西側ロックに目覚める。ヴィクトルの思い出話によると、日曜日が来るたびに、

> 僕はオープンリールの「コメット」を担ぐと、町を延々と歩いて、もういい年のお兄さんのところへ行った。そこには、いつも新しいレコードがあったんだ。録音させてもらったのは、ブラック・サバス、アリス・クーパー、ブライアン・フェリーなど。ダビング料はレコード一枚で二ルーブル半だった。その頃みんなビートルズにいかれていたが、僕にはつまらなかった。あんなの、オジーと比べものになるか！[103]

有名なオジー・オズボーン（「ブラック・サバス」）を出すことで、ヴィクトルは定番ともいえる同年代のビートルズ熱との関心の違いを強調しているが、これはつまり当時のソ連の若者の間で西側のロックやポップスの好みが分かれ、定番を楽しむ大部分と高踏趣味の事情通とに分化していた、ということだ。しかも、この分化がソ連の中小都市でも起きているのである（この分化のさらに印象的な例は次章でみる）。

スモレンスクのレコードの仕入先は、大半がリガだった。ソ連の船員や西側の観光客が持ち込んだ品物である。一九七四年、十五歳のヴィクトルは、リガにレコードの買出しに行くようになる。

> スモレンスクからリガは、電車で一日かかった。リガにつくとすぐに音楽の「闇市」に行った。そこで買った最初のレコードはクリーデンス〔・クリアウォーター・リバイバル〕の新作アルバムで、五十ルーブル出した。[104]

ヴィクトルは、レコードをスモレンスクに持ち帰る度に、まず自分用に高音質の録音テープ[105]をつくり、それからコレクターに転売した。たいてい買った時と同じ値段だが、少し上下することもあった。主な目的は利ざや稼ぎでなく、「浪費せずに、これから先も新しいレコードを仕入れるためだった」と説明している。[106]

西側レコードの〈闇市〉は、未開封の新品すら入手できたというが、そうした場所はそこそこの大都市に

は必ずあった。当局のレトリックでは批判対象であっても、一掃キャンペーンが、ごく例外的な場合を除いて概して低調だったため、闇市はのらりくらりと姿を変え、時には場所も移しながら後期ソ連の間中ずっと存在しつづけた。ヴィクトルによると、スモレンスクの「警察は理論的にはレコードの売買活動を阻止しようとしていたが、実際はたいてい目をつぶってくれた」[107]。レニングラードも事情は似ている。レニングラードの大のロック・ファンによると、西側レコードのコレクションは「誰も許可していないが、誰も禁止していなかった」[108]。外貨所持の方がずっと危険で、ソ連のルーブルでレコードを売るなど何でもなかった。別のミュージシャンの言葉を引けば、西側ロックの広まりを阻止する国の対策が本気でないので、レコードはさほど多く出回らないが、持っていても大して危なくなかった[109]。

図23　「ディスコボール」　E・シャベリニク作（『クロコジール』、1981年第26号）

また、短波ラジオやスチリャーギの批判がそうだったように、ロックの広まりを揶揄する当局の批判も現実の出来事を歪めて伝えており、だから効果がなかった。実例として、ここでも『クロコジール』の風刺画を見てみよう。策士が西側レコードを「袖の下(ヤミ)で」あきなう絵である（図23）。この男は文字どおりレコードを背広の特製内ポケットにしまって、警察から隠している（実際に闇市で行われた手法、ただしレコードの場合は大きすぎるので無理）。背広をはだけて、買い手に商品を見せている。レコードには、当時のソ連の若者に人気だった西側バンドの名前が見える（Kiss, Abba, Eagles, BM［Bonny M］, Beatles）。売り手の体の構えと皮肉めいた作品名「ディスコボール」は、ディスクの二つの意味を踏まえている（スポーツ用語の円盤と音楽用語のレコード）。だがこの絵は、西側音楽に熱中すること自体は特に何も言っていない。批判の矛先がどこにあるのかも、よく分からない。皮肉っているのは、非合法な市場関係そのものなのか、西側の文化様式に引き付けられた通行人の関心なのか、はたまたこの関心で売人が一儲けしようとしていることなのか。また売り手も、思案中の買い手も、この絵では人畜無害で魅力的ですらあり、かつて風刺画に描かれたスチリャーギや不良とは明らかに異なる。

西側のレコードは、とりわけ新作の場合、闇市場でかなりの高値だったが、ダビングなら安いものだ。未開封の新品レコードを「ヤミで」買うと五十ルーブルから百ルーブルしたが、そこから録音テープをつくるのはゼロから五ルーブル、たいていはタダでよかった。友人知人の録音テープからタダでダビングさせてもらうのが、最もよくある音楽のコピー方法だった。このように、市場関係は西側ポップスの広がりに欠かせない一部ではあったが、音楽ファンの大半が直に接するのは、そのごく一部にすぎない。このため今見た『クロコジール』の風刺画を、西側音楽のファンの大半は自分に向けられた批判だとは思わなかった。

ことほど左様に、西側の音楽をソ連内で禁止または制限する試みは、どうにもちぐはぐだった。現象を批判しても表現があいまいで、非合法の売買は非難しても西側ロックの音楽面にはそもそも言及しない（それぱかりか、後述するが、時には当局がこうした音楽を広めるのに一役買っている）。このため音楽の全国普及が抑えられないばかりか、むしろ逆にどんどん広まりつづけ、しかも大事なことは、こうした音楽への熱中を、ソ連国民の大半、とりわけ若者世代がごく当たり前とみなし、当局の批判、たとえば投機師、闇市場、ブルジョア跪拝、徒食者といった概念は自分に直接関係ないと思うようになったことだ。実例は後述するが、多くの人はこうした熱中を自覚あるソビエト人の生き方の一例とみなすことができた。

文通

西側音楽ファンの若者は、録音テープの融通だけでなく、情報のやり取りや、バンドの写真や翻訳した歌詞（ちゃんとした訳もあれば創作訳もあった）などの交換もしている。別々の町にくらす友達が文通でロック音楽を語り合い、時には郵便で録音テープを送りあう。こんな光景が、ソ連の西半分の大都市だけでなく、ほぼ全土で起きていた。例えば、はるかシベリアのヤクーツクに、一九七〇年代半ば、レコードや録音テープを積極的に交換し合うシステムが存在していた。鉄道も通っていないこんな所でレコードとなれば、飛行機の手荷物か航空便の小包で別の町から持ってくるしかない。だから、もちろん入手は少し遅れる。西側で出てから早くて数カ月後、たいていは一年後だ。とはいえ、モスクワやレニングラードでのお目見えから大きく遅れることはない。ほかの町と同じく、ヤクーツクにもちゃんと西側ロック通がいて、最新アルバムを追いかけ、古い有名になりすぎたバンドや録音を見下していた。一九七五年三月十一日、ヤクーツクの十六歳の生徒レオニードがレニングラードの友達に宛てて手紙を書き、自分やヤクートの同級生が聞いている音楽について語っている。レオニードは、こう書く（強調は著者）。

実習の報酬を受け取った。百二十八ルーブル。すごい！　二台目のテープレコーダー「ジュピター1201」を買った。まずまずの機械。動きは最高だ。それから録音。これにハマってる。最近はじめたんだ。ともかく集めたのは、アリス・クーパーの七五年と七四年、Bee Gees, Deep Purple の「日本製」に「波の上を走る人たち」と「時の中の子供」、レコードで Deep Purple の「二十四カラット」。**時代物**（старина）——The Beatles, McCartney and Wings "Band on the Run"(110) など。Uriah Heep のアルバム二枚、ただし「ジュライ・モーニング」(111) は僕たちは時代物とみている。それからバッハ——これは最高だ。僕たちはこれにもハマっている。特にオルガン。そうそう、また君に一つ頼みたい。今度はクリーデンス。(112) お金は後で送る。何かそっち〔レニングラード〕に新しいものがあれば、それも頼む。(113)

いま一部を紹介したこの手紙は一九七五年はじめに書かれたものだが、なかなか興味深く、詳論に値する。まず注目したいのは、はるかヤクーツクで七五年に数多くの英米バンドのアルバムが録音テープの形で出回っており、しかも中には西側でその年に出たばかりのアルバムもあったことだ。順に見ていくと、まず初めがアリス・クーパーの七五年のアルバム。(114) 次はおそらく間違いで（七四年にアリス・クーパーはアルバムを出していない）、ソ連のロック・ファンに大人気だった七三年のレコード『ビリオン・ダラー・ベイビーズ』のこと。こうした間違いは、珍しくない。なにせダビングの元種はたいてい別の録音テープなので（レオニードが二台目のテープレコーダーを購入したのもそのためだ）、元のレコード・ジャケットはコレクターの大半が知らないし、書いてある情報も読めない。手紙には最新でないアルバムもある。例えばディープ・パープルの『メイド・イン・ジャパン』〔日本では『ライヴ・イン・ジャパン』の名称で販売〕は七二年だし、名作「スモーク・オン・ザ・ウォーター」（ここでは「波の上を走る人たち」と誤訳）も同じく七二年（アルバム『マシン・ヘッド』収録）、「チャイルド・イン・タイム」は七〇年である（アルバム『ディープ・パープル・イン・ロック』収録）。とはいえ、こうした最新でない曲やアルバムのすぐ隣に、七五年に出たばかりのアルバム『24カラット』(115) が書いてある。また数年前に出たばかりの楽曲やアルバムが、手紙の書き手によれば、ヤクーツクでは時代物だったという。最後の二文からうかがえるのは、レニングラードの方が新しい録音が数多くしかも早く現れること、また地方都市のファンが新たな録音をこのように友人からの郵送で、レニングラードやモスクワやリガから得ていたことである。

このほか、楽曲やアルバムやバンドの英語名が、ロシア語の文章にいとも簡単に溶け込んでいることにも注目したい。英語で書くこともできれば(Bee Gees, Deep Purple, The Beatles)、キリル文字〔本訳ではカタカナ〕で音を転写することもできたし(アリス・クーパー、ジュライ・モーニング、クリーデンス)、ロシア語〔本訳では日本語〕に訳すこともできた(日本製、時の中の子供、二十四カラット)。こうした原語・転写・翻訳も、想像の西側の不可分の要素として、最後のソ連世代には馴染み深いものだった。

さらに興味深いのは、ヤクーツクとレニングラードの若いロック・ファンが一九六〇年代から七〇年代の英米ロックに熱中するだけでなく、クラシック音楽のバッハのオルガン曲にも関心を持ち、ソ連「メロディア」社のレコードを買って聞いていることだ。この同世代にとって、バッハのオルガン曲は、その純ヨーロッパの宗教的な響きの故に、想像の西側の一要素として西側ロックと同じ重みを持っていた。[116] また彼らの見るところ(まさしくそのとおりだが)、これは音楽の基礎であり、ここから複雑な電子オルガンの曲をつくりだしたのが七〇年代の数々のロック・バンドだった(手紙に出てくるディープ・パープルもその一つ)。ソ連ではバッハの音楽は高尚文化の重要な一部とみなされており、そのことはこの若者たちも重々承知していた。だから、西側ロックの崇拝者は無教養な怠け者で高尚文化はさっぱりダメと厳しく批判されても、自分のことだと思わなかっただろう。

読み替え

当局は思い出したように西側ロックはブルジョアの害毒だと批判したが、その実この音楽への接触をかなり認めており、時には率先して広まりに手を貸した。国営レコード会社「メロディア」が、西側のロックやポップスの作品を集めた『世界一周』というアルバムをシリーズ化して出している。[117] マカレーヴィチによると、このシリーズの「世界」は主に東欧の社会主義国だが、それだけでもない。よくある曲の並びは、こうだ。「ブルガリア、ポーランド、チェコスロバキア、またポーランド、またブルガリア、ときどきフランス、そして最後の最後に一曲だけアメリカかイギリス」[118]。こうした曲の題名や作者名は、ソ連の人が受け入れやすいように、たいてい変更していた。一九六八年のアルバムでは、ビートルズの歌「ガール」が「イギリス民謡」になっている。[119] こうした名称変更の慣行は、以前からあった。五〇年代のことだが、メロディアがアメリカ・ジャズの曲名を「アメリカン・パトロール」からロシア風の「警備中」（На заставе）に変えている。[120] こうしてアメリカとの不穏当な連想の糸を断ち切ることで、国営レコード会社はこの曲を広く紹介できた。五〇年代にソ連のジャズ・オーケストラが奏でる曲の名前を変え、そのおかげでジャズ批判の絶頂期にもそうした曲を演奏できたことも思い出される。こうした事例の共通点は、当局の文化政策がアンビバレントで、ある文化様式を許可しても、その否定的影響を抑えようとすることだった。

　作品名や作者名を変えるほかに、音楽の性格づけもよく変わっている。ソ連で一番出しやすいレコードは、「抗議の歌（プロテスト・ソング）」[121]だ。音楽作品の名前や性格づけにこの手の小細工をして政治性を加味するのは、ソ連では珍しくない。一例として、マール・トラヴィスの名曲「16トン」を見てみよう。この曲は、メロディアが「抗議の歌」として発売し、ソ連のダンスホールで大人気となった。この場合「抗議の歌」という理解は、おおむね正しい。この曲が生まれ、ラジオで大ヒットしたアメリカでも、抗議の意味合いを隠そうとした。マッカーシズム吹き荒れる一九四〇年代末のアメリカでは、[122] この歌はその社会批評のゆえに否応なく疑わしい文化現象の一つになった。ＦＢＩが全米の放送局に特別勧告を出してこの歌を流さないよう求めたし、トラヴィス本人も「共産主義シンパ」の容疑者リストに入っている。[123]こうした背景があったからこそ、この歌はソ連の音楽アルバムに収録されたのだ。だがソ連の音楽ファンには（アメリカの音楽ファンも同じだが）、この曲の歌詞の内容もアメリカでの弾圧の歴史も意味がない。それより大事なのは、音楽が持つダンスのリズム、非ソ連的な響き、歌のアメリカ英語だった。マカレーヴィチによると、この歌が入ったソ連製レコードは「どこのダンスホールでも擦り切れるまで鳴らされた」し、歌詞は「信じられないようなロシア語の単語に置き換えられ」て、原曲の内容と似ても似つかぬものになっていた。[124]

外国の歌のちゃんとした意味は、分からないだけでなく、とくに後になればなるほど、さして重要でなくなる。むしろ歌詞は分からないが外国の響きがするという事実にこそ、特別な意味があった。外国の曲に、ソ連のリスナーが自分の想像した世界やヒーローを配することができるからである。よく分からないが、意味不明というわけでもない。外国の録音に対するこのような態度が、広い国土のあちこちに存在していた。ウズベキスタンの小都市フェルガナも一九七〇年代には他に負けないくらいビートルズの崇拝者が数多くいたが、ここで育った後の映画俳優アレクサンドル・アブドゥーロフと学友は、共同で七〇年代はじめにリバプール四人組の独自解釈を試みた。月日は流れ、ソ連解体後の九〇年代にビートルズの歌詞のロシア語訳が売られるようになって、アブドゥーロフは愕然とする。そこに書かれていた歌詞は、かつて自分たちが思っていたのとまったく違うものだった。[125]

一九七〇年代のソ連では、数千人の若者がこのような西側ロック・バンドの歌の解釈に取り組んでいた。文化の読み替えというこの創造的プロセスに参加することで、最後のソ連世代は西側音楽を自分のものにしていった。[126]ビートルズ、ディープ・パープル、ピンク・フロイドがローカルな文脈に変わり、その一方でこの過程でローカルな文脈が新しい、党の権威的言説にヴニェで接する、ソビエト的でありながら非ソビエト的である何かに変わったのである。例えば、画家のドミトリー・シャーギン[127]がこの世代の集団イメージを形にしようと思って描いた絵は、単語を二つ並べただけの「ТХЕ БЕАТЛЕЗ」(「ザ・ビートルズ」のおちゃらけロシア語転写)だった。こういう書き方をすると、The Beatlesや「ビートルズ」と違って、西側ロック音楽のローカルな側面が強調され、文化的な意味の生成に果たした役割の大きさや最後のソ連世代にとっての重要さがよく分かる。ここで生み出された意味は、オリジナルとは違っており、英国のバンドも当然ながら予想できないものだった。

西側のロック音楽を文化翻訳して自分のものにする過程は非常に力強くまた至る所でおきたので、理の当然として、ソ連のロックの発展に多大な影響を及ぼした。一九六〇年代末と七〇年代には、各地にロック・バンドが次々と生まれている(学校、地域のクラブ、ピオネール宮殿、夏のキャンプ、大学)。これは「アマチュア」なので公式登録された音楽グループではない。つまり国立フィルハーモニー協会やゴスコンツェルトに所属するプロのグループや楽団と違って、コンサートでお金を稼いだり「メロディア」でレコードを録音することはできない。先に見たように、こうした「アマチュア」団体は、ジャズの時代だった五〇年代にも存在していた。とはいえ、フレデリク・スターの言葉を借りれば、七〇年代はじめには、

モスクワの学校・大学・工場で、ロック・バンドが存在しない所は一つもなかった。総数は数千になる。つまり大衆文化の分野では、個人の独立したプロデューサーも数千人は活動していた。[128]

最後の一節は同意しがたい(こうしたバンドは「プロデューサー」や「マネージャー」を必要としない、というのもこの活動は経済面が欠如していた)が、このころアマチュア団体(玉石混交だが、音楽水準はおしなべて低い)が信じられないほど多かったというスターの指摘は正しい。しかも、論及しているモスクワだけ

でなく、国中でそうなのだ。ヴィクトル・M（先述したスモレンスクのロック・ファン）も、七〇年代はじめにギターを手にし、そうしたロック・バンドをスモレンスクの学校ではじめている。プロのスタジオで録音できないので、真剣なグループは、オープンリールのレコーダーで「カセット・アルバム」を自作する。後にはその中から国中でダビングテープが出回るものも出てくる。後年、この生産技術をテープ出版（マグニトイズダート）[129]と呼ぶようになる。

教養豊かな国際人たるソビエト人は文化・科学・歴史・外国語に関心を持つべきだと国が繰り返し宣伝し、またラジオや録音機を増産しつづけた結果、新たな創造熱がソ連の若者の間に生まれ、当局の予想をはるかに超える規模にまで膨れ上がった。音楽などの西側から借用した文化様式に対する矛盾ぶくみの当局の政策は、元をたどれば、もっと大きな矛盾――文化の完全な解放のためにこれを完全に統制するという国家社会主義の逆説に由来する。ロック音楽におけるこの逆説の現れは、例えば一九八一年設立のレニングラード・ロック・クラブである。これは「アマチュア」ロック・グループを糾合して表向きはコムソモールの傘下に、だが非公式にKGBの保護監視下に置くものだった。[130]ある音楽批評家が皮肉をこめて書いているように、この状況は「誰にとっても都合がよかった」――アマチュア音楽家は「一定の自由を得られる」（たとえば印刷物を出版できる、展覧会やコンサートを開ける、顔あわせの場所が持てる）し、当局は膨れ上がるロック・ミュージシャンとロック・ファンの共同体を監視できる。[131]クラブ所属のミュージシャンの大半は、KGBや党の関与を知っていたが、この締め付けが完全でなく、ある程度まで回避可能なこともよく分かっていた。例えば、クラブ所属のグループが演奏する曲の歌詞は検閲官の事前承認（литование）をパスする必要があったが、実際にはいくつかの手を使ってこの締め付けを回避するのが普通だった。一つの手は、事前に許可を得た歌詞を演奏中に変更することだ（ただし会場に公人がいない場合）[132]。セルゲイ・パラシチュクは、レニングラード・ロック・クラブに加盟するバンド「ネップ」のリーダーだが、八〇年代はじめの状況をこう語っている。

ＫＧＢの影響っていうが、俺は感じなかった。あるとすれば、歌詞の事前承認だが、一番多かったのはだますことだ。演奏しない歌詞を提出して、ハンコをもらう。それをもってコンサートに行き、全然違う曲を歌うってわけだ。(133)

違うやり方もある。例えば、大半のロック・バンドは、ペレストロイカ以前は（ペレストロイカ後期は事情が異なる）曲の歌詞が曖昧で露骨な政治批判もなかったので（第四章を参照）、検閲官と話す時に様々な解釈をでっちあげて、歌詞のイメージやメタファーを説明することができた。中には、ブルジョア諸国の政治を批判する歌だと称して許可を得た曲もある。ロック・クラブ開設から数年後に配属された専属の検閲官ニーナ・バラノフスカヤは、ミュージシャンより少し年上なだけなので彼らの作品に興味と共感を持っていた。当人の思い出話を引こう。

許可を得る方法の一つを私にうっかり漏らしたのはコスチャ・キンチェフ(134)です。彼が持ってきた「私の世代」の歌詞には献辞があって、〔この作品は〕サンフランシスコでの何とかという事件に捧げるとか、どこそこのゲットーで誰それが辱められたとか書いてある。そうやって、これがその事件に捧げた作品だというふりをするわけ。もちろん彼には分かっていた……〔それが作り話なのは〕。いつもそう。そうやって、ちょっとごまかすのね。(135)

ロック・クラブの設立以来ずっと代表を務めるニコライ・ミハイロフも同じようなことを言っている。

「様々な口実をつけて〔ニーナは〕ほとんどすべて許可してくれた。マイク[136]のある曲には、〈アメリカの攻撃をうけたニカラグアに献呈〉と書いてくれた。本当にどれほど助かったことか……」[137]

　このように、ロック・クラブに登録したバンドは、一方では新たな監視にさらされたが、他方では新たな種類の自由を与えられている。ロック・クラブのコンサートの宣伝が新聞になかったのは、催しを大衆に広める妨げになった。しかし多くのバンドが一カ所に集まり、部分的に合法化されて過酷な締め付けを免れたことは、結束力の強い、そこそこ自立したロック世界（「ロック・トゥソフカ」、第四章を参照）が生まれる後押しとなり、ロック・バンドや聴衆の進化が何倍も早くなった。こうした社会環境がさほど拘束されずに存在発展できた理由は、当局（党やコムソモールもしくはKGB）がこれを一種のレンズとみなし、これがあれば、個々人の観察だけでなく、若者全体に新たな関心や傾向がどう現れているかも観察できると思ったからだ。この逆説的な状況――把握して管理したいと望んだことが事態を急速かつ予想外に発展させた――は、先に見たカフェ「サイゴン」の雰囲気に相通ずる（第四章参照）。

　こうした環境を支配していた部分的な国家統制の下では、ありとあらゆるものがすぐに嘲笑の対象になる。ソ連システムの馬鹿ばかしさはもちろんだが、このシステムの大真面目な批判も同じ目にあう。[138] ドミトリーはレニングラード大学文学部の学生（一九六二年ザポロージェ生まれ）だが、八〇年代はじめにロック・クラブのコンサートの常連だった。思い出話によると、コンサートはどれも「奇妙なおふざけの雰囲気」で進行したが、中でも出色は「ストランヌィエ・イーグルィ」（「おかしなゲーム」の意）というバンドだった。「彼らは、ありとあらゆるものを皮肉った。今でも謎なのだが、一体どうやって出演許可を得たのだろう。ときどき問題を起こしたという噂だが、それでもコンサートはずっとやっていた[139]」

名前や「空っぽ」の記号

想像の西側のしるしは広く行き渡っており、言葉でも、特に俗称をつける際に顔を出す。まず思い出されるのが、一九五〇年代にスチリャーギがモスクワのゴーリキー通りやレニングラードのネフスキー大通りをブロードウェイとかブロードと呼んだことだ[140]。ブロードウェイやブロードを冠した通りは、ソ連各地にある[141]。スチリャーギは互いに英語名（まれに仏語名）で呼び合うことが多かった（ジョン、ジム、メリー、ジャック、ポール）[142]。七〇年代から八〇年代になると、少年少女の日常会話はロシア語の名前がたいてい英語（まれに仏語）風になる。ミハイルという名前はマイクやミシェルに、アレクセイはアレックスに、アンドレイはアンディやアンドレに、ボリスはボブに、エレーナはマドレーヌに、マルガリータはマルゴになった[143]。こうした名前が「公の場面で」使われることはない。ただソ連の文脈にまったく無縁でもなく、文学や西側のラジオ放送や音楽ではよく耳にした。西側のロック・ミュージシャンや映画俳優の名前でもあったから、日常会話にもちょくちょく登場した。六〇年代から七〇年代のアマチュア・バンドも、多くは英語の名前をつけた。山ほどある例から三つだけ紹介する。有名なモスクワのバンド「マシーナ・ヴレーメニ」の原点のアンサンブルは、英語の The Kids という名前で、マカレーヴィチが六〇年代半ばに通っていた学校でつくったものだ[144]。西側のレコードを集めていたスモレンスクのヴィクトル・M（先述）が七〇年代半ばにスモレンスクの学校でつくったバンドは、Mad Dogs だった。レニングラード第二三八学校（市内中心部の新オランダ地区）に七〇年代半ばに存在したバンドは、Mad Lorry という[145]。

一九七〇年代になるとソ連の都市や社会空間は「西側風」の俗称に覆い尽くされ、想像の西側がどこにでも存在するようになった。言わずもがなだが、当時は個人経営のカフェは存在しない。どのカフェも国営で、つける名前の選択肢も限られていた。一番多いのは、味も素っ気もない「カフェ」。同じくらい多かったのが、当たり障りのない名前で、空間や時間と無縁なもの（「微笑み（ウルィブカ）」「お話（スカスカ）」「虹（ラドゥーガ）」）もしくはソ連の常識や観光名所や地名に由来するもの（「白夜（ベールィエ・ノーチ）」「モスクワ」「ウクライナ」「夏の庭園（レートヌィ・サード）」）である。だがスラングでは、多くのレニングラードのカフェに別の名前がついていた——「サイゴン」「アルスター」「リバプール」「ロンドン」「ローマ」「ウィーン」「テルアビブ」（第四章参照）[146]。これは基本的に外国の都市名で、ソ連の新聞雑誌が文化や政治のニュースでよく取り上げるものだ——ベトナム戦争、北アイルランド紛争、中東問題（「サイゴン」「アルスター」「テルアビブ」）。ビートルズがらみや西側の有名都市もある。ただ政治的に見えても、スラングの意味合いに政治色はゼロで、想像の西側の空間につながる索引にすぎない。ソ連のメディアが言いつづけるので、こうした名前が手頃で分かりやすい記号になったのだ。

かつてのソ連の学生寮は、部屋の壁にべたべたと写真を貼っていたが、そこにも想像の西側につながる記号が紛れ込んでいる。外国の商品・町なみ・ミュージシャン・車の写真や地図であり、さらにレニングラード大学の学生ドミトリー（先述）の言う「ソ連の美術館では見られない西側アヴァンギャルド画家の絵のポスター」[147]である。アメリカの学生アンドレア・リーが一九七八年秋から七九年春にモスクワ大学のレーニンが丘の寮に住んでいる時につけていた日記（後にアメリカで出版）に書いているのだが、ソ連人学生の部屋の壁が西側の記号で一杯なのに驚いたという。コムソモール書記のグリゴリーの部屋ですら、壁に「飾ってあるというより、ほぼ全面を覆い尽くすかのように飲み物や自動車の広告写真が貼ってある。これは、知り合った外国人にもらったアメリカの雑誌から、グリゴリーが丁寧に切り抜いたものだった」[148]。

かつてソ連の少年の間で、外国の飲み物の空き瓶、外国ビールの空き缶、外国タバコの空き箱、包装紙やラベルなどを使って装飾品をつくり、部屋の本棚やタンスを飾ることが流行った。この箱や缶や瓶の多くは〈空っぽ〉である——西側のタバコや飲み物はソ連の店では売っておらず、若者の手に入るのは、インツー

図24　ソ連の少年の部屋、ウラジーミル市、1981年。

写真は、この部屋の主アンドレイ・ヴラソフ（1960年代半ば生まれ）を紹介する自画像である。左側の机の上にはソ連製テープレコーダー「マヤク202」（キエフの「マヤク」工場製、生産開始は1974年）、右側の壁には外国タバコの空き箱のコレクション、机の上にはアンテナを伸ばしたソ連製短波ラジオ受信機VEF-201（リガのVEFラジオ工場製、生産開始は1969年）とチェコのお酒べヘロフカの空き瓶。壁には西ドイツのタバコ会社ASTORのポスター、ロック・スターの写真、録音テープのコレクション、右側にブレジネフの肖像写真、その右側の小さな黒枠の写真はジョン・レノン（レノン殺害は前年）。部屋の主の装いは「西側風」――ジーンズ、革のカントリーシューズ、首に蝶ネクタイ、髪は前を短く揃えた長髪（「ロック・スタイル」）。座り方も「非ソビエト的」（足を組むアメリカ風）で、「カクテル」を飲んでいる。

写真提供：オリガ・シェフチェンコ

図25　1970年代のソ連の若者の部屋。部屋の主の左側にあるのが手に入れたばかりのソ連製テープレコーダー「ジュピター202」（キエフの「コムニスト」工場製、生産開始は1974年）、後ろの壁に外国タバコの空き箱のコレクション、左の棚に録音テープとレコードのコレクション。

リストのホテルのバーかどこかで誰かが飲んだり吸ったりした後しかない。中身が空っぽでは無意味そうだが、実はまったく問題ない。むしろ重要かつ大事な点だった。空っぽなので包装物は消費物の文字通りの意味から自由になり、外国の文脈から解き放たれ、象徴記号の「コンテナ」として想像の西側を詰め込むことが可能になる。こうした包装物の大事な点は、ほかとは違う、すぐに「西側」と分かる質感である。材料の外見や触感、場合によっては匂いといったもの、美意識、デザイン、印刷、色、絵といった表面に記されたものだ。その特異な質感ゆえに、こうした抜け殻がいわば入り口（ポータル）の役割を果たし、次元の異なる非ソビエト的な「あちら」へと人びとをいざなうのである。これを使えば、個人の空間にヴィェの次元が付け加わり、想像の西側という世界につながる。だからこの世界は、質感がある（五感で確かめられる）と同時にバーチャルでもあった（質的には「空っぽ」の抜け殻なので、コンテナとして機能し、そこに製品の生産者にもソ連当局にも分からない新たな意味が「流れ込む」）。

　記号としての空っぽが重要な特徴なのは、何も外国の消費物資に限らない。「文化商品」の音楽作品や言葉も同じである。外国のロック・バンドの曲の歌詞も、機能から言えば、ほぼ「空っぽ」な記号の材料であり、簡単に新たな意味を持たせられた。また耳慣れない単語やでっちあげの「英語」表現（たとえば英語もどきに発音した言葉）には、想像の西側につながるリンク機能があった。この場合、単語や表現の正しい意味が分かっているとか、本当にそうした意味なのかは問題ではない。一九八〇年代はじめ、多くのソ連の大学生が、ヤミで手に入れた外国製のビニール袋をもって授業に現れた。ノートや教科書が入ったこの袋は、表面に絵や写真が印刷され、時には外国語の単語が書いてあるだけだが、この文脈で大事なのは、ラテン文字の変わったデザインが想像の西側につながっていることだった。レニングラード大学の学生ミハイルが七〇年代末に通学時に使っていたビニール袋は、英語でニューヨークのコインランドリーの名前と住所が書いてあった。文字通りの意味は、記載事項をロシア語に訳せる一部の学生でも分からない。コインランドリーという概念が、ソ連の文脈になかったからだ。それでも、袋の文字は無意味ではない。別の文字と言葉だが一部は理解できる（たとえばニューヨークという地名）のですぐに「西側」だと見分けがつく。このため袋の文字は、ソ連の日常を別次元の想像の西側に結びつけるのだった。

一九七〇年代末から八〇年代はじめにソ連を訪れた外国人観光客は、街中で時おり理解しがたい奇妙な光景を目にした。街行く人の多くが、それこそ質素な身なりの老婦人も含めて、手に外国製のビニール袋を持ち、しかも表に細身のジーンズをはいた半裸女性のいかがわしい絵が描いてあったりするのだ。外国人にしてみれば、老婦人がこんな絵をこれ見よがしに持っているのは理解不能だし、不釣り合いも甚だしい。だが道行くソ連の人にしてみれば、当然ながら、これは何も不思議はない。この絵がありのままに、文字通りの意味で「読まれる」ことはまずなく、意味レベルはほぼ「無色透明」だった。絵の役割は、別のところにある——「空っぽ」の抜け殻（ちょうどビールの空き瓶やタバコの空き箱のように）だが、明らかに西側のモノだと分かることだ。ビニール袋の意味は、具体的な会社（ジーンズの製造元）の表象なり具体的なイメージ（半裸のセクシーな女性）との同一化ではなく、袋が生み出した新たな機能にある。ビニール袋は、想像の西側という空間とつながっており、リンク先としてこの空間と直結させる役目を果たしている。街行く人はこの袋を見るたびに、想像の西側という空間がソ連の文脈に浸透し、今やいつでもどこでも存在することを確認する。また袋を持つことは、この想像の空間と直につながっていることを示す、一種のステータス・シンボルにもなっていた。換言すれば、こうしたリンクがあちこちに現れ、社会文化空間の形成にも人間の主体性の形成にも影響を与えていたのである。重要なのは、こうした記号を複製しつづける行為に個人が加わっていたことだ――ビニール袋を持ち歩いて見せびらかす（こういう袋は、破れないように丁寧に扱い、こまめに洗って乾かした）、「西側」のロゴの入ったTシャツを着る、自室に「西側」の展示物をつくる、テープを聴いて交換する、音楽グループのことを語りあう、互いに外国風の名前をつける、などなど。想像の西側をつくりながら、ソビエト的主体は自分をつくっていたのである。

真正性の意味――レーベル、ブランド、舶来

一九六〇年代から八〇年代にあった想像の西側という記号には、パフォーマティヴの好例だが、若者のスラングで「レーベル（レイブル）」「ブランド（フィルマー）」「舶来品（フィールメンナヤ・ヴェーシチ）」と呼ばれる概念がある。一九八五年の『文学新聞』が、ソ連の学校であった若者のファッションについての討論会をとりあげ、辛辣な口調でこの若者言葉を紹介している。討論会の席で、ソニカという女の子がある流行のモノについて質問をした。

どこに「レーベル」があるの。するとみんなが一斉にソニカに食って掛かる。「何よ、その言い方。〈レー

ベル〉って何か、私たちが教えなかったみたいじゃないの」。ソニカは半泣きで説明する。「レーベル」とは小さなラベルのことで、舶来品には必ずついている。今年、輸入物のパーカーをもらったが、そこにも「レーベル」がついていた。(149)

女の子の説明には、この概念のソ連特有の意味が驚くべき正確さでとらえられている。ソ連でレーベルと言った場合、語源である英語の単語と同じく、ある商品に付された商標やタグやラベルを意味する。真正性を担保する印ではあるのだが、真正性の理解のしかたが、ソ連と西側とで違っている。レーベルの重要な役割は商品にマークをつけることだが、ソ連の文脈では、ある会社の製品ではなく（この点も重要だが、絶対ではない）、原則として西側の製品（厳密には想像の西側の一部）として意識される。どんな商品も、こうしたマークがつくと「舶来（フィールメンヌィ）」となる。日本の有名企業ソニーのテープレコーダーはもちろん「舶来」だが、誰も知らない会社のテープレコーダーやボールペンでも、明らかに西側（もしくは日本）製であれば、これも「舶来」である〔ソ連では、AKAIの電化製品がソニーに匹敵する人気を誇った〕。

ソ連的な意味でのレーベルや舶来品の特徴は、一九七〇年代の様々な服の値段を比べてみると、よく分かる。西側の有名企業の製品が高いのは当然だが、無名の「西側」企業でもガタ落ちとならず、時には同等の値をつけた。ソ連で名の通った米国ブランドのジーンズ（Lee、スーパーライフル、ラングラー）をヤミで買う場合と、非西側製のジーンズ（ポーランドの「オドラ」、インドの「ミルトンス」、ブルガリアの「リラ」）をソ連の国営店で買う場合の値段の差は正に桁違いで、前者は百五十から三百ルーブル、後者は十五から三十ルーブルだった。(150) しかし、有名な米国ブランドと無名の西側ブランドだと、ジーンズの値段に大差はない。ヤミ市場には、無名だが西側ブランドのジーンズ（フィンランド製、イタリア製、ドイツ製など色々あった）が、有名ブランドに負けず劣らず出回っていた。別の例をあげよう。女性の本革ロングブーツの通常の区別は、靴ブランドの有名無名ではなく、「イタリア製」「フランス製」「スウェーデン製」などだった。大枚をはたく最大の理由は、具体的な「ブランド」ではなく（もちろん有名ブランドは無名ブランドより少し高かった）、舶来性、つまり、しかるべき「西側」の質感の商品であることだった。

また想像の西側とつながることが大事だったので、そこそこ舶来だが実は国産という場合もありえた。これに当たるのが、実在の西側企業のコピー商品や、単に「西側風」に作ったモノである。とはいえ、偽モノだと分かった瞬間に想像の西側とのつながり、すなわち舶来性が減じる。このため西側有名企業のジーンズの国産の偽モノは価値が低く、無名だが本物の西側企業のジーンズより格下だった。偽モノは、どんなに精巧でも、国産である限り、本物の舶来品と同等の高値がつくことはなかった。

リューバ（一九五八年生まれ、第三章で見たコムソモール活動家）が出会った国産の偽モノ西側ジーンズの上物は、本物とほとんど区別がつかないという。リューバの知り合いのレニングラードの仕立屋が、偽モノの西側ジーンズをつくっていた。「舶来」（イタリア製）のデニム生地を使い、リューバの話では「型紙もステッチも、細部にいたるまで本物」、縫いつける部品のボタンもファスナーも会社のロゴも本物（時には偽モノ）だった。リューバは西側のファッションに関心があり、西側ジーンズなら、友達と何度となく品定めして細部まで熟知していた。だが偽モノの多くは極めて出来がよく、リューバですらだまされたことがある。

リューバの話。

……夫と二人でしたヤミの買い物に、私のデニムのシャツがあります。本物だと信じきっていました。見事な仕立てで、ぱりっとした服です。レーベルもちゃんとありました。何かの拍子にこれが精巧な偽モノだと

分かった時の私たちの落胆といったら、ありません。(151)

服についていたレーベルは、リューバの知らない会社だった――「あれは、たしかBlue jeansかBlack flagでした」。だが、それは問題ではない。偽造されたのは、この場合、実在の会社の商標ではなく、購入商品の西側起源であり、その結果、「舶来性」の度合いが大きく下がったのである。人びとは念入りに点検して、モノが本当に西側起源なのかを確かめようとした。再びリューバの話。

……私たちはステッチの一つひとつに目を凝らし、足の部分をためつすがめつひっくり返し、湿ったマッチで生地をこすって染料が本物かどうか確かめ、事細かにボタン、リベット、ファスナー、レーベルを一つずつ確認しました。これが舶来ジーンズでないと分かっていたら、誰だって百八十ルーブルも出さなかったでしょう。どんなに上等な縫製で、本物と見分けがつかなくてもです。(152)

ソ連の地方にいる若者が大都会にいる友達に「舶来ジーンズ」(録音テープと同様、国中に広まっていた、ただし数は少ない)を送ってくれと頼む場合、ジーンズのブランドを指定することはまずない。大事なのは、明らかに西側起源の舶来であることだった。一九七五年春のことだが、アレクセイという十七歳のヤクーツクの青年が、小学校の時の友達で少し前に両親とレニングラードに引っ越したニコライに手紙を書いて、「ジーンズ」を送ってくれと頼んでいる。もちろん舶来ジーンズのことで、メーカーの指定はない。舶来の衣服の入手は、レニングラードの方がヤクーツクよりはるかに楽だった。一九七五年四月二十一日のアレクセイの手紙は、締めくくりにニコライにこう書いている。

そうそう、ジーンズのこと。五月前はどのみち買おうにも間に合わないだろう。だからコーリカ〔ニコライの愛称〕、五月でいいから頑張ってみてくれ。よろしく頼む。ジーンズは夏の必需品だからね。[153]

次の七五年五月十四日付の手紙で、アレクセイはこらえきれずにニコライに催促している。

コーリャ〔これもニコライの愛称〕、くどくど書いてすまないが、もう一度ジーンズのことを頼みたい。そっちは、買える〔のか〕ダメ〔なのか〕どっちだい。コーリカ、君だって分かるだろう、夏は目前だし、ジーンズは夏の必需品だ。あるなら買って送ってくれ。お金はすぐに送る。サイズをもう一度伝えておく。ウエスト四十八、股下四か五。[154]

ニコライの別の友人アレクサンドル（ノヴォシビルスク大学の学生）が二年後の一九七七年七月十日にノヴォシビルスクからレニングラードに送った手紙も、同じようにジーンズの入手を頼んでいる（手紙ではジーンズのことを当時の若者俗語でシタヌィと書いている）。舶来ジーンズのことを言っている（ソ連製やポーランド製やインド製のジーンズではない）のは、アレクサンドルが書いている値段から明らかだ。

ニコライ、前便で君は、ボクのシタヌィは十八・〇って書いてたよね。これは、どういうことだい。十八ルーブルなら安すぎるし、十八チェルヴォーネツ〔百八十ルーブル〕なら高すぎる。それだけ出すならここでも買える。それに、たしか二人で話をした時、安く手に入ると請け合ったじゃないか。ともかく詳しく書いて知らせてくれ。返事を待ってる。[155]

こうした諸々のレーベル、舶来の服装スタイル、ビジュアル・イメージは、先述した西欧風の名前、録音テープ、言語表現といった例と同じことだが、若者文化の広まりを示す記号であるとともに、別の記号、いわばリンクとなって、ソビエト空間やソビエト的主体を別次元の想像の西側とつないでいた。こうした記号やモノがソ連の若者に大いに魅力的だったのは、これを使えば、誰もが創造的生産に加わって、リアリティある共通世界――ソ連でもなく現実の西側でもない世界、ソ連の現実に組み込まれているが常に新たな意味を付与される世界――をつくりだすことができたからである。

こうした想像の西側のリンク機能が、同様の記号が西側の文脈で持つ文字どおりの意味と根本的に違うのは、前者の場合、一つの空間に共存できる文化の記号が実に様々で、ロシアの古典文学からソ連イデオロギーの記号まで多種多様なことだ。八〇年代はじめのレニングラード大学の学生寮のとある部屋は、ドミトリー（前出）によると、イギリスのロック・バンド、ポリスとマッドネスの写真の隣に、フェリックス・ジェルジンスキー〔KGBの前身にあたるチェーカーの初代議長〕の肖像画があったという。この部屋の主は、ドミトリーより少し年上で、入学前に兵役でソ連軍に入り、アフガニスタンで戦った経歴の人だったので、ジェルジンスキーに敬意を払っていたのだろう。これほどの混在は、もちろん稀な例だが、こんなことが可能だった事実そのものが、言ってみれば多くを物語る。ドミトリーの部屋も、イギリスのロック・バンドの写真の横に、チェーホフの胸像とチャイコフスキーの肖像画があった[156]。レニングラード工業大学の学生でヤクーツク出身のニコライ（ヤクーツクとノヴォシビルスクの友達が送ってきた手紙は先に紹介した、第六章も参照）も、部屋じゅうがビートルズの写真で埋め尽くされていたが、本棚には数年間こつこつ端本を集めて揃えたレーニン全集が鎮座していた。また前出の**図24**では、ブレジネフとジョン・レノンの肖像画が同居している[157]。

ソ連の「レーベル」や「舶来品」といった概念の特性をさらに明らかにするため、比較対象として「ブランド」という西側で広まっていた、またソ連解体後はロシアでも大いに広まっている概念を考えてみよう。ブランドとは、これも消費財に付された商標である。ブランドの役割は、商品が本物だと証明することだ。

しかし、この機能が発揮される仕組みは、少し入り組んでいる。ローズマリー・クームによれば、西側的な文脈のブランドは、これを二つの異なる方法で行っている。第一に、ブランドは消費者への約束であり、目の前にある商品が、オリジナル（会社がまとめた商品デザイン、音楽アルバムのスタジオ録音など）の真のコピーであると請け合っている。第二に、ブランドの機能は製造者が商品に残した指紋のようなもので、目の前の商品と製作者との間に物理的な接触があったことを証明している。[158] 明らかに、この二つのブランドの機能は同じではない。たとえば有名ブランドの上出来の偽モノは、一番目の機能を備えている（オリジナル・デザインの正確なコピーである）が、二番目の機能は備えていない（製作者と実際に接触した証明がない）。二つの機能の違いを如実に物語る例として、今度は二冊のまったく同じ本だが、一方には最初のページに著者のサインがあり、他方にはない場合を比べてみよう。どちらの本も、オリジナルの正確かつ理想的なコピーだが（ブランドの第一機能）、製作者との生の接触の証明に差がある（第二機能）。この違いが影響して、たとえば両者の値段に差がつくことがある（著者のサイン本が高く評価される[159]）。

ソ連の文脈で想像の西側とつながっている文化様式・記号・モノや表現には、実は共通する特徴がある。本モノ偽モノ、はたまたでっちあげの「西側」の記号を問わず、肝心なのはブランドの第二機能——想像の西側と物理的に接触したことを証明する機能なのだ。西側の有名企業の本物のレーベルがジーンズやレコードについていても、気にするのは品質保証よりも接触証明の方、想像の世界がソ連の生活の表面に残していった一種の指紋の方なのだ。まさにここに「舶来」の本質と価値がある。だからこそ、ボブという愛称やスーパーライフルのジーンズやロックの録音テープが、シンボル機能として類似物なのだ。

以上から分かるように、当時のソ連に大量に出回っていた想像の西側の記号は、生活の消費主義的態度とかソ連の若者のブルジョア文化かぶれなどと短絡してはならない。ソ連的な文脈が比較可能なのは、むしろ西側の「反消費主義的」な行動である。一九八〇年代のアメリカの学生の流行だが、ジーンズやジャンパーなどの衣服から会社のタグやラベルを切り取ったり、会社のロゴが入ったセーターを裏返しに着て読めなくすることがはやった。こうすることで、衣服のブランド帰属をなくそうとしたのだ。資本主義の文脈におけるこのような消費財の再解釈は、ポール・ウィリスの考えでは、若者の一種の異議申し立て――ブランドが至る所で覇権を持ち、必然的にブランド消費をさせられて主体が「画一化する」ことへの反発である[160]。しかし、こうした行動を資本主義の価値システムへの抵抗と見ない方がよい。ブランドは、見えなくなったが、西側の若者の好みをつくる役割を失っていない。ブランド物のジーンズは、ロゴを取ってはいるが、相変わらず身に着けており、穿かないという選択肢は存在しない。

ソ連で試みられた、自分で「西側」のレーベルやシンボルや名前をつくったり、西側のシンボルやレーベルや表現を引用したりといった取り組みも、同じように見るべきである。ソ連の文脈で重要なのは、レーベルがよく見えることだった。だからこそ、ズボンやジャンパーの内側にある外国のラベルを外側に付け替え、セーターやスキー帽にはＳｋｉとかＬｏｖｅといった英単語が入ったものを選び、ビールの空き瓶やタバコの空き箱で装飾品をつくったのである。こうした行為に及んだのは、資本主義のようなブランドの覇権のせいではなく、ソ連の権威的言説が力を持ち、これが硬直・儀礼化してソ連の日常にあふれていたからだ。想像の西側につらなる記号やレーベルやモノや表現を使って、ソ連の若者は身の回りの文脈を再解釈した。その際、日常を支配する権威的言説の意味を変えるが、社会主義や、その可能性・原則・価値といった基本的な文化の文脈は無視しなかった。アメリカの若者がやったのも同じだが、コンテクストを支配していたのはブランドと市場の言説だった。こちらはレーベルを「見えなく」したが、ソ連の若者は逆に「見えるように」した。こうすることで、どちらも周りの現実の意味を変えるが、それでも支配的な政治「体制」への直接の抵抗に加わることはない。どちらの場合も、こうした行為は、政治体制の部分的再生産（資本主義のブランドの覇権なり党の権威的言説の覇権）に手を貸している。だがソ連の場合は想像の西側を導入したことで現実の意味の転換がおき、ソ連システムが後に予想外の崩壊に至る土壌をじわじわと目に見えない形で準備していた。

道徳のジレンマ

音楽とファッションの例もそうだったが、一九七〇年代から八〇年代のソ連の新聞雑誌が批判の目を向けたのは、ソ連の若者が西側の記号や商品やレーベルに関心を持つことよりも、そうした関心が度を越して道徳面の未成熟やエゴイズム、はたまた知的怠慢と映ることだった。こうした批判の結果も、これまた単純ではない。七四年の『クロコジール』誌の風刺画（**図26**）は、二人の長髪の若者が裾の広がったベルボトムのズボンを穿いている。一人はタバコを吸って手にギターを持ち、ズボンの尻の当て布に英語でＣｏｗｂｏｙとある。言うまでもなく当て布は自作で、服に「舶来性」を与えるためだ。もう一人の若者が感心して尋ねている。「お前こんな当て布、どこでせしめたんだ」。次の風刺画（七八年、**図27**）は、見栄っ張りの若者が泣きわめいて年老いた母親に駄々をこねている。三つ目の風刺画（八一年、**図28**）の息子が着ている服や周囲の記号は、どう見ても非ソビエト的である。ジーンズにはＬｅｅのレーベル、酒瓶の銘柄はマルティーニとウイスキー、壁にはペプシコーラの広告オブジェと、ビキニ姿の女性に英語でＤＲＩＮＫと書いたいかがわしい外国のポスター。ベッドの横には、短波ラジオＶＥＦがある（若者が短波ラジオ、すなわち外国の放送を聞いているのは、アンテナが伸びていることから分かる）。

この風刺画にしたがえば、「西側」の服や音楽やイメージに関心を持つのは、不道徳で恥知らずな無教養の若者であり、真面目に働かないで「西側文化」にうつつを抜かす脛かじりとなる。かつてもそうだったが、こうした批判は、ソ連のふつうの若者に想像の西側への関心を広めることはあっても、自分は怠け者の不道徳な人間だと連想させることはない。外国の音楽やファッションや言葉への関心が、学業や仕事や「高尚文化」への関心と共存していたからである。この点で興味深いのが図24と図28の比較である。図28の『クロコジール』の風刺画の中心人物の服装や髪型、さらには周辺の細部は、図24のウラジーミルの青年の写真と驚くほど似ている（例外は、後者の部屋のブレジネフの肖像画）。しかも風刺画も写真も一九八一年である。しかし、写真の若者が自分のことを風刺画のような恥知らずのろくでなしと思うことはないだろう（風刺画では年老いた母親の存在が不道徳性を強調している）。

　とはいえ、こうした価値カテゴリーの混在は、人びとを一風変わった倫理問題に直面させることもあった。例えば、西側のジーンズやブーツや化粧品やレコードへの関心を異常だと思わない人でも、転売を生業とする人（闇屋や売人）を見る目は、たいてい否定的で懐疑的だった。西側のモノを買う時に困惑や恥ずかしさを覚えるのは、自分の関心のせいでなく、こんな人と関わらざるをえなかったためであることの方が多い。レニングラード大学の学生でザポロージェ出身のドミトリー（前出）の語るジレンマは、一九八〇年代はじめに大学の学生寮でおきたことである。

> 西側のモノを入手するルートは色々あった。でもボクみたいなのは手が出せない。お金があるだけじゃダメで、目端が利いてずる賢くないといけない。ジーンズを〔大学の寮内で〕売っている人〔闇屋〕は、ボクの関心外だし不快だ。はっきり言って、あんな奴らと共通点を持ちたいとも思わない。もちろんボクも服装には好みがあって、入手は大変だけど欲しいものはあった。例えば、ジーンズ。でも、しゃかりきになってこの願

図26 「お前こんな当て布、どこでせしめたんだ」B・スタルチコフ作（『クロコジール』、1974年第28号）

図27 「〈スーパーライフル〉のジーンズじゃなきゃあ、ハンストだ……」 E・ゴロホフ作（『クロコジール』、1978年第23号）

図28 「母さん、生きてくお金をくれないなら、なんでボクをこの世に生んだんだい」I・セミョーノフ作（『クロコジール』、1981年第13号）

いをかなえるのは気が進まなかった。ボクの周りでは、ほとんどの学生が同じ気持ちだった。闇屋を個人的に知っているとか、友達だなんていう人はほんの少しさ。[161]

闇屋は一握りの人たちだが、世間の人と違うのは、「ずる賢い」だけでなく、売り買いや儲けにあからさまな関心を示し、外国人と接する際は猫かぶりや時には卑下すらためらわない。少なくとも、世間の闇屋認識はそうだった。こうした「ふつうの」若者と異なる闇屋のイメージは、『クロコジール』の風刺画に見られる棘のある描写と見事に重なる。一九七八年から七九年にモスクワ大学に留学したアメリカの学生アンドレア・リーの体験記に、オリガという名の闇屋が出てくる。この闇屋は、外国人のところを回って、ロシアのイコンや小箱をアメリカ製の衣服と交換していた。外国人留学生が住んでいるモスクワ大学の寮の一角にオリガがやって来て、初めて顔をあわせた時のことをアンドレア・リーは、こう書いている。

> オリガは数分後には、ピンクのマニキュアをした白い手で私のジーンズや服をなでまわし、縫い目や材質を確かめては合間あいまに感想を言うので、そんな気はなかったのに、ヤミ市場のことがすっかり分かってしまった。「とってもきれい」――デニムのジャケットを見ながらオリガが言う。「これは二百ルーブルは堅いわ、二百五十ルーブルになるかも……」「これは何、パンティー? すごいわ、一枚二十ルーブル、いや三十ルーブルね。ロシアの女の子は、きれいな下着がなくて大変なの。そうそう、あなたの眼鏡のフレームか、このかわいい傘を売る気はない?」……検分は、トム〔アンドレアの夫、同じくアメリカの学生〕の持ち物、私の化粧品、二人の蔵書、レコードと続く。どれも相応の高値がついた。レコードは一枚五十ルーブルから七十五ルーブルだった。このどれもがオリガを興奮させ、単なる商売上の関心とは到底思えなかった。隣に立っている、ほのかに香水を漂わせた人の、せかせかした手の動きと爛々と輝く目を見ているうちに、色んな

感情がないまぜになって浮かんできた——犠牲者の役を強いられた苛立ち、こんなにモノ持ちである罪深い誇らしさ、オリガの病的な勘定高さへの嫌悪感。[162]

闇屋がこのように無遠慮で勘定高い、ぎらぎらと強欲な目をした輩と見られているからこそ、ドミトリーの周りの多くの人が、ジーンズや舶来品が欲しくても、接触を避けるか最小限にとどめたのである。最終的にドミトリーもアメリカ製ジーンズを手に入れたが、親しい友人を通じてだったので、闇屋と直に接して他人の目に打算的な商売人と映るリスクを回避できた。後期ソ連世代の特徴だが、ヤミで出回るモノは手に入れたいが、不道徳な商売人と連想されるのも嫌だと思っていたのである。この二面性こそが逆説に満ちた価値観を理解する鍵であり、ソ連の人びとが想像の西側に惹かれたのも、ここに起因する。[163]

ここまで説明すれば分かってもらえるだろう。コムソモール書記が共産主義をたたえる演説をしてコムソモールの活動を組織する一方で、外国のジーンズをはいて西側音楽に熱中し、友人どうしで英語のあだ名を使う現実を、ソ連の若者の多くは何も疑問に思っていない。ソ連システムの権威的言説と想像の西側の言説とは、相反する記号システムではなかった。むしろ多くの点で依存しあう相関システムであり、奇妙な形で共生していたのである。権威的レトリックがソ連の日常を支配していなければ、想像の西側の言説は存在できなかっただろう。裏を返せば、いくつもの非ソビエト的な世界がソ連システムの内部に存在しなければ（その一つが想像の西側）、ハイパーノーマル化した[164]権威的言説の再生産は不可能だったはずだ。ただ、この二つの記号システムは共生していたものの、この共生状態はソ連システムに無害ではなかった。想像の世界が社会主義社会の中にいくつも現れて広まっていくことで、このシステムの文化ロジック全体がじわじわと気づかないうちに変わってゆき、内側から脱領土化され、あるべき姿との齟齬が次第に大きくなっていった。

現実の西側

一九八〇年代末にペレストロイカのおかげで神聖なるソ連国境が開きだすと、降って湧いたように想像の西側と大きく異なる現実の西側が立ち現れる。この結果、すべてが変わった。想像の西側の記号空間も、これを育んだソ連システムと運命を共にし、あっという間に跡形もなく消えていった。最後のソ連世代にとっての驚きは、自分たちの想像の世界とソ連システムとが実は不可分の関係にあったという発見である。八〇年代末に多くの人が初めて西側に行くが、[165]その時の一番の発見は、彼の地の生活水準の高さではなく（西側の人たちの身なりや車や商店の様子は、いちおう想像の範囲内だった）、現実の西側が何とも当たり前で平凡すぎるという思いもかけぬ事実だった。この世代の一人、レニングラード出身の音楽家マラート（一九五六年生まれ）が八九年に初めてロンドンを訪れた時の思い出話だが、驚いたことにロンドンの道は埃まみれ、下着がバルコニーに干してあり、猫が窓辺でまどろんでいた——どれも灰色で退屈な日常の代名詞で、ソ連の現実を思わせるものばかりである。美術家のエカテリーナ・デゴチ（一九五八年生まれ）が初めて西ドイツを訪れた八〇年代末に驚いたのは、ドイツの森や公園で度々目にした白樺だ。この木は、ソ連の文脈ではロシアの、いやソ連的とすら言えるもので、想像の西側の文脈ではありえないことだった。[166]

想像の西側がソ連の文脈の不可分の一部だったことを裏付けるのは、初めて西側諸国に行って西側の散文的な日常を目の当たりにした時の幻滅だけではない。平凡さに驚きながら、と同時にそうした実例を次々と探したがる衝動も、これなしには考えられない。アクショーノフの作品に、こうした発見と幻滅を同世代のソ連亡命者が十年早くアメリカで体験していたとの記述がある。かつて五〇年代から六〇年代のソ連において想像のアメリカは、彼の仲間の生活の一部だった。陽気な屈託のない世界で、奇抜な名前と音とイメージに満ちていた。アクショーノフは、こう書いている。彼らにとってアメリカとは、普遍的コスモポリタニズムの行き交う場所そのもの。テレビの天気予報でいつもニースの水温やキリマンジャロの積雪を報じ、ニュースはスペイン王の靴の新調や中国共産党の権力闘争やニューギニア奥地でのマルクス主義の台頭などを伝える。

退屈という概念は、このイメージに一片もなかった。

どうしたら退屈になれようか、インディアナポリスという名の街や、冒険の風が吹くミネソタという名の街で。さらに夜になれば広告を点滅させるサービスの島々――PIZZA HUT、BURGER KING、EXXON、K−MART、GRAND UNION。巨大な駐車場、車に向かう人影はまばらで、ヘッドライトの光が動く……

だが現実のアメリカを目にして、想像の世界は崩れ去る。

多くの亡命者の述懐だが、アメリカの退屈さには唖然とした……不意にすべてがルーチンと片田舎と孤独だと分かる。ロサンジェルス、カリフォルニア、ハリウッド、サンセット大通り……想像は、さほど膨れ上がっていなくても、蹄の音も高らかに、ペガサスの如く天空に駆け上る――と思いきや、墜落してびしょぬれの雑巾になっていく。日没後の死に絶えた通り、「中性子爆弾効果」、憂鬱、ルーチン。[167]

ストーカーがやっとのことでストルガツキー兄弟の小説[168]の主人公をゾーン中心部の約束の部屋に連れて行くと、驚いたことに、そこには何もなかった。だがストーカーは、この発見は秘密にして他の人が希望を失わないようにすべきだと主張する。[169] 最後のソ連世代が目の当たりにした現実の西側世界は、ソ連で思い描いた想像の西側と違っていたが、その違いは十数年前のアクショーノフ世代の亡命者の時よりも大きかった。差を生んだのは、歴史の文脈――西側との出会いとソ連との別れがどのように実現したかである。一九七〇年代の亡命者は一度出たらそれっきり、退路を断っての出国だったが、八〇年代末から九〇年代はじめは必ずしもそうする必要はなかった。また七〇年代の出国は国境の向こうに依然として現実の巨大なソビエト連邦があったが、九〇年代はじめの出国はもう地図上にソ連がなかった。ソ連が消え去った今、想像の西側の喪失は亡命者だけの事柄でなく、かつてのソ連国民すべてに関係する。しかも喪失は永遠なのだ。これとともに、スヴァイーの公衆という、もう一つの意味と創造と友情に満ちた、現実の社会主義に欠かせない、またその内部に「ふつうの」生活をつくるのに必要なものもすべて失われた。一番の驚くべき発見は、想像の西側などの様々な想像世界が、ソ連共産党やソ連システムそのものとまったく同じ理由で消えてしまったことだ。今や様々な事柄を同じような驚きの目で振り返ることができる。ペレーヴィンの小説『ジェネレーションP』の主人公タタールスキィは、ソ連という過去をソ連解体後の九〇年代の地平から振り返り、まさにこうした想像の世界（ここでは「並行宇宙」と名づけている）が消えたことを残念に思っている。

かつてタタールスキィが気に入り、その心を揺さぶった多くのことがこの並行宇宙からやって来たものであり、その宇宙はいつまでも安泰だと誰もが信じていた。その宇宙に起こったのはソヴィエト的永遠に生じたこととほぼ同じで、しかもそれは人知れず起こっていたのだった。[170]

第六章　色とりどりの共産主義

キング・クリムゾン、ディープ・パープル、ピンク・フロイド[1]

しかし、その当時の言語と生活においては、非常に多くの眉唾物や素性の怪しいものが見られた。〈ヴァヴィレン〉という名前一つ取ってみてもよい、タタールスキィにこれを授けた父親は、心密かに共産主義への信頼と六〇年代世代が抱く数ある理想とを結びつけていた。この名前は〈ヴァシーリィ・アクショーノフ〉と〈ヴラヂーミル・イリイーチ・レーニン〉を掛け合わせたものだ。タタールスキィの父が容易に想像出来たと思われる忠実なるレーニン主義者というのは、自由奔放に綴られたアクショーノフのページからマルクス主義がそもそも自由恋愛賛成の立場であることを有り難く理解するような人物であるか、あるいはジャズ狂いの審美家で、とりわけ息の長いサックスのルラードを耳にして突如共産主義の勝利を自覚するような人物であった。だが、こんな風に考えていたのはタタールスキィの父ばかりではなかった、――ソ連の五〇年代と六〇年代の世代が丸ごとこうだったわけで、彼らは世界に向けて自作の歌を贈り物として差し出し、暗黒宇宙の空虚に向けて最初の衛星を発射したのだ――結局到来しなかった未来の四本脚の精子を。

ヴィクトル・ペレーヴィン[2]

イデオロギー兵器

西側のロック音楽に熱を上げたのは、一九七〇年代のソ連の若者だけではない。ロックはソ連文化に欠かせない、日常の一部になっていた。若者の大半が共感し、（少し前のジャズと違って）よそよそしさもエキゾチシズムも感じない状態が続くので、七〇年代末には党指導部も認識を改め、一握りの未熟な若者の単なる西側模倣では人気の理由を説明できないと考えはじめる。疑問は山のようにあった。こんな音楽を聞くソ連の若者が、なぜこれだけの数に上るのか。本当に分かって聞いているのか。この広がりは若者のイデオロギー教育にどう影響するのか。若者は、西側ロック・スターの道徳観や思想信条に疑問を感じないのか。

こうした疑問に答えるため、一九八〇年代はじめに青年社会学の権威二名（スヴェトラーナ・イコンニコワとウラジーミル・リソフスキー）が音頭をとって国内各地で若者を集め、ロックについての討論会を行った。二人は各地で、集まった人に議論を吹っかけ、あの手この手で挑発する。例えば、こうだ。現代世界では資本主義と社会主義のイデオロギー闘争が頂点に達した、だからロックを単なる文化現象とみなしてはならず、世界の資本家のイデオロギー兵器と意識すべきだ。また、有名なロック・ミュージシャンの名前を挙げて、かつての進歩思想を捨てて反動ブルジョア主義に転向したと言ったりした。例えば、世界的に有名なジョーン・バエズやボブ・ディランは、かつては「プロテスト・ソング」としてベトナム反戦歌などを録音していたが、七〇年代末に政治的立場を変えて帝国主義者の陣営に移り、反ソ宣伝に加わった、といった具合だ。しかし思惑とは裏腹に、こうした権威的言説の形でなされた発言に、集まった若者はあまり反応しない。討論は空振りで、出てくるのは「なぜボクたちが音楽と政治の関係を気に病まないといけないのか」という質問だけだった。(3) 討論会を終えて、学者は悲観的な結論に達する。今のソ連の若者は政治問題に危険なほど鈍感で、ブルジョア文化と反共政治との自明の関連性すら見抜けなくなっている。

たしかに第三章と第四章で見たように、この時期は「政治」がらみのものは何であれ面白くない、重要でない、自分とは関係ないとみなす若者が大半だった。だがここから分かるのは、若者の「政治的鈍感さ」ではなく、ソ連の文脈における政治的という概念の構築され方である。御用学者が言っている西側ロック・スターの反ソ的な政治姿勢とは、賛否はともかく、ソ連の権威的言説を文字通りに理解することだ。だが、ソ連の若者はたいてい権威的言説を文字通りに受け取っていない。ソ連の文脈では、何よりも西側ロック・バンドの音楽が重要であり、曲や歌詞や政治姿勢の文字通りの意味は二の次だった。ロックの音楽部分は、言葉に比べれば文字通りの解釈にさらされにくく、いとも簡単に「深い真実」の一部になりえたが、他方で歌詞やスローガンや政治発言の文字通りの意味は大事ではないとみなされた。[4] 御用学者に向かって、関心があるのは音楽そのもので、政治との関係ではないと答えた若者の脳裏にあったのは、あのお馴染みの定式である——大事なのは、具体的な政治システムの枠をこえる「深い真実」であって、その一部にすぎない「明白な真実」ではない。だからソ連の若者がロックと政治とのつながりを見つけるのを拒んだのは、政治的鈍感さの現れでなく、むしろ具体的な政治姿勢の表明だったのである。しかも、こうした政治姿勢の重要な要素は、逆説的に響くだろうが、「政治的」とみなされることに背を向ける、つまりソ連的な政治的という概念に取り込まれないことだった。この一風変わった政治姿勢をヴニェの政治と名づけた（第四章）。この問題は、次の第七章で詳しく論じる。

御用学者に若者の政治意識が分からなかったのは、不思議ではない。興味深いのは、別のことだ。こうした研究が現れていつになく悲観的な結論を出したこと自体が、西側文化の影響をめぐる党の批判のありようが一九七〇年代末から八〇年代はじめに変化したことを示している。かつて批判の力点は、ごく少数の孤立した「逸脱者」や、ソ連の社会学者の言う「偏向者」、さらには新聞雑誌が書き立てるモラルの腐敗した不道徳漢やら無教養な怠け者にあり、大多数の「ふつう」の人は無関係だった（典型はスチリャーギや闇屋、第五章参照）。だが新たな批判は、西側文化の否定的影響がソ連の若者全体に広まり、もはや逸脱でなくなっていることを認める。また西側の大衆文化は、退廃的なブルジョア趣味の典型ではなく、ブルジョア世界が対社会主義の冷戦で用いる特製のイデオロギー兵器だと説明されることが多くなった。

こうした批判の力点の変化は、ソ連の新聞雑誌からも跡付けられる。一九八一年三月十九日の『コムソモーリスカヤ・プラウダ』紙に載った「壁に突き当たった今日の西側ポピュラー音楽」と題する記事は、新たな西側スターの音楽は、かつての大衆文化と違って「ブルジョア世界の欠点に対する非妥協的態度をほぼ完全に失っている」と主張する。こんな音楽はブルジョア・イデオロギーの道具である――もはや「音楽という麻薬、音楽という睡眠薬、音楽という詐欺に」成り果て、「聞き手をありえない幻想の世界に」引っ張り込むだけだ。現代のロックやポピュラー音楽のこうした突然変異は、必然である。なぜなら、ブルジョア大衆文化とは所詮「芸術と商売が不平等な結婚をした出来損ない」だからだ[5]。このように新たな批判は従来と違って、第一に西側のロックやポピュラー音楽がソ連の若者全体に影響を与えていることを認め、第二にこれをイデオロギー兵器と名づけている。西側文化の影響がソ連社会では人間の道徳的退廃となって現れた点はかつてと同じだが、こうした退廃がソ連の普通の若者を狙い撃ちにした西側の陰謀だとみなされるようになったのである[6]。

前章は、終戦直後から一九八〇年代半ばにソ連システムの内部で生まれ発展した想像の西側という文化現象を見た。想像の西側が存在できたのは、後期ソ連システムそのものが内部に抱える逆説のおかげだった。想像の西側が生んだ様々な文化と党の権威的言説とは、言ってみれば共存関係にあり、対立していない。本章は、この考え方をさらに発展させるが、主たる関心は共存関係の例外事例である。この分析によって、当時の人たちの大半が気づかないか大事でないと思っていたシステム内部の変化の兆しがはっきり分かるはずだ。

本章の主人公は二人。ともにコムソモールの活動家で、一人は都会（レニングラード）、もう一人は地方（ヤクーツク）。どちらも共産主義の理想に燃えてコムソモールの活動に積極的に参加することと西側ロックへの熱中とが両立していた。二人はソ連システムの理想の産物であり、したがって、その矛盾も併せ持つ。教養豊かで文化的な関心も高く、自学自習と知的発展への意欲に燃えている。共産主義の価値観や理想が道徳的に優れていると信じ、しかも自立した判断力を養いたいとも思っている。こうしたことが西側ロックに熱中する妨げにならないばかりか、拍車をかけさえしている。コムソモール書記としての積極的で真摯な活動は、逆説的ながら、ソ連システムの内部の脱領土化を促した。これまで見た例（第三章から第五章）と違うのは、この脱領土化が共産主義の理想の名の下に行われたことだ。

ご都合主義者

八〇年代半ばにコムソモール中央委員会が出したポスターがある。題して「ご都合主義者は仮面を変える——正体を暴け！」（図29）。

ポスター中央の明るい四角（オリジナルは赤色）は権威的言説のコンテクストを象徴し、その中にいる人物は肯定的なコムソモール書記の仮面をかぶって聴衆に向かって正しい党の言葉で情熱的に演説している。コムソモールの正装をして、左の胸にはコムソモールのバッチ。姿勢も正しく、威厳がある。演説の内容は紋切型の共産主義のフレーズで、よく知られた当時の英雄的建設事業（БАМ, ВАЗ, Уренгой, КАМАЗ, Катэк）[7]や政治キャンペーン（гласность（グラスノスチ）、хозрасчет（ホズラスチョート）〔独立採算制〕、кооператив（コーペラチフ）〔共同組合〕）やソ連科学技術の近代化の成果（ЭВМ〔ソ連製コンピューター〕、ГЭС〔水力発電所〕）がちりばめられている。

だが明るい四角の外側の黒い部分に目をやると、この人物はご都合主義者の「本物の顔」を見せ、ブルジ

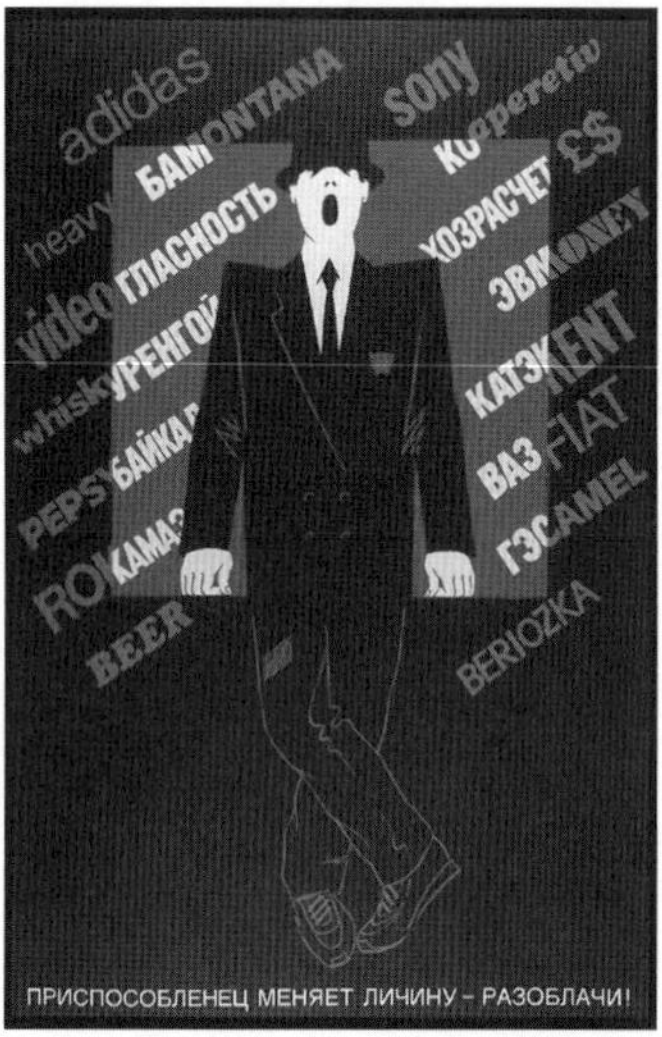

図29　「ご都合主義者は仮面を変える――正体を暴け！」　A・ウトキン作

ョア体制の物的価値に平伏している。穿いているのはアメリカ製ジーンズで、右膝にアメリカ国旗らしきものを縫いつけ、靴は西側のスニーカー、リラックスして「西側」風に足を組んでいる。この黒い空間はブルジョア的言説を象徴しており、西側のブランドやレーベルの名前がラテン文字で書かれ、明るい四角の内側にある党の言語のキリル文字とは対照的である。ブルジョア的言説はポスターではるかに大きな面積を占めており、ソ連の党の言語の（文字どおり）「背後に」位置する。こうした配置にすることでこの人物の本質を暴き出し、党の言語はごまかしで、背後にブルジョア的な関心を隠していると言わんばかりだ。ポスターの党の言葉の背後には、ブルジョアの言葉が隠れている。БАМはMontana（西側ジーンズの商標、当時のソ連の若者の人気商品）に化け、кооперативはaperitiv[8]に、ЭВМはmoneyに、ГЭСはCamelに、ВАЗはFIATに、УренгойはwhiskyにКатэкはKENTにといった具合だ。ほかにもPepsi, beer, Adidas, video, Sony, heavy metalといった単語があるし、外貨マーク（ドルと英ポンド）も、ソ連の外貨ショップBeriozkaもある。「西側文化」の影響は、ここでは消費物資とお金に帰せられている。こうしたブルジョアの記号は、どれも当時のソ連の若者にはおなじみである。ポスターの主題は、明らかだ。このコムソモールの活動家はご都合主義者で、誠実な共産主義者の仮面の下に実はブルジョアの顔と下劣な関心を隠している。

　この批判が警告するのは、「二心（ふたごころ）」や「偽善」といった風潮のコムソモールでの蔓延である。かつての西側大衆文化に関心を持つスチリャーギは、一般原則からはずれる例外だった。多くの正常な若者と異なるだけでなく、振る舞いがこれ見よがし——「オウムみたいな恰好」「ポルノまがいの帽子」「なれなれしい言動」で一目瞭然だった（第五章参照）。だが一九七〇年代末から八〇年代はじめの批判では、西側文化への関心がひそかな個人的なもの、簡単には見抜けないものとされている。スチリャーギは西側好きの「自分」を見せびらかしたが、今度のご都合主義者はコムソモール活動家の仮面をかぶって隠れている。スチリャーギは一喝すればよかったが、今度のご都合主義者は正体を暴く必要がある。

この批判によれば、ご都合主義者のような輩がソ連の若者に現れたのは最近で、七〇年代末から八〇年代はじめである。だが、第五章で見たように、想像の西側は、コムソモール員たちの生活の不可分の一部として、後期社会主義の全期間にわたって、それこそ終戦直後から存在していた。コムソモール員の「西側文化」への関心を八〇年代はじめになって党が批判したのは、若者の想像の西側への関心が突如高まったというよりは、党の批判のロジックが変わったとみるべきだろう（社会主義的な生き方の意味や方法が、とりわけ若者の間で、党の統制から離れつつあると党指導部が認識したわけだ）。

とはいえ、どんな新たな批判でも、以前からのお馴染みのやり方が繰り返される。かつてと同じく、問題なのは個々人の内面心理であって、ソ連システムそのものではない。ブルジョア文化への関心が主体の二心のあらわれ（宣伝ポスターの見方）なり未熟さのあらわれ（御用学者の見方）であるなら、「ブルジョア文化の影響」のソ連の文脈での現れは分析しなくてもよい。だが実際には七〇年代から八〇年代の「ブルジョア文化」、とりわけ西側ロックが「ソ連の価値観」に矛盾するものだったという形跡はどこをどう見てもない。むしろ、何とも奇妙な形で混じり合っていた。この価値観の混じり合いこそ、ソ連システムを脅かす大きな危険要因であり、その危うさはご都合主義者の「二心」や「鈍感さ」の比ではなかった。

こうしてペレストロイカが始まるころにはコムソモール幹部の見方も変わり、ブルジョア文化の影響がソ連の若者に広まるのを防ぐ長年の対策は、成果が上がっていないと自覚する。新たな、もっと効果的な方法が求められていた。『若き共産主義者（モロドイ・コムニスト）』はコムソモールの活動家向けの雑誌だが、コムソモール幹部が世情に疎く、西側バンドの録音テープや情報の蔓延に気づいていないと書いている。「私たちが気づかないうちに、全国規模の巨大なサブカルチャーが生まれ、共通の関心を持つ人の情報交換ルートもできている。非公式のクラブすらできて、あらゆる階層の若者（学生、生徒、労働者、技師）を結集しているし、専門の地下出版（サミズダート）雑誌も生まれて（たとえば『耳（ウーホ）』『ロクシ』『ネコ（コート）』）、西側やソ連のロック・バンドの録音テープを紹介する記事や西側の音楽雑誌の記事を訳して載せている」。こうした雑誌はタイプや写真で何度もコピーされ[9]、複製が録音テープのように国中に広まっていた。同誌は締めくくりに各地のコムソモール幹部に向けて、若者の文化的関心への監視を強め、西側ロックの録音テープの大量流布の押さえ込みに努力するよう訴えた[10]。

だがやることといえば、とどのつまり成果ゼロだった方法の繰り返しでしかない。その一つが、西側ロックの全面禁止でなく、特定の一部（あるロック・バンド、あるアルバム、ある曲）だけを禁止する方法である。家庭でのダビング録音の規制はコムソモールでも手に余るので、対象を規制しやすい各地の公認楽団やディスコのレパートリーに絞った。こんな規制では、当然だが得るものも少ない。若者と西側のロックの接点は、コンサートやディスコより、自宅や友人宅で流す録音テープだからだ。それでも、このころ全国のコムソモールに通達を出し、コンサートやダンス・パーティーで流してはならない西側ロック・バンドや曲目を一覧にして示している。そうした指令の一つ、「レパートリーに思想的に有害な作品を含む外国の音楽グループと演奏者の概要一覧」と題された一九八五年一月の文書を見てみよう（図30[11]）。文書には、こうある。「この情報を使ってディスコの活動の監視を強化するよう勧める。この情報を地区のすべての楽団と若者ディスコに流す必要がある」。そして三十八の「レパートリーに思想的に有害な作品を含む外国の音楽グループと演奏者」を列挙し、何が有害かを説明する。こうした指令はイデオロギーのメタ言説の一つであり、後期社会主義の時代は、ソ連国民の大半に秘匿していた[12]。ここに示したのは、ウクライナのニコラエフ州コムソモール委員会が「コムソモール市委員会・地区委員会の書記」親展で「部内秘」の印をつけて送ったものだ。こうした指令が出ていたこと自体、ペレストロイカ末期までごく一部の人しか知らなかった[13]。

何度も指摘したように、ソ連の文化政策が全くもって首尾一貫性を欠く——文化発展の創造的姿勢を説く一方で、その姿勢から生まれる望ましからぬ結果を制限しようとする（第五章参照）——ことから、ディスコ不可の音楽一覧は西側ロックの監視法として全く効果がないばかりか、むしろ普及を助長した。一覧が数を限って「思想的に有害な」グループを示し、西側ロックそのものを禁止しなかったということは、裏を返せば、国内にテープで流通する厖大な数のロックのうち、「思想的に有害」なのはごく一部にすぎない、つまり、大半の西側ロックは聞いても何ら問題なく、思想的な危険性もない、となるのだ。

「思想的に有害」という概念をこのように解読していたので、ソ連の文脈では西側ロックの常態化に拍車がかかった。文書は有害さをほぼ抽象的な語句で定義している——パンク、暴力、野蛮行為、エロ、宗教的蒙昧、宗教神秘主義、人種差別、ネオファシズム、強烈な個性の崇拝、セックス、ホモセクシャル、民族主義、反共、反ソ宣伝。具体的な定義はたった二つ——ソ連の軍事的脅威という空説およびソ連の外交政策の歪曲（「ソ連のアフガニスタン侵攻」）である。特定のバンドやアルバムがこの一覧で俎上に上っているのは、おそらくコムソモール中央委員会の責任者が西側ロック・バンドを大量に聞いて曲の歌詞やLPジャケット

КОПИЯ ВЕРНА...

Пролетарии всех стран, соединяйтесь!
ВСЕСОЮЗНЫЙ ЛЕНИНСКИЙ КОММУНИСТИЧЕСКИЙ СОЮЗ МОЛОДЕЖИ
НИКОЛАЕВСКИЙ ОБЛАСТНОЙ КОМИТЕТ ЛКСМ УКРАИНЫ

Для служебного пользования
Секретарям ГК, РК ЛКСМ Украины

Направляем примерный перечень зарубежных музыкальных групп и исполнителей, в репертуаре которых содержатся идейно вредные произведения, а также список тарифицированных вокально-инструментальных ансамблей СССР.

Рекомендуем использовать эти сведения для усиления контроля за деятельностью дискотек.

Данной информацией необходимо обеспечить все ВИА и молодежные дискотеки района.

Секретарь обкома
комсомола П. Гришин

Приложение к письму
от 10 января 1985 года

Примерный перечень зарубежных музыкальных групп и исполнителей, в репертуаре которых содержатся идейно вредные произведения

Название коллектива	Что пропагандирует ...
1. Секс Пистолз	— панк, насилие
2. Б-52	— панк, насилие
3. Меднесс	— панк, насилие
4. КЛЭШ	— панк, насилие
5. Стрэнглэрс	— панк, насилие
6. Кисс	— неофашизм, панк, насилие
7. Крокус	— насилие, культ сильной личности
8. Стикс	— насилие, вандализм
9. Айрон Мейден	— насилие, религиозное мракобесие
10. Джудас Прист	— антикоммунизм, расизм
11. Ай Си Ди Си	— неофашизм, насилие
12. Спаркс Спаркс	— неофашизм, расизм
13. Блек Сабат	— насилие, религиозное мракобесие
14. Элис Купер	— насилие, вандализм
15. Назарет	— насилие, религиозный мистицизм, садизм
16. Скорпион	— насилие
17. Чингиз Хан	— антикоммунизм, национализм
18. Уфо	— насилие
19. Пинк Флойд (1983)	— извращение внешней политики СССР («Агрессия СССР в Афганистане»)
20. Толкинхедз	— миф о советской военной угрозе
21. Перрон	— эротизм
22. Боханнон	— эротизм
23. Ориннджинелз	— секс
24. Донна Саммер	— эротизм
25. Тина Тернер	— секс
26. Джаниор Энглиш (Регги)	— секс
27. Кенед Хит	— гомосексуализм
28. Манич Мешин	— эротизм
29. Рамонэ	— панк
30. Бан Хейлен	— антисоветская пропаганда
31. Хулио Иглесиос	— неофашизм
32. Язоо	— панк, насилие
33. Данич Мод	— панк, насилие
34. Вилидж Пипл	— насилие
35. Тен Си Си (10cc)	— неофашизм
36. Стоджис	— насилие
37. Бойз	— панк, насилие
38. Блонди	— панк, насилие

«ВЕРНО»
зав. общим отделом
обкома комсомола Е. Пряжинская

原本と相違なし　　　　　　　　　　　　　　　　　　1985年1月10日付書簡の資料

全世界のプロレタリアートよ、団結せよ！
全連邦レーニン共産主義青年同盟
ウクライナ、ニコラエフ州コムソモール委員会

部内秘

コムソモール市委員会・地区委員会の書記へ

レパートリーに思想的に有害な作品を含む外国の音楽グループと演奏者の概要一覧およびソ連のヴォーカル器楽アンサンブルの賃金別リストを送る。

この情報を使ってディスコの活動の監視を強化するよう勧める。

この情報は地区のすべての楽団と若者ディスコに流す必要がある。

州コムソモール委員会書記　　　P・グリシン

レパートリーに思想的に有害な作品を含む外国の音楽グループと演奏者の概要一覧

団体名	宣伝内容
1．セックス・ピストルズ	パンク、暴力
2．B-52's	パンク、暴力
3．マッドネス	パンク、暴力
4．ザ・クラッシュ	パンク、暴力
5．ストラングラーズ	パンク、暴力
6．キッス	ネオファシズム、パンク、暴力
7．クロークス	暴力、強烈な個性の崇拝
8．スティクス	暴力、野蛮行為
9．アイアン・メイデン	暴力、宗教的蒙昧
10．ジューダス・プリースト	反共、人種差別
11．AC/DC	ネオファシズム、暴力
12．スパークス	ネオファシズム、人種差別
13．ブラック・サバス	暴力、宗教的蒙昧
14．アリス・クーパー	暴力、野蛮行為
15．ナザレス	暴力、宗教神秘主義、サディズム
16．スコーピオンズ	暴力
17．ジンギスカン	反共、民族主義
18．UFO	暴力
19．ピンク・フロイド(1983)	ソ連の外交政策の歪曲(「ソ連のアフガニスタン侵攻」)
20．トーキング・ヘッズ	ソ連の軍事的脅威という空説
21．ペロン	エロ
22．ボハノン	エロ
23．オリジナルズ	セックス
24．ドナ・サマー	エロ
25．ティナ・ターナー	セックス
26．ジュニア・イングリッシュ(レゲエ)	セックス
27．キャンド・ヒート	ホモセクシャル
28．ミューニック・マシーン	エロ
29．ラモーンズ	パンク
30．ヴァン・ヘイレン	反ソ宣伝
31．フリオ・イグレシアス	ネオファシズム
32．ヤズー	パンク、暴力
33．デペッシュ・モード	パンク、暴力
34．ヴィレッジ・ピープル	暴力
35．Ten C C(10cc)	ネオファシズム
36．ストゥージズ	暴力
37．ザ・ボーイズ	パンク、暴力
38．ブロンディ	パンク、暴力

«原本と相違なし»
コムソモール州委員会　E・プリャジンスカヤ
総務部長

図30　「レパートリーに思想的に有害な作品を含む外国の音楽グループと演奏者の概要一覧」(1985年)

の解説文に注意深く目を通したのだろう。その人は曲の意味を歌詞に即して文字通りに解釈したわけだが、ソ連でこうした曲やアルバムを聞く人の大半は当然ながら違う受け止め方をした（第五章参照）。好例が英国のバンド、ピンク・フロイドのアルバム『ファイナル・カット』だ（一覧ではアルバム名でなく、発表年の「一九八三」で明示）。このアルバムの思想的な有害さを、コムソモールの文書は「ソ連の外交政策の歪曲（「ソ連のアフガニスタン侵攻」）」としている。ここで言う歪曲とは、アルバム中の一曲〝Get Your Filthy Hands Off My Desert〟〔お前の不潔な手を俺の砂漠からどけろ〕の一節を指す。この曲はソ連のアフガニスタン侵攻をこう歌う。

Brezhnev took Afghanistan,
Begin took Beirut,
Galtieri took the Union Jack,
And Maggie, over lunch one day,
Took a cruiser with all hands,
Apparently, to make him give it back.

ブレジネフがアフガニスタンを取った
ベギンがベイルートを取った
ガルチエリがユニオン・ジャック(14)を取ったら
マギー(15)は、ある日の昼食で
巡洋艦を乗員もろとも取ったのさ
きっと奴に国旗を返させるためにね(16)

問題の元凶は、おそらく「ブレジネフがアフガニスタンを取った」の一節——正確を期せば、ソ連とアフガニスタンの戦争（ソ連の公式言説では「アフガニスタン人民に対するソビエト連邦の友好的支援」）が、ソ連指導部が「帝国主義戦争」と言っているイスラエルのレバノン占領やイギリスの対アルゼンチン戦争と等し並みに扱われていることにある。しかし、コムソモールが批判したのがピンク・フロイドの特定のアルバム（一覧には「一九八三」年のアルバムとあるのみ）のこの曲のこの一節だったという事実に、あのおなじみのソ連の文化政策の逆説が生じる。ピンク・フロイドの他のアルバムは、個人のコレクションはもとよりコムソモール主催のディスコでもまったく問題ないと気づかせたのだ。

実際のところ、ピンク・フロイドの曲や情報は国中に広まっていた。一九八〇年と八一年にソ連の月刊音楽雑誌『クルゴゾール』[17]（発行部数五十万部）が記事でこのバンドを好意的に取り上げ、付録のソノシート〔ビニール製の簡易レコード〕にも何曲か収録している。[18]もっと重要なことがある。禁止リストの力点が、歌詞の文字通りの意味という、若者の大半が分からないもしくは気にしないことだったために、この批判を深刻に受け止めたのは少数派で、現場のコムソモール書記ですらさほど気にせず西側ロックに熱中し続ける。この文書の批判に即して（つまり歌詞の文字通りの意味に注目して）別のロック・バンドの作品にも厳しい目を向けることは、この文書を受け取ったコムソモール書記の誰一人として思いつかなかった。このため、こうした批判キャンペーンは、西側ロックの蔓延の監視法としてさっぱり効果がなかった。もちろん、ソ連システムにとって、本当の意味で「思想的に有害」なのは、こうした音楽の歌詞の一節や曲の文字通りの意味ではなく、想像の世界をソ連システムの内部に作り出すロックの機能の方だった。

コムソモールの〈ことばの多様性〉（ラズノレーチエ／ヘテログロシア）

アンドレイ（一九五四年生まれ）は、レニングラードの某研究所のコムソモール委員会書記で、先に第三章で取り上げている。同世代の多くがそうだったように英米ロックのファンで、一九六〇年代末の中学時代に目覚めた。仲間と音楽を聞いて膨らませた想像の世界は、十四歳だった一九六八年に描いた絵に垣間見える。自分で考えた架空のロック・バンドを描いた絵で、The Boys from a Morgue（墓場の少年）と名づけている（**図31**）。

一九七一年に卒業すると、レニングラード鉱山大学に進学。ここでたくさんの西側ロック・ファンに出会い、これをきっかけに録音テープやレコードの交換を積極的に行うようになる。思い出話を引こう。

僕たちには本物の音楽のトゥソフカがあった……あのころは、レッド・ツェッペリンの時代だった。すごいやつらだ。ディープ・パープルははじまったばかり。アニマルズ。幸せなことに、ぼくたちはロックの本筋中の本筋に出会えたんだ。[19]

アンドレイは大学で学生の夕べやディスコの運営を担当する。コムソモール委員会が主催するこうした催しは、地区委員会の要請で学生向けの文化行事として年間計画をつくって実行していた。アンドレイの音楽のつては、渡りに船だった。彼によれば、

知り合いにコレクターがたくさんいるのが分かると、委員会はこれ幸いと、そうした行事の音楽の手配をぼくに割り振った。[20]

アンドレイは同じような行事を担当する他の大学の責任者と面識ができ、やがてレニングラードの「アマチュア」ロック・アンサンブル（ソ連ロックの初期形態、たとえば伝説の「ミーフィ」や「アルゴナフティ」[21]）のミュージシャンとも親しくなる。こうした人たちを学生の夕べに招いたり、コムソモール地区委員会でできたコネを使って「アルゴナフティ」が一九七六年のタリン・ロック・フェスティバルに参加できるよう便宜を図ったこともある。[22]「アマチュア」団体という地位を使えば、プロの楽団が公的なコンサートで演奏できない音楽もレパートリーに加えることができた。また、こうしたバンドが学生の夕べに出ても、曲目への監視の目は、フィルハーモニー協会に所属する団体ほど厳しくない。それは、こうした行事がたいていソ連

図31　アンドレイ・Kが自分で考えた架空のロック・バンド
The Boys from a Morgue の絵（1968年）

の祝日にあわせていたからだ（メーデー、戦勝記念日、大十月革命記念日、さらには鉱山大学の場合はソビエト地質学者の日）。また曲目のしばりを緩めるのに、アンドレイと大学コムソモール委員会との友好関係も一役買っていた。その後アンドレイはコムソモールの他の活動にも積極的に参加するようになり、卒業前には大学のコムソモール委員に選ばれた。第三章で見たように、アンドレイは同世代の多くと違って、共産主義思想に心酔してコムソモール活動に積極的かつ真摯に取り組んでいる——少なくとも彼の言う「意味のある仕事」については、そう断言できる（第三章参照）。

大学を卒業すると、アンドレイは下級研究員としてレニングラードの某研究所に就職し、ほどなくそこでも職場のコムソモール委員になる。委員を引き受けた理由の一つは、ロック・コンサートや若者ディスコを引き続きやりたかったからだ。彼がコムソモール委員会にいれば、こうした催し物もイデオロギーや物質面での支援をうけられた。

コムソモールにふさわしいテーマをたて、これを口実に開催にこぎつけ、会場や機材や、時には交通手段まで確保した。アンドレイが委員になったもう一つの理由は、いくつかの彼が重要と考えるコムソモールの活動に参加するためだった（大衆行事の開催、社会問題の解決など）。

第三章で触れたように、研究所のコムソモール委員会書記のアレクサンドルが一九八二年に地区委員会に「出世」した（役職は指導員）ため、アンドレイが後任に選ばれた。八二年十一月には、書記として最初の報告改選集会に臨み、研究所の多数の一般コムソモール員を前に初めて演説している。この時の演説の文言や書き方は、第三章で詳しく見た。この章では、この時の演説の別の側面——ブルジョア文化のソ連の若者への広まりというテーマにかかわる点を見ていく。ブルジョア文化の影響増大を批判する当時のキャンペーンにどう反応すべきか分かっていたアンドレイは、演説にしかるべき一節を盛り込んだ。

コムソモールの重要な活動方向の一つは、若者の思想政治教育である。ブルジョアのイデオロギーや倫理に仮借ない態度をとるマルクス＝レーニン主義の世界観の形成、少年少女をソビエト愛国主義と社会主義インターナショナリズムの精神で育てる教育——これこそわがコムソモール組織のイデオロギー活動家が直面する最優先の課題である。[23]

第三章で見たように、どの表現も当時の党文献の常套句のほぼ完全な引き写しだ。たとえば、先〔二九〇頁〕に引いた一九八一年の『コムソモーリスカヤ・プラウダ』の記事に、現代西側のロック・ミュージシャンに欠けているのは「ブルジョア世界の欠点に対する非妥協的態度」[24]だという一節がある。七〇年代末から八〇年代初めにかけて、この表現は至る所で繰り返された（新聞雑誌、党の書類、コムソモール幹部の演説、ソ連の青年社会学者のパンフレットなど）。もちろんアンドレイも、よく耳にしている。[25]だから演説の中で、

「ブルジョアのイデオロギーや倫理に仮借ない態度」をとることが所内コムソモール組織の「最優先の課題」の一つと言ったのだ。ブルジョアのイデオロギーや倫理が所内コムソモール員に現れれば、われわれコムソモール委員会はどんなものであれ闘う義務がある、西側ロックの広まりもその一つだ、とアンドレイは演説で述べている。

アンドレイの演説を聞いていた研究所のコムソモール員は、彼が主催するディスコに顔を出し、彼が選んだ西側バンドの音楽で踊っていた人である。アンドレイがロック通だと知っている人も多い。アンドレイは、よくディスコ会場でマイクを握って曲名紹介をしたし、曲の合間にロック・バンドの逸話を披露することもあった。その際のあんちょこは、コレクターが回し読みしていた外国の音楽雑誌である。八二年の初秋、アンドレイは友達から西ドイツの音楽雑誌『ムジーク・エクスプレス』を借り受けた。一九八一年のヘビーメタル特集号である（図32）。ソ連の船員が西ドイツから持ち込んだものだった。アンドレイは学校でドイツ語をやっていたので、多くの時間を費やして長い四ページもの記事をドイツ語からロシア語に訳し、少し舌足らずだが「マイケル・シェンカー、地獄落ちからの帰還」と題をつけた。西ドイツの有名なロック・ギタリスト、マイケル・シェンカー（英国ＵＦＯや西独スコーピオンズの元メンバー）の紹介記事である。アンドレイは訳文の清書（図33）にコムソモール委員会のタイプライターを使ったが、この同じタイプで、この年のコムソモールの重要集会の演説原稿も清書している。

アンドレイがディスコでスコーピオンズをかける時は、訳の一部を読み上げた。マイケル・シェンカーは、麻薬やアルコールの問題を抱えつつも超絶的な演奏を続けており、世界有数のヘビーメタルのギタリストとみなされている。ある時期「マイケルの麻薬依存は確かに重症だった。コカインとアルコールの入った（ママ）錠剤（ママ）を混ぜ合わせることもしだした」。だがなんとかこの恐るべき不幸の克服に成功した。こうした前振りをしたあと、アンドレイの記憶では、次に流すスコーピオンズの曲を音量全開にする前に、マイクで訳の締めくくりの一節を読み上げている。

マイケルの人生は変わった。もう恋人はいない、女も酒も麻薬も全くない。では何がマイケルを人生につなぎ止めているのか。そのとおり、君や僕と全く一緒——ヘビーメタルさ！[26]

図32　西ドイツの雑誌『ムジーク・エクスプレス』、ヘビーメタル特集、1981年第１号

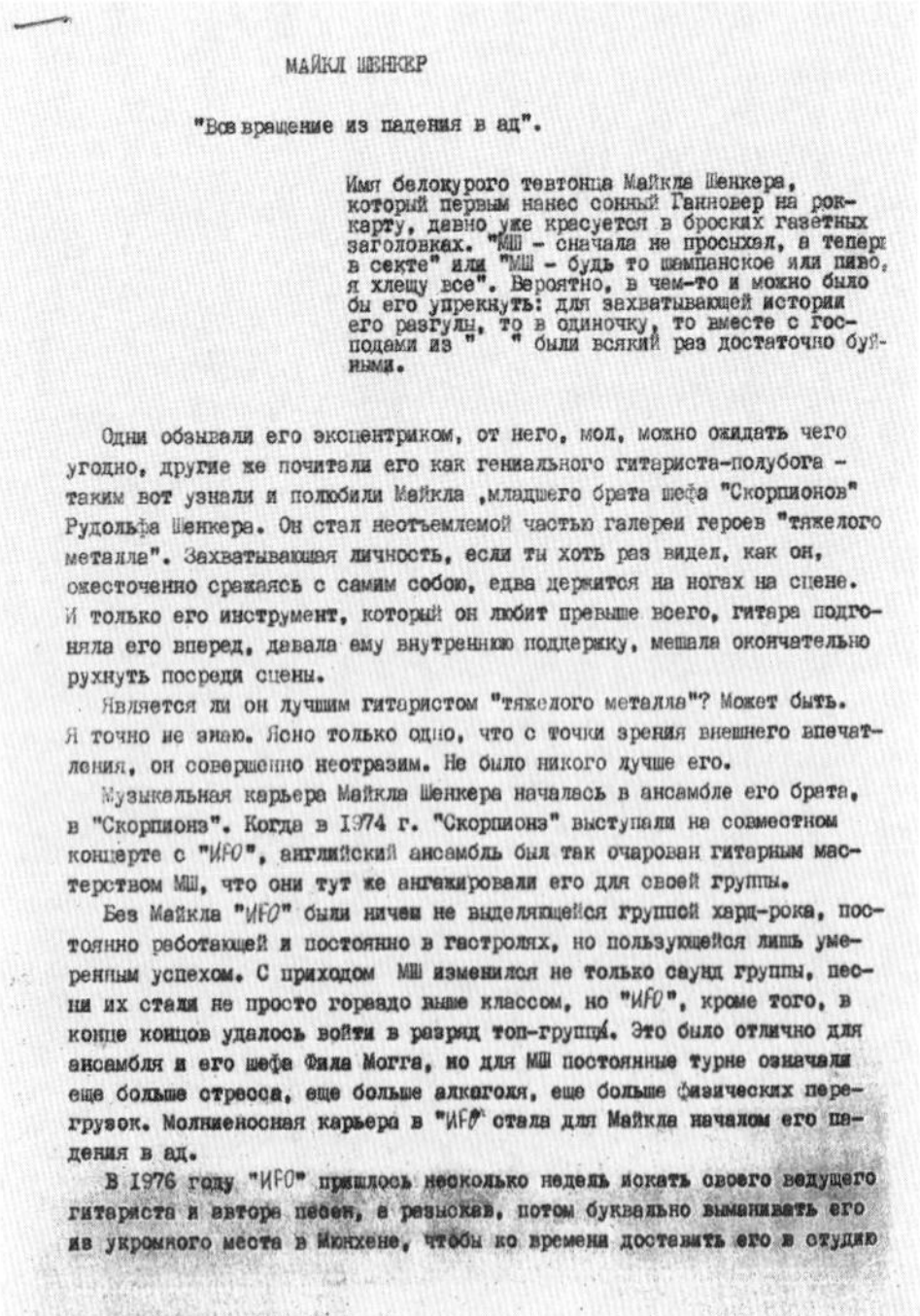

МАЙКЛ ШЕНКЕР

"Возвращение из падения в ад".

Имя белокурого тевтонца Майкла Шенкера, который первым нанес сонный Ганновер на рок-карту, давно уже красуется в броских газетных заголовках. "МШ - сначала не просыхал, а теперь в секте" или "МШ - будь то шампанское или пиво, я хлещу все". Вероятно, в чем-то и можно было бы его упрекнуть: для захватывающей истории его разгулы, то в одиночку, то вместе с господами из " " были всякий раз достаточно буйными.

Одни обзывали его эксцентриком, от него, мол, можно ожидать чего угодно, другие же почитали его как гениального гитариста-полубога - таким вот узнали и полюбили Майкла ,младшего брата шефа "Скорпионов" Рудольфа Шенкера. Он стал неотъемлемой частью галереи героев "тяжелого металла". Захватывающая личность, если ты хоть раз видел, как он, ожесточенно сражаясь с самим собою, едва держится на ногах на сцене. И только его инструмент, который он любит превыше всего, гитара подгоняла его вперед, давала ему внутреннюю поддержку, мешала окончательно рухнуть посреди сцены.

Является ли он лучшим гитаристом "тяжелого металла"? Может быть. Я точно не знаю. Ясно только одно, что с точки зрения внешнего впечатления, он совершенно неотразим. Не было никого лучше его.

Музыкальная карьера Майкла Шенкера началась в ансамбле его брата, в "Скорпионз". Когда в 1974 г. "Скорпионз" выступали на совместном концерте с "UFO", английский ансамбль был так очарован гитарным мастерством МШ, что они тут же ангажировали его для своей группы.

Без Майкла "UFO" были ничем не выделяющейся группой хард-рока, постоянно работающей и постоянно в гастролях, но пользующейся лишь умеренным успехом. С приходом МШ изменился не только саунд группы, песни их стали не просто гораздо выше классом, но "UFO", кроме того, в конце концов удалось войти в разряд топ-групп. Это было отлично для ансамбля и его шефа Фила Могга, но для МШ постоянные турне означали еще больше стресса, еще больше алкоголя, еще больше физических перегрузок. Молниеносная карьера в "UFO" стала для Майкла началом его падения в ад.

В 1976 году "UFO" пришлось несколько недель искать своего ведущего гитариста и автора песен, а разыскав, потом буквально выманивать его из укромного места в Мюнхене, чтобы ко времени доставить его в студию

図33　アンドレイ・Ｋの翻訳「マイケル・シェンカー、地獄落ちからの帰還」

思想的に有害な西側のロック・バンドと演奏者の「概要一覧」(図30のコムソモール中央委員会の回覧文書)に、スコーピオンズもある。暴力を説くという位置づけだ。先に見た文書は一九八五年一月付だったが(アンドレイが訳したスコーピオンズの記事を公の場で読み上げたのは八二年末)、この手のリストや通達はコムソモール内では以前からあり、七〇年代末から八〇年代はじめには確実にあった。アンドレイがコムソモールの文書のことを説明してくれたが、地区委員会から届くものには、西側ロック、とりわけヘビーメタルを暴力とブルジョア文化の宣伝だと批判する文書があったという。しかしアンドレイは、こうした批判を真剣に受け止めていない。研究所の一般コムソモール員やコムソモール委員の多くもそうだが、西側音楽の歌詞の意味も権威的言語で書かれたコムソモールの通知文も文字通りに受け取らなかった。

第三章で見たように、コムソモールの書記や班長(コムソルグ)の多くにとって、現存する社会主義の意味、上部機関から届く通達や命令の文言より、はるかに広く深い。書記の多くは、イデオロギーの委託任務を文字通りのものと形式的なものとに分けていた――アンドレイの言い方なら「意味のある仕事」と「純然たる形式業務」(第三章参照)。くだらないルーチン業務をこなすことで、もっと重要で面白い、先の言い方を借りれば、意味のある仕事に取り組める。アンドレイが後者だと見ていたのは、ありとあらゆる社会プログラムと文化政治行事だった(戦争功労者の博物館、若い夫婦の保育所探し、詩の夕べ、演劇スタジオ、コムソモールのディスコ)。

こうしたアンドレイの言動は、御用学者二名の描く、政治に無関心な、鈍感で批判精神を欠く若者そのままに思える。たしかに西側ロックと反共政治との関係に無関心だし、ブルジョア文化への平伏をコムソモール活動家の仮面の下に隠す「ご都合主義者」にも思える。だが前者でも後者でも説明できないことがある。アンドレイはなぜ同世代の大多数より積極的にコムソモール活動に参加し、研究所コムソモール委員会書記の選出に奮い立ち、ペレストロイカ末期まで共産主義に心酔していたのだろう（しかも党官僚のことはずっと嫌っている）。コムソモール書記になる、後にはソ連共産党に入党するという念願がたとえ出世欲と結びついていたとしても、単なる出世主義では説明不能だ。また西側ロックへの熱中も、ご都合主義者の不道徳な「非共産主義の」本領の発揮では片付けられない。本当の言葉（西側ブランド）を隠すために偽りの言葉（ソ連のスローガン）を使う「ご都合主義者」と違って、アンドレイの言葉はどちらも真実の吐露である。思い出して欲しい、ペレストロイカが始まるまでのアンドレイは、彼自身の言葉を引けば、「党は、なすべきことを本当に知っている唯一の組織だと無条件に信じていた」（第三章一二三頁参照）。しかも常に「党を一般人と党官僚とに区別していた」――前者は、彼の考えでは、大多数の「誠実に働き、善良で賢明で思いやりのある」人たち、後者は官僚的な役人で、「内側から腐り、すばらしい思想や原則を歪曲した」[27]。またアンドレイはペレストロイカ以前の年月を「共産主義思想そのもの」としていたし、この思想の体現たるレーニンと結び付けていた。アンドレイの回想を引こう。

僕たちが育った環境では、レーニンは聖なるものだった。レーニンは清廉のシンボル、誠実と賢明の象徴。疑問の余地なしさ。僕たちの生活の問題点は、すべて後年のレーニン的原則の歪曲に原因があると思っていた。欠陥だらけの血まみれのスターリン体制や、あの低脳のブレジネフなどだね。自信があったんだ、僕たちがレーニンの真の思想に立ち戻れば、すべてがまた収まる場所に収まるってね。あのころ〔七〇年代末から八〇年代はじめ〕多くの人は、もしレーニンが生きていたら、起こっている悪いことをすべて正してくれると思っていた。[28]

だからこそ何年か後の一九八〇年代末のペレストロイカ末期に台頭した新たな言説にアンドレイが面食ら

ったのも無理はない。批判がエスカレートし、ソ連共産党だけでなく、共産主義やレーニン本人まで槍玉に挙げたからだ。アンドレイは、理想が次第に失われていくペレストロイカ期の感覚をこう語っている。

レーニンはあらゆる問題の答えを知っているという考えは、次第に離れていった。少しずつ少しずつ。はじめは何かを読んで、あとはテレビに映ったり、ラジオで言っていることで。一筆また一筆と新しい姿が浮かんでくる。レーニンは、こんな人だったんだ、長生きをしなくてよかったと思った。やはりレーニンが音頭取り、すべての発案者で、スターリンはその論理的継続にすぎなかったんだ。僕が自分の頭でこうした認識に達するのは、とても長い、苦しい過程だった。レーニンが最後まで残ったシンボルだったけど、これにも失望したんだ。(29)

このようにペレストロイカ以前のアンドレイは、共産主義の道徳的優位を確信し、共産主義建設の可能性を心から信じていた。またレーニンに心酔し、その思想は無条件に正しいと思っていた。しかも党のお偉い出世主義者を「党官僚」と呼んで嫌っていて、やつらの共産主義は形だけの歪曲だったと見ている。この一方で西側ロックに熱中してロック・バンドの録音を集め、これを宣伝する若者ディスコをコムソモール委員会のお墨付きで開くこともした。アンドレイは深く考えていないが、おそらく頭の中で、レーニンの思想とレッド・ツェッペリンの音楽が矛盾することなく同居していた。奇妙な取り合わせだが、馬鹿げていると思ってはいけない。アンドレイの例が物語るのは、意味の変位や再解釈の多様性という後期社会主義システムの特徴そのものだ。アンドレイは間違いなく後期社会主義の一員だった。

前章で見たように、後期社会主義の言説編成（ここで作られ広まったのが想像の西側である）が内包する発言や定式は実に様々で、重ならないものや矛盾するものも多い。アンドレイのコムソモール指導者としての活動、コムソモール集会での演説、共産主義への傾倒、コムソモールの形式業務の嫌悪、西側ロック・バンドへの熱中——これらはどれも現実の種々様々な言説編成の一部であり、アンドレイの世代は一九七〇年代末から八〇年代はじめにこの中で暮らしていた。そうした様々な言説や実践は一見すると互いに矛盾しているが、それはコンスタティヴな発話として文字通りに解釈した場合だ。だが、すでに見たように、アンドレイの接し方は違う。いつだってコンスタティヴな発話、現実の完全で正確な記述だったわけではない。そうではなく、コンテクスト次第で様々に変えている。権威的言説を真に受けることもあれば、儀礼とみなし、型の繰り返しにすぎないと取ることもあった。ただ、こうした繰り返しは無意味ではない。なぜなら、そのおかげで別の関心や意味や活動が生じる余地ができ、イデオロギーの文字通りの意味に一致しないものでも広まる可能性が生まれたからだ。

こうした言説形式の再生産をアンドレイがどのように行っていたか、思い出して欲しい。アンドレイが権威的文章をつくる時は、コムソモールの活動で身に付けた権威的言説の一般原則を使っていた（第三章参照）。大半のテキストには紋切型の「ブロック」があった。「仮借ない態度」とか「ブルジョアの倫理」「ソビエト愛国主義と社会主義インターナショナリズムの精神」「思想面の敵」といった類である。このほか、この言語で書かれたテキストや演説は、型にはまった言説形式を持っており、動詞なしで長い文をつくる名詞構造が用いられる。レトリックの面で言うと、テキストをつくる原理は閉じた論理構造になっている（詳しくは第二章参照）。また、テキストが用いられる文脈（コムソモール集会、党書記の演説、新聞の論説記事、宣伝文書）もきわめて儀礼化している。このような紋切型の言説が儀礼化された文脈で頻繁に繰り返されていたため、アンドレイや同世代の若者は、耳にすれば権威的言説だとすぐに分かり、文字通りの解釈を止めてしまう。こうした権威的言説の特性ゆえに、アンドレイたちが党やコムソモールの「ブルジョア文化」批判を様々に受け止める可能性が生まれた。ある場合には批判を文字通りに受け取って同意することもできた。たとえば、同世代の中では飛びぬけてコムソモール活動に積極的だったアンドレイは、定番の一つ、資本主義では芸術の一部が商業化されているという一節には一も二もなく同意し、商業化にいいことはないと思っていた（ジョン・レノンはじめ西側ロック・ミュージシャンの多くがこの点を批判していることも知っていた）。資本主義のせいで帝国主義戦争や新植民地主義戦争がおきるという党の見解にも全く同感だった。しかし別の部分、西側文化の批判は、周りの大勢の仲間と同じく、形式的にすぎないと受け止め、文字通りの意味を無視した。たとえば、西側ロックは道徳的退廃の反ソだと公的宣伝が言っても、平然と受け流している。

　他方で、西側ロック・バンドの曲や記事の解釈も、アンドレイはたいてい文字通りではない（元々の「西側」の文脈に沿って受け止めるという意味で）。アンドレイが西側ロックに見るのは、周囲のソ連の文脈と切り離せない想像の世界であって、本物の西側を正確にとらえたものではなかった。西側ロック・スターの麻薬依存の話を読んでも、アンドレイの頭の中では「西側での」実話や体験記にならない。どこか浮世離れしていて、だからこそソ連の現実と道徳的に相容れないと感じることなく好奇心をかきたてられた。よく分からない英語の歌詞の響きがそうだったように、ロック・ミュージシャンのエピソードも「空っぽ」のシンボルの抜け殻という性格を帯びており（第五章参照）、自分なりの想像の西側をつくるのに極めて重要だった。ロック・スターの麻薬やアルコールの話題に関心を示し、コムソモールのディスコでこの話を熱く語っても、研究所の寮内の酔っ払い追放キャンペーンを積極的に行う妨げにならなかったのは偶然ではない。

　アンドレイが〈ことばの多様性（ラズノレーチエ／ヘテログロシア）〉[30]を言説やイデオロギーで展開したことを二心やご都合主義の動かぬ証拠と見るのは間違っている。アンドレイが一九九四年のインタビューの最中に自分で気づいたことだが、八〇年代はじめに書いたものは、反ブルジョアの熱気に満ちたコムソモールの演説であれ、西側文化に有頂天だった西側ロック・バンドの翻訳記事であれ、どれも当時の彼には同じように大事なものだった。そこには彼の関心と理想が投影されていたし、自分や周囲に対する積極的で責任感のある、それなりに自立した立場が反映していた。だからこそ、この時に書いたものは全て一括して「一九八二年」という個人文書にし、何年も保管したのだ。コムソモール地区委員会も、アンドレイの様々な若者向けの活動を同じように見ていた。彼が積極的に取り上げた音楽には時おり「思想的に有害」なものもあったとはいえ、地区委員会は優秀なコムソモール書記の一人と見ており、彼のコムソモール活動を創造的アプローチの実例として紹介し、「若者の共産主義教育における積極的活動」を称える表彰状を二度も与えている。

シベリアからの手紙

ここまで紹介した数多くの例から分かるように、西側の「ブルジョア」文化は、ソ連の日常にあふれる党やコムソモールの権威的言説と共存しながら混じり合い、当時のソ連の若者に影響を与えていた。アンドレイのような確信と関心をもつ人は、多くの場合、「ブルジョア」世界とソ連世界の並存を自明視し、西側の文化様式と共産主義のレトリックがともに生活の一部になっており、なぜと問うこともない。平然と二つの世界を統合し、それがソ連の現実だと思っているが、実は公的なありようと一致しないのだった。その一方で、こうした共存に道徳的問題はないのかと思い悩み、つっこんで友人と議論する人もいた。言ってみれば、これも原則からはずれる例外である。しかし、だからこそ、そうした人の思索や言動は、後期社会主義システムに別の角度から光を当て、未知の側面を明らかにしてくれる。

ここからは、一九七〇年代半ばに書かれた手紙を見ていく。アレクサンドル（一九五九年生まれ）という少年が、はるか辺境のヤクーツクから、次いでノヴォシビルスクからレニングラードの友人ニコライ（同じく一九五九年生まれ）に宛てて送ったものだ(31)。二人はヤクーツクで生まれ、八年生（日本の中学三年に相当）まで同級生だった。ニコライは、十五歳だった七四年に両親とレニングラードに引っ越し、七六年に学校を卒業。一浪して七七年にレニングラード工科大学（コンピューター・システム学部）に進んだ。一方アレクサンドルはそのままヤクーツクの学校を卒業。七六年夏にノヴォシビルスク大学の数学部に合格し、ノヴォシビルスクに行く。

ニコライがレニングラードに引っ越してからの数年間（一九七四年〜七八年）、二人は文通を重ねた。三年半であわせて三十八通、一月半に一通のペースである。手紙の話題は多岐にわたる。共産主義や哲学にはじまり、芸術、数学、詩、友情、道徳、恋愛、コムソモールなどだが、特に大きな位置を占めたのが西側ロックだった。本書で紹介するのは、アレクサンドルがニコライに書いた手紙である（ニコライの返事は残っていない(32)）。

アレクサンドルは、両親もヤクーツクの出身である（父は工場の機械工、母は地区診療所の医師）。共産主義の思想で育ち、共産主義への傾倒が同世代では飛びぬけて強い。辺鄙な田舎育ちという環境が、ソ連の現実を異化したり皮肉ったりする態度から遠ざけ、中央部や西北部の都会（第四章と第七章を参照）との違いを生んだのだろう。とはいえ、党のレトリックを何の疑問も抱かず繰り返すゴリゴリの「活動家」ではない（そうした人物は第三章で見た）。共産主義の堅い信念と自立した考えとを併せ持ち、党指導部や新聞雑誌や先生の言うことを鵜呑みにせず、時には公然と異論を口にした。学校でも大学でも積極的に社会活動に取り組み、常にコムソモール幹部に選ばれている。と同時にヤクーツクでもノヴォシビルスクでも西側ロックに熱中し、レコードや録音テープを手に入れるため、モスクワやレニングラードの友人に郵便で送ってもらったり、知人を介した「ヤミ」売買もしている。

一九七三年、十四歳になったアレクサンドルは、級友とともにコムソモールに入る。積極的に参加して、すぐに班長（コムソルグ）になり、翌年は学校のコムソモール委員会の書記に選ばれる。最上級生だった七五年春には、再選を果たす。七五年四月二十五日付のニコライへの手紙に、アレクサンドルは誇らしげにこう書いている。

第×学校コムソモール委員会の書記にまた選ばれた。いまはコムソモールの活動にどっぷり、まっしぐら。あちこちかけずり回って、要求・説得・編成・調整・報告・運営などなど。要するに、仕事に没頭さ。

コムソモールのことは二人の手紙でよく話題になったが、いつも意見が一致したわけではない。レニングラードのニコライが七五年春に手紙で、こっちの学校のコムソモール活動は無意味なルーチンになっていて誰も真剣じゃないと書いてきた。ヤクーツクのアレクサンドルは、こう答えている（七五年五月十三日付）。

君はこう書いてる（引用する）「［コムソモールの］集会なんか時間の無駄だ」。でも一般のコムソモール員しだいで、学校のコムソモール活動は変わるんだ。委員会に行って、学校でやっているコムソモール活動は面白くない、強制だと言ってみなよ。とにかくコムソモールに入れ、僕の助言だ。社会生活の学校であるコムソモール活動は、将来きっと役に立つ。僕はそう信じてる。

アレクサンドルの考えは（前述した研究所コムソモール書記のアンドレイ・Kと同じく）、コムソモールの活動には、空疎な形式や無意味な仕事のほかに重要なものもあり、個人が積極的に取り組めば活動のこの部分が中核になって形式主義の退屈さを克服できると見ていた。すでに指摘したように、こうしたコムソモール観は、同世代の大多数と大きく異なる。「ふつうの人」は、システムにヴニェで接することを好み、コムソモールの集会に行っても意味を突き詰めて考えないし、場合によってはコムソモールを避けて通る（第三章参照)。受身の極みの人について、アレクサンドルは同じ手紙でこう書いている。

名前だけのコムソモール員が若干いるが、あんな奴が一番嫌いだ。

手紙はこれをきっかけに、若々しい情熱で、共産主義への思いやその実現に向けた献身を書き綴る。

僕は共産主義を信じてる。この信念は揺るがない。あまりに強い信念なので、あと数人におすそ分けできるくらいだ。だがこれは鈍感な信念ではない、盲目の信念でもない。お高くとまるのは好きじゃないが、一つだけ言わせてくれ。共産主義の建設が、僕の一生の課題だ。だが建設するには知らなきゃいけない。理論が分かるだけじゃなく、理論に命を吹きこまなきゃいけない。だからコムソモールに入ったんだ。だからこれに関わるすべてが大事なんだ。

アレクサンドルは、学校のコムソモール書記の活動のほかにも様々な関心があり、その多くでかなりの成功を収めている。勉学に励み、数学と文学と英語はクラス一番だった。とくに数学は抜群で、市の代表としてヤクート共和国の数学オリンピックに出ている。一九七五年四月五日のニコライの手紙を引く。

数学オリンピックは個人四位だった(特別学校[33]と普通学校あわせて)。市のチームは、三回あった〔ヤクート共和国〕オリンピックですべて一位。これは初めての快挙だ。数学チームは、チームの一人が〇点だったけど、それでも一位。それもそのはず。このチームには、コルニーロフ(市は一位、共和国は二位)、シャーシュキナ(共和国四位)、それに僕がいるのだからね。来年は順位がもっと上がって推薦[34]もとれる、とジンガ(うちの数学の先生)が太鼓判を押してくれた。

数学だけでなく、本もよく読み、詩を書いていて、いつか発表したいと思っていたし、[35]英語にも熱心だった。後者は、数学に劣らぬ出来で、市の外国語オリンピックの学校代表にもなっている。次の一九七五年四月二十五日の手紙に、こうある。

最近、英語のオリンピック（市のやつ）があって、僕は十年生の代表として出場（うちの学校に第十学年はない）[36]、二種目で一位、一種目で二位、総合で一位になった。オリンピックに行く前は、十位にも入れないだろうと思っていたのに……

一年後の一九七六年夏。アレクサンドルは、ヤクーツクの別の学校で第十学年を終え、ノヴォシビルスク大学の数学部に進んだ。八月にはノヴォシビルスクに引っ越している。一方レニングラードのニコライはレニングラード工科大学のコンピューター・システム学部の入試に失敗したので、ひとまず専門学校に籍を置き、翌年夏の再挑戦に備えることにした。この年の秋と初冬の手紙から、アレクサンドルが大学でも成績優秀で、数学サークルで活躍し、コムソモール委員会の書記をしていることが分かる。また受験勉強の助言として一九七六年十二月四日の手紙で詳細な勉強計画を書き送り、線形代数、微分、物理、文学、哲学の文献を紹介するとともに、ニコライがよく考えるべき問題も列挙している。手紙から引用する。

この一年がマイナスだとは思わない。むしろプラスだ。今こそ自分の居場所がどこなのか、まわりをよく見て、向き不向きを見極めよう。そのための一年なんだ（もう一年は切っているが）。この一年で何かすごいことができるだろうか。もちろん、できるさ。やり方かい。

専門学校の授業のほかに、きっちり八時間の自習を六日間。日曜日は完全休養。

この八時間の配分は、こうだ。
最初の四時間が数学――理論はS・フェフェルマン『数の体系』とE・メンデリソン『線形代数の基礎』。練習はG・フィフテンゴリツ『微分積分講座』の第一巻と第二巻。
次の二時間が物理学――『ファインマン物理学』[37]
最後の二時間が哲学と文学――レーニン『唯物論と経験批判論』[38]、古代ギリシャ哲学（ソクラテス、ディオファントスなど）、ヘーゲル、フォイエルバッハ、もちろんマルクスとエンゲルス。
要するに、興味を引くものさ。

お気づきだろうか。アレクサンドルがつくったこの壮大な計画と文献リストの哲学と文学には、ありきたりのレーニン、マルクス、エンゲルスに加えて、古代ギリシャやドイツ観念論の原典も入っている。後者は、ソ連の大学でやるのは哲学関係の学部だけで、しかも批判的な紹介しかしない。また前述したように、アレクサンドルは党の思想の正しさを信じていた（少なくとも、先に見た手紙の言葉はそうだ）が、党の方針に盲目的に従うことなく共産主義の理解に独自に到達すべきだと考えており、そのためには様々な文献に目を通し、「ブルジョア」文献も批判的に読みこなす必要があると思っていた。手紙の最後の、哲学のことを書いた箇所に、こうある。

非政治的[39]と思われている疑問を発して（もちろん自分への問いかけだ）、解き明かすのを恐れてはいけない。とにかく考えるんだ。なぜ正しいのがマルクスの方で、西側の思想家でないのか。ひょっとして逆ではないか、と。ちなみに、次の問題は検討に値する。「芸術とは何か、何がその目的なのか」

アレクサンドルは、マルクス＝レーニン主義への批判的疑問を大っぴらに口にしないようニコライに釘を刺す一方で、この疑問は必ず発するべきだと助言し、公式見解に必ずしも同意する必要はないと言っている。また、ソ連の権威的言説の機能のしかたも熟知していた。当時の多くの人がしていたように、権威的言説の紋切型の儀礼はコンスタティヴな意味を考えずに再生産するが、自分にとって極めて重要な意味を持ち、誠実な人とならきっと共有できると確信する別の理想を持っていて、両者を明確に区別している。

アレクサンドルにとって、権威的言説のオウム返しと共産主義の批判的な省察は、二つのまったく異なる活動だった。互いに矛盾しないだけでなく、前者は後者を実現する不可欠の条件でもあった。信条として、理性と良識ある人はどちらが欠けてもいけないと思っていた。この姿勢は熱烈な「活動家」――たとえば第三章の若い活動家レオニードとは明らかに異なる。ああした人の言葉は新聞の論説そのままで、どんな場面でも党の言うこととの繰り返しで、批判的な見方は一切口にしない。だから周囲の不興を買っていた。

アレクサンドルの手紙の最後の問い――「芸術とは何か、何がその目的なのか」は、批判的に考える力と共産主義への信念との相互関係に対する関心の反映である。アレクサンドルは別の手紙でこの問いに答え、ロック心酔と共産主義信奉とがなぜ両立するのか説明している。

ロックを批判的に読む

アレクサンドルとニコライが西側ロックの録音テープを集めだしたのは一九七三年の八年生の時だった。音楽談義に花が咲き、ニコライが七四年に引っ越した後も、文通で続けている。アレクサンドルは英米ロックの崇拝者だが、その姿勢は一癖ある。漫然と聞き流したりせず、ロックの美や文化的背景、聞き手への心理的影響を解き明かそうとする。何よりすごいのは、西側ロックの美が共産主義の未来と調和すると誰彼なしに説いて回ったことだ。

ここまで何度も指摘したように、ソ連の文化政策の逆説を物語るのが、西側のロックやジャズに対する当局の二面性である。ソ連の新聞雑誌は、ある種の音楽は肯定的に描き、民衆文化と結びついた進歩的な動きだと評した。かと思えばブルジョアのエセ文化だと批判し、正常な和声や聴覚作用に反した心理的・道徳的な偏向だと書いたものもある。このように批判的な形でロックの害悪に触れることは、以前からあった。第五章で引用した一九六〇年代はじめの記事は、ソ連の「軽音楽」と比較する形で「悪趣味な」西側ロックを取り上げ、この「狂暴な音、ひきつけのようなリズム、異様な叫び声に満ちている」音楽は「過度の軽薄さと陰鬱な無関心を人にもたらす」と書いている。[40] こうした批判は消長を繰り返すが、七〇年代末に再び高まりを見せ、ロックの害悪を説く記事、とくに低周波・大音量の歪んだ響きが人の生理や心理に深刻な影響を与えるという記事が相次いだ。

アレクサンドルは、ロックが好きで、しかもその「働き」に大いに関心があるため、ロックの影響を科学的に分析するこうした試みは、たとえ否定的な側面であれ、常に興味を持った。自身の考察に、そうした論文の言い回しの援用すら見られるが、とはいえ分析や結論は百八十度ちがっていて、ロックと共産主義は美的に共存可能で類縁ですらある、決して矛盾しないと説いている。一九七五年八月十三日付のニコライ宛の手紙が、ソ連の新聞雑誌の批判的言説をそっくり頂戴した好例だ。

ロックンロールは、音楽の麻薬だが、たいてい問題ない（時に害がないわけではないが……）。ここが大事な点だ。知ってのとおり、現代のポップ・アンサンブルはアンプが不可欠だし、エレキベースの音はしばしば可聴範囲を超えて（下限以下）いわゆる超低周波音になっていて、聞き手の心理に一定の影響を及ぼす。音が低いほど、この効果が強まる。実際、極めて低い音の威力は圧倒的で、人殺しすら可能だが、ロックンロールはそこまではいかない。

ソ連の新聞雑誌がロックの特質を科学的に考察するのは（たとえばエレキギターの発する低周波や耳に聞こえない超低周波が人間の心理に与える影響など）、ロック批判の一つだった。また新聞雑誌がロックを「音楽という麻薬」と名づけるのも実際よくあった。本章冒頭で見た一九八一年の『コムソモーリスカヤ・プラウダ』の記事が、こう書いている。新たな西側スターの音楽は、かつての大衆文化と違ってブルジョア・イデオロギーの道具であり、「音楽という麻薬、音楽という睡眠薬、音楽という詐欺に」成り果て、「聞き手をありえない幻想の世界に」引っ張り込むだけだ。[41]

とはいえ、一九七〇年代末の刊行物がロック批判に終始したわけではない。科学的に音楽の性質を考察したものには、ソ連の科学啓蒙書の伝統にそったものも少なからずあった。アレクサンドルはこちらを重視し、批判部分を無視して、意味を読み替える。これを読んでも、ロックが特別な芸術手段で人間と社会を良い方向に変えうるものとしか思えなかったからだ。アレクサンドルにとって、ロックへの関心が科学や共産主義の用語で説明できたことが自分の関心を正統化する理由になり、ほかの分野の関心事（数学、外国語、哲学、詩）と並列可能にしたのである。また自立したコムソモール員を自負し、杓子定規な党官僚や先生に迎合しないアレクサンドルにとって、ロックは独立不羈の証しとしても重要だった。同じ手紙（一九七五年八月十三日付）に、こうある。

僕のロックの接し方を言えば、聞いていると踊りたくなる。即興的に激しく体が動き、ありったけのエネルギーを注ぎ込んで、浸りきる。静かな曲は好きじゃない。スローな曲でなく、静かな曲だ。ロックなら大音量さ。「シャウト」の曲は、お気に入りがたくさんある。

こうした西側ロックとの接し方は、多くの点で、当時の同世代の受容と重なる（多くの人が、アレクサンドルと違って、共産主義に冷淡で無関心だったのを思い出して欲しい）。ヴニェの想像世界を生み出す手段がロックだったので、アレクサンドルは、ここに自分自身や未来の共産主義の理想を入れ込んだのである。共産主義とロックとのつながりは、彼にとって、奇異でも何でもなく、自明ですらあった。大音量のロックへの愛を熱く語った数行後には、文通のもう一つの恒例の話題――コムソモール活動とその道徳との関係に話を戻している。「コムソモールの仕事は、いわば義務であり、良心の問題だ。きみはコムソモールの一員なのだから、規約に従うべきだ」

学校を卒業するまでにヤクーツクの友人の間で流通していた西側ロックの録音の大半を聞き終えたアレクサンドルは、西側ロックが革命のオーラを失ったように感じ、もはや共産主義の建設に重要ではないと見切りを付ける。この時の説明の筋道が、ソ連の公的言説ともソ連の普通のロック・ファンとも違っていた。ロックを歴史的文脈に位置づけようとし、またもや若気の一途さで、もうこれ以上、時間と労力を費やす意味はないと書いているのだ。一九七六年三月十一日付のニコライ宛の手紙では、ロックやポップス、科学、共産主義などの進歩的運動を一くくりにし、この中で音楽の切実感が日に日に減っていると力説する。

思うんだが、ポップスは危機に瀕している。すこしずつ意味を失い、後景に退きつつあると言ってもいい。頂点は一九六七年から六八年。いわゆる若者のプロテストや、ヒッピーやビート族などが花盛りだった時期だ。今は下り坂、数だけはゴマンとあるけど、考えるに値するものは、なさそうだ。とくに深く考えるものはね。間違っているかもしれないが、僕たち七〇年代世代の前には、タンパク質生合成、制御核融合、サイバネティックスといった巨大な問題が立ちはだかっているのだから、死に体に熱中する（それも脇目もふらず）のは犯罪だと思うんだ。今は一分たりとも無駄にできない。膨大な知識を身につけ、文明の主要課題の本質をほんの一端でもいいから解明する必要がある。

この批判が西側音楽を指しているのは、一九六七年から六八年とかヒッピーやビート族といった記述から明らかである。注意してほしいのは、ロックがかつて六〇年代に持っていた革命気質を失ったとアレクサンドルが言う時、一見したところ、御用学者がソ連の若者にする説教――今（七〇年代から八〇年代）の西側ロックはかつて六〇年代にあった革命のオーラを失った（本章冒頭を参照）――そのままに思えることだ。とはいえ御用学者がこの先に説くのがロック・ミュージシャンのブルジョア反革命陣営への転向なのに対して、アレクサンドルの説明は、ロックや芸術全般は依然として革命的だが、現代科学には見劣りするというものだ。だからロックを帝国主義や反動の手先かのように言う御用学者の見解には、同意するはずがなかった。

ここまで見てきたように、アレクサンドルは多種多様な関心を並立させるだけでなく、これを大きな哲学や共産主義の土台で下支えする。この天分が遺憾なく発揮された手紙を次に紹介したい。いま引用した手紙からほどなくして、アレクサンドルは、前に批判したことも忘れて、再びロックは未来の音楽だと書くようになる。これは、ノヴォシビルスク大学に入学して、それまで聞いたことのない西側グループを新たに大量に発見したからだ。ロックの新たな方向性を知り、その実験が続いていることが分かったのである。

アレクサンドルは、一九七六年の夏にノヴォシビルスクに転居し、大学がはじまるとすぐにコムソモールの活動に取り組み、一方で数学や文学にも多くの時間を費やす。ニコライ宛の、一学期が終わった後の七七年一月二十一日付の手紙には、「僕は相変わらず二つの極を揺れ動いている。数学と詩だ」とある。また大学の寮では、シベリアや極東の各地からやって来た西側ロックの大ファンと知り合い、録音テープの交換を再開する。ここで出会った新たなロック・グループやアルバムは、ヤクーツクではお目にかかれないものだった。七七年の晩夏と秋の手紙には、ロックへの新たな関心と、数学や文学のことを書いている。七七年八月二十四日付の手紙を引く。

次は少し趣味について。文学は、今までどおり。音楽は、ちょっと変化があった。「厳格な」クラシック（バッハ、モーツァルト）や「ビート」のクラシック（ビートルズ）と同じくらい、文字通りロックに没頭している。特にユーライア・ヒープ。[42] このバンドは、神様だ。コンサート・アルバム『ソールズベリー』[43]は、間違いなく傑作だ。……数学は、専門を何にするか、もうだいたい決めた。代数の一つ、環論だ。

この後二ページにわたって環論の説明が図表と公式をまじえて続いている。次の一九七七年十月七日付の手紙は、自身も深くかかわるノヴォシビルスク大学での学生の音楽交換のしくみを述べ、音楽「闇市」(барахолка) のレコードの値段も書いている。[44]

ここの闇市はレコードも売っているが、値段は相当する。たとえば「ソールズベリー」は七十ルーブル前後、「ラム」[45]は約五十ルーブル（未開封）、開封済みなら四十から四十五（三十ルーブルの場合も）。そっち〔レニングラード〕の様子はどうだい。ちなみに、こっちは〔レコードの〕交換システムが大いに発達しているが、そっちはどう?

ニコライ（レニングラード在住のアレクサンドルの友人）は、この頃には大のビートルズ・マニアになり、ビートルズのほかは、ほとんど何も認めなくなっていた。ニコライがそんなことを手紙に書いてきたので、アレクサンドルは手紙にこう書いた。ノヴォシビルスク大学の学生の大半はビートルズを古臭いとか、少なくとも聞き飽きたと思っている。新しいイギリスのバンド、まれにはアメリカのバンドを聞くのが流行っている。中でも一番の好みは何なのか、一九七七年十二月十四日付の手紙を引こう。

ディスコについて。こっちの「アカデム」[46]にはクラブ「テルプシコラ」〔ギリシャ神話の踊りと詩を司る神〕があり、文化会館「ユーノスチ」でディスコをやっているが、僕は行ったことがない――一度もだ。でも僕たち学生は、とても多くのバンドのステレオ録音のコレクションを持っている。正直に言えば、「ビートルズ」はめったに聞かない。ここでよく耳にするのは、ディープ・パープル、レッド・ツェッペリン、ピンク・フロイド、イエス、クイーン、ウイングス、キング・クリムゾン、アリス・クーパー、ユーライア・ヒープ、[47]ほかは滅多にない。このうち、線を引いたのが一番好きだ〔線は手紙のママ〕。

アレクサンドルの説明によると、バンドの好悪の基準は複雑な音楽を演奏することにあり、シンプルな耳にやさしいメロディーではなかった。だからキング・クリムゾンや、ユーライア・ヒープの「いくつかの曲」を好んだのだ。一九七七年九月八日に、ニコライの手紙にこう答えている。

ユーライア・ヒープの音楽は難しくてメロディーが追えないと書いてたよね。でも、だからこそ僕はこのバンドに惹かれるのさ。いくつかの曲は、僕の気持ちにドンピシャで、ヒステリーになる（これは大々的に言われているけどね）。

アレクサンドルたちが「没頭している」音楽の大部分は、イギリスの「プログレッシブ・ロック」と「アート・ロック」の中でも、かなり「ヘビー」な部類に属する。こうしたバンドがつくる音楽はシンプルでもやさしいメロディーでもなく、時にはわざと作りや響きを複雑にしてある。[48] 元来ソ連では歌詞の意味をさほど重視しないが、こうした作品はその傾向が他のジャンル以上に強い。構成が特異で、具体的なコンテクストを離れて新しい奇抜な解釈や連想ができるとなれば、ある種のクラシック音楽のようになり[49]、新たな想像の世界をソ連の現実内につくるのに最適だ。だからこそ、こうしたバンドがソ連や当時の社会主義国で特異な人気を獲得したのである。[50]

だがアレクサンドルの音楽への接し方には、さらに独特なものがあった。ロックはブルジョア反ソだとソ連の新聞雑誌が決め付けても、ソ連のたいていの愛好家は一向に意に介さない。だがアレクサンドルには、そうした声明が破壊的な性格を帯びる。なぜなら、何とも奇異に響くだろうが、共産主義の美的土台を揺るがし掘り崩す間接的な一歩だからだ。実験をくりかえすアヴァンギャルドの美学ゆえに、こうしたロック・バンドのサウンドは未来の共産主義社会の建設という課題にぴったり重なる。これこそが、日々深まる彼の確信だった。一九七七年九月八日の手紙に、こう書いている。

大きく言って僕が音楽に求めるのは、あらゆる音のハーモニーの拒絶だが、でもハーモニーに人間の理性や精神があるのは同意する。音響信号の連なりが何らかの形で聴覚に作用して……音楽になる。〔そのためには〕その作用が美的（つまり人が美的快感を得る）、もしくは精神美的（つまり倫理や信条のほかに、いわば知性のほかに、人が……精神美的な快感を得る）でなければならない。すべての（もしくは大部分の）クラシック音楽は美的〔な影響を与えるもの〕だが、最良のロック音楽は精神美的だ。

言い換えると、良い音楽の価値とは、アレクサンドルの見方によれば、きれいなメロディーや音にあるのではない。それでは知的困難を伴わないし、単純な美的快感しかもたらさない。そうではなく、新たな予想外の組み合わせや意味やイメージを精神美的なレベルで作り出し、美や知や倫理の規範概念を超えていくことにある。良い音楽とは、今ある規範を単に繰り返すのではなく、新たに創造することなのだ。アレクサンドルは次の手紙でこの考えをさらに発展させて、こう書く。西側の最良のロックが人に訴えかけるのは、ほかの音楽と同じく、知的レベルではなく、むしろ肉体的、美的、精神的レベルである。つまり、良いロックは、旧知の感情や現象の記述ではなく、新たな未知の感覚や意味をつくる。このため、こうした音楽は、あらゆる芸術の最良の成果と同じく、未来志向である。一九七七年十一月二十三日付の手紙を引こう。

君はキング・クリムゾンやそのコンサート（アルバム）リザード[51]を知らないっていうが、僕には不思議でならない。だって、そうだろう。ロックは大きく前進した。もう軽音楽じゃない。高尚かつ深遠、しかも力強い。たとえばイエスのアルバムRelayer[52]はどうだ。あの中の曲は、間違いなく数世紀の生命を持つ音楽だと言っていい。……深遠な思想と華麗な演奏に支えられた作品で、人が肉体的だけでなく、美的にも精神的にも虜になるなら、つまりそういう音楽には未来がある。だからバッハやベートーヴェンやストラヴィンスキーやガーシュウィンには未来がある。だからロックには未来がある。

アレクサンドルが念頭においているのは、たぶんイエスの「錯乱の扉」（The Gates of Delirium）――ミニ・シンフォニーとも言うべき二十三分の長大作だろう。複雑なメロディーの作品だが、イエスは、バイオリン、管楽器、ボーカルを増強して、目の覚めるような超絶技巧を見せてくれる。トルストイの『戦争と平和』に触発された作品なのは、おそらくアレクサンドルのあずかり知らぬことだ。だが、この曲に流れる感情の高ぶりや複雑で変幻自在の構造に、アレクサンドルはすぐに虜になる。ロックの新潮流の代表例として、これを未来に向けた音楽と名づけている。

軽音楽が、耳に心地よい単純なリアリズム、先に見たある作曲家の言う(53)「明るく陽気で甘美なメロディー」を標榜する――つまり旧知の難しくないリアリズムの規範をくりかえす――のに対して、本物のロックはこうした規範に疑問を投げかけるものだ。アレクサンドルは、そう考えていた。当たり前でない予測不能な実験精神があるからこそ、ロックの機能が(本物の芸術はどれもそうだが)パフォーマティヴとなり、現実の中の単純な記述にあてはまらない側面を明るみに出す。これが起こるのは感情・衝動・直感・非常識といった「精神美的」なレベルであり、だからロックは哲学や詩や数学の環論や共産主義の理想に近いのだ。

未来のこだま

ノヴォシビルスク大学の二年生になったアレクサンドルは、西側ロックの録音や情報の収集に熱中しながら、コムソモール委員会でも相変わらず積極的に活動していた。その一環として、一九七八年五月にノヴォシビルスクで開催される大規模な文化イデオロギー行事――国際団結週間の組織委員に選ばれる。アレクサンドルはこの催しについて、終了直後に書いたニコライへの手紙で、詳細に語っている。団結週間の期間中、ノヴォシビルスクでは数々の国際的な祭典やコンクールが行われた(「第十三回政治五月祭、第四回政治ポスター・コンクール、国際主義活動の経験交換会議など数多くの行事」)。呼び物は「国際政治歌謡祭」で、アレクサンドルにとって「団結週間」の最も重要で関心を引くものだった。手紙には、こうある。

僕たちの祭典は、どんなものか。五十近い団体や個人がソ連各地から参加し、外国の代表団もいる……チリ、ポルトガル、ボリビア、エクアドル、ジンバブエ、トーゴ、バングラデシュ、パレスチナ、東独、ポーランド、キューバ、ギリシャ。コンクールが三つあって、締めくくりに大コンサート。余った切符がないかと探し回る人の群れ。コンサートは集会と化す。活気あふれる集会で、千人ものひとが「団結は無敵」と斉唱する。拍手で真っ赤に腫れた手、素敵な歌。祭典のスローガンは「これは素晴らしい歌だ。私の知り合いだった善良な人は、このために死んだ」(ヘミングウェイ)[54]。

アレクサンドルは、この学年は一九七七年九月から七八年五月まで、ずっと団結週間、とりわけ政治歌謡祭の準備に打ち込んだ。祭典が力を込めたのは、進歩的な「プロテスト音楽」。党の公的言説によれば全世界の勤労者と共産主義者の団結を体現するもの、祭典主催者によれば「資本主義、帝国主義、新植民地主義に反対するもの」だった。会場の舞台に掲げられたロシア語と外国語のスローガンは、アレクサンドルの手紙によれば、「毛沢東主義者の政策は、トロイの木馬の帝国主義者版だ」とか「〈右に〉進んでいます、同志ソアレス」[55]だという。プロテスト・ソングが流れた音楽コンサートは、数千人の政治デモと化す。帝国主義そのものや、ブルジョア大衆文化の具体的なあらわれ(多くの西側ロック・スターの音楽も含む)に反対する演説が相次いだ。祭典の最後に広場で行われた閉会式では、「帝国主義者のかかし数十体に火がつけられて三階建ての高さくらいまで燃え上がり」「〈ウラー〉とか〈ビバ〉といった友好のかけごえ」に包まれた。

アレクサンドルは心底この祭典に熱中し、帝国主義とブルジョアを糾弾する雰囲気に酔いしれている。だがこれは、祭典でこだました党の声明やスローガンや演説の文字通りの意味への同調を意味しない。「進歩的な」反ブルジョアのプロテスト・ソングと「ブルジョア的な」西側ロック・スターの音楽とが正反対だと見るのは、アレクサンドルの考えでは、イデオロギーの単純化であり、甚だしい誤解だった。政治的なプロテスト・ソングが重要なのは、具体的な国際的催しの文脈、共産主義の信念からである。アレクサンドルはこうした歌を、音楽というよりは、進歩的な政治声明として受け止めていた。純粋に美的な観点からいうと、彼や彼の仲間にとって、こうした音楽はまったくなじめない。録音テープを交換して、チリやニカラグアやトーゴの政治ソングを家で夜に聞こうとはしなかったはずだ。かたや西側のロックは、党の活動家が祭典の場でブルジョア文化や帝国主義政治のあらわれだと批判しても、アレクサンドルにはかけがえのないものであり続けた。新たな録音がないか、あちこち探し回り、ヤミで新譜を手に入れ、友達と語らってその美的重要性に思いをめぐらす。まさにこうした西側ロックの聞き方を、政治祭典の準備に奔走していた月日も、夜ごと続けていたのである。

党の公的言説の見解とは異なり、アレクサンドルは、反ブルジョアのプロテスト音楽と「ブルジョア的な」ロックとが両立不能の現象だとは思っていない。闇市での入手が共産主義の理想と矛盾するとも思っていなかった。だから当然なのだが、反ブルジョア祭典の興奮した記述は、帝国主義者と資本家のかかしに火をつけて燃やす話では終わらない。この模様を書き終えると、アレクサンドルは、ばつが悪そうに、こう付け加える。「なんだか、えらく愛国的な手紙になっちゃったな」。そして話題をかえ、英語まじりでこう書く。「次は、about jeans」。この段落が手紙の締めくくりである。

次は、about jeans. もし君が手に入れられるなら、いくらするか知らせてくれ。手ごろな値段なら、お金を送る。O'Key. ……サイズは教えたが、忘れたかもしれないので書くと、サイズは五から六（股下百十二から百十センチメートル）、ウェストは四十六から四十八。

この段落は、どう解釈したものだろう。ソビエト的主体とは擬装や欺瞞だと見る通説に合致するのか[56]。その場合、この一節はアレクサンドルの隠れた「本性」の現れとなり、手紙のこれ以前の部分はすべて嘘となる。当時の党の批判（実例は先に宣伝ポスターで見た）に沿って読むこともできなくはない。その場合、アレクサンドルは「ご都合主義者」――西側のジーンズやロックが好きな本当の顔を隠し、コムソモール活動家の仮面をかぶって共産主義のスローガンや国際勤労者団結の歌を口先だけで唱えているとなる。

だがこうした解釈は、アレクサンドルの性格を全くといっていいほど反映していない。どちらも一面的で単純化しすぎだ。宣伝ポスターのご都合主義者で問題なのは、公的な集会でのことばと私的な個人生活でのことばとの落差である。アレクサンドルの場合、反ブルジョアのプロテストもアメリカのジーンズも、親友への私信に同居している。別の手紙だが、共産主義への熱い思いを語る一方で、それに劣らぬ熱い思いで英国ロック・バンドについて語ることもあった。アレクサンドルは偽善者でもない。「本当の」考えを隠し、「擬装した」言説で欺いたのではない。本当は出世主義者なのにコムソモール活動家の仮面をかぶっていたのでもない。一見すると矛盾するかのような彼の言動・関心・情熱・倫理観は、一人の人間の複雑な、確たる「自我」の一部である。

手紙の最後の段落から思い当たるのは、すでに何度も述べたが、アレクサンドルが、同世代の大半と同じく、公的言説のすべてを文字通りに受け取っていないということだ。反ブルジョア団結祭典のことを熱く、興奮すら漂わせて書いているアレクサンドルに、嘘偽りはない。この祭典や、植民地主義や帝国主義の遺物と戦うという理念は、彼にとって分かりやすく、重要で身近である。だが、権威的言説の形式を繰り返すのは祭典の主催者や参加者と同じでも、アレクサンドルはそこに新たな意味も与えていた。彼の見方によれば、ロックなどの西側の「ブルジョア的な」若者文化は祭典の目標と矛盾しないし、キング・クリムゾンの曲もチリのヴィクトル・ハラのプロテスト・ソングと矛盾しない。また音楽面では、西側ロックは、プロテスト・ソングとは比較にならないほど複雑で興味深く、予測不能であって、だからこそ想像の余地、新たなものを夢見る余地が生まれ、アレクサンドルが「共産主義の未来」と名づけたものも入れられた。

最後の段落が二カ所で英語の表現を使っているのにも、注目したい。同世代の大半と同じく、アレクサンドルの生活で別のシンボル空間——想像の西側という空間が重要だったのが分かるだけではない。この想像の世界はソ連世界の対極だったのではない、アレクサンドルが暮らす積極的なコムソモール活動や反帝国主義祭典の世界と必ずしも敵対関係ではないことも分かるからである。共産主義の価値観、ソ連的なスローガン、植民地主義に反対する政治団結の歌などから成る共産主義のプロジェクトは、形式面、知識面、道徳面にかかわる。一方アメリカ製ジーンズ、西側アート・ロック、レコードの売買や闇市、さらには理論数学の勉強や詩作は、どれも美的に、アレクサンドルの言い方なら「精神美的」に人生の同じ地平の理想であり、より良い自由な未来をめざすものだった。想像の西側と想像の共産主義の未来は、同じ世界の別の一部だったのである。

アレクサンドルは、共産主義を心から信じている自分には、党の役人や官僚を蝕む保守的な解釈に異を唱える道義的な権利があると思っていた。ご都合主義者でないばかりか、ご都合主義だと党やコムソモールの官僚や教師に食ってかかることもあった。話は少し戻るが、アレクサンドルとニコライがまだ大学生になる前、ニコライが手紙にレニングラードの学校は生徒の外見にとても厳しいと書いてきたことがある。男子は長髪禁止、女子は赤い派手なマニキュアや制服の丈が短いだけで注意された。学校のコムソモール集会で教師が次々と生徒の外見に文句をつけ、甚だしい教養の欠如、ブルジョア西欧ファッションの幼稚な物まね、ソ連の生徒にあるまじきことだと説教したこともあった。アレクサンドルの一九七五年四月二十五日付の返事を引く。ヤクーツクのクラスメートにこのことを話すと、

はじめは大笑いだったが、すぐみんな君たちに同情した。どんなことがあろうと、君たちと一致団結して先

生との（そうしたものが起こるまたはあるならだが）服装論争に臨む。ちなみに僕は第×学校コムソモール委員会の書記だが、そっちの先生の言う服装や髪型には全く同意できない。こういう言葉を思い出すべきだ。「人間は何もかもが美しくなければいけない。顔も（！）、服も（!!!）、心も、考えも」（チェーホフ〔『ワーニャ伯父さん』の一節〕）。「有能な人間になって、爪の美しさを考えることはできる」（プーシキン〔『エヴゲニー・オネーギン』の一節〕）。でも僕はそこにいない。残念だなあ、その大バカと論争したかったよ。

二年後、ニコライは卒業して専門学校にいた時だが、友達と一緒に美学の教師と論争したとアレクサンドルに書いてきた。その教師は、本章冒頭の社会学者のように、学生がロックに関心を持つのを批判し、鈍感で政治的に未熟、本物のセンスがないとこき下ろした。アレクサンドルは一九七七年一月二十一日にノヴォシビルスクから返事を書いている。

僕の名前を出していいから、その美学教師に言ってやれ。身の回りをそんな有史以前の見方でみるなってね。そんな風に下からじゃ、僕たちの生活は見えてこない。見えるのはせいぜい踵と、言葉は悪いが、ケツだけだ。せめて、もうちょっと前の方、僕たちの目を見なくちゃね。だって人間の性格の支配者、習慣の養育者だろう。そうじゃないか。上から見れば、はっきり分かる。ロックとその兄弟はクラシック音楽の栄えある後継者だし、ビートルズは、僕たちの人生では未曾有の出来事で、人類の知性に与えた影響はたぶん宇宙飛行や核物理学に匹敵する。僕たちを教え導くのに、今の僕たちの生き方や苦しみ、何が好きでなぜ好きかを知らなくて、どうする。そいつに言っておいてくれ。僕はバッハやヴィヴァルディやチャイコフスキーやラフマニノフやシチェドリンが大好きだが、その横に無条件でポール・マッカートニーを置くことができるってね。分からなきゃ、そんな教師に、生きた発展する美学は教えられない。単なるドグマ美学の説教師さ。

宗教美学やキリスト教美学の説教も同然だ。

このようにアレクサンドルの主張は、美的なシンボルや形式として「ブルジョア的」で無教養と思われていたものを、ソ連社会主義の偉業（宇宙の征服、核物理学の成果）や、ソ連で規範化されたロシアやソ連や世界の文化（バッハ、ヴィヴァルディ、チャイコフスキー、ラフマニノフ、シチェドリン）と結び付ける。共産主義の理想に燃えてイデオロギーの常套句を使うものの、だからといって、こうした理想の解釈が、彼の言う保守的な党官僚や教師と重なることはない。柔軟性に欠ける共産主義美学の理解を宗教ドグマになぞらえるアレクサンドルは、共産主義の再定義を主張する。ドグマと無縁な、実験精神に富む、美的に柔軟な用語を使って、である。石頭の党官僚が外国のロックに見るのが第一に腐敗したブルジョアの影響だとすれば、アレクサンドルが見ているのは未来を示す特別な指針であり、それは彼がクラシック音楽や数学の理論、宇宙探検なりマルクスやレーニンの著作に見ているものと同じだった。学問・芸術・倫理といった知的分野の価値は、共産主義社会の建設という重要活動への信念と分かちがたく結びついていたのである。

未来志向は、この時期のアレクサンドルが考え書くことのすべてを根底で支えている。一九七七年九月八日付の手紙（先ほどのロックの手紙の翌便）に、数便前にはじめた別の論争の続きがある。理論科学の重要性をめぐる応酬だが、とくにアレクサンドルが大学で専攻した環論の意義を議論していた。環論は抽象的すぎて実用性ゼロだというニコライの指摘にアレクサンドルは反論し、考えるべきは今現在のことではなく、未来のことだと書く。

大事なのは、こういうことだ。基礎科学の発展は、人間の活動欲求に解答を求めていない。そんなことをするのは、これが議論の余地のない本質だから、構造の探求だからだ。たとえ抽象的であってもね。人間が知性を授かったのは、抽象化のためだ。もしその度ごとに思いつめ、なぜ考えるのか、思いつきは実現するのかと悩んでいたら、その人は人じゃなくなるんじゃないかな。一〇〇パーセント保証するけど、この先五百年から千年のうちに環論屋がやっていることは誰かの役に立つ。また一〇一パーセント自信があるが、誰かが「やっててくれて無駄じゃなかったな」と言う時が来る。

環論や理論科学の重要性は、アレクサンドルによれば、未来――今この時ではなく、この先にあると想像される未来で役に立つからで、だからこそ今の私たちにも負けず劣らず重要だった。芸術や音楽が重要なのも、同じ理由からだ。美学教師の説教に反発したアレクサンドルは、先述したように、若い世代を知らない、穴に閉じこもって新しいものを何も見ないと批判した。この教師は、ステレオタイプの枠から飛び出す能力も、創造的に考えて未来に思いを馳せる能力もない。アレクサンドルの共産主義信奉は青臭く田舎じみ、ソ連システムとヴニェの関係にある同世代の多くとずれているようにも思えるが、実は多くの共通点がある。彼らと同じく、アレクサンドルにとって重要で面白いのは、それまでにない予想外の非ドグマ的な意味をつくって自分の生活を満たすことだった。また、こうしたことが可能なのは、権威的言説の形式の再生産に加わる場合だということも、体験から知っていた。

西側ロックの大部分が未来を指し示し、しかもこの未来を自分なりの言葉で再解釈できると思っていたからこそ、アレクサンドルにとってロックは美的にもイデオロギー的にも魅力的だった。ただ一九七〇年代の西側バンドが、当時のソ連の若者の想像力をどれも同じように刺激したわけではない。ソ連の政治や文化の壁をやすやすと乗り越え、数十万の録音テープが出回るアルバムをつくったバンドは、美的面で共通項があった。その多くは（ただし全てではない）、すでに指摘したように、アート・ロック、プログレッシブ・ロック、ハード・ロックといった種類で、分かりやすいとかメロディーが美しいといった音楽ではない。曲の構成は複雑だし、楽器のアレンジも多彩。難解で時にオペラのようなボーカル、即興演奏、頻繁な転調、ギターのリフの強調、音を歪ませるといった音響効果などが相まって、リアリズムや単なる旋律美に背を向けた実験精神が横溢し、超現実感すら漂う。七〇年代の英国ロックは、大部分がこうした特長をもっていたので、ヴニェの想像世界をつくりだす材料として最適だったのである。(57)

　こうしたバンドの音楽は、後期ソ連の文脈であるものと共鳴した。それは、バンドのメンバーが聞いたら耳を疑うだろうが、未来志向のアヴァンギャルドな実験精神——かつては革命文化の一部で、後期ソ連期でもまだかなり重要なものであり続けた美意識である。(58)遠い未来に思いを馳せ、芸術や学問では非正統な形の実験に惹かれるアレクサンドルの心情は、遠い昔の革命期の実験精神と直結していた。アレクサンドルにとって、「最良のロック音楽」と心地よい上っ面だけのソ連の軽音楽は、相反するブルジョア文化と共産主義文化ではない。二つの音楽は相反する傾向をもちつつどちらもソ連システムに存在しているが、一方は過去志向で、依拠するのが権威的言説や硬直したドグマ美学の決まりきった形式なのに対して、他方は未来志向で、実験や革新を歓迎するものだった。

　ソ連文化に存在する後者の要素は、そのころ結成された「アマチュア」ロック・バンドにも垣間見える。つくる音楽ばかりか、歌詞やバンド名ですらそうだ。こうしたバンドと根本的に違うのが、「プロの」国立楽団（声楽器楽アンサンブル＝ソ連の官製バンド）である。そのレパートリーやサウンドは、規制が厳しいために、平明で常識的である。この特徴は名称にも当てはまる——「歌うギター（ポユーシエ・ギタールィ）」「青いギター（ゴルブィエ・ギタールィ）」「陽気な連中（ヴェショールィエ・レビャータ）」「歌うたい（ペスニャルィ）」「益荒男（ドーブリィ・モロツィ）」「天然石（サモツヴェトィ）」。これに対してアマチュア・ロック・バンドの実験好きはサウンドにも歌詞にも名称にも明らかで、ロシアや外国の詩の伝統を踏まえたものも多い。つける名前も、大半は想像の世界にちなむ（別の時空、空想上の存在、異なる生活形態）。当初は英語の名前が多かったが（第五章二六六頁を参照）、一九七〇年代から八〇年代はじめはロシア語の名前が増えていく――「アルゴナウタイ（アルゴナフトィ）」[59]「伝説（ミーフィ）」「鏡（ゼールカロ）」「水族館（アクヴァリウム）」「タイムマシン（マシーナ・ヴレーメニ）」「緑の蟻（ゼリョーヌィエ・ムラヴィイ）」「ジャングル（ジュングリ）」「動物園（ゾーオパルク）」「映画（キノー）」「おかしなゲーム（ストランヌィエ・イーグルィ）」「オウムガイ（ナウチルス・ポンピリウス）」。

　こうした音楽は、耳慣れないサウンドがソ連の日常を捻じ曲げて意味を改変する。最後のソ連世代の多くが関心を寄せた理由は、ここにあった。こうした音楽がもう一つの美的形式となったおかげで、独創と想像の新たな可能性が生まれ、体制支持の表明も積極的な反抗も不要になった。こうした音楽を好む最後のソ連世代の多くが、聞きながら考えていたのは、「深い真実」という永遠の普遍的な問題であって、身の回りの具体的な政治の現実ではない[60]。アレクサンドルのような人であれば、思いを馳せるのは想像の未来世界――ソ連の権威的言説の言うことと違っているが、にもかかわらず共産主義の理想と、硬直した規範をぶち壊すアヴァンギャルド願望とに彩られた世界となる。アレクサンドルの同世代の多くも、同じように現代ロックの美学に、初期アヴァンギャルドや未来派の精神を見ていた。ニコライ・グーセフ（後期ソ連の有名バンド「ストランヌィエ・イーグルィ」や「ＡＶＩＡ」のメンバー）も自身の西側ロックへの関心を説明する際に同じように革命期のアヴァンギャルド文化とのつながりを強調している。「一九二〇年代のアヴァンギャルドにはいつも関心を持っていた。これは、私にとって、あらゆる障壁をぶち壊そうとするパンク・ロックの一番シリアスでベストなものと同じレベルにある。ソ連の一九二〇年代アヴァンギャルド、構成主義、エリ・リシツキーなどなど――どれも重大な突破口、ハンマーの痛烈な一撃だった[61]」

第七章　ヴニェの皮肉　ネクロリアリズム、スチョーブ、アネクドート

非芸術家が「形式」と名づけるものに内容と「事象そのもの」とを感取してこそ、はじめて芸術家である。このことでそのひとはもちろん倒逆した世界の住人となる。なぜなら、これからはそのひとにとっては内容が何かたんなる形骸となるからである、——私たちの生をもふくめて。

フリードリヒ・ニーチェ、一九〇一年[1]

ミチキー

「ミチキーは誰にも勝とうと思わない」——こんなモットーを掲げた芸術家集団が一九八〇年代はじめのレニングラードに現れた。メンバーの一人、画家のウラジーミル・シンカリョフが八三年秋に宿直中のボイラー室で書いた小ぶりの肉筆本が、仲間の日常を教えてくれる。[2]

シンカリョフによると、そもそもは、実際の人物や出来事の忠実な描写は考えておらず、仲間うちで目につく、だがまだ誰も人生哲学にまで高めていない陽気な極楽とんぼの生き方を伝えたかったのだという。グロテスク文学であるシンカリョフの話は、「ミチキー的」生活の基本精神をかなり忠実に伝えている。[3] のみならず、シンカリョフによれば、「作り話だが、ある種の生活指針でもある」。本当にこんな生活をする人が出るとは、当人も思っていなかったのだが。[4]

図34 『ミチキー』（文：ウラジーミル・シンカリョフ、絵：アレクサンドル・フロレンスキー、1990年）の表紙。フロレンスキーの挿絵は1980年代はじめの作。

シンカリョフの話の登場人物（ある「本物のミチョーク」(5)）は、ボイラー室で働きながら好きなことに打ち込み、周りの「大きな」世界の出来事にとんと疎い。ニュースは気にしないし、新聞も読まずテレビも見ない。立身出世やお金に関心がなく、自分の健康にも無頓着。社会との接点は、逃げるに逃げられないちょっとしたことに限っている。例えば、お店に行くなら、切羽詰まって最低限の食料品を買う場合だけ。しかも知っているのは近所の数軒しかない（うち一軒は酒屋）。また生理的欲求が極めて単純素朴なので、お金も手間もほとんどかからない。「ミチョークの仕事は、当然ながら月七十ルーブル弱のボイラー室（一勤七休）であり、不精を決め込む。例えば、プロセス・チーズだけの食事が何カ月つづいても気にせず、美味しくて体によくて経済的だし、料理の手間がなくていいとすら思っている」(6)

シンカリョフの話に出てくる別の豪傑ミチョークは、手早く安く一カ月分の食べ物をつくりだめして時間とお金を節約する方法を考え出した。「このミチョークは、〔安物の〕ゼリー肉三キロ（一キロ三十コペイカ）、パン四個、腹持ち用のマーガリン二包みを買うと、これを金だらいに入れてしっかりかきまぜ、ぐつぐつ煮ると十リットル瓶で保存する。こうすれば一カ月分の食料が約三ルーブルですみ、しかも時間も大いに節約できた」(7)

この主人公は、ヴニェの原理を積極的に用いており、そのおかげで友達づきあいや絵の仕事や執筆といった、シンカリョフのような芸術活動に打ち込める。しかも、控え目の別の面として、極めて愛想がよい。ロシアの昔話の代表的な主人公「イワンの馬鹿」に比肩する向きもあろう。善良な田舎者が、立派な心がけで最後はいつも乙女の心をつかむ、あの話だ。ただ、この比較は半ばしか成り立たず、ある意味ミチョークはイワンの対極でもある。この違いを説明するため、ミチキー神話に入っている長編を全文引用したい。

……大型客船が海を行く。突然、船長がブリッジからメガホンで叫ぶ。

「女性が海に落ちた。誰か女性を助けてくれ」

しーんとしている。甲板にアメリカ人が出てくる。白の短パン、〈マイアミ・ビーチ〉と書かれた白のTシャツ。さっとジッパーを下ろすと、短パンとTシャツを脱ぎ、鋼色の海パン一丁になる。船中が息をひそめて見ている。アメリカ人は、赤銅色の体をほぐしながら船べりに行くと、優雅にひらりと欄干を飛び越えて海に潜るが、どぶんともばしゃんとも物音一つしない。インターナショナルな平泳ぎで力強く波をかきわけて女性の救助に向かう。しかし……あと十メートルだったのに……溺れてしまう。船長がメガホンで叫ぶ。

「女性が海に落ちた。誰か女性を助けてくれ」

しーんとしている。甲板にフランス人が出てくる。青の短パン、〈ラムール・トゥジュール〔仏語で「永遠に愛す」〕〉と書かれた青のTシャツ。

「私が助けに行く」

さっとジッパーを下ろすと、短パンとTシャツを脱ぎ、オウムの海パン一丁になる。船中が息をひそめて見ている。フランス人は船べりに行くと、鳥が欄干を飛び越えるように海に潜るが、三回転半のジャンプなのに物音一つしない。インターナショナルなバタフライで女性の救助に向かう。しかし……あと五メートルだったのに……溺れてしまう。船長がメガホンで叫ぶ。

「女性が海に落ちた。誰か女性を助けてくれ」

しーんとしている。突然、物置の扉が開くと、甲板に、痰を吐き吐き洟をすするロシア人が這い出てくる。ぼろぼろの垢汚れした綿入れで、ズボンは膝がでこぼこ。

「何だ何だ。女がどうした」

一つしかないボタンをはずすと、ズボンが甲板にずり落ちる。綿入れと縞シャツを脱いで、帽子をその上に丁寧に置くと、パンツ一丁になる。ぶるぶるっとして、欄干に手を掛けてやっとのことで乗り越え、水面を見ては溜息をついていたが、どぶんと飛び込むと、直立不動で泳ぎ……すぐに溺れてしまう。(8)

このロシア人がミチョークである。この話には、あるべきクライマックスがない。溺れている女性を救い出すなり、せめて一メートル手前で溺れるべきだろう。ミチョークはこのクライマックスを起こさせず、泳ぎ出す前に溺れてしまう。昔話の「イワンの馬鹿」なら最後の最後は海の向こうの王子や超自然の生き物に勝利を収めるが、ミチキーの話は勝利を収める人が誰もいない。この結末の唐突さが、ミチキーの美学の大事な要素である。重要なのは、登場人物が「クール」に惹かれず、クールになろうとすら思わないことだ。ミチョークが誰にも勝てないのは、勝つことへの意欲を知らないから、競争の何たるかを分かっていないからだ。しかし、同じ理由から負けることもない。あらゆる言説空間とヴニェの関係にあるため、勝ち負け自体が意味を成さない。この空間の形式的な指標の内側にいながら、コンスタティヴな意味の枠外で生きているのである。

こうした話は仲間や友達が吹聴して回るので、同じ話を何度も耳にすることになる。語り継ぎの儀礼はミチキーの物語を生む上で少なからず重要である（儀礼化した行為はほかにもいくつかある――飲み会や乾杯の挨拶、抱擁やキスや大げさな身振り）。儀礼化といえばミチキーの服装もそうで、いつも同じ下着と、安物でぱっとしない、大きなだぶだぶの服を着ているのは、「流行の」外見という概念の欠如を強調する。ミチキーの言葉も儀礼化している。感情の高まりがグロテスクな善良さと結びつき、時にはヒステリーに近くなる[9]。重要な特徴は、間投詞や掛け声や指小形の多用であり、グループ仲間の自作も多い。ミチキーは、互いを呼び合う時や友達、時には知らない人にも指小形の「わが兄弟（ブラチーシカ）」「わが姉妹（シストリョンカ）」で呼びかけ、単なる親しさだけでなく、肉親のような関係を強調する。そうした近しさは、グループの名前からしてそうだ。ミチョーク（ドミトリーという名前の指小形）とは、グループ創設者の一人ドミトリー・シャーギンが子供のころに両親から呼ばれていた名前に由来する。シンカリョフによれば、この人物が独特なスタイルの作者である。つまり、それを複数形にしたミチキーとは、いわばドミトリーの「兄弟」なのだ[10]。

　こうしたグループやその周りの儀礼化した言動は、スヴァイーの公衆（友人知人親戚との境目がはっきりしない公衆）を生む一助になった。第四章で触れた考古学サークルを思い出して欲しい。参加者は異口同音に、仲間は「肉親や親族」同然で、そのつながりは「血のつながり」を上回る「全く別のレベル」の近しさだったと言っていた[11]。ミチキーの周囲にできたスヴァイーの公衆はこれと同じではない。例えば、本物のミチキーはたいてい男だ。女性はシストリョンカ（妻、恋人、女友達、知人）になれても、ミチキーにはなれない。その理由は数多くある。ソ連の場合、男の方が自由な時間があって、自分の関心やつきあいに没頭できる。日常生活を維持するための社会的要請が、女性（とりわけ既婚女性）に比べて概して少ないからだ。このため男性は、風変わりなヴニェを実践する自由が大きい。ただこの区分は、ありきたりの家父長的な「ジェンダー」規範の再生産を意味しない。男性＝ミチキーは、伝統的なソ連の男性規範を実に意識的にはぐらかし、グロテスクなまでにその欠如を実践する。ここでも、権威的なシンボル体制にヴニェであろうとしている。

ソ連世界に取り込まれないミチキーの皮肉を、ソ連世界を拒否する試みと思う人もいるだろう。だが実態は全く逆だ——原則として善良かつ素朴に一切合財を受け入れる。体制の受容もその一つで、ただし形式レベルに終始する。このようなミチキーの姿勢は、ソ連の現実と距離を取り、小馬鹿にして関心を持たない姿勢とは異なる（無関心の先駆は、同時代の回想によれば、十数年前のヨシフ・ブロツキー）。ミチキーの皮肉の根源を二十世紀初頭のアヴァンギャルド文芸に求めることもできよう（ロシア未来派の作品からダニイル・ハルムスの文章まで）。だが、こうした歴史的な系譜をたどる試みも、正しさは半ばにすぎない。なぜなら、ミチキーの皮肉の美学の重要な特徴が矮小化され、後期社会主義の産物という特徴が見えなくなるからだ——ミチキーはソ連の日常の形式を完全かつ善良に、ちょっとグロテスクにして受け入れ、しかし形式に備わるコンスタティヴな（イデオロギー的な）意味には取り込まれない。

もう一つ大事なのは、こうした取り込まれない皮肉さを誤解して、受動的または非政治的な姿勢と見たり、政治活動から距離をおく消極的自由と受け取らないことだ。消極的自由とは、アイザィア・バーリンの定義によれば、「～からの自由」のことで、主体なり集団なりが外部の干渉から自由になろうとすることを指す。これに対置される積極的自由は、「～のための自由」のことで、主体なり集団なりが自己発展や自己表現のために外部の干渉を求めることを指す。[12] この見方に立つと、一九六〇年代のブロツキーの行動モデル（第四章参照）は、消極的自由を達成する試みと言えよう。だがミチキーの場合は、リベラリズムが定義したこの二種類の自由に全く当てはまらない。そのモットーを思い出して欲しい——ミチキーは誰にも勝とうと思わない。これは、外部の干渉に抗して行われる行動でもなければ、そうした干渉の枠内で行われる行動でもない。このモットーが体現しているのは後期ソ連特有の姿勢、一九七〇年代に広まってシンカリョフが「積極的に何もしない」と名づけた姿勢、嚙み砕いて言えば「誰にも逆らわず、誰も侮辱せず、個人の成功を追い求めないと積極的に願うこと」である。[13] こうした「積極的に何もしない」と表現される後期ソ連特有の自由モデルをヴニェの自由と名づける。[14] 表面的な形は積極的自由の枠内での行動を思わせるが、その意味が違っている。

ヴニェの自由を分かってもらうため、もう少し色々な例と比べてみよう。ミチキーの姿勢は、ヴィクトル・シクロフスキーが一九一〇年代に書いた有名な「異化（オストラネーニエ）」の手法と重なる所がある。だが、ぴったり重なるわけではない。オストラネーニエとは、対象物に通常と異なる新たな見方をつくり、その結果、慣れ親しんだものが新鮮で初めて見たかのように感じられることだ。この手法は、ブロッキーの政治戦略を髣髴とさせる。政治局員ムジャヴァナッゼの六メートルの肖像画を指差して「あれは誰だい。ウィリアム・ブレイクに似ているね」と尋ねたブロッキーは、[15]（異論派と違って）ソ連の権威的シンボルに異化の処置を施している。[16] ミチキーの実践は一見このブロッキーの行為を思わせるが、実は対極にある。行動の基礎が、ソ連の現実に組み込まれていない別の理解不能なことではなく、形式上は極めてソ連的なこと、大概は「ふつうの」ソ連市民の行動以上にソ連的またはグロテスクなほどソ連的なことなのだ。グループメンバーの理想像たるミチョークは、身の回りのソ連の現実に文句なしのすべて賛成すべて満足なので、何に賛成で何に満足なのかを考える必要すらない。こうした主体がシステムを支持すると、権威的発話の文字通りの意味の意識的な支持とはならず、システムの再生産に加わりつつも、発話の文字通りの意味を無視する。支持は形式レベルに終始し、コンスタティヴな意味があるなんて思いもしない。おそらく純形式的にイデオロギー発話を支持してコンスタティヴな意味に左右されないからこそ、完全かつ無条件の支持だったのだ。つまり、ミチキーがソ連の日常のシンボル体系に施していたのは異化(オストラネーニエ)ではなくパフォーマティヴ・シフトである——日常の形式面には文句なしに同調しながら、そのコンスタティヴな意味に「気づかない」。このやり方の根底にオストラネーニエの手法があるとすれば、それは「逆向きの異化(オストラネーニエ)」だ。規範と距離をとるのではなく、過剰同調（つまりグロテスクなまでの同調）を想定しているからだ。[17] おそらくミチキーは、ブロツキーと違って、アパートの壁面の巨大な政治局員の肖像画に気づかないし、誰の絵だろうと考えることもない。後期ソ連の大半の主体がそうだったように、この肖像画の意味が形式の域を超えず、風景の一部としてそこにあるだけ、まわりの木々やスローガンや建物と同じだからだ。肖像画は自動的に視野に入らず、存在感がなく「透明」で、どんな文字通りの意味があるのかも思いつかない。住宅の屋根に掲げられた「人民と党は一体」の横断幕には注意が向かないし、ましてやこのスローガンを、周囲の現実におきている事実を記述する発話と受け取るはずもなかった。

繰り返しになるが、ソ連の権威的言説のシンボルへのこうした態度（形式に過剰同調してコンスタティヴな意味をずらしたり消し去ったりする）を非政治的な態度と見るのは正しくない。現状維持(スタートゥス・クオ)にはつながらず（傍目にそう見えても）、システムの意味構造を破壊してイデオロギー機能を危うくする、つまり、ソ連という国の権力構造のシンボル面を掘り崩しているからだ。この掘り崩しを進めたのは、システムへの真っ向からの抵抗ではなく、内部の脱領土化である。第四章で述べたように、システムへのこうした態度は非政治的ではない。完全に政治的である（ただし、ここで言う政治は、伝統的な意味の政治ではなく、本書がヴニェの政治と名づけた特殊な政治を指す）。

システムに「政治的」態度をとることに無関心だったのは、ソ連の権威的言説ではそもそも「政治」理解が、とりわけ「政治的立場」の理解が二項対立でしかありえないからだ——政治的立場が「ソ連的」ならシステム支持（党員、コムソモール活動家、意識の高いソ連市民の立場）、「反ソ的」ならシステム反対（異論派、反ソ分子、敵の立場）。ヴニェの姿勢でシステムに接するのは（異論派と違って）政治の二項対立モデルに当てはまらない。だから、たとえ実践していても、政治的だと認めない。とはいえ、重要な政治的帰結はちゃんとおきる――見えないところでシステムが内部から脱領土化され、その基礎が掘り崩されていた。

ヴニェの政治はすこぶるソ連的なものだが、他の社会文化コンテクストに類例がないわけではない。一九八〇年代はじめ頃、ボイラー室で地下出版（サミズダート）の本を読みふけっていたミチキーのメンバーは、中国の古代思想、道教〔いわゆる老荘思想〕の翻訳にでくわした。シンカリョフの話。「私たちは思いがけずテキストに自分を見た。ミチキーが一番似ているのは道士だとすぐに分かった[18]」。何が発見だったのだろう。道教の教えは、人間の苦しみの理由を人為的につくられた対立に見る――道徳の善悪、美意識の美醜、政治の自他、など。だから調和をもたらすには、こうした対立を人間世界の構成原理とみなすのを止めて、無為という瞑想の原理を実践する必要があると考える。日々の行動で常に強制をなくす、世界を人為的な対立物に分割しない、価値評価をしない、積極的な改変の試みを控える、といったことだ。道教と対で語られるのは儒教だが、こちらは世界を善悪に分け、周囲に影響を与えて世界を良きものに変えようとする[19]。

一見すると一九七〇年代から八〇年代はじめのレニングラードに暮らす若者が中国の古代思想に自分を見るのは奇異に感じる。だが古代の道教の教えが説く瞑想の原理は、現代のいくつかの文脈で再び見直されている。もちろん秘伝の哲学体系ではなく、セルフコントロールの実践や方法として、である。周囲の現実にふりまわされない「自我」の確立のために、現代世界で注目を集めているのだ。例えば、一九九〇年代はじめの中国では、この教えが幅広い年齢層から信じられないほどの人気を集めた[20]。教義を解説する教本が数多く売り出された。大流行した心と体の訓練〔導引や気功〕は、前述した無為をベースにしている。この訓練は心身を鍛え、現実社会に積極的に関わりながら同時に国の政治イデオロギーや公式路線から距離を置くことを想定している。北京の公園では、今でも毎日数十万の人がこうした運動をしている。

人類学者のジュディス・ファルクアと張其成が言うように、こうした運動が育成するのは、一見したところ、非政治的で反政治的な主体に思える。だが、ここには極めて重要な政治的要素がある。そのため現代中国の主体は、国家権力との政治関係において独特なもう一つのありようを作り上げ、国家と距離をとりつつも個人の世界に閉じこもるのでもない主体の成長を可能にした。[21] 現代中国の主体が示すこうした政治姿勢は、後期ソ連の文脈でおきたヴニェの政治の類例とみなせるが、もちろん発生した状況は若干違う──中国は、共産党の政治へゲモニーを維持しながら、社会主義から市場経済や新自由主義的な価値観へと大手を振って移行している。[22]

一九八〇年代はじめのミチキーの世界は、どんなに小さく孤立したものに思えようと、決してマージナルな生き方ではないし、「非公式」芸術家の狭いサークルでもなければ、多くの人が理解に苦しむものでもなかった。むしろ、後述するように、システムの権威的シンボルや発話にヴニェの政治で臨む傾向は、この時期に若者を中心にソ連市民の大半に広まった。だからこそ、数部のタイプ印刷コピーで人づてに広まったシンカリョフの話が多くの人に支持され、[23] またたく間にカルト的人気をまずレニングラードで、ペレストロイカ期にはその外でも獲得したのだ。話に書かれた性格や状況の特異さにもかかわらず、多くの人がそこに自分と自分の生活を見た。シンカリョフが驚きつつも気づいたのは、この話は「偶々とらえたある瞬間だが、別のレベルでも求められているものだった」[24]──ある仲間うちの生態描写だけでなく、後期ソ連の日常全般を伝えるものだった。

ミチキーとほぼ同じころ、一九七〇年代末から八〇年代はじめのレニングラードに現れた別の若者グループも、ヴニェの原理に基づく奇妙な行動の美学をつくり出した。ただし、やることが違う。仲間で集まっては、好んで実験と称する馬鹿さわぎをしていた。初めは少人数で、見ている人もいない。だが次第に実験の場が人前に移って街中の交通機関や公共の場でするようになると、何も事情を知らない一般市民が目撃者として巻き込まれていく。この友達グループは、ミチキーと同じように、最後のソ連世代に属する――大部分は一九八〇年代はじめに二十歳前後だった。小さなグループは次第に大きくなり、新たに加わる若者も増えた。実験の常連だった人もいれば、しばらく顔を出してすぐ消えた人もいる。

人前での実験が始まったのは、一九七〇年代末のこと。初期の事例で、のちのちまでの語り草になっている伝説の事件は、一九七八年にレニングラードのベッドタウン、クプチノ地区でおきた。後年このグループのリーダーになるエヴゲニー・ユフィトの記憶では、ある冬の晩に仲間とくりだして地元の映画館の入り口近くに来た時のことだ。窓口は長い行列で、映画を見るのは無理そうだった。そのとき映画館の支配人が、若者がドア近くを歩いているのに気づいて外に出てきて、入り口の雪かきをしてくれたら代わりに次の回にタダで入れてやろうと提案してくる。一同に異存はなく、スコップを手にして仕事にとりかかった。仕事で体がほてってくると、まずユフィトが、ちょっと脱いだ方がいいなと気づいて、冬物ジャンパー、セーター、さらにはシャツも放り出して上半身裸になる。そして、何もなかったようにまたスコップを手にして、雪かきを続けた。半裸の仕事は、寒い冬の夜に長蛇の行列の見る前だから、当然まともではない。だが他の仲間もこうした展開は慣れっこだ。一言も言わないのに、全員が服を脱ぎ出した。大半は上を脱いだだけだが、一人は下まで脱いで、でっかい冬靴だけになる。みんなで雪をあちこちに掻き分け、気負って躁状態になった。もう雪かきは二の次だし、映画を見る計画も忘れた。事態は成り行きで実験へ転化する。行列の人たちは、驚いて口もきけず、その様子をただ眺めていた。映画館の二階で次の回の始まりを待っていた人たちも、窓へ殺到する。苦笑いする人、憤慨する人、警察を呼ぼうとする人。スキャンダルになりそうな雰囲気だった。危うい状況なのを察知した一同は、一斉にシャベルを放り出し、服を手にして散り散りに走り去った。(25)

思わず知らず服を脱ぎ、気負って無闇やたらに雪かきをして最後は逃げ出す、さらに、これが大事だが、馬鹿さわぎに荷担してあおる心構えがある——こうした特徴を備えていたのが仲間の間で生まれていった実験の美学だった。この美学は考え抜かれたものではない。大事なのは、事前の計画も事後の分析も行わず、成り行き任せの予想外を守ることだった。「馬鹿げた」行為と「ふつうの」言動との境目を明確にしないことも重要だった。

もちろん、こんな実験をただ漫然としていたのではない。反応を引き出す相手が通りすがりの目撃者(一般のソ連市民から国や警察の代表まで)なのは自覚していたし、自分自身や仲間も実験対象だった。実験は次第にソ連的な生活・空間・主体性(もちろん、こうした用語は当時誰も使っていない)の規範を探る調査の様相を呈してくる。実際の行動では、正常と非正常、説明可能と説明不能のバランスをとるよう努めた。実験は設定する状況は、後の説明を借りれば、「慣れ親しんだ感覚の枠組みを壊す、社会のステレオタイプの限界を超える、理論の袋小路にはまり込む」ものだった。(26) これは、通りすがりの目撃者を困惑させる。合理的な説明を探すが(例えば、これは不良の集団だとか、酔っ払いや精神病患者だと思う)、すぐにそれでは不適切だと気づく。このためパニックになったり疑心暗鬼になったりした。現時点から当時を振り返って、ユフィトはこう言っている。「あのころ〔一九七〇年代末から八〇年代はじめ〕は、非正常とか理解不能と感じるものは、どれもこれも多くの人が疑いの目で見ました。あの変わった奴は何だ、何を考えているんだ、もしかしてスパイじゃないかってね。当時はスパイが強迫観念になっていました」[27]

一九八二年のことだが、仲間の一人が「古本屋（スターラヤ・クニーガ）」でオーストリアの病理解剖学者エドゥアルト・フォン・ホフマン[28]の『法医学図譜』のロシア語訳（サンクト・ペテルブルグ、一九〇〇年刊）を手に入れた。二十世紀はじめのウィーンやその近郊でおきた殺人や事故について、解剖学の立場から創傷や外傷、さらには死後に肉体におきる変化を分析したものだ。特異な内容にもかかわらず、美術アルバムのように綺麗で、美しい装丁に色刷りの挿絵が百九十三点あって、本文もレトロな活字が革命前の正書法で並んでいる（図35）。この風変わりな本を読むと、想像力がかきたてられた。

グループの実験には以前からグロテスクな人の肉体があった――裸だったり、運動過剰だったり、おかしな行動やおかしな音を出すものだ。だがこの本の出現とともに肉体への関心が先鋭化し、とくに傷や血に興味を持ち、死体にも目が向く。ウラジーミル・クストフ（現在は有名なネクロリアリストの画家）によると、「ホフマンの本のおかげで僕たちは思いがけず死体に遭遇したんだ[29]」。本の挿絵の死体は、医学生の学習の便から縦配置である。このため死の概念が後景に退き、生々しさが減って不快感を抑えている[30]。ネクロリアリストはこの視覚効果を借用した。クストフの言葉を借りれば、縦配置にした死体は「生きているでも死んでいるでもない、ある別の状態に置かれた。これが面白かった。僕たちはこの姿の名前を考えて、〈非死体〉〔нетруп〕と名づけた[31]」。

本の挿絵の非死体は、実験の主役になった。仲間で地下鉄に乗り込み、車内でホフマンの本を広げて大声で挿絵の議論をする。「いいか、このおっさんはこのおばさんの所に遊びに行ったんだ。行ってみると、そこに別のおっさんがいる。ケンカがおっぱじまる。こいつは斧を持って、こっちは包丁を持つ。刺し傷、切り傷。すげえなあ」といった具合だ[32]。乗客が興味深げに振り返って本をのぞきこむと、目に入るのは、絵と

「僕たちは病人呼ばわりで、変な目で見られたよ」。地下鉄の車両はこうした実験の恰好の場所だった。ネクロリアリストはこうした反応をじっと観察していた。恐怖で後ずさりし、はいえ、血まみれの人体と切断死体。とはいうのも「日中だと人がたくさんいても他人どうし。次に停まるまで、どこにも行きようがないしね」[33]。

ホフマンの本以降、グループの愛読書は法医学や病理解剖学になった[34]。こうした本を読んだ影響で、実験は手が込んでくる。その一つが、一九八〇年代半ばに市外の鉄道沿線で行われたものだ。まず仲間の二人が、水兵の縞シャツを着て頭に「血まみれの」包帯を巻き（血にはトマト・ピューレを使う）、ズボンをずり下げて線路の近くに立つ。他の連中は、これまた包帯を巻いて、少し離れた茂みで待機する。定刻の列車が近づくと、最初の二人がホモセクシャルの性行為のまねをし、残りも茂みから飛び出して大乱闘の刃傷流血ざたを演じた。ひっそりした雪景色で展開されるこんな光景は、不可解で理解不能なばかりか、恐怖すら覚える。運転手や乗客はもちろん動転する。ある貨物列車は、ユフィトによると、ずっと狂ったように警笛を鳴らしつづけ、不気味な光景を振り払おうとしているかのようだったという[35]。

しばらくして実験に新たな人物が加わる——法医学研究所で交通事故の外傷調べに使われていたが廃棄処分になった成人男性の人体模型である[36]。これが実に本物そっくりだった。樹脂とゴムでできているので、手足や胴体の曲げ伸ばしもできた。ネクロリアリストがグルジア風のズラーブという名前をつけたのは、レニングラードの文脈ではエキゾチックに響くからだった。ズラーブは、街中での実験の常連になる。一九八四年のある冬の厳寒の日、仲間五人がズラーブを大きな黒い袋に入れると、肩に担いで歩き出し、ゆっくりと都心の公園を突っ切ろうとした。袋の輪郭といい、重そうな様子や深刻な面持ちといい、どう見ても死体の運搬である。通行人が次々と怪訝そうに振り返った。ユフィトによれば、そうこうしていると、

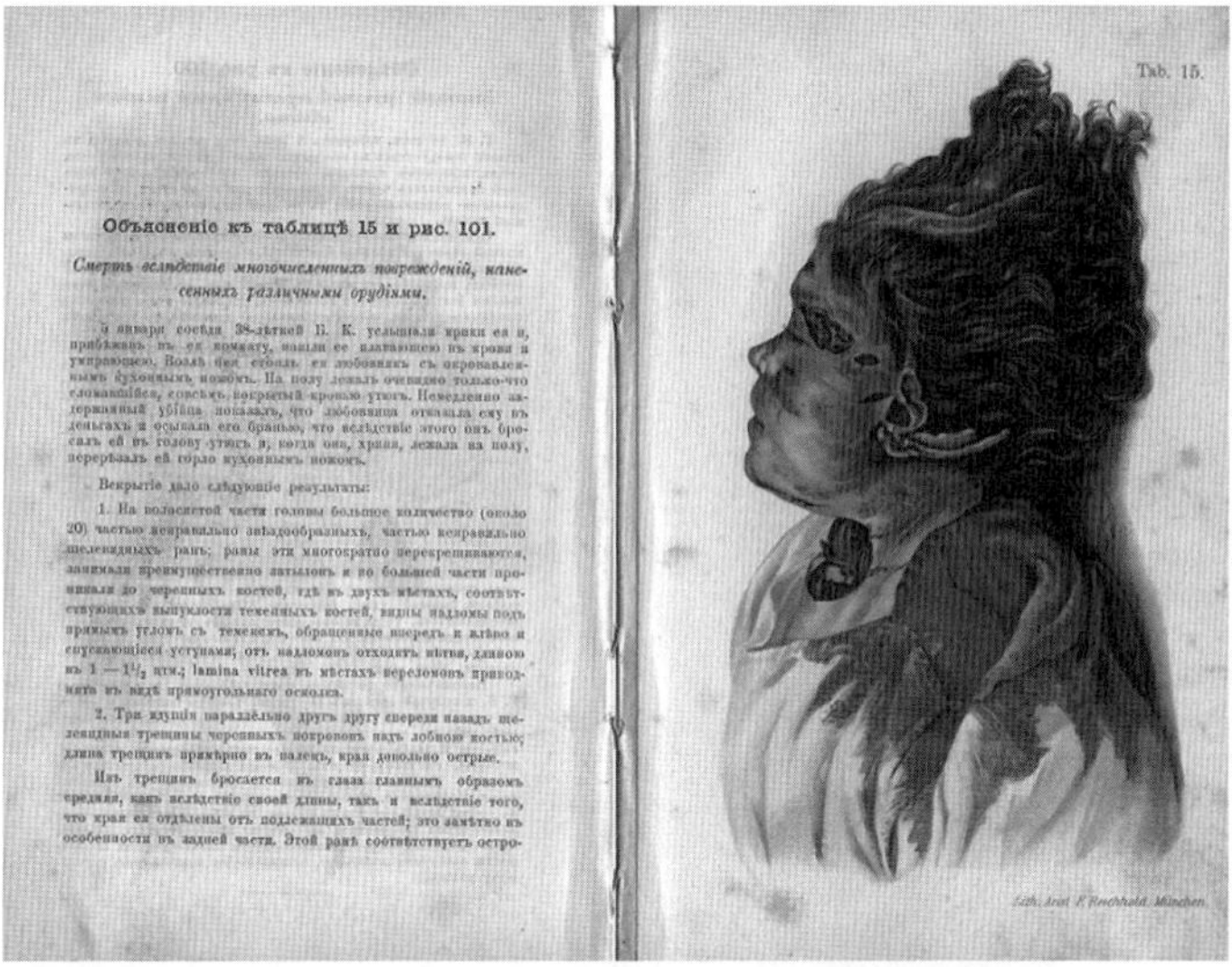

図35　ホフマン『法医学図譜』の「様々な物体による多数の損傷に起因する死亡」編の挿絵

図36　ネクロリアリストの〈実験〉の一つ——模倣乱闘。レニングラードの修理中の工場で行われたもので、道行く通行人に見える。1984年。（エヴゲニー・ユフィトの個人コレクション）

……近づいてきたパトカーから数名の警官が飛び出してきて、かなり厳しい口調で、袋を開けて中を見せろと要求してきた。僕たちが袋の紐を解くと、中から冬服冬帽の人間の体が出てきた。ズラーブは屈伸自由で弾力性があるので、袋から出すと、ぴーんとなって手足をぶらぶらさせる。警官は、思わぬ事態に後ずさり。でも、ややあって服を着せた人体模型だと気づいた。しばらく呆然と立ちつくし、どう反応したらいいか分からない。あちこちいじって、足で蹴ってみる。一人はにやにやしだした。でも上司は放心した顔で立っている。こいつ、どうするかな。署に連行かな。でも、それだと報告書を作って、逮捕した男たちが人体模型を運んでいたって書かないといけない。結局こう言った。「もういい、こいつを持ってとっとと失せろ。本物の死体を運んでいたら、食らわせてやるんだがな」[37]

一九八〇年代前半からユフィトが実験の様子をアマチュアの八ミリカメラで撮影しはじめた。撮影レンズがあって、後からみんなで見直せるフィルムがあるとなれば、実験の分析・計画・改良が容易になり、細部に磨きがかかる。とはいえ撮影するのだから、通りすがりの目撃者にしてみれば、誰かの姿をフィルムに収める実験はいっそういかがわしく思える。警察に目をつけられることが増え、KGBがからむこともあった。一九八三年のことだが、ユフィトと仲間が住宅の中庭で実験＝撮影に取りかかった。仲間は、昔の軍服を着て、頭に血まみれの包帯（またもやトマト・ピューレを使った）を巻いた姿で中庭を這い回り、奇声を上げて人間とは思えぬ目つきで辺りをうかがう。しばらくするとユフィトがこの男を木に縛りつけ、絞首刑の恰好をさせる。この一部始終を新品のカメラで撮影した。ユフィトによると、撮影を終えて帰ろうとした時、中庭に、

……大きな車が現れ、全員をトラ箱ではなく、そのまま署に〔地区民警局に〕連れて行き、署長の直々の尋問

で目的は何だと追及された。……僕は正直に、自分でも何のためなのか分からないと言った。すると署長はこんな感じにまとめた。「要するに、外国人に高く売れるんだろう、ＫＧＢに送って鑑定すべきだな」。そして、こう付け加えた。「こんなことはもうしない方がいいぞ」[38]

こんなことが何なのか偉い人は説明しなかったが、せいぜいのところ、人前で怪しい挑発的なことはしない方がいいとか、暴力めいたものは本物でなくても止めておけといった程度だろう。ネクロリアリストの行動や撮影フィルムは、ソビエト的／反ソビエト的というステレオタイプとはまったく嚙み合わない。だからこそ実験は警察から時々目をつけられても、本当の懲罰処分になることはなく、せいぜい何時間か拘留されて「くどくどと馬鹿げた」つまり無意味な「尋問」を受けるだけだった、とユフィトは書いている。撮影フィルムの一部がＫＧＢに送られて鑑定されたが、係官でも理解できない不愉快な代物だったため、反ソ活動ではなく「極度の精神薄弱」の事例とみなされ、調査は打ち切られた[39]。

非死体

撮影したフィルムの一部は、グループの初期の短編映画に使われている[40]。まさにこのころ、仲間うちでネ、ク、ロ、リ、ア、リ、ズ、ムという言い方が確立した。これは、特定の行動を指すというより、芸術的な証明をまず映画で示すことを意味する（ほかには写真、絵画、文学もある）[41]。初期の映画の登場人物は、一目で分かるソ連的な主人公（兵士、船員、学者、医師、ふつうの通行人）だが、奇妙な姿で奇妙なことをする。包帯姿や半裸で現れる、どこかに這っていく、誰かの後をつける、エネルギッシュに手を振る、棒で突つきあう、などど[42]。自殺しようとして失敗する人もいれば、正気を失った目でどこかに行く人や、野原をとぼとぼ移動する裸の男たちもいた。

重要なことは、こうしたイメージの発想の源が、何らかの芸術的な企画（映画、文学作品、パフォーマンス）ではなく、いつもどおりの、システムの権威的シンボル空間にヴニェで接する生き方だったことだ。ネクロリアリストの実験が一九七〇年代末に始まった際、芸術実践ではなく、ソ連の日常性への自然な反応だったのを思い出して欲しい。この実験を特殊な美的プロジェクトに転化するアイディアがメンバーに生まれたのは、ずっと後のことだ。芸術実践は、ほとんどの場合、現実についてコメントするのは外部から、すなわち芸術空間の側から（スクリーン、キャンバス、活字）だが、この実験の場合はシステムを内部から探っている。実験は日常の一部を構成していた（その怪しげな一部ではあるが）[43]。クストフの回想だが、初期のころの「僕たちの気違いじみた行動は、僕たちの生き方そのものと切り離せなかった。僕たちの日常を満たしていたのは、周囲の現実へのそうした態度だった。……日常と行為を区別したことはない。すべて一緒だった[44]」。

実験は他人に見せるためだけでなく、自分のため、自分に向けてでもあった。他人の反応を喚起するだけでなく、自分の中に明確な主体を、ヴニェの主体を育むことが重要だった。その最たる例が、ネクロリアリストのアンドレイ・ミョールトヴィー（クルマヤルツェフ）が一九八〇年代前半に行っていた、一夜を森で一人ですごし地面にじかに寝るという実験である。そんなことをしたのは「大人になりたかった」［я хотел заматереть］からだという[45]——ありふれた人ではない、別者になるということだ。「老練」［матёрый］や「大人になった」［заматеревший］は、ネクロリアリストが好んで使う言葉になった。「老練」の典型は、古狼もしくは若くない、酔っ払った無精ひげの無愛想な男性、野生の目つきで、ぼさぼさの髪が胸元まで伸びている——ネクロリアリストの映画によくあるビジュアル・イメージである[46]。この意味で老練さはヴニェ状態の実例として機能しているのは、人間でもなければ動物でもなく、いずれをも兼ね備えたものだ。(47) グループの別のメンバー、アナトリー・スヴィレプィー（モルチュコフ）は、さらに極端な実験を自分と周囲に繰り返したので、獰猛（スヴィレプィー）というあだ名がついた。例えば、不意に道路に飛び出し、走ってくる車に立ちはだかったりした。アンドレイ・ミョールトヴィーの説明によると、「あいつは身障者になりたいからじゃなく、運転手の反応が楽しみだったのさ。ケガをすることもあったけど、治ると相変わらず同じことをしていたな」(48)。

ネクロリアリスト、ミチキーといったグループの活動は、周囲の現実への反応なりそこでの生き方として始まり、それが後に芸術実践に昇華したにすぎない。この点が、十年後のロシアで広まる「パフォーマンス」などと呼ばれる芸術実践との違いだ。ミチキーを書いたウラジーミル・シンカリョフは、この違いを次のように評している。

> イグラーという言葉では（舞台での「演技」とか役柄を「演じる」といった意味のイグラーです）、当時の私たちの活動はうまく言い表せません。あれは、イグラーよりも広がりと重々しさがありました。私たちは演じていない、ある行動モデルを生きていた、最大限に生きていたんです。……私たちの生活の一部に、有機的な一部になっていました。一緒にすごした時間、人づきあい、周りへの反応、どんな言い方をして何を食べるか——すべてが一つの存在モデルにつながっていました。他人に見せるためにつくったイメージではなく、自分の日常の一部だったのです。(49)

ある行動モデルを生きることで、ネクロリアリストとミチキーは自分を変えて別の主体になり、システムの権威的言語で言うところの「ソビエト人」とは違ってきている。こうした主体が、ヴニェの主体だった。(50)

このためネクロリアリストは、反体制の政治的な芸術と受け取られることに強く抵抗する。そうした反応の例として、ユフィトが自身の芸術を政治的かどうか尋ねられた時の反応を見てみよう。この質問がなされたペレストロイカ末期は、社会主義のイデオロギー・システムがすでに大きく変化し、反ソの姿勢が公的言説やマスコミで一番尊敬されだした時期だ。答える際にユフィトはまず政治テーマそのものを避けて、話を医学に持っていく。自分の映画は「医学と大いに関係がある。医学の参考書なんだ。国内では今、法医学のいい文献や参考書が極めて不足している。だからこの学問の発展を個人的な方法で援助する必要がある」[51]。だから「後期崩壊状態の遺体」の研究が特に好きだ、とユフィトは付け加えた[52]。

回答ににじみ出る皮肉は、政治的な議論に巻き込まれ、システムと異論派芸術家との二項対立（ペレストロイカ後期に生じたソ連時代を語る重要な神話）に引き裂かれまいという願望の現れだ[53]。この皮肉は、自分の姿勢をおおっぴらに表明しない——それがヴニェの皮肉だ。だがこの回答に続いて二つ目の質問が出て、作品の政治的背景の議論にユフィトを再び連れ戻そうとする。「では政治に興味はおありですか。それとも医学だけでしょうか。もしかしたら、二つの間に何か関連はありませんか」。答えるユフィトは、遠まわしの皮肉を込めつつ、政治への関心の欠如と政治問題の無理解を主張する。

関連かい。そのものじゃないよ。外傷の中に、飛行機外傷がある。これになる人には政治家もいる。この文脈なら政治は間違いなく僕の関心の範囲にある。ただこの場合は個人識別がとても難しい。亡骸が三キロ四方に散乱する。とてもひどい外傷だ。遺体は遺体さ。庶民だろうが政治家だろうが、僕には関心がない。僕が関心をそそられるのは、その外的変化さ……形とか色とかのね。一種の死(ネクロ)の美学さ。一月(ひとつき)、二月(ふたつき)で恐ろしい変化が訪れる。遺体は斑点だらけのジャガーみたいに、膨れ上がったカバみたいになる。でも、これは特定の条件が揃った場合だね。これに特に関心があるね。政治かい。うーん。分からないな……。[54]

この回答も、またもやヴニェの皮肉でできている。ユフィトは政治についての質問に答えているようでその概念の意味をずらし、賛成は誰で反対は誰かと線引きする政治的な理解を避ける。これは、ソ連の権威的言説ともペレストロイカ末期の反ソ言説とも異なる。

この語り口に、ネクロリアリズムの哲学体系がうかがえる。ここに出てくる主体は、システムの権威的言説が使う二項対立の用語では書き表せない。ふつうのソ連市民とはちがうし、異論派や反ソ分子でもなければ、狂人でもない。ネクロリアリストに事情聴取した後期ソ連の警察は、しばらく話を聞くと釈放しており、反ソ活動での逮捕も精神鑑定もしていない。ここから分かるように、ネクロリアリストの主体は、ソ連システムの枠内に位置づけにくい。権威的なシンボル空間に対してヴニェの状態にあるので、ソ連的な生き方の規範にも規範違反にも当てはまらない。積極的なのは分かるが、何に積極的なのかが分からないのだ。ネクロリアリストの存在原理は、一九八〇年代はじめに口にしていた決まり文句によく出ている――「ぼんやりした喜び」および「人の意識に傷つけられない生活」[55]。この決まり文句は、同じころにミチキーが自分たちの日常をあらわすために用いた言葉を思い出させる――「ミチキーは誰にも勝とうと思わない」および「積極的に何もしない」。

両グループの描く主人公は、どちらもヴニェの主体として最強である。世事に疎くて万事鷹揚に受け入れるミチョークは、形の上こそ「ソビエト人」だが、その概念に込められている文字通りの意味に無頓着だ。一方、一心不乱で血まみれ包帯のネクロリアリストは、こちらも形の上こそ「ソ連的英雄」だが、その概念の意味が分かっていない。だが分かっていないのは、ミチキーのように周辺世界の事実への無関心からではなく、生物学的理由で知識そのものを受け付けないからだ。ミチキーの主人公は、言ってみれば、政治的ヴニェの主体である。ソ連システムで認められた二つの政治的主体――ソ連市民とも反ソ分子とも異なっているからだ。一方ネクロリアリストの主人公は、言ってみれば、生政治的ヴニェの主体である。システムで認められた二つの生政治的主体(ビオポリティクス)――普通の健全なソ連市民とも普通でない精神を病んだ狂人とも異なっているからだ。(56)

両グループの描く主人公は、もちろんグロテスクなほどヴニェである。ただ大事な点だが、これほど極端なのは例外としても、ヴニェの主体として自己形成する傾向は一般化しており、もう少し過激さをおさえた形でなら最後のソ連世代の多くでも見られた。一九七〇年代末から八〇年代はじめに登場したミチキーやネクロリアリストといったグループは、ソ連システム全体がヴニェ拡大の方向で変位していた徴候と見るべきなのだ。

ヴニェの皮肉

一九七〇年代から八〇年代はじめにヴニェの皮肉が国中に広まり、人びとがシステムと接する際の重要な一部になった。この皮肉にはスチョーブ〔стёб〕という俗称もできた。今ではかなりの多義のこの語を本書で用いる時は、これから記す七〇年代から八〇年代の元々の意味とする。スチョーブは皮肉の一ジャンルだが、語り手が皮肉の対象に過剰同調するのが特徴である。対象を心から支持しているのか、うすら笑っているのか、はたまたその奇妙な同居なのかが断定できない。(57)スチョーブの主体が敢えて曖昧な相互矛盾に思える関係をつくり、驚くべきことに心の底からの支持と嘲笑とを同居させ、けむに巻く場合もある。権威的シンボルへの過剰同調のほかに、脱コンテクスト化(58)も行った（シンボルを通常と違ったコンテクストに置く）。

この二つの方法を用いて、スチョーブは権威的なテキスト・儀礼・イメージのコンスタティヴな意味をずらし、予想外の意味にしたり、消し去ったりした。周知の権威的シンボルが突如意味不明になったり、馬鹿げたものや無意味なものになったりした。

ヴニェの皮肉というジャンルの類例は、歴史や文化の文脈が異なるものにも求めうる。例えば中世ヨーロッパのカーニバルでなされた権威的シンボルのパロディだ。これは、ミハイル・バフチンが言うように、権威的権力に対して「意識的、批判的なもので、はっきり〔した〕反権力的な性質を」帯びていない。なぜなら、そこには権力シンボルの嘲笑だけでなく、その支持も含まれるからだ。バフチンが強調するように、中世において「聖典や教会の祭典の奔放不羈なパロディを作った人々は、往々にしてその祭式を衷心より受け入れ、勤行に勤しんだ人々でもあった」[59]。「国家的笑い」という、同じようにパロディの対象を壊すことなく、むしろその再生産を促す皮肉のことは、ドミトリー・リハチョフが書いている[60]。ただ、確かに類似点はあるものの、バフチンやリハチョフの言う皮肉と違って、後期ソ連のスチョーブは、公認の儀礼ではないし、カーニバルの時空間に限定されるものでもない。常に広いコンテクストで作動し、時には主体の日常的な美的存在にもなっていた。ミチキーとネクロリアリストの例から分かるように、ヴニェの皮肉を芸術や言語の特殊なジャンルと言うのも的外れだ。というのも、ジャンルという概念の含意には特殊な場所やテキストでの機能があるのに、ミチキーやネクロリアリストが行う現実への皮肉な態度は「平凡な」生活から切り離せない。彼らの皮肉は、儀礼の時空間や行動に限定されず、それ自体が主観的な存在の一部である。個々のシンボルやシステムの規定ではなく、ソ連の日常全体が対象だった。

こうした理由で、後期ソ連のヴニェの皮肉は、公認されたカーニバル限定の皮肉ほど人畜無害ではない。後者と違って後期ソ連のスチョーブはシステムのシンボル体系を蝕み、内部の脱領土化を進めてヴニェという新たな領域と関係を生み出す。しかもこの作業をひっそりと、真の目的だと言わずに進めていた。システムとこのような相互関係にある人は、システムを壊したいとは言わない。それどころか、政治問題は「面白くない」し、ミチキーの言い方を借りれば「誰にも勝とうと思わない」のだった。こうした現実への皮肉な姿勢と結びつくのは、壮烈な「非公式芸術（ノンコンフォルミズム）」[61]の政治ではなく、システムにとっていっそう危険なヴニェの政治である。[62]

一九八〇年代はじめにソ連や社会主義諸国で生まれた芸術グループの創作にも、ヴニェの皮肉が広まっている。[63]その現れは、例えばスロベニアのロック・バンド「ライバッハ」とソ連のロック・バンド「アヴィア」に見てとれる。ライバッハのライブ公演は、非の打ち所のない美と秩序が特徴である。舞台にはサウンドやビジュアルのイメージが満ち満ちている——勇壮でちょっと不気味な音楽、峻厳なコーラス、耳をつんざくラッパの咆哮、テンション高いドラムの刻み、赤い旗や星、軍服、革のジャンパーやブーツ、ドイツ語、ロシア語、英語、スロベニア語の蛮声、いかめしく雄々しい顔、むきだしの男女の肉体、口輪をしたシェパード、動物の剝製、燃える松明。これらすべてが様々なイデオロギー・システムのイメージ（共産主義、民族主義、ファシズムなど）をつくる。[64]見た人の反応はまちまちだ——熱狂する人もいれば、不快を覚える人もいるし、どう受け取っていいか分からない人もいる。自問する人も多い——このグループのイデオロギーは何なのだろう。こいつらは何者だ、共産主義者なのか反共主義者なのか、ファシストなのか反ファシストなのか。シンボルやイメージも、初めは見るからに共産主義イデオロギーだったのに、突如ナチスの乱痴気騒ぎに思えてきた。ある瞬間にはイデオロギーへの巧妙な皮肉に見えたのに、次の瞬間にはそのイデオロギーの枠内にある心からのアピールに思えてしまう。[65]

ソ連のバンド「アヴィア」も一九八〇年代末に同様のことをしていたが、こちらの美学はもっと陽気で馬鹿ばかしい。過剰同調の対象もすこし異なり、ソ連の様々な時代の扇動宣伝（楽天的な二〇年代のアヴァンギャルド芸術から、ハイパーノーマル化した七〇年代の「停滞の時代」のイデオロギー・スローガンまで）である。伝統を脱コンテクスト化する過程で、パンクやキャバレーやエロの要素が混ぜ合わされる。アヴィアのライブは、二十人弱の男女が、労働者の作業着やコムソモール活動家の制服（白シャツ、黒ズボン、黒タイツ）を身にまとい、隊列を組んで舞台を行進し、「ウラー」と叫びながら組体操のピラミッドをつくる。

図37　ライバッハのライブ、1982年

図38　アヴィアのライブ、1988年

作品と作品のあいだにマイクを持つ俳優は、党書記さながらのびしっとした姿と声で、権威的言説そっくりのスローガンや演説を叫ぶ。こうした諸々が、共産主義の情熱的な信奉と嘲笑とを同時に感じさせる。[66]

こうしたパフォーマンスは、当然ながらソ連システムへの皮肉を含んでいるが、皮肉や批判だけに帰着させてはならない。ここで負けず劣らず重要なのは、理想や夢との快い夢見がちな関係を再現すること、現実の社会主義を生み出し、初期ソ連のアヴァンギャルドはもとより後期の社会主義リアリズムにも美的感覚として備わっているものを甦らすことにある。[67] スチョーブの美学を新時代のペレストロイカの条件下で実験してみせたこのバンドは、ソ連的な歴史の見方の擁護派ともその批判派とも距離をとっていた。文脈ゆらぐペレストロイカの改革期において、ソ連システムにヴニェの政治で接しつづける試みと見ることもできる。[68]

この二つのバンドに対する聴衆の反応が示唆に富む。ライバッハのパフォーマンスはそもそも相反する解釈を生むことが多いが、それは本国ユーゴスラビアだけではない。一九八〇年代半ばのニューヨークのクラブでのライブ公演では、終演後に聴衆が真っ二つに割れ、ファシズムを皮肉る見事なバンドだと拍手喝采する人と、「アメリカにこんなファシストのいる場所はない」と批判する人とに二分したという。[69] 同じような賛否二分は、アヴィアでもよくおきる。聴衆や批評家や音楽家には、あれではコムソモールの宣伝隊だとなじる人もいた。一方で、わが国で最も「スチョーブな」ロック・バンドで、ライブ公演はシステムへの手厳しい皮肉だとみなす人もいる。一九八七年のキエフ公演では、演奏が終わると老コミュニストの夫婦が舞台に駆け寄ってきて、ミュージシャンに向かって「これこそ共産主義の祭典だ」と礼を言い、若者にはめったに見られなくなった「共産主義の理想に誠実な態度」に感謝の言葉を述べた。だが別のコンサートでは、舞台にやってきた老夫婦が口にしたねぎらいの言葉は、ペレストロイカ初期としては例外的な容赦ない「全体主義の嘲笑」への感謝だった。スターリン時代に収容所で何年もすごしたこの夫婦は、この公演を皮肉にほかならないと見たのである。

ライバッハとアヴィアの音楽に対する解釈は、基本的にどちらも正しい――ただし、正しさは総体として、、、、である。これも大事なことだが、バンドのメンバーは、ネクロリアリストやミチキーなどと同じく説明を拒み[71]、結局この音楽のアイディアは何なのかとか、どう解釈すべきなのかといった問いには答えなかった。論評を避けるのは、先に見たように、ヴニェの皮肉という手法の一部であり、その特徴が政治空間の二項対立のどちらかを選ぶのではなく、二項対立の記述に陥らない状態にいることだったからだ[72]。

怪談ポエム

ここまでの分析の中心は、言ってみれば例外的な現象である――芸術家や準芸術家のグループで、その行動や創作が後期ソ連の規範ではないにしろ、極めて示唆的な特徴を示していて、内部でおきている目立ちにくいシステムの変化を反映していた。ここからはもっと一般的で、さほど過激でないヴニェの皮肉に目を転じ、同じく一九七〇年代末から八〇年代はじめにソ連の広範な人びとに、とりわけ若者に広まった事例を見てゆきたい。

その一例が、都市フォークロアの一種として知られる「怪談ポエム」〔стишки-страшилки〕である――滑稽であると同時に不気味な二行詩または四行詩で、小さな子供が残酷な暴力の主体または客体となる。この手の皮肉で不気味なジャンルは、文化や歴史の違いを問わずあちこちにあるが[73]、ほとんどはさほど広がりを持たない、周辺的なフォークロアのニッチにすぎない。だがソ連では、一九六〇年代末から八〇年代半ばに、このジャンルの一大ブームがおきる[74]。怪談ポエムを耳にする機会は、この時期が突出して多い。親しい友達や知り合いの間だけでなく、実に様々な機会で語られている。

このジャンルが後期ソ連時代に信じがたい人気を集めた（そしてポスト・ソ連時代に人気が凋落した[75]）理由は、ミチキーやネクロリアリストといったグループの出現につながったのと同じ後期ソ連社会の文化・政治的な変位である。また、両グループもそうだったように、このジャンルの根底には、ヴニェの皮肉だけでなく、生美学（バイオエステティクス）（ネクロリアリストの死の美学（ネクロ）のようなもの）もある。怪談ポエムは笑いを誘うと同時に不気味さを感じさせる。フロイトによれば、われわれが何かを不気味[76]と感じるには、その何かはわれわれの知っている身近なものでなければならない[77]。不気味という感覚は、恐怖や嫌悪と似ているが、大きく言えばごく普通の形式が不意に崩れ、不自然だったり作り物めいた徴候が混じり出すことだ（例えば、知り合いの行動に、ある異常な隠れていた力が、それまであるとは思いもしなかった力が突如として感じられだす[78]）。こうした感覚に襲われるのは、例えば思いがけず死や死体を目にしたり、狂人の行動や癲癇の発作といった人間の予想外で説明不能な現象に直面した時である。

怪談ポエムの働きは、不気味かつ滑稽なものをソ連の日常に見つけ出すことだ。平凡な人が平凡な状況で（学校や仲間うちで）語る点で、スチョーブや死の美学（ネクロ）の現れと似ている。前半は、たいてい無邪気な子供が登場し、平凡ないつもの状況にいる（遊んでいる、森の散歩、おじさんとのおしゃべり）。後半は、状況が一変し、子供に起きるもしくは子供が起こす、不気味で説明不能な暴力のイメージが現れる。典型例は、こうだ。

アリョーシャ坊やが煮こごり作る
床にはゴロリ、足なし父さん

少女が野原で手榴弾を見つけた
「これは何なの、おじさん」、女の子が尋ねる
「輪っかを引いてごらん」、おじさんが言う
長らく野原にチョウチョが飛んでいた

少年ヴィーチャが拳銃あそび
おもしろそうにあちこちいじる
指がもたつき撃鉄おせば
ボーンと脳みそ天井へ飛ぶ

読めば笑うが、笑いながらも多くの人は怖気や嫌悪でひきつる。この内容を文字通り解釈する人はまずいないだろう。つまり、心の奥底で誰もが分かっているように、笑いの対象はこの詩の登場人物におきる暴力ではなく、何か他のものだ。怪談ポエムは、ソ連システムの権威的なシンボルやテキストに施されるパフォーマティヴ・シフトを皮肉かつ暴力的に模倣したものなのだ。これが発動すると、ソ連の日常を満たす表象の形式と、現実の状況でその形式に与えられる意味とが完全一致しないことが一瞬で分かる——不一致があることは基本的に誰もが知っていて、再生産に誰もが手を染めているが、普通は議論しないし、考えないようにしている。それが目に見えるのである。

老人支配

一九八〇年代に入る頃には、死の美学の徴候がヴニェの皮肉の別の事例にもじわじわと現れだす。その一因になっていたのが、権威的言説の意味レベルでおきた興味深い変化である。当時の党政治局（国家・党の最高指導機関）は、二十年以上にわたって顔ぶれが変わっていない。ほかの権威的言説の記号と同じく、政治局員とその候補の肖像画や名前は、メディアや宣伝資料や演説で絶えず再生産されていた。全員の名前を偉い順に、書記長から政治局員候補になりたての人へと、一人ずつ読み上げる機会もよくあった。この序列順名簿は、誰もが耳にしていたが、空で言えるかというと、最初の数人以外は、まず誰もできない。あちこちで目にする肖像画も、国のトップ数名を除けば、具体的な名前と結びつくか怪しいものだった。こうした名前と顔は、一人一人それ自体に意味はない。定型の名簿になった権威的言説の決まりきった発話として機能することにこそ意味があった。重要なのは、名簿の形式が一定で変わらないことであって、具体的な名前のコンスタティヴな意味（どの肖像画にどの名前が対応するか、これはどんな人か）ではなかったのである。

政治局員や候補の演説も、同じように受け止められていた――テレビで放送されたり新聞に印刷されたりするが、大事なのは、何はさておき、一定で、儀礼的に再生産される権威的言説の形式であり、コンスタティヴな意味は二の次だった。だからこそ演説がはっきり聞き取れなくても――このころ、高齢のブレジネフは脳の血管の動脈硬化に苦しんでおり、演説がどんどん不明瞭になっていた――聞いている側には、明瞭ではっきり話しているという印象を与えていた。演説で一番大事なのは、自分の口でいつもと同じように話していることだったのだ。

皮肉なことに、権威的言説の逆説（第一章と第二章で述べたルフォールの逆説）がこのころから生政治のレベルで発動する。ソ連のシンボル体系は永久不変のはずなのに、権威的シンボルを体現する生身の人間が見るからに年老いていったからだ。政治局員と候補の平均年齢は、後期ソ連時代に高くなり（一九六六年の五十五歳が、八〇年代はじめには七十歳弱）、中枢グループ（ソ連の人たちがよく知っていて、演説もよく耳にするグループ）に限っていえば、八十歳に近づいていた。この時代が後に「老人支配の時代」と言われたのも無理はない。ルフォールの逆説の生政治的な影響が分かるのが、例えば、一九八二年のブレジネフ死去に際して広まった反応である。ブレジネフが老体で半病人なのは誰の目にもずっと前から分かっていたのに、その死は大半のソ連市民にとって青天の霹靂だった。詩人でミュージシャンのアンドレイ・マカレーヴィチは、その時の反応を後年こう振り返っている。

……ほかの人はどうか知らないけど、うっとうしいソ連権力はまだ百年は続くと信じて疑わなかった——ブレジネフが死んだことですら、強烈な印象を残した。聖書の登場人物のように、八百年は生きるだろうと思っていた。[79]

一九八〇年代はじめは、党・国家の要人の死が異例なほど頻発して日常的な現象になる。三年ほどの間に、政治局員か候補が平均して半年に一人は死んでいった。列挙すると壮観である。スースロフ（八二年一月、八十歳）、ブレジネフ（八二年十一月、七十五歳）、キセリョフ（八三年一月、六十五歳）、ペリシェ（八三年五月、八十四歳）、アンドロポフ（八四年二月、七十歳）、ウスチーノフ（八四年十二月、七十六歳）、チェルネンコ（八五年三月、七十三歳）[80]。だが、こうした死の連鎖は、権威的言説そのものの崩壊を意味しない。むしろ反対にこの言説の原理にしたがって、要人の死の表象そのものが速やかに定型化・画一化してまたもや権威的言説の儀礼形式となり、政治家の経歴を締めくくる最後の記述でも永久不変の感覚を伝えることが求められた。要人の死を伝えるメディアの報道や職場・学校の追悼集会は、定型の文言と形式ができた。テレビ中継で流れるのは同じ追悼の音楽、映るのも寸分違わぬ赤の広場の追悼式典。通りを飾るのも同じ追悼の象徴物や旗や肖像画である。死の美学（ネクロ）は、今や権威的言説の不可欠の要素になり、他の言説要素と同じように画一化していく。ここで言う画一化とは、追悼の儀礼や発話の力点が、個々の人びとの生物的な死を離れ、政治的安定性やシンボル体系全般の不変性へと移ることを指す。これまでもそうだったが、固定した千篇一律の表現を用いることに重きが置かれ、表現の文字通りの意味は追求されなくなった[81]。

要人の死去が増える一方で、その死を政治的な安定や不変の要素として表象するちぐはぐさは、当時のソ連のアネクドートにすぐ反映されている。ある人が赤の広場に行くと、またもや政治局員の葬儀が行われている。この種の行事に出られるのは特別の参加証を持つ党の高官に限られるため、警官がその人を制して問い質す。「本日の行事の参加証はお持ちですか」——返ってきた答え。「シーズン通し券を持ってますよ」

こうしたアネクドートに投影されているのは、いつでも同じはずの権威的言説に断絶や不一致が生じているという感覚の強まりである。人間は生物として死を免れないが、歴史は象徴として永続する。この二つが意味の上でぶつかることがままあり、その場合、どんなシンボル体系でも時空間の不均一（ヘテロトピアとヘテロクロニー）が突如あらわになる[82]。一九八〇年代はじめに続出した党幹部の葬儀は、権威的言語による中継と報道がずっと行われたために、日常の現実で同じような役割を果たし、ソ連のシンボル体系に生じた時空間の断絶と逆説をさらけだした。皮肉に満ちた死の美学（ネクロ）は、その頃には日常生活の一部になっていたので、まさにこの断絶と逆説に焦点が当たったのである。

プリゴフの「追悼文」

死の美学（ネクロ）は、日常的な大衆フォークロアや、非公式芸術家の芸術実験にも現れた。実例は、すでにいくつか見ているが、このほかに要人の死を伝える公式発表や権威的テキストを模した皮肉な文章がある。こうした文章は、様々な方法を駆使して、権威的言説のシンボル織物に今見たばかりの生物的な断絶の感覚を盛り込む。ほとんどは仲間うちで冗談として書くもので、最後のソ連世代（学生、コムソモール員、事務員、時にはコムソモール活動家）の手になる。大半は、書いた当人も創作活動と思っていない（ネクロリアリストの実験も、初期は芸術活動と思っていなかった）。だが中には始めから、もしくは後に文学の地位を獲得したものもある。ここでは、そうしたものから始めたい。そうすることで、ずっと数が多く、大いにエスノグラフィー的関心をそそられる同類の非文学のテキストの解釈も容易になるだろう。

この手の実験芸術の実例は、詩人のドミトリー・プリゴフが当時つくっていたテキストである。モスクワ・コンセプチュアリズムの芸術家であるプリゴフは、彫刻科の卒業でソ連作家同盟に入っておらず、作品は印刷されない。ただ、ごく少数のモスクワの知識人や芸術家の間では知る人ぞ知る有名な存在だった。[83] 一九八〇年に書いた掌編連作「追悼文」が初めて活字になったのは、何年も経ったペレストロイカ期である。[84] プリゴフの「追悼文」はヴニェの皮肉の典型であり、死の美学（ネクロ）もあって、もちろんシステムの逆説性の高まり（永遠のシンボルなのに肉体の衰えが目立つ）への反応である。執筆は、ソ連が要人の死の連鎖に突入する二年前のことだ。これは何も驚くことではない。アンドレイ・ゾーリンが言うように、[85] プリゴフが反応したのは具体的な出来事というよりも、文化・社会の変位や空気そのものだ。老人支配の極限へ向かう変位は、「追悼文」の執筆時にすでに最高潮に達していた。

テキストは、十九世紀ロシアの大作家の死を、ソ連の新聞でおなじみの官製の死亡記事の形式で書く。大作家が党幹部やソ連官僚によって顕彰される。だが追悼文の最後で必ず形式の「転覆」が起きて、全く別の言語やイメージが導入される。プーシキンの追悼文はこうだ。

ソ連共産党中央委員会、ソ連最高会議、ソ連政府は、深い悲しみとともにここに伝える。一八三七年二月十日（旧暦一月二十九日）、享年三十八歳で、悲劇的な決闘のために、偉大なロシアの詩人アレクサンドル・セルゲーエヴィチ・プーシキンの人生が断ち切られた。

同志プーシキン、A・Sは、主義主張を曲げず、責任感の強さや、自身と周囲への要求の高さで常に際立っていた。どのポストに派遣されても、委託任務に献身的に打ち込み、軍人の剛毅さと勇壮さを発揮し、愛国者・市民・詩人の高い資質を示した。

友人や親しく知る人の心の中に、遊び人、剽軽者、女たらし、鉄面皮として永遠に残る。

プーシキンの名前は人民の記憶の中でロシア詩のともしびとして永久に生きることだろう。

同じような追悼文が、この連作では「同志レールモントフ」「同志ドストエフスキー」「同志トルストイ」に捧げられている。トルストイの追悼文はこうだ。

ソ連共産党中央委員会、ソ連最高会議、ソ連政府は、深い悲しみとともにここに伝える。レフ・ニコラエヴィチ・トルストイ伯爵が亡くなった。

同志トルストイ、L・Nは、主義主張を曲げず、責任感の強さや、自身と周囲への要求の高さで常に際立っていた。どのポストに派遣されても、委託任務に献身的に打ち込み、軍人の剛毅さと勇壮さを発揮し、市民・愛国者・詩人の高い資質を示した。

友人や親しく知る人の心の中に、大旦那、仏教やトルストイ主義や簡素な生活といった理想の熱中者として永遠に残る。

トルストイの名前は人民の記憶の中でロシア革命の鏡として永久に生きることだろう。

最後の追悼文は、自分自身だ。

ソ連共産党中央委員会、ソ連最高会議、ソ連政府は、深い悲しみとともにここに伝える。一九八〇年六月三十日、モスクワ市に享年四十歳でプリゴフ、ドミトリー・アレクサンドロヴィチは生きている。

「追悼文」のテキストの作り方は、まず権威的発話の形式の模倣であり、さらに人物評・ジャンル・時制などのレベルで不釣り合いなものをテキストに組み込んだ脱コンテクスト化である――ソ連の「偉大なロシア文学」の言説とソ連の党言語とを結びつける、十九世紀と後期社会主義とを結びつける、大作家と党幹部とを結びつける、公式の哀悼とプリゴフのモスクワ「生存」をつなげる。権威的言語の枠内で政治システムと言語ジャンルをずらす。歴史、意味、主体性のレベルで不一致がおきている。「同志プーシキン」の死を伝える党中央委員会が詩人の特徴の列挙で使うのは、まず権威的言説の決まり文句であり（「どのポストに派遣されても、委託任務に献身的に打ち込み、軍人の剛毅さと勇壮さを発揮し、愛国者・市民・詩人の高い資質を示した」）、また全く対立するものである（「遊び人、剽軽者、女たらし、鉄面皮」）。このテキストは権威的言語を批判しているが、批判は言説の外側からでなく内側から、模倣する形で行われている。そうすることでその逆接的な内部の仕組みが明らかになる——例えば、発話の文字通りの意味はさほど重要でなく、権威的な形式に手を加えず繰り返す方が大事だということが暴露されている。

このように、このテキストの作用は、硬直したイデオロギー言語の逆説的な性質について直接、外からコメントするのでなく、その内面を内側から外科的に暴露することにある。こうしたやり方をするプリゴフの方法は、ネクロリアリストの実験を髣髴とさせる。だが、もっと重要な類似点がある。思い出して欲しい。この時期、一九八〇年代はじめは、ネクロリアリストは、自分たちの「実験」をまだ芸術行為だと思っていない。実験は、言ってみれば、ソ連システムの意味とイデオロギーの逆説性への反応である。これによって現状を挑発し、システムの権威的言説が機能する原理——パフォーマティヴ・シフトという誰もがどこでも使っている、でも誰も表立って分析しない原理を内側から見ることが可能になった。プリゴフのテキストは、ネクロリアリストと違って、初めから芸術実践だが（自分でもその当時、自作をそう考えていた）、この風変わりな文体（プリゴフの芸術アプローチ全般もそうだ）が生まれたのは、間違いなく自然発生的だ。ネクロリアリストの実験と同じく、このテキストも後期ソ連システムが内側に抱える逆説への反応だった。つまり「追悼文」のテキストは、システムの一定の変化を示す徴候と見ることができる（あらゆるイデオロギー発話にパフォーマティヴ・シフトが進行したのと同じ）。となれば、同じような反応はこの時期に非芸術の分野でも、芸術家や作家とは無関係な一般のソ連市民の間でもおきていると考えるべきだ。事実、このころ一般のソ連市民がヴ、ニ、ェ、の皮肉で書いたテキストは数多くあり、皮肉の構造や意味のつくり方がプリゴフのテキストに驚くほど似ていた。

「指示」

先に見たように、ヴニェの皮肉はこの時期かなり広く普及しており、特に若者世代で目につく。「平凡な」若者ばかりか、コムソモール活動家にも広まっていた。二項対立モデルで描くソ連の政治空間（システムへの支持／抵抗で二分される空間）が現実を描いていないのは、ここでも確かめられる。

第三章で見たように、コムソモールの責任者は日々の活動としておびただしい数の文書や演説や報告書を権威的言語で書き、権威的な形式を遵守していた。ただ、こうした発話や文書のコンスタティヴな意味は、たいていさほど重要でない。このため、第三章で見たように、委員会の面々はコムソモールの義務のある部分は重要な「意味のある仕事」、ある部分は「純然たる形式業務」と受け止めていた[86]。また、厖大な数の、それまでにない、誰も予想できない意味や生き方が後期ソ連社会にできるきっかけにもなった[87]。形式と内容におきるこうした逆説とずれはコムソモール委員会の活動の不可欠の一部だが、まさにその現れがヴニェの皮肉で書かれたテキストである。広く見られたのは、公式文書のパロディだ。文書の形式をまね、おなじみの権威的言い回しを用いて、公用のレターヘッド入り用紙に書くことが多いが、使っている用語や人物評に逆説や皮肉を盛り込んでいる。

そうした実例を見てみよう。一九八三年八月十二日、アンドレイ——すでにお馴染みのレニングラードの某研究所コムソモール委員会の書記（第三章と第六章を参照）——の三十歳の誕生日が研究所コムソモール委員会の部屋で祝われた。委員会の友人がアンドレイのために乾杯してから取り出したのが、皮肉のお祝い文書である「指示」だった（図39）。

「指示」は、コムソモールの公式レターヘッドを使い、実在のコムソモール委員会の部屋で、委員会の面々が作成したものだ。印刷したのも委員会のタイプだし、通し番号や日付も入っていて、実在の委員会書記の氏名も書いてある。つまり、このテキストは、実際のイデオロギー文書の作成プロセスをほぼそっくり踏襲しており、違いと言えば、皮肉な模倣として企画され、委員会メンバー（互いにスヴァイーとみなす人[88]）だけが読むために作ったことくらいだ。こうしたテキストによって、権威的言説の内部の仕組みが見えてくる――言語構造の仕組みだけでなく、この言説の再生普及を下支えするコムソモールの制度や関係も見えてくる。

「指示」の文面は、プリゴフの「追悼文」を髣髴とさせる。注意して欲しいが、その当時、このコムソモール委員会の面々も、大多数のソ連市民も、プリゴフやその作品のことは知らない。それだけに両者の類似は重要である。互いに無関係に別々の場所で生まれたのであれば、本書で何度も言ってきたように、これらの出現がシステム内部の変化を示す徴候であること、ただ当時はほとんど人目につかず、テキストの作者も含め、大半の人びとが気づいていなかったことを裏付けてくれる。

「指示」はアンドレイの誕生日に関するものだが、作られたのはちょうどソ連要人の死の連鎖がはじまった時期だ。このことが文体にも影響している――死亡記事そっくりで、党・政府・科学・芸術の著名人が死んだ時の定型文を思わせる。公式発表の文言の冒頭は、通例二つの定型文で出来ている。最初の文は、これこれのソ連の団体（「ソ連政府」「ソ連科学」「ソ連の音楽文化」「ソ連の軍隊」など）が「大きな損失を被った」。次の文で具体的な人物が死んだ事実をあっさり公表するが、まず故人の称号と肩書きがずらずらと続き、最後に名前がきて定型句（「この世を去った」）で締めくくる。例えば、一九八二年十一月十二日の『プラウダ』が伝えたソ連共産党書記長ブレジネフの死は、こうだ。

ソ連共産党、全ソ連人民は、大いなる損失を被った。レーニンの偉大な事業の忠実な継承者、燃えるような

ソ連

非鉄金属省

ソユーズ・アルミニウム

連邦＊＊＊研究所

指示

1983年 8 月12日　　　　　　　　　　　　第001号

レニングラード

1953年 8 月13日、ソ連の非鉄金属産業は、大きな損失を被った。激励者にして瞞着者、塩漬工場の終身指導者、ワシーリエフスキー島ロープウェー支配人、エストニア・ポップスの義父、モンゴル叙事詩の英雄、アンドリューシェンカ・＊＊＊がこの世に生まれたのである。

この日は、＊＊＊研究所の履歴にピンク色の字で書き込まれた。

この特筆すべき事件を祝して**指示する**

職場労働者と一部市民は、生産秩序の遵守および二十三時以降の静粛遵守。

お祝いとして、贈り物進呈、抱擁、平伏、ポンポンと背中叩き、接吻、綱(ロープ)引きに取り組む。

全委員会の臨時代行書記

〔氏名〕

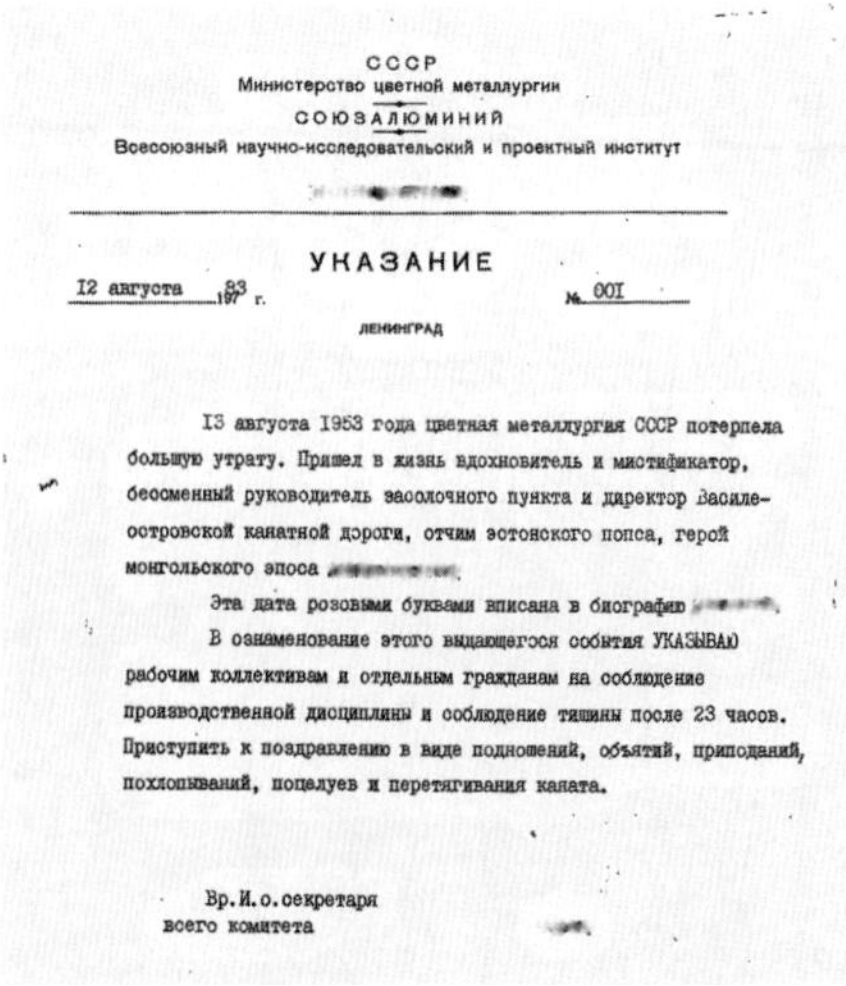

СССР

Министерство цветной металлургии

СОЮЗАЛЮМИНИЙ

Всесоюзный научно-исследовательский и проектный институт

[redacted]

УКАЗАНИЕ

12 августа 83 197 г.　　　　№ 001

ЛЕНИНГРАД

13 августа 1953 года цветная металлургия СССР потерпела большую утрату. Пришел в жизнь вдохновитель и мистификатор, бессменный руководитель засолочного пункта и директор Василеостровской канатной дороги, отчим эстонского попса, герой монгольского эпоса [redacted].

Эта дата розовыми буквами вписана в биографию [redacted].

В ознаменование этого выдающегося события УКАЗЫВАЮ рабочим коллективам и отдельным гражданам на соблюдение производственной дисциплины и соблюдение тишины после 23 часов. Приступить к поздравлению в виде подношений, объятий, приподаний, похлопываний, поцелуев и перетягивания каната.

Вр.И.о.секретаря
всего комитета　　　　[redacted]

図39「指示」——アンドレイ・Kの誕生日にコムソモール委員会メンバーがつくった皮肉の文書、1983年。

愛国者、傑出した革命家にして平和、革命の闘士、現代の最有力の政治家、レオニード・イリイチ・ブレジネフがこの世を去ったのである。(89)

研究所のコムソモール委員会がアンドレイの誕生日にあわせて作成した「指示」も、この文体の定型文ではじまる――「一九五三年八月十三日、ソ連の非鉄金属産業(90)は、大きな損失を被った」。だがその次に思いがけない変化がおきる。二つ目の文章の終わりが「この世を去った」でなく、「この世に生まれた」なのだ。同じような手法は、先にプリゴフの自己追悼文で見た(「深い悲しみとともにここに伝える。……享年四十歳でプリゴフ、ドミトリー・アレクサンドロヴィチは生きている」)。

この手法で大事なのは、イデオロギーのことばを嘲笑ったり否定することではない。そうではなく、もう一つの主体なり社会なりの空間、ヴニェの空間を権威的言説に対してつくりだし、政治的なものを二項対立で説明しない、党のイデオロギーとその抵抗イデオロギーとに分けないことにある。正(まさ)にこうしたヴニェの空間にアンドレイと委員会の仲間は存在して活動していた。イデオロギー言説の再生産と再解釈が行われ、コムソモールの活動が展開していたのも、ここだった。つまり、この文書は、党の権威的言語を皮肉っているというより、イデオロギーが実際にどう作用して内部でどう見られていたかを示している。しかも、このような皮肉な態度でこれを作っても、その人がコムソモール活動の一部に献身的に打ち込みつづける妨げにはならなかった。

続いて列挙されるアンドレイの肩書きでも権威的言説の定型句の意味が変化している。これは、権威的形式を脱コンテクスト化してずらした結果である。アンドレイの特徴として「激励者」(権威的言語)と「瞞着者」(皮肉の言語)が挙がっているが、この含意は、アンドレイのコムソモール書記としての活動とは、本当に重要だと思っている仕事の推進でもあり、形式的で無意味だと思っている委託任務の回避策の案出でもある、ということだ。[91] その次の文言では、「終身指導者」(権威的な言い回し)となっているが、指導しているのがコムソモール委員会でなく「塩漬工場」になっている——これはつまり、この委員会が友達の寄り合いであって、多くの時間を書記の執務室で一緒にすごし、時にはコムソモールの仕事は脇において、茶飲み話をしながら(時にはアルコールも飲んで)祭典やコンサートの計画を練っている——その牽引車がアンドレイだということだ。

「ワシーリエフスキー島ロープウェー支配人」の文言は、全体の皮肉の効果を高めるもので、現実描写の形式とその描写のコンスタティヴな意味とのちぐはぐな逆説を若い人の日常の枠内で強めている。ワシーリエフスキー島は、レニングラードの地名で、アンドレイがかつて学んだ鉱山大学も、現在の職場の研究所も、直属の地区コムソモール委員会もここにある。フィンランド湾に面した真っ平らな所で、海抜は平均一メートル未満。洪水となると浸水は史上数知れず、今話題にしている一九七〇年代から八〇年代はじめにも何度もおきている。[92]「ロープウェー」は出てくること自体が馬鹿ばかしいが、この文脈では極めておかしい。[93] その次の文言、「エストニア・ポップスの義父」と「モンゴル叙事詩の英雄」は、補完関係にある。かたやエストニアという一番「西」のソ連の共和国、こなたモンゴルという一番「東」のソ連の衛星国を併置して、多面的で逆説に満ちたアンドレイの個性を暗示する。こうして、アンドレイが時間を割いている様々な活動の表面的なちぐはぐさを強調している。一方では、レニングラードのアマチュア・バンドをエストニアのロック・フェスティバルに参加させ[94](「エストニア・ポップスの義父」)、他方では、コムソモールの報告や演説を長々と作文し、虚実ないまぜでコムソモール活動の成功を語り、印象的だがさっぱり分からないコムソモール=党の言葉をちりばめる(「モンゴル叙事詩の英雄」)、これがアンドレイの得意技だった。「モンゴル叙事詩」は、コムソモール委員会の同僚が権威的言説のテキストを揶揄して内々で使っていた言葉だという[95]。党の公式発表がそうだったように、アンドレイの肩書きにつづいて、アンドレイの名前がくる。だが定型の姓・名・父称ではなくアンドリューシェンカと記されており、この肩書きに多面的な意味を与えている。委員会のメンバーにとって、アンドレイは単なるコムソモールの指導者や同僚ではなく、スヴァイーの一員である――浅はかな活動家でも人の道に反する出世主義者でもないし、官僚的でイデオロギー的な諸々の指令や禁止事項にいたずらに追従せず、重要な課題と大多数の形式的な残りかすとを分けて考える人間だった。

三つ目の文章は、アンドレイの誕生日に言及するが、ここも権威的言説の定型句を用いている。イデオロギーの観点から重要な日は、ソ連のカレンダーに「赤色の字で書き込まれた」と書く慣わしがある（『プラウダ』は毎年そのようにメーデーや革命記念日を報じていた）。だが「指示」は、この定式を皮肉っぽく変えている。書き込まれる字が赤色でなくピンク色なので、意味が変わる――アンドレイの誕生日は、ソ連システムの権威的な見方ではさほど良い出来事ではない、如才ないアンドレイが書記だと活動の意味が変わってしまうからだ。最後の二つの文章は、権威的な文体と皮肉な文体がまたもや入り混じっている。「この特筆すべき事件を祝して指示する／職場労働者と一部市民は、……静粛遵守」の部分は、新聞に載る、大都市での祭日の花火に関する国防相命令の定型を使っている。例えば、一九八三年五月九日の『プラウダ』第一面に載った命令は、こうだ。「ソ連人民の大祖国戦争勝利三十八周年を祝して命令する。本日、現地時間二十二時に祭日の祝砲を実施する」。「指示」の文面は、祝砲に代えて、アンドレイの誕生日を祝うのに必要な、親密で馬鹿ばかしいお祝いの仕草になっている。

この文書は、一貫してヴニェの皮肉で書かれている。強調されているのは、委員会のメンバーなら誰でも知っている、アンドレイの日々の活動の逆説と不一致だ。それは、権威的言説を真正面から嘲笑するのでなく、ソ連の日常の中で実際に機能させるために皮肉まじりで微調整することだ。この場合、権威的定式は、少し形を変えるが、再生産はする。だが、その定式の移植先の現実のコンテクストであるソ連の日常は、実に様々な、逆説的な活動に満ちていて、その意味も往々にして権威的発話の文字通りの意味に真っ向から対立する。このため、権威的言説は常に意味がずれていく。また、これも大事な点だが、やってみれば分かるように、こうした言説の読み替えは、アンドレイの側に実に創造的なアプローチと創意工夫が必要だし、必ずしも不誠実で人の道に反するものでも、反ソ的な行動でもなかった。文書でアンドレイが肯定的な人物として描かれているのは、権威的な党の言説に単なる肯定・否定でなく選択的に接しているから——そのコンスタティヴな意味を一律に支持・拒否するのでなく、その解釈に積極的に関与しているからだ。だからこそアンドレイは、仲間うちの評価は、一方では「瞞着者」——無意味なイデオロギー活動を回避したり、それを隠れ蓑にロック・コンサートやディスコを組織する人物、他方では「誠実なコムソモール書記」——共産主義の理想を信じて、様々なコムソモール活動を組織する人物だった。自身もコムソモール活動を重要だとみなし、そうした活動で得た地区コムソモール委員会の表彰状を心から誇りに思っていた。

「個人調書」

別の皮肉な文書を見てみよう。これもアンドレイの誕生日に贈られたものだが、今度は一九八二年だ。「指示」と違って、アンドレイ自身も文面づくりに手を貸しており、委員会の部屋で一緒にお茶を飲みながら作ったという。多くのソ連企業の人事課が使う公式の用紙、いわゆる「人員集計のための個人調書」に記入している。これは、就職に際してつくる履歴書であり、その人の経歴にかかわる情報が簡潔に書いてある（社会的出自、民族、学歴、勤労経験、党籍、兵役、賞罰など）。こうした履歴書の書式で書いたことが、後期ソ連のヴニェの皮肉の見事な実例である。全文は五ページもある長文なので、一部に絞って見てゆこう。[96]

履歴書は冒頭こそアンドレイの実際の姓・名・父称が書いてあるが、その先は委員会メンバーが質問を皮肉に加工している。アンドレイの「出生地」（問四）の書き込みは「下かあちゃん出べそ村」〔из посадских Нижние Матюги〕で、明らかに猥褻な含みがある。「社会的出自」（問六）は「楽市出身」で、見るからに非ソビエト的、非プロレタリア的な革命前のもの、言わばイデオロギー上の異分子である。「党籍」（問七）は、「党員」〔член партии〕と書くべき所を「党淫」〔член〕と、卑猥な言葉遊びをしている（член は、「メンバー、構成員」の意だが、隠語で男根を意味する）。アンドレイの入党日（「党歴」＝問七の第二項）は、ありえない（馬鹿ばかしい）数字「32. 13. 01」（〇一年十三月三十二日）が、党員証番号はこれまたおかしな「0. 75」が書いてある。念頭にあるのは、ウォッカ一瓶の容量〇・七五リットルだろう（コムソモール委員会のメンバーでよく飲んだ証拠）。「コムソモール員か、いつからか、会員証番号は」（問八）には、委員会メンバーとアンドレイは「ずっと」と書き、コムソモールの逆説的な本質をやんわりと皮肉っている。アンドレイがコムソモール員になったのは、進んで手を挙げたのでなく、コムソモール在籍がほぼ不可避の（つまり永遠の）若者の実情だったからだ。

「学問的な業績や発明があるか」（問十二）には、アンドレイが取り組んでいる架空の「計画」が三つ挙がっており、アンドレイの関心や権威的言説の複雑な相互関係を的確に伝えている。（一）「パラノイア淋病がエリック・バードンの最適音響の位相構造に与える影響の再考」、（二）「極端な条件での育毛顔面覆い」、（三）「長寿の秘訣」。エリック・バードン（英国のロック・バンド、アニマルズの伝説のミュージシャン、ただし、ソ連ではさほど有名ではない）が出てくるのは、アンドレイが英米ロックにのめりこんでいる証拠だ（同世代のロック・ファンの大半は、このバンドのことは不案内）。そこに「パラノイア淋病」（梅毒の長期作

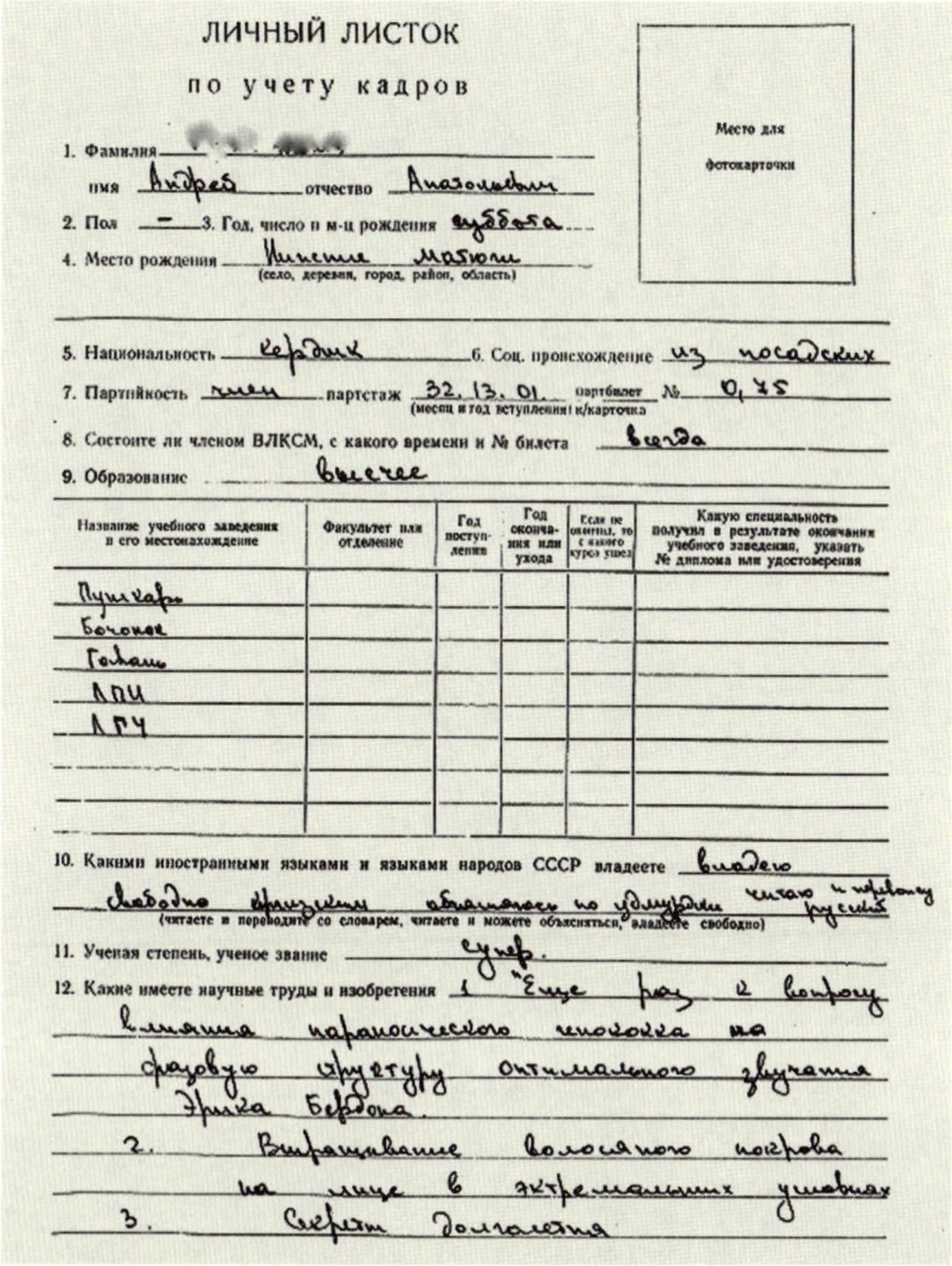

ЛИЧНЫЙ ЛИСТОК

по учету кадров

Место для фотокарточки

1. Фамилия [redacted]
имя Андрей отчество Анатольевич
2. Пол — 3. Год, число и м-ц рождения суббота
4. Место рождения Нижние Малюки
(село, деревня, город, район, область)

5. Национальность кердык 6. Соц. происхождение из посадских
7. Партийность член партстаж 32.13.01 партбилет № 0,75
(месяц и год вступления) к/карточка
8. Состоите ли членом ВЛКСМ, с какого времени и № билета всегда
9. Образование высшее

Название учебного заведения и его местонахождение	Факультет или отделение	Год поступления	Год окончания или ухода	Если не окончил, то с какого курса ушел	Какую специальность получил в результате окончания учебного заведения, указать № диплома или удостоверения
Пушкарь					
Бочонок					
Голань					
ЛПИ					
ЛГУ					

10. Какими иностранными языками и языками народов СССР владеете владею свободно фризским объясняюсь по удмуртски читаю и перевожу русский
(читаете и переводите со словарем, читаете и можете объясняться, владеете свободно)
11. Ученая степень, ученое звание супер.
12. Какие имеете научные труды и изобретения 1 "Еще раз к вопросу влияния параноического человека на фразовую структуру оптимального звучания Эрика Бердона.
2. Выращивание волосяного покрова на лице в экстремальных условиях
3. Секреты долголетия

図40 「人員集計のための個人調書」の1ページ目、アンドレイ・Kとコムソモール委員会の同僚がアンドレイの誕生日にあわせて皮肉っぽく記入したもの。1982年。

用でおきる精神障害のことか）を加えることで、アンドレイの書記としての行動に馬鹿ばかしさと卑俗さを付け加え、様々な地位や文脈での行動のちぐはぐさを強調している（コムソモール員を党のイデオロギー課題の遂行に動員したかと思えば、西側ロックの録音を熱心に集め、しかもコムソモールの定型演説ではロック批判を口にする）[97]。最後の「長寿の秘訣」の含意は、「じいさん」〔дед〕という、アンドレイの鉱山大学の時代からのあだ名である（濃いヒゲをはやしていたため）。履歴書のことをインタビューで話している最中にアンドレイが思い出したのだが、この文言には、当時老人ばかりになっていた党の最高指導部へのひそかな当てこすりもあったという。

こうした回答で分かるように、アンドレイの書記としての活動と関心やその実現法は、ソ連の権威的言説で定められた課題や議題の文字通りの意味から大きくずれている。それだけではない。この手の履歴書の書式や質問が十年一日のごとく権威的言説の原則に従っていれば[98]、文字通りの意味がさほど重要でないのも分かってくる。それが一目瞭然なのが、問十三「勤労活動をはじめてから取り組んだ仕事（大学・高専教育、兵役、パルチザン活動、兼職を含む）」である（**図41**）。質問文からして、権威的言説の時間の逆説を感じさせる――形式は時間が凍結して、文字通りの意味がナンセンスになっている。例えば、「取り組んだ仕事」に仕事や学業だけでなく大祖国戦争時の「パルチザン活動」が入っている。戦争は四十年も前、アンドレイの生まれるはるか以前のことだ。パルチザン活動が今おきていることになり、しかも「兼職」のような平凡なことと隣り合わせなので、馬鹿ばかしさがレベルアップしている。こうなると、皮肉の解釈をわざわざ考え出す必要もない。質問文の文字通りの意味に注意を向ければ、もうそれで十分――そんなことに普通は注意を向けない――すぐに時間と論理の逆説性が明らかになる（先に見たように、この時期の権威的言語の特徴が時間を過去へ向けてずらすことだった[99]のと、見事に合致する）。

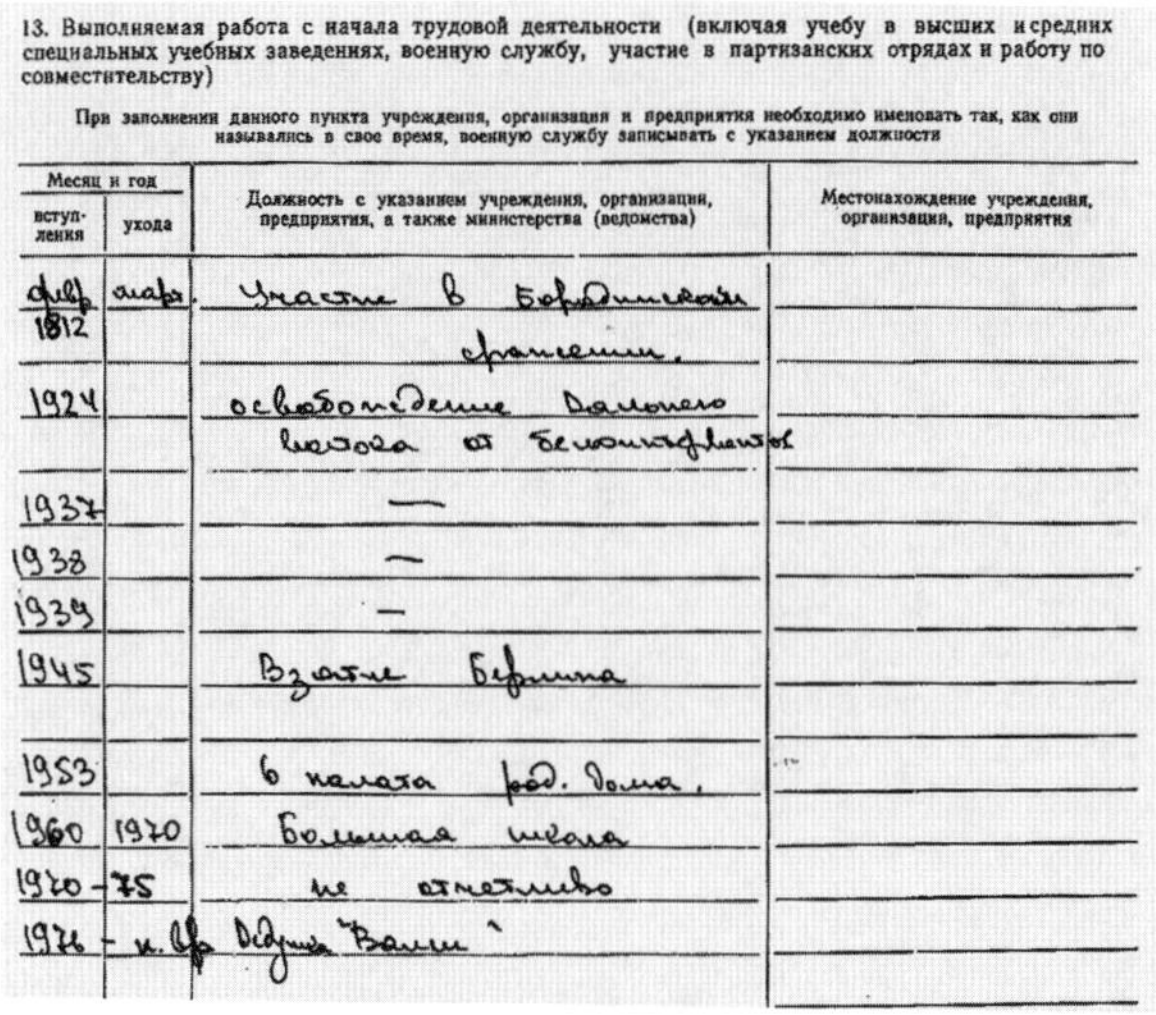

13. Выполняемая работа с начала трудовой деятельности (включая учебу в высших и средних специальных учебных заведениях, военную службу, участие в партизанских отрядах и работу по совместительству)

При заполнении данного пункта учреждения, организации и предприятия необходимо именовать так, как они назывались в свое время, военную службу записывать с указанием должности

Месяц и год вступления	Месяц и год ухода	Должность с указанием учреждения, организации, предприятия, а также министерства (ведомства)	Местонахождение учреждения, организации, предприятия
февр. 1812	марта	Участие в Бородинском сражении.	
1924		освобождение Дальнего Востока от белоинтервентов	
1937		—	
1938		—	
1939		—	
1945		Взятие Берлина	
1953		6 палата род. дома.	
1960	1970	Большая школа	
1970	75	не отчетливо	
1976	н. вр.	Дедушка "Вали"	

図41 「個人調書」の内側のページの一部

履歴書のこの問に書かれた皮肉な答えは、硬直化した発話形式と、アンドレイたちの日常生活の文脈で持つ意味との間の時間と主体のずれを際立たせる。委員会の面々は、アンドレイの「取り組んだ仕事」をパルチザン活動のようなもので埋め尽くした——「ボロジノの戦いに参加（一八一二年二月から三月）」、「白系干渉軍から極東を解放（一九二四年）」、「ベルリン占領（一九四五年）」。興味深いことに、アンドレイの人生の「歴史的事件」として「一九三七年」「一九三八年」「一九三九年」というスターリンの大テロルの年々が記されている。しかも、活動内容は何も書かずに横線を引いており、この年々が権威的な記述から抹消されているのを暗に示している（一九八〇年代はじめは、こうした出来事に公的言説はほぼ沈黙だった）。アンドレイたちは、ソ連史の権威的な記述が現実の文字通りの反映でないことも、そう解釈すべきでないことも百も承知だった。それでもこんな皮肉に満ちたコメントをコムソモール委員会書記の冗談履歴に堂々と書き込んでいる。このあと履歴に記載があるのは、「一九五三年」＝アンドレイの生まれた年、「一九六〇年から一九七〇年」＝初等・中等教育、「一九七〇年から一九七五年」＝大学（この欄には「はっきりしない」と書いてあり、学生時代は飲んでばかりだったことを暗示している）、そして最後の「一九七六年から現在」＝研究所勤務には、研究所の「じいさん」という書き込みがある。

勲章やメダルとは縁のないアンドレイだが、「個人調書」の問い「政府表彰はあるか」に対して仲間は栄典をずらっと並べ、「ソビエト人」が思いつく形式と意味とのずれ（時間・歴史・主体のレベル）をここでも披露している。一部を紹介すると、

「聖ゲオルギー十字徽章」――革命前のロシア帝国のもの。

メダル「第四回警察犬審査会、ベルギーシチ」――生物種の混乱、アンドレイが人間であり警察犬でもあることになっている[100]。

「板塀友好勲章」――民族友好勲章という国際主義的な活動への貢献をたたえる勲章があるが、その「民族」を「板塀」に換えて権威的なイデオロギー形式を俗化し、酔っ払いと関連づける（〈塀と仲良し〉は、酔って塀の下で寝ることを指す）。

メダル「雄猫チホン君へ、愛する雌猫たちより」――アンドレイがまたもや異種生物になっている。

ここでのヴニェの皮肉は、時代（新旧、ソ連／革命前）、政治体制（ソ連／帝政／ブルジョア）、生物種（人間／動物）の混同である。この結果、ソビエト的主体であるアンドレイは、ソ連の実際の歴史・政治・生物の文脈とヴニェの関係にあるが、権威的言説の記述には従っている。この文書は、これをつくったコムソモール委員会の面々にとって、党のイデオロギーや権威的言語を真正面から笑いのめすものではないし、アンドレイのコムソモール活動を揶揄するものでもない。むしろ、いつもの皮肉っぽい方法を用いることで権威

的言語やシンボル体系の奥底にある特質を明るみに出し、形式の再生産が文字通りの意味より重要だが、それでも共産主義の理想に必ずしも冷淡ではないと説明している。少なくともアンドレイは、前述したように、こうした理想の多くに誠実に接していた。

「軍事教練（ヴァエンカ）」

エレーナ（一九六三年生まれ）は、レニングラード大学ジャーナリスト学部の学生で、第三章で見たように、一九八〇年代はじめに詳細な日記をつけていた。この日記は、ソ連の日常を物語る、皮肉まじりの書き込みが目白押しだ。一九八三年の初夏には、大学の軍事教練（学生のジャルゴンで〈Военка（ヴァエンカ）〉）のことが書かれている。「軍事教練（ヴァエンカ）」は必修科目だが、退屈で不要だと考える学生が多かった。授業の内容も形式も教師も、何もかもが茶化す材料になった。

例えば、軍事教練の授業は、敵の大量破壊兵器を使った攻撃にどう対処するかとか、どんな自衛措置をとるべきか、誰に従い、どこへ行くべきかといった話をする。教科書のあちこちにある挿絵は、軍の素人画家が描いた稚拙な絵で、当時の権威的表象のビジュアル形式そのまま。小は会社の張り紙、大はアパートの壁面ポスターといった各種の宣伝材料とそっくりだ。そうした素人くさい絵で、核兵器や細菌兵器による都市や農村の被害、避難所へ行進する市民の隊列、党の責任者や医療関係者が住民に陣頭指揮する様子を描いている。説明文も単調で、イデオロギーの紋切型だった。ほかの硬直化した権威的言説がそうだったように、こうした絵や文を学生は文字通りに受け取らず、形式的に、現実と無関係な何かとして読んでいた。扱っている内容の特殊性を考えれば、説明や挿絵が皮肉の恰好の材料になったのは驚くに値しない。一九八三年六月四日、大学の軍事教練の試験勉強をしていたエレーナは、日記にこう書く。

ヴァエンカって、すごいな。私の教科書には、戦時の住民行動の驚くべき姿が載っている。例えば、几帳面で魅力的で、共産主義建設の道徳規範を遵守する市民は、しずしずと避難所を埋めてゆく。かと思えば、若い男は血がどっと噴き出しても一向に動じず、隣の衛生隊員の女性は冷静で有能そう。別の迫真味ある絵では、誰もパニックになっていない。こうした絵から漂ってくるのは、何とも不思議で安っぽい、紙のイコン絵の臭気、低俗で不自然な、何といったらいいか……いやな臭い（スメルジャーシチエ）（リザヴェータ・スメルジャーシチャヤ譲りの）。

注目すべきは、書き込みの最後に出てくるリザヴェータ・スメルジャーシチャヤである。ドストエフスキーの小説『カラマーゾフの兄弟』の登場人物で、エレーナの大のお気に入りだった。ドストエフスキーの描写によれば、リザヴェータの「健康そうで大きな血色のよい顔は、完全に間のぬけた表情をしていた。つまりその目は、穏やかながらも一点を見すえて動かず、不快な感じがした(101)」。目をそむけたくなる外見にもかかわらず、リザヴェータは悪いことをしない、それなりに善良な娘で、誰も傷つけることなく「みんなから愛され」ていた(102)。軍事教練の教科書の挿絵と説明に出てくる冷静な看護婦や、血を流しても平然としている「共産主義建設の道徳規範を遵守する」ソ連市民が、痛みを感じず、パニックにも陥らないのは、まるでドストエフスキーの小説の聖愚者（ユロージヴァヤ）のようだ。エレーナにとって、こういう人物は敵ではなく、むしろ人畜無害でおとなしい、だが不快な間抜けなのだった。

「イデオロギー報告」

一年後の日記の書き込みでエレーナは再び権威的言説の形式を取り上げて皮肉り、国家権力とのやりとりで発言の意味の読み替えを行っている。一九八四年夏の大学の休暇中、エレーナはドイツ語力を買われて、臨時雇いのガイドとして国営旅行会社「インツーリスト」で外国人旅行客のアテンドをした。六月末の数日間、最初の仕事として、東ドイツはドレスデンからの一行を案内する（イデオロギーで敵対する西ドイツの団体は初めは任せてもらえなかった）。一行は興味津々で熱心にレニングラードやその近郊を見て回り、市内のエルミタージュ、イサーク大聖堂、ロシア美術館や、郊外のペテルゴフ、エカテリーナ宮殿を見学した。教養があって物知りのエレーナは、どこへ行ってもロシアの歴史や建築や絵画を滔々と語り、「インツーリスト」が用意したそっけない説明文の枠を超えることもままあった。ドイツ人も大喜びで、すっかり打ち解けた。一行が帰国すると、エレーナはイサーク広場にある「インツーリスト」の中央支店に行って、一行のお金（ホテル、レストラン、美術館、バス代）の清算をする――いわゆる「会計報告」の記入である。ところがここで突然KGB（国家保安委員会）との接触を余儀なくされる。ガイドは会計報告のほかにもう一つ、いわゆる「イデオロギー報告」を書くのが義務だが、そんなことは、臨時雇いなので、その瞬間まで知らなかった。イデオロギー報告のことを口にするのは、「インツーリスト」のいくつかの部屋だけしか認められていない。記入するのは特別な部屋に限られており、「インツーリスト」の建物の奥深く、部外者の目に触れない、いくつもの扉や廊下で隠された場所で、事実上「インツーリスト」のKGB支部になっている。イデオロギー報告をこの部屋から持ち出すのも厳禁だった。一九八四年六月二十九日のエレーナの日記に、イデオロギー報告の存在を知った経緯やその時の反応、特殊業務を行う国家保安委員会の小役人とのやりとりが記されている。

事務所にナターリヤ・アレクセーエヴナ〔エレーナが「インツーリスト」の仕事を始めてまず仲良くなった人〕が

座っていて、少しほっとする。会計報告を書き終わったら、こう言われた。

「じゃあ次は三〇二号室に行って、もう一つ報告書を書いてきて……」

上にあがって行くが、あたりが全て霞んでいる。頭が痛くて、寝たくてたまらない。この番号、どうかしてる。三〇〇、三〇一、三一二、三一三……

男の人をつかまえる。

「すみません、三〇二号室を探して、こうしてるんですけど……」

すると、こう言う。

「なら、そうしていて下さい」

で、行っちゃった。

すべてが嫌になった。三〇〇号室に入ってみると、人がいる。なんと、〈三一二〉のプレートがある扉の向こうにまだ通路があって、その通路には……

部屋だ。おばさんが座っている、やさしそうな人。

「ここへ行って、何か報告書を書くように言われたのですが……」

「じゃあ、ノートを持ってきて、書きなさい……」

「ノートって何でしょう」

「あなたのノートですよ、それしかないでしょう」

「えっ……つまり、ここに私のノ、ー、ト、があるんですか」

女の人は、疲労困憊の私の顔をみている。

「あなた新人ね」

「そうです」

「分かったわ。お掛けなさい、今みな話します。団体をアテンドしたら、会計報告のほかに、ここに来て、もう一つ報告書を書かなければいけません」

「その話はすでにうかがいました」

「そうなの。じゃあ、書いてください。団長[103]の名前、生まれた年、職業、あなたの仕事を助けてくれたか、何か変なことをしなかったか……。あなた、そもそも団長のそうした情報はお持ちなの」

「経歴を探る機会はありませんでした」――私の隠し立てのない行動はヴィフリ少佐ゆずりだ。

「そういうことね。この点は突き止める必要があるの、覚えておいてね。次に行きます。団体の教育水準――これは聞かれた質問で分かります。何に関心を持っているか。誰か目立つ人はいたか、どんな点か。何か質問されたか、どんな内容か。できれば、誰かも」

「そうした情報は集めていませんでした」

「今度からは覚えておいてね」

女の人が出し抜けに

「あなた、怖いの？」

「戦争は怖いです」、と私。暗い調子で。「注射も」

相手はぽかんとしている。

「注射が何ですって」

「静脈注射です」

女の人は咎めるように

「そんなことより、なぜ……。今はどうなの」

「今は疲れました。声がほら、何て声なんでしょう。こんな疲れ果てて、かぼそくて、一日中拷問されてたみたい」

女の人は辛抱強く
「それはそうと、旅行者が怖いの？」

「あの人たちが怖いなんて、あの人たちは……」

興味がわいてきたらしく
「手元に想定問答集があるでしょう」

「ご存じないかと思いますが」、と自慢気に私。「わたし、ジャーナリストなんです。イデオロギー要員です。どんな質問が出ても、党の最新決定に目を通してあれば、正しい答えができます」

「それで、今書くの、それとも次の団体にする？」

「次のにします」

「じゃあ、あなたの名前は」

私は荷物をまとめていた。口の開いたハンドバッグに目をやり、固まる。

「なぜ必要なんですか。私は何も書いていませんよ」

むこうは、手が何かの用紙の上で止まっている。

「いいじゃない。どのみちここに来たんだし」

「フェドートワと言います」、疲れた様子で忌まわしいファシストにヴィフリ少佐が答える。

私がヒールをこつこつさせて下に降りると、喫煙所にナターリヤ・アレクセーエヴナがいて、蒸気機関車みたいにモクモクやっている。

「ああ、レーナ」、おちょくるように言う。「三〇二号室は行ってきた？」

「行ったわ」、重苦しい調子でヴィフリ少佐が答える。

「で、どうだった？」

「どこへ行かされるのか、せめて教えてくれたらよかったのに……」

話したことを伝えると、涙を流して笑っている。

「レーナ、あなたは絶妙なユーモアの感覚があるわ。でも、あの扉をくぐる時は置いておくことね」

おかしくなってきて、いきなりポケットから団長の名刺を取り出す。

「団長のことは、全部知ってたわ……。ただ書くのは気が進まなくて……」

「パルチザンね」、N・Aはそう言うと、涙を拭った。


一見すると、この日記の書き込みは、人がシステムと対立したが、国の抑圧装置に取り込まれなかったと言っているだけに思える。だが現実はもっと複雑だ。三〇二号室のいけ好かない役人を「忌まわしいファシスト」と呼ぶ（暗にKGBをゲシュタポになぞらえている）エレーナが自分に割り振る役回りは、皮肉まじりとはいえ、反ソ分子ではなく、ソ連の諜報員ヴィフリ少佐[104]になっている。つまり、ソ連システムの「悪い」面と対峙する時に自己投影しているのは、その「良い」面なのだ。こうした姿勢は、システムとの対立ではなく、ヴニェの関係にある。こうすれば主体は相対的な自由を獲得して国家制度の統制を逃れ、この制度の形式的な手段を利用しつつ、システム全体と直接ぶつからずにすむ。エレーナも、ナターリヤ・アレクセーエヴナも、そのようにしていた。権威的な形式を踏襲する（明らかに皮肉まじりだが、真面目なふりはしている）――「どんな質問が出ても、党の最新決定に目を通してあれば、正しい答えができます」――エレーナが力説するように、権威的発話の「正しさ」を決めるのはコンスタティヴな意味ではなく、党の最新決定の形式に合致しているかどうかだ。つまり、エレーナの皮肉まじりの指摘が言っているのは、権威的形式を正確に繰り返すことで、自分の生き方を新しい、それまでとは違う、国家の統制を受けない意味で満たすことができる、ということだ。この考えを実地に移したのが、イデオロギー報告の質問形式を守りながら、受け持った旅行客の個性や関心といった具体的な詳細をすべて無視することだった（「団長のことは、全部知っていたわ……。ただ書くのは気が進まなくて……」）。こんな具合でエレーナはこの先の報告をすべて済まそうとしたし、「インツーリスト」の多くの若手ガイドも同じようにしていた。[105] こうしたやり方は、システム全般への直接の抵抗ではなく（イデオロギー報告の記入や「インツーリスト」の仕事の拒否とは違って）、形式の再生産に加わりつつ、そのコンスタティヴな意味をかき乱して陳腐にすることだった。

インナへの手紙

ヴニェの皮肉で党の権威的言説に接する例は、冗談を書いたり言ったりする仲間うちや、個人の日記のような公共空間から隔絶した所だけでなく、通常の郵便で送る個人の文通でも見られた。例示する二通の手紙は、インナというレニングラード大学史学部の学生（第四章に登場）に宛てて、ある大学の女友達が書いたもの。最初の一九八一年七月二十五日付の手紙は、インナの友達が夏休み中に実習をしていたレニングラード民族学博物館から送っている。

どうも、どうも、私の親愛なるインチク〔インナの愛称〕！

……

今日は博物館でいたずらをしちゃった。うちのある案内板に「レーニンがここで誰それに挨拶した」って書いてあるの、誰だったか覚えてないけど。その案内板は考古学展示室にあって、言ってみれば、置きっぱなし……。その展示室にゲラシモフ[106]の作品もあるの――復元した胸像のネアンデルタール人とかアウストラロピテクス。展示の先頭にはサルもいるわ。それでね、……早い話が、一緒にしちゃったの。

インナの友達は、ソ連の権威的言説の最大のシンボルであるレーニンにヴニェの皮肉をほどこした。案内板に書かれた権威的文言の形式をいじったわけではなく、単にコンテクストを変えて、元々説明としてついていた革命家の写真から人類発展の初期をあらわすサルの人形へと案内板を移したのだ。このコンテクストの転換のために権威的発話の意味が変わって、皮肉・愚弄の意味に転化した。だが重要なのは、この行動が文字を伴わなかったために（過剰同調の原則にしたがって権威的発話の形式は変更も加筆もせず「引用する」）、インナの友達はこのいたずらを博物館というそこそこ他人の目のある場でやってのけ、手紙にも書く挙に出たのである。これ以上の皮肉をレーニンについて公然とおおっぴらにやれば、おそらくいたずらそのものも、手紙に書くこともできなかっただろう。

もう一通の手紙も同じ友達がインナに送ったもので、一年後の一九八二年七月に、夏の考古学調査をしているアゾフ海沿岸から届いた。

親愛なるインチク！

私はどうしたらいいの、ここで一人

図42　1982年７月にインナの友達が送ってきた手紙の封筒。左側に手書きで「プラウダで俗物に一撃を！」とある。

夫もなく
——ある民謡から

本当にいつもこうなの。こうやってうら若い乙女がオールド・ミスになって、驚くような自立心を持つ。これを平凡な民衆は女性解放といい、党や政府の上層部は「何世紀もの隷属から解放されたソビエト女性の新しい姿」と受け止める。

ここでも、前便と同じく、原文にカッコがついていて、権威的言説の直接の引用であることを示している——「何世紀もの隷属から解放されたソビエト女性の新しい姿」。だが引用文の意味は変化している。置かれたコンテクストが通常と異なり、ソビエト女性の解放とは激しい肉体労働と男性の注目の不足である、だったからだ。国家機構の目をはばかるほど辛辣ではないにしろ、皮肉の存在はここでも明らかだ。しかも、手紙の本文と違って他人の目に触れやすい封筒にも、同じような皮肉なコメントがある（**図42**）。

インナの友達が封筒に貼った一九八二年の大きな切手には、こう書いてある。「プラウダ　ソ連共産党中央委員会機関紙　一九一二年五月五日にレーニンが創刊」。切手をまねて封筒の下のほうにインナの友達が手書きした党の革命スローガンもどきの文言は「プラウダで俗物に一撃を！」である。この文言の意味を決めるのは、**真実**(プラウダ)という名詞の二つの意味である。手紙の書き手は、この語を新聞の名称の意味で用いて大文字で書き、権威的シンボルの引用という体裁をとった[107]。一方で、この語は新たな発話の中にあるため[108]、真実というもう一つの意味も生きており、第二の意味として「真実で虚飾を撃つ」が生まれる。ということは、権威的シンボル（切手の文言や図画）も、「一撃」を加えるべき「俗物」になりうる。手書きの文言は二つの意味を持っており、権威的言説の形式にそった本物の発話とも、そうした発話に向けられた皮肉とも解釈できる。こうした二重の意味は、ヴニェの皮肉ではよくあることだが、正(まさ)にこのおかげで権威的発話を茶化す皮肉を極めておおっぴらに、郵便局が配達する手紙の封筒でやれたのである。

サヴョーロヴォからの手紙

一九八一年十一月と八二年十一月の革命記念日にカリーニン州サヴョーロヴォ市[109]の若い技師ユーリーが親戚のマルーシャおばさん（レニングラードの生物学者）に送った二通の手紙がある。これと同じようなものを数千万のソ連市民が国内の親戚知人に宛てて国の祝日に送っていた——革命記念日、メーデー、戦勝記念日〔五月九日〕、赤軍記念日〔二月二十三日〕や国際婦人デー〔三月八日〕、新年。大半は、お祝いを述べ、健康や幸せを祈り、近況を報告しあうものだ。

一つ目の一九八一年十一月十日付の手紙でユーリーが伝えているのは、重労働できつい農場の収穫作業の終了である。ソ連時代は秋の初めに国の指示で都会から若い技師や大学生を派遣し、援農させる慣行があった。

親愛なるマルーシャおばさん！

一同心よりお祝い申し上げます。健康と幸せと創造の霊感をお祈りします。私たちはやっと多少ふつうの状態になりました。ランチョに急ぐ必要はなくなったし、リンゴを揺さぶって落としたり、爪を立てて草をとったり、袋にジャガイモを詰めて運ぶ必要もなくなりました。……収穫物が集まり、今はこれをどうするか待っています。党がわれわれに助言するように、大事なのは集めるだけでなく、すべてを保管することでもあるのですから。[110]

党の権威的言説の引用文がここで皮肉まじりになったのは、現実の出来事の記述に組み込まれているからだ。それは、こういうことだ。ソ連のコルホーズは文中で中米的生活の概念「ランチョ」を付されているが、ここは「急ぐ」（特に望んでいないのに行く）ことが求められるとあるように、ソ連農業が課題達成のために投入する季節労働者[111]（学生や若い技師）の苦労を暗示している。「収穫物が集まり、今はこれをどうするか待っています」は、さらなる皮肉で、ソ連農業がどのみち収穫の多くを保管や輸送の際に失い、党の賢明な助言が役に立っていないことを示唆する。また権威的言説の引用（「党がわれわれに助言するように、大事なのは集めるだけでなく、すべてを保管することでもある」）によって、大事なのが文字通りの意味でなく（この意味は現実と何の関係もない）、単に繰り返すことなのを暴露している。党の指示は皮肉の意味あいを帯びており、言説形式を繰り返すだけで一向に問題解決につながっていなかった。

二つ目の一九八二年十一月十日付の手紙でもユーリーは権威的言説のいくつかの定型句を引用し、そのうちの一つにかぎ括弧もつけている。

親愛なるマルーシャおばさん！

おめでとう。
入院という何とも不愉快な出来事の後で、相対的に平穏の時期がやってきました。気分は良好ですし、宇宙飛行士が言うように、祖国のいかなる課題も遂行する用意があります。すると祖国はモスクワ戦の勝利四十周年記念の土曜労働にわれわれを呼んでくれました。いつもの気まぐれです。だから明日は「モスクワっ子の発意を支持する」集会に行きます。

全体のごく一部だけだが、もういくつかの文章が権威的言説の直接引用で出来ている。引用は、「宇宙飛行士が言うように」「祖国のいかなる課題も遂行する用意がある」「祖国はモスクワ戦の勝利四十周年記念の土曜労働にわれわれを呼んでいる」「モスクワっ子の発意を支持する」である。しかし「いつもの気まぐれです」という言葉とカッコ書きの「モスクワっ子の発意を支持する」に注目すれば分かるように、こうした権威的な表現や集会・土曜労働への参加についての書き手の態度は、心からの支持や自発的な参加（文字通りの意味のレベル）ではなく、いつもの形式的対応にすぎない。設定した課題は遂行されず、時間の浪費になるだけだった。

ここまで見てきた手紙や日記は、第六章で見たシベリアからの手紙とは全くちがう。大きな違いは、後者の手紙が共産主義思想の正しさを心から信じていたのに対して、本章で引用した手紙はこれに懐疑的なことだ。だが共通点もある。どちらも権威的言説の定型の再生産に加わっていて、そのおかげで、権威的な表現のコンスタティヴな意味に収まらない新たな意味を自分の生活に付与できている。付与する意味はその人次第、その状況次第で、もちろん違っている。ヤクーツクのアレクサンドル（第六章）は共産主義思想を心から信じ、党官僚のような共産主義への形式的な態度を認めない。一方、「インナの友達」のレニングラード大学史学部の学生やレニングラード大学ジャーナリスト学部のエレーナ（先述）は、この思想にも党官僚にも同じくらい懐疑的である。にもかかわらず、この三人が結び付くのは、ソ連システムにヴ
ニェの姿勢で臨んでいるからだ。現れ方が違うだけで、姿勢は同じである。ソ連システムに真っ向から歯向かったりせず、でも党の言語で記述されるものとは異なる意味や関心や生き方を新しい生活に付与しているのだった。

アネクドート

後期社会主義の最大最強のヴニェの皮肉といえば、ご存じアネクドートだろう。ここまでの皮肉の事例と違って（「怪談ポエム」は例外）、アネクドートはフォークロアの一ジャンルである。ということは具体的な作者がいない、もっと厳密に言えば、あるアネクドートの作者が誰なのか、一つひとつの典拠がどこなのか、普通は分からないし、また重要でもない。

アネクドートについては興味深い研究が数多くあるので、本書の考察は、後期社会主義のヴニェの原理の理解を深める側面に限定したい。

ソ連や東欧の社会主義諸国では、アネクドートというジャンルが後期社会主義の以前にも以後にも存在している。ロシアの場合、似たようなジャンルは初期ソ連時代にもあったし[112]、ソ連解体から時を経た現代にもある。アネクドートを語ることは内戦期にもスターリン時代にも一九五〇年代にもあった——しかし、それほど頻繁だったわけでなく、特別な場合に限られた。しかも、語られるアネクドートはたいてい一つ。二つ三つならともかく、果てしなく延々と語ることはなかった。だが一九六〇年代半ばから八〇年代末に一大ブームが訪れる。六〇年代にアネクドートが突如コミュニケーションの一要素として広まった。アネクドートの総数が激増しただけでなく、新たな儀礼として、大量のアネクドートを次から次へと語り続ける（たいて

いは何人かで語り継ぐ）習慣が生まれ浸透する。こうした儀礼が広範囲な現象として存在したのは、後にも先にもこの後期社会主義しかない。

後期ソ連の俗語だが、アネクドートを語る儀礼には「アネクドートをまくしたてる」〔травить анекдоты〕という言い方ができた。アネクドートを次から次へ、休みなく語るという意味だ。この儀礼が冗談をちょっと口にするのと違うのは、潜在的に無限につづくことだ。その気があって条件さえ整えば、アネクドートはずっとまくしたてられる。どのアネクドートを話すかよりも、大事なのはたくさん次々と話すことなのだ。このためアネクドートは具体的なコンテクストと隔絶して存在しえた。語るのに特にきっかけはいらないし、現状にそぐわなくてもいい。一種の儀礼として、延々と語ることに意味があった。こうして、プロセスが自己目的化する。さらに、この儀礼のもう一つ大事な特徴は、そこかしこにあることだ――当時のソ連に生きていれば、無数のアネクドートが語られる場に必ず出くわし、そこに加わっていただろう。

アネクドートの研究で有名な人文学者アレクサンドル・ベロウーソフによると、一九六〇年代半ばの「レニングラード大学では、休み時間や一服の時はいつもアネクドートをまくしたてていた」[113]。一九六〇年代末にベロウーソフがレニングラード大学からタルトゥー大学（エストニア）に移ると、そこでは少し前から同じような状況になっていた。アネクドートは今や至る所にあり、誰もが話したがり聞きたがった。この驚くべき傾向が一九五〇年代と六〇年代はじめの特徴である。「私がレニングラードやモスクワからタルトゥーに戻ってくると〔六〇年代末のこと〕、いつだって、できたてのアネクドートを同僚にせがまれたものです」とベロウーソフは言う[114]。六〇年代後半は、シリーズもののアネクドートが数多く現れる。その一つ、レーニンのアネクドートは、一九七〇年のレーニン生誕百年祭の準備の中で生まれ、広まった[115]。同じく六〇年代半ばには、架空の主人公ヴォーヴォチカの連作アネクドートが生まれ、広まった（「ヴォーヴォチカ」出現はおそらくレーニンと関係があるが、確かなことは分からないしアネクドートにも痕跡はない[116]。一九七〇年代はじめは、連続テレビ・ドラマ「春の十七の瞬間」（七三年）の主人公シュティールリッツにまつわる有名なアネクドート・シリーズが登場する[117]。ドラマ放映をきっかけとするのではなく、むしろこれにかこつけて連作アネクドートが生まれたようだ。ドラマは、アネクドートの展開に目新しい豊かな材料を提供したにすぎない。と同時にアネクドートが広く浸透したのは後期社会主義という特殊なコンテクストがあったからであり、これがアネクドートを急増させたのである。その証拠に、これまた有名なワシーリー・イワノヴィチ（チャパーエフ）の連作アネクドートの発生と拡散が、内戦期の伝説の師団長を描いた映画「チャパーエフ」のできた一九三〇年代ではなく、一九六〇年代後半なのだ[118]。人文学者ミロン・ペトロフスキーは、後期社会主義を「アネクドート中心の」時代と名づけた[119]。この時代を「ソ連アネクドートの黄金時代」と呼ぶ人もいれば[120]、アネクドートが当時生まれた「新たな芸術形式の中でおそらく最も重要だ」と考える人もいる[121]。

この時期のもう一つの大きな特徴は、単にアネクドートの数が増えただけでなく、語りの儀礼ができて広く浸透したことだ。一九六〇年代後半と七〇年代にこの儀礼は毎日の人づきあいに欠かせない一要素になって実に様々な社会環境や状況で浸透し、親しい友人はもちろん、知り合いや同僚、さらには見ず知らずの人にまで広まる。アネクドートを語るのは、形式を重んずる場面（仕事上のつきあいや公式会議などの行事）では不適切だが、こうした場面を外れれば（その中であっても、権威的発話でない時は）アネクドートはわりあい自由に、ほぼすべての人が口にしていた。上司が部下と一緒にこの儀礼に加わったり、コムソモール委員会書記が一般コムソモール員と一緒にすることもあった。もちろん、そうした場合は例外的だし、すべてのアネクドートが話せたわけではない。ともあれこの儀礼はいつでもどこでも見られるようになり、ソ連全土や社会主義国（少なくとも東欧）に広がっていった。シニャフスキーが一九七〇年代のこの儀礼の機能をこう書いている。

ロシア人二人またはユダヤ人三人が寄り集まると、いやとにかくどの民族でもいいから、ソ連人でロシアで学んだ人、もしくはチェコかポーランドの社会主義国出身の人が寄り集まると、先を争って、口角泡を飛ばしながら、アネクドートをまくしたてる。どんなのでもよい。楽しい一時とは――こう話をふる、「このアネクドートをご存じですか。〈あるときワシーリー・イワノヴィチ・チャパーエフが……〉」。すると、こう答えが返ってくる時だ。「もちろんです。当然ですよ。じゃあ今度は私がお聞かせしましょう……」。知り合いでよかった、会ってよかったと思うのは、アネクドート通やアネクドート好きだ。つまり、仲間だ。一言で分かり合える。そうした仲間が集まった。私たちは親しい仲間で集まると、最新ニュースのようにアネクドートを語るのに慣れてしまって、自分の幸せに気づいていない。私たちはアネクドートの下で生きている――口承の民衆文芸の時代、巨大なフォークロアの一ジャンルが花開く時代に。(122)

一九八〇年代はじめにソ連に駐在していたアメリカの特派員は、ソ連でしかお目にかかったことのないアネクドート語りの儀礼を驚きながら記している。

一座で最初のアネクドートが始まったのは、ショットグラスを何杯か飲み干した後だった。ちょっとしたおまじないである。お茶が出るころには、アネクドートはどんどん増えていく。私の記憶では、一晩の宴席で主人のアルメニア人は私たちに一気に何種類ものアネクドートを話してくれた。スターリン・アネクドート、ブレジネフ・アネクドート、移民アネクドート、そして最後にグルジア人アネクドート（地方版）。夜中の三時になった。主人は立ち上がると、首をぶるぶるっとして、次のシリーズを宣言した。「じゃあ次は……ラクダのアネクドートだ!」[123]

重要な点だが（最後の引用文からも明らかだが）、儀礼としてアネクドートを語り継ぐ場合、様々な種類（「政治」だけでなく、色々なものがある――セックスや民族や人の馬鹿さ加減、単に可笑しなもの）を代わる代わる順番に、一つの終わりなき連続物として話すことがある。またこれも大事な点だが、このアネクドートの連鎖には旧作や誰もが知る作品がいつも数多く目につき、それで特に問題はない。もちろん新作アネクドートが聞ければ楽しいし、披露するのは語り手にも名誉なことだ。だが、それ以上に大事なのは儀礼への参加そのものであり、そのためには旧作アネクドートの繰り返しも新作披露に匹敵するほど重要だった。実際に大部分のアネクドートは一再ならず耳にしていたが、それでも人びとは新たに語られる度に笑うのを止めない。共に語り共に笑う儀礼の方が、単に新作を聞くより大事だった。この事実をよく物語るのが、一九六〇年代末にできた次のメタ・アネクドートである。

一晩でなるべくたくさんのアネクドートを語ろうと、友達仲間は一計を案じ、一つひとつに番号をつけ、スピードアップのために番号だけを言うことにした。仲間がいつものように集まると、誰かが言い出す。「十五番」、そしてみんなが笑った。別の人が引き継ぐ。「七十四番」、そしてみんながまた笑った。だが誰かが続けて「百八番」と言うと、しいんと重苦しい緊張が支配する。ようやく誰かが当惑顔で言う。「女性の前であんなのがよく口にできるな」

共にアネクドートを語り笑う儀礼に加わることが、スヴァイーの公衆を生む一助になった。一時的なその場かぎりの場合もあったが、それはそれで重要である。一時的なスヴァイーの公衆の出現が様々な人びとの間で、時にはよく知らない人や未知の人でも見られたのは、アネクドートの共有がきわめて重要な社会儀礼だったからだ。この共同儀礼に加わることで、人びとは回を重ねながら、各個々人の経験として、周囲の大部分の人が自分と同じ「ふつうの人」、スヴァイーだ、つまりソ連の権威的言説に同じように接していると確認していた[124]。別の言い方をすれば、儀礼に参加することで、後期ソ連システムに存在する逆説と不一致を共に認める、つまりみんな再生産に加わっているが実は形式レベルだけであり、でもそのおかげでふつうの生活が送れていると確認しあっていた。こうした結果を生んだアネクドートの社会での循環こそ、シニャフスキーが前述の引用文で言おうとしたことなのだ（「会ってよかったと思う人は、アネクドート通やアネクドート好きだ。つまり、仲間(スヴァイー・リュージ)だ。一言で分かり合える。そうした仲間が集まった[125]」）。もう一つ重要なことだが、アネクドート一つひとつの構造がわりあい固定して変わらず、また語りの儀礼自体も固定しているために、儀礼の参加者は深く考えることなく、この皮肉な行動に加わってソ連システムのシンボルや儀礼を再生産することができた。

　ペレストロイカ後期（一九八〇年代末から九〇年代はじめ）になると毎日のアネクドートを語る頻度が急落し、アネクドートの新作もがたっと減る。特に重要なのは、集団で際限なく語る儀礼が、旧ソ連や東欧の社会主義国の大部分の市民の日々の暮らしからほぼ消えたことだ。この事実は多くの研究者やジャーナリストが当時から指摘し、しばしばメディアや私的な会話で議論になった[126]。ソ連がなくなると、再び多くの人がアネクドートが今やほとんど残っていないと嘆いている。少し前のソ連時代を扱ったアネクドートは、かつての切実感を失っていたし、新作アネクドートも少ししか現れなかった。延々と語り続けて時間をつぶすことが面白くなくなったばかりか、難しくなった。そんな時間は今やなかった。このように儀礼が談笑の場から消えるのと同じころ、大量のアネクドートを集めて活字化した『アネクドートで見るソ連史』が現れる[127]。

この本は、アネクドートを語られた文脈から切り離して収録している。純粋に歴史の資料として、呼んでも帰らぬ時代の証言として編纂されたものであって、今日の生きたフォークロア現象を伝えるものではない。一九九五年の『アガニョーク』誌も同じく残念がって、かつては親しいつきあいの不可欠の一部で、口から口へと伝えられ、いつ終わるともなく続くおしゃべりの恰好の肴だったアネクドートが突然わたしたちの日常から消えてしまったと惜しんでいる。ペレストロイカ後期とソ連解体後に無数に現れた死体のような活字のアネクドート集に、そうした穴を埋める力はない[128]。一九九七年にはエフィム・クルガーノフがそうした本を「アネクドートの墓場」と名づけている[129]。

ベロウーソフの観察だが、後期社会主義のブレジネフのアネクドートは厖大な数に上るが、ペレストロイカ期のゴルバチョフのアネクドートはがたっと減り、ポスト・ソ連の一九九〇年代のエリツィンのアネクドートは非常に少ない[130]。ニキータ・エリセーエフは歴史家で、ペテルブルグのロシア国立図書館の司書をしながら都市フォークロアを長年研究してきた人だが、一九九〇年代にロシア国立図書館に納本された数多くのアネクドート集を見たうえで、ポスト・ソ連時代の新作アネクドートはソ連時代のアネクドートより数が少なく、数分の一しかないと指摘している。また、一九九〇年代のポスト・ソ連時代のアネクドートは話題が違う――目新しいCMや西側の新製品（生理用タンポン、スニッカーズ）、新興階級「新ロシア人」の趣味や言動など。政治家や政治事件を扱った新作アネクドートはめったに生まれない。エリセーエフによれば、「一九九三年のモスクワ十月騒乱でさえ、アネクドートに全く反映されていない。ブレジネフ時代だったら、あの規模の［あれくらい大きな］事件はアネクドートが山のようにできていただろう」[131]（革命記念日やレーニン生誕祭、大人気の「春の十七の瞬間」と比べてみて欲しい）。その後一九九〇年代後半と二〇〇〇年代に事情がまた変わる――まず新ロシア人とマフィアのアネクドートが登場し[132]、二〇〇〇年代には社会的テーマのアネクドートがちらほら出た。だが、こうしたポスト・ソ連時代のアネクドートは、今も昔も後期社会主義のアネクドートに比べてずっと数が少ないうえ、アネクドートを、文脈がどうあれ、始終いっしょに延々と語り続ける儀礼はポスト・ソ連時代には決して復活しなかった。現在アネクドートはもちろん語られてはいるが、たいてい舞台かテレビ番組である。日常のやりとりで語られることは稀だし、延々とシリーズ化することもない。孤立した、具体的な理由があるものだ。誰かがどこかで今日もアネクドートをまくしたてているだろう。だがそれは具体的な個人の一風変わった個性でしかなく、かつて誰もが親しんだ、まず誰一人として逃れられなかった儀礼化した文化習慣ではない。

闘うのを止めたユーモア

アネクドートを延々と語り継ぐユニークな現象は、後期社会主義に花開き、社会主義なき後は消えてしまったわけだが、一体どんな役割を果たしていたのだろう。ソ連のアネクドートの研究は数多くあるが、大半の見立ては、政治体制に不満を持つ一般市民の本当の気持ちの表れとみなし、そうした気持ちはたいてい擬装の仮面の下に隠して、公の発言では言うのをはばかっていると解釈する。[133] だがこうした解釈は現実をかなり単純化している。

アネクドートを一つだけ取り出して個別に分析するなら主体が政治システムに正面から立ち向かっていると取れなくもないが、社会的な儀礼として分析するならアネクドートの意味はずっと広くなる。アネクドート語りの儀礼が現れ広まったのが後期社会主義だったのは偶然ではない――この時期だったからこそイデオロギー・シンボルにパフォーマティヴ・シフトがおきて、形式はどこでも再生産されたのに意味がずれたのである。だが権威的言説が支配的地位を失うと、政治レトリックのシンボルにパフォーマティヴ・シフトを施す必要がなくなる。これが起きたのがペレストロイカ期であり、結果として流通するアネクドートの総数が激減し、一緒に語りあう儀礼も次第に消えていった。

ペレストロイカ以前のアネクドートの役割を説明するため、手始めに内部構造を分析してみよう。アネクドートの多くが依拠するのは、フランスの言語学者ミシェル・ペショーがミュンヒハウゼン効果と名づけた原理である。(134) この手のユーモアは、ナラティヴの論理構造に辻褄のあわない点（時間的な前後関係、シンボル表象、登場人物など）があって、これを上手く利用している。(135) ミュンヒハウゼン効果の典型例は、次のような、ありふれた、必ずしもソ連的ではない笑い話である。

生徒が校長に電話をして、なぜ授業に行かないのか説明する。すると、こう聞かれる。「話しているのは、どなたですか」。そこで、こう答える。「これは僕のお父さんです」

もしくは

私たちの所にもう食人鬼はいない。私たちが最後の一人を先週食べてしまったから。(136)

このようにミュンヒハウゼン効果は大部分のユーモアの根底にあり、ソ連のアネクドートに限ったことではない。ソ連のアネクドートでもこの効果は様々な形で現れている。例えば、多くのアネクドートが二つの部分から成る——最初はいわば権威的言語の「引用」（権威的な発話、スローガン、事実を形式だけ再生産する）、次にその発話の文字通りの意味が不意にずれたり転覆したり消えたりする。

ブレジネフとニクソンが、人が自由に暮らせるのはどちらか言い争っている。

「もちろん、われわれだ」、ニクソンが言う。「アメリカ人なら誰だってホワイトハウスの前でプラカードを掲げて〈私はニクソン大統領に同意しない〉と言えますよ」

「何をおっしゃる」、ブレジネフが言う。「ソ連人も誰だって同じようにクレムリンの前でプラカードを掲げて〈私はニクソン大統領に同意しない〉と言えますぞ」

以下の例では、権威的言説の直接の引用はゴシックにしておいた。[137]

社会主義がほかの体制を上回るのはどんな所か。

成功とともに困難を克服している所。ほかの体制にはない困難をね。

資本主義が腐り出しているのは本当か。

本当だ、でもだからかぐわしい。

資本主義は崖っぷちにあるとはどういう意味か。

崖っぷちに立って、上から目を凝らして、われわれが谷底でしていることを見ているという意味だ。

ソ連体制で最も安定した要素は何か。

一時的な困難。

資本主義と社会主義の違いは何か。

資本主義は人間が人間を搾取する、社会主義はその逆だ。

リャザンから『プラウダ』紙に届いた手紙。「親愛なる同志の方々、記事にはよく資本主義諸国では多くの人が腹いっぱい食べられないとある。彼らが腹いっぱい食べられないものを、われわれリャザンに送ってもらえないだろうか」

ソ連の悲観論者とソ連の楽観論者との違いは何か。

ソ連の悲観論者はこれ以上悪いことはありえないと考えるが、ソ連の楽観論者はありうると信じている。

共産主義になればどのように行列の問題は解決されるのか。

行列に並んでも何も手に入らなくなる。

共産主義の建設がサハラ砂漠で始まったら何がおきるか。

砂の遅配が始まる。

共産主義になればどんな生活になるか。

一人ひとりが自分のテレビと自分のヘリコプターを持つようになる。テレビのニュースが、スヴェルドロフスクで牛乳が売っていると伝えると、誰もが自分のヘリコプターに乗って、スヴェルドロフスクまで牛乳を買いに飛ぶ。

ソ連のアネクドートはナラティヴ構造が厳格なので（おかしくなるように短いフレーズを毎回最低限の変更とともに繰り返す）、儀礼の参加者がおかしみを自分で生み出す必要があまりない、つまり〈自分〉そのものに、いわば主体の逆説性に注意を向けなくてもよい。毎回同じような話を儀礼として繰り返すことで浮かんでくるのは、個々人や社会組織や政治発話ではなく、システムの言説体系そのものの逆説や不一致である。

このような政治的な内容のアネクドートは、別のジャンルの政治的皮肉と比較できる。ペーター・スローターダイクによれば、政治的皮肉には少なくとも三つの種類がある。一つ目はキュニコス主義——高笑いするシニシズムで、支配者に接する宮廷の道化が典型である。キュニコスは「世に蔓延する嘘に対して不遜に立ち向かい、「自由に風刺する精神風土が生まれるが、その風潮の中では権力者も、彼らの側に付く支配のイデオローグともども自制をかなぐり捨て、攻撃の牙を剝き出しにする」[138]。古代ギリシャのキュニコスは、社会の鼻つまみ者で、「アテネの市場にて衆目の見る中、屁はかます、糞は垂れる、小便をする、マスターベーションをする」。社会の道徳規範をあざ笑い、これによってその覚束なさを示そうとした[139]。二つ目の一番広まっている政治的皮肉が今日有名なシニシズムで、「西側」社会でも「ポスト・ソ連」社会でも広まっている。権力を持つ者もこれに服従する者も、政治規範や権力の言うことの欺瞞をしっかり見抜いているが、見抜けないふりをしつづけ、時々思い出したように軽蔑のシニカルな声をそうした擬装しているものに投げかける[140]。

三つ目の政治的皮肉とスローターダイクが言うのが、闘うのを止めたユーモアである[141]。この種の政治的皮肉は、キュニコスの嘲笑のような支配的な嘘の暴露も、皮肉屋のシニカルな擬装もしない。対象となる価値や規範は、憤慨したり無力感を覚えたりしつつも、重要で意味があり、時には大切だと思っている。そうした複雑な反応になるのは、私たちが自分を重ね合わせ、若干は支持していて、歴史的に不可避だと考え、闘うのは世間知らずで馬鹿げていると見ているからだ。別の言い方をすれば、「闘うのを止めたユーモア」は、本書がヴニェの皮肉と呼ぶものの変種である。

ソ連のアネクドートは、この三番目の皮肉に該当すると思われる。スローターダイクの二番目の皮肉（シニシズムと擬装の皮肉）とみなす一般常識には同意しない。重視したいのは、個々の笑い話ではなく、至る所で見られたこれを語り継ぐ社会的な儀礼である。前述したほかのヴニェの皮肉の事例と同じく、アネクドートの役割をシステムの嘘の暴露と見たり、普段は擬装の仮面の下に隠している「本当の」考えを皮肉屋が一時的に表現したと見るのは間違っている。(142) アネクドートは誰もが口にしていた――システムに賛成の人も反対の人も、システムへの態度がそのどちらでもない多数派も、みな同じだ。アネクドートは、市民を賛否で二分する見方を超越（ヴニェ）し、社会秩序を「システム」と「ふつうの人」に分ける見方を超越（ヴニェ）し、意味空間を公的発話と隠れた考えに分ける見方を超越（ヴニェ）していた。その証拠に、基本的にアネクドートの対象は、党のボスやソ連のスパイや世間知らずだけでなく、異論派でもよかった――つまりアネクドートの立場と想像の「異論派」の立場は重ならないのだ。(143) 例示する。

異論派が外出する。外は雨が降っている。空を見上げて、彼は大声で不満を言う。「やりたい放題やってやがる」。翌日、異論派が外出すると、外はお日様が照っている。彼はまた空を見上げて大声で不満を言う。「まったく、こんなことに使う金なら持ってるんだ」

多数の人びとが顎までつかって糞尿の池に立っている。突然そこに異論派が落ち、あっぷあっぷしながら憤慨する。「どうしてあなたがたはこんなことに耐えられるんです。どうしてこんな状況で生きていられるんです」。これに対して静かに答えが返ってくる。「波をつくるのは止めてくれ」

一つ目のアネクドートの異論派は、精神のおかしな人と描かれ、「ふつうの」人と違って、周囲の現実の出来事を党の権威的言説の一部とみなすだけでなく、それを文字通りに解釈している。これは、もちろん実際の異論派ではない。想像の異論派と言うべき、大部分のソ連市民が思い描いていた姿である。この主体の現実への接し方は、ジャック・ラカンが「精神病者」と言ったものを思わせる。この人にとって「すべてが記号（シーニュ）となったのです。……たとえば彼が通りで赤い車に出会ったとすると、――車というものは自然な対象ではありません――こんな時に赤い車が通るなんて何かあるな、と彼は言うのです」[144]。二つ目のアネクドートは、「ふつうの」人が想像の異論派の道義心を、国家の嘘への抵抗と見ずに、自分たち（つまりスヴァイー）に軽蔑的な態度だと見ている。またこのアネクドートの笑いの対象は想像の異論派だけではない。語り手、すなわち私たちすべて――耳まで糞尿につかって立っていて、そのことをよく自覚している人たちも笑いの対象になっている。

アネクドートを一緒に語る時の喜びと楽しみに近いのは、フロイトが「傾向的な機知」と呼んだもの――タブーのために多くの公的場面で口にできない機知（政治や人種にかかわるものや猥談など）――を語る時の喜びである。フロイトが言うように、話し手の気転が満足をもたらすだけでなく、心理的圧迫の解消という「新たな満足」も生み出し、その結果そうした圧迫を生み出す社会システムの再生が可能になる[145]。ただしこの心理解釈がソ連のアネクドートに重なるのは一部だけだ。タブーのユーモアの仕組みを個人の心理レベルで考察したフロイトは、これを心理的圧迫の代償と位置づけた。だが後期ソ連のアネクドート語りの儀礼（単なる社会儀礼ではなく、ソ連システムの社会構造そのものを貫いている儀礼）の分析に、このような個人心理のアプローチでは狭すぎる。これでは、第一章でみたソビエト的主体を二項対立で描く問題含みのモデルの再生産になりかねない。このモデルに従えば、主体が持つ行動の選択肢は二つしかない――ソ連システムを心から支持する、または支持するふりをして本当の考えや思いを「押し殺す」[146]。アネクドート語りの儀礼はたしかに「新たな満足」を生み出すが、その満足は個人の心理レベルでの圧迫の解消にとどまらず、もっと大きく、社会的な関係や意味をダイナミックに発展させていくシステムの調整メカニズムとして機能していた。ほかの種類のヴニェの皮肉もそうだが、アネクドートは、それなりに内容のある、創造的でまっとうな生活を送る一助だった。そうした生活は、システムの支持にも抵抗にも与せず、しかもシステムが想像も分析もできない新たな意味や価値や生き方を数多く含んでいた。ソ連システムは、アネクドートのおかげで再生していただけでなく、予想外の内部変化を被り、ゆっくりずれて突然変異し、よく分からない方向へと向かっていた（しかもある時点までこのプロセスは見えないままだった）。

アネクドートが語っているのは、やつらのこと、「ソ連体制」のことではなく、ソ連の現実そのものであり、われわれ全員もここに含まれる。アネクドートを語る主体も、それを聞いて笑っている客体（つまり、ソ連の人たちのほとんど）も、システムに外部の批評家でなく、ヴニェの姿勢で接している。アネクドートは、「ふつうの」主体とシステムとの現実の相互関係を示すミニモデルなのだ。ここで皮肉まじりに描かれているのは、笑っている一人ひとりが個人や集団でソ連システムの再生産に形式面で手を貸し、と同時にその意味をずらしていく様である。つまり、アネクドートの主たる任務は、「自分自身を」見ること、厳密に言えば「私たち自身を」見ることだ——もちろん見ると言っても、焦点の合わない、ぼんやりした目でアネクドートの儀礼化した不自然な形式を垣間見るだけなので、主体が自分自身について直に言うことも、自身の行動や現実との関係に注意することもない。だから、アネクドート語りの儀礼が終わると、それまでと同じように行動することができた。

だからこそアネクドートの笑いは、スローターダイクの政治的皮肉の三番目に入れるべきなのだ。彼はこう言っている。「冗談が内側へ向けられている場合、つまりあなたの意識が自分自身を高みから淡々と見はじめたら、朗らかな平穏が訪れる。キュニコスの不敵な笑いとも皮肉屋（シニック）のシニカルな微笑とも違う、闘うのを止めたユーモアが」[147]。ただスローターダイクの定義も、本書の状況をもれなく説明しているわけではない。フロイトと同じく、スローターダイクの力点は、この皮肉のしくみの個人的な心理面である。このため、こうした皮肉は政治システムに無害だと考えており、システムの根幹が揺らぐことも、再生産を妨げることもないと思っている。社会主義下の「全体主義の笑い」を考察したスラヴォイ・ジジェクも、同じだ[148]。だがこうした見方はあまりに静的だし、古くさい構造機能主義モデル（社会システムは自己再生して安定状態を維持する）に酷似している。

アネクドートは、ソ連システムを正面から批判したわけでもないし（キュニコスの皮肉との違い）、リベラルな主体が擬装の仮面の下に隠した「本当の」考えを反映したものでもない（現代西側の皮肉屋（シニック）との違い）が、とはいえソ連システムにとって決して無害だったのではない。引き起こした効果を、現状維持の機能で片付けてはならない。繰り返しになるが、アネクドートの存在は、再生産の社会儀礼と無関係ではなかった。この儀礼に誰もがこぞって参加したことで、主体と社会システムとの安定した関係が維持されたわけではなく、むしろ両者の関係をじわじわと変えていった。後期社会主義にこの儀礼が絶大な人気を博したことは、ほかの種類のヴニェの皮肉が浸透したのと同じく、個人心理のレベルで「おだをあげる」だけでなく、ソ連システムそのものを脱領土化し、これを通じてソビエト的主体や社会に「ふつうの生活」が生まれ、その結果、このシステムの思いがけない終焉を早める条件が水面下で気づかないうちに形成されていた。驚きを承知で言えば、「闘うのを止めたユーモア」こそ、システムの危機を人知れず用意する最も効果的なメカニズムだったのである。

結論

本書は逆説から始まった。まとめれば、こうなる。ソ連システムのことは、大半のソ連人がずっと続くと思っており、急速な崩壊は予想外だった。にもかかわらず、崩壊がはじまると、多くの人が新たな感覚に襲われた――これは驚きでも何でもない、不可避であって、心の準備はずっと前に出来ていた。このようにすぐに感覚や見方が変わったのは、ソ連システムの内部に特有のロジックがあって、ずっと矛盾を抱えていたからだ――強大なのに脆弱、永遠なのにいまにも崩壊する、生気とエネルギーに満ちているのに灰色で陰鬱、高尚な理念と道徳的価値を謳うのにシニシズムと疎外が隣り合わせ。こうしたシステムの特徴は、一見すると矛盾だが事実であり、互いに補いあっている。この逆説的なロジックが分からないと、後期社会主義の本質は理解できない。

本書は、このようなシステムの逆説を探るために、内部に生じたずれや変化を詳細に見てきた。着目したのは、言語や政治言説に加えて、イデオロギー的な発話や政治儀礼や慣行にそなわる形式と意味だったり、国家などの機構や組織、様々な共同体や公衆だったり、日常生活やソ連人の主体性などの社会・文化的な織物だったりする。特に注目したのは、後期社会主義であり、そこで育った最後のソ連世代である。第一章から述べてきたように、ソ連システムを二項対立モデルで説明するのはよくある見方だが、適切ではない。このモデルに従うと、ソ連の日常には二つの対立物がある――国家／社会、公式文化／非公式文化、暴力／抵抗、公式芸術（コンフォルミズム）／非公式芸術（ノンコンフォルミズム）、公的空間／私的空間など。二項対立に当てはまらない、でもソ連の日常の重要な一部だった意味や価値や相互関係は無数にあるのに、このモデルでは無視されている。

後期社会主義の逆説とは、イデオロギー（権威的）言説の形式がどこでもしっかり再生産されるほど、システムそのものが大きな変化を被ることにある。内部の変化を足場に、予想外の新たな意味・社会性・主体性・関心・生き方が生まれてきて、しかも、これが国からそこそこ〈見えない〉ために統制からそこそこ自由なのに、それでいて十分「ふつうの」ソ連的なものであり続けた。こうした新たな生き方や意味がふつうのソ連の生活に生じることが、また一方ではソ連システム全体の再生産を促していた。つまり、システムの再生産プロセスと内部に常に変化やずれが生じるプロセスとは、逆説的に見えても、相補関係にある。ペレストロイカ期にこの逆説的なソ連システムの動態がはじめて公の議論にさらされると、目新しく予想外と感じる（マスメディアがつくる公的空間での議論はそれまで不可能だったから）と同時にそのとおりで馴染み深いと感じた（ソ連市民の大部分は、深く考えることなく長年これに関与していたから）。まさにこの瞬間に、一つの織物を成していたソ連の言説体系に裂け目が生じ出す。このプロセスがペレストロイカ期にどう進行したのか、なぜあれほど急速かつ完全なシステム崩壊へとつながったのか。この問いに答えるために、まずは本書の論点を振り返っておこう。

最初の二つの章で見たように、ソ連という国はイデオロギー構造の根底にそもそも矛盾がある。これは、クロード・ルフォールが近代国家イデオロギー共通の逆説と呼んだもののソ連版である。ソ連のコンテクストでこの逆説が生じるのは、矛盾をはらんだ共産主義システムの二つの重要目標——個人の完全な解放を党の完全な統制によって達成する——のせいだ。かつてはイデオロギーのメタ言説が党のイデオロギー言説の枠外にあって、外部からイデオロギー発話を評価修正していた。だが一九五〇年代にこのメタ言説が消滅すると、イデオロギー発話の形式に変化がおきて、画一化、反復性、硬化を強める方向に変わっていく。言説の形式の中に言説が自らを律する内部規範がいつのまにか生まれ、この自然発生的な規範に沿って反復を繰り返し、いっそう複雑になっていった。このプロセスを、本書は形式のハイパーノーマル（超画一）化と名づけた（第二章）。イデオロギー発話は多くの場合、形式をそのまま繰り返すことが重視され、発話の事実確認的（コンスタティヴ）な意味には注意が向かなくなる。

　こうした言説のずれがとりわけ目立つのが、ソ連のイデオロギー言語だった。誰もが認めるイデオロギー言語の外部規範（この言語の書き手・話し手が自身の発言や発話の拠り所にするもの）が消えてしまったので、新たなイデオロギー発話はどれも規範の逸脱とみなされうる（何が規範か分からない）。このため、いかようにでも解釈できる不正確な発話と受け取られるのを避けるために、多くの人が、新たな発話をつくる時は、以前に誰かが書いたり言ったりした別の発話を真似るようになる。イデオロギー文書は集団執筆も多くなった。こうしてイデオロギー言語のハイパーノーマル化が、ことば、テキスト、レトリックなど、あらゆる構造レベルで進行する（第二章参照）。イデオロギー文書は、どんどん予測可能になり、形式レベルも酷似して、引用と孫引きのかたまりになる。話し手が発話の際に「規範」を踏み外さないよう心がけたため——しかも規範は今やかなり抽象的で隅々まで目が行き届かない（外部に存在したこの規範の唯一の担い手はもう存在しない）——常にどこかで責任逃れを意識した文章づくり、求められる以上に「正しく」書いて誰にも付け入る隙を与えない書き方が常態化する。こうなると言葉や文章の形式が硬直して変わらないだけでなく、あてどなく漂流して、肥大化した不恰好なものになっていく。一旦水ぶくれしてしまうと、形式が簡素化へ立ち戻ることはない。形式は単に画一化しただけでなく、ハイパーノーマル化した。多くの人が覚えている一九七〇年代の「カシの木ことば」——ブレジネフの延々と続く演説や新聞の社説や地方党幹部の演説でおなじみの文体は、こうして生まれた。

権威的言説にハイパーノーマル化がおきる主因は、新しい考えや新しい事実を提示する際に、伝統から離れた斬新なものでなく、周知の立証ずみのものとして示すことにある。このためこの言説の時制はおおむね過去へと転じた。権威的言語で語る人の役割は、ある抽象的で集団的な主体がかつて口にした発話を繰り返すこと、つまり発話を自作する作者から発話を受け売りする中継者へと変わる。こうした言説の存在論的構造におきたずれが権威的言説の言語構造のあらゆるレベルに波及した——形態論、統語論、意味論、語用論、ナラティヴ構造、修辞、テキストや言説の相互依存（第二章参照）。

この肥大化した新しいイデオロギー言語は、果たす役割も以前とは違う。伝統的なイデオロギーの役割（周囲の現実をある思想や価値観に基づいて記述する）が次第に弱まり、代わって、この表象モデルこそ唯一可能な絶対的必然なのだという信念の伝達が主たる役割になる。伝統的なイデオロギーと異なる新しさを重視して、本書はこうした言説をイデオロギー言説と呼ばず、ミハイル・バフチンの用語を使って「権威的」言説と名づけた。バフチンの定義によれば、権威的言説の特徴は、単に社会で支配的地位にあるだけでなく、特別な言語・文体・活字・発音を使っていて周囲に存在するほかの公的言説から識別できることだ。また、ほかの言説は、権威的言説の変更・修正・威圧ができない。というのも、権威的言説を常に援用・引用すること、少なくともこのプロセスを妨げないことが存在条件の一つだからだ。

後期社会主義の特徴である権威的言説は、形式が独特であるだけでなく、生産・普及の条件も独特だ。ソ連のどんなコンテクストにあっても形式を変えずに再生産することが日常の現実をつくる上ではずっと重要で、現実をどう記述しているか（形式に含まれているはずのコンスタティヴな意味）は二の次になる。ソ連の大半の人たちが積極的に関わっていた儀礼も、権威的言説の決まりきった形式を再生産する場だった――対立候補がいないのに投票した選挙、集会への出席（時にはそこでの演説）、政治学習会の実施、レーニン記念テストの合格、デモ参加。こうした実体験を積み重ねることで、行為や発話の実際の意味が表立って言われる意味と必ずしも結びつかないことを体得していった。

　言説のこうした再生産と普及のあり方やその影響を理解するために本書が頼りとしたのが、ジョン・オースティンに端を発し、何人もの研究者が発展させてきたパフォーマティヴ理論である。ただし本書はさらに先に進み、新しいアプローチを提案してパフォーマティヴィティをもっと広い文脈で考察した――イデオロギー言語におきうる歴史的・構造的な変化を分析し、この変化が社会文化の文脈全般に与える影響を見るためだ。オースティンに倣って、本書は二種類の言語発話を区別した。コンスタティヴな発話（この用語でオースティンが意味したのは発話の「指示的な」意味、つまり事実を記述するために言葉を使う場合）は、発話以前にこれとは無関係に周囲の現実に存在している事実や状態を記述する。このため事実の記述として正しい／正しくない、つまり本当／嘘で答えうる。これに対してパフォーマティヴな発話（行為の遂行のために言葉を使う場合）は、発話の瞬間まで存在していたことは何も記述しない。その代わり新たな行為を遂行して、発話とともにすぐ周囲の世界で何か変化をおこす。[1] このため本当／嘘では答えられず、適（例えば宣誓という行為が成立したとみなされる場合）／不適（その行為が何らかの理由で成立しない場合）となる。ある言語行為が発話時に行為を遂行できる（現実を変えられる）かどうかは、話し手の意図よりも、決められた条件の遵守如何にかかっている。この考え方は、本書の分析の勘所だが、こういう説明も可能だ。ある人が行う宣誓は、必要な文脈で所定の手続きに則って行われるなら（例えば、裁判において）、内心では守る気がなくても、聞き手（裁判所や国家）に無意味ではない。宣誓はこの場合でも本物、つまり適切だとみなされ、あとから宣誓違反の処罰もできる。

オースティンは自著の最後で、あらゆる言語発話は、程度の差はあれ、コンスタティヴであると同時にパフォーマティヴでもあると述べていた。この考えはほかの言語哲学者の著作で発展を見たが、まだ十分でないように思う。権威的言説の歴史的な発展を分析するには、もっと緻密なパフォーマティヴィティのモデルが要る——言語のパフォーマティヴィティは歴史的な時代が異なると変わるのか、発話によってパフォーマティヴィティの度合いは増減するのか、言語の構造レベルが変わるとパフォーマティヴ機能の有無に影響するのか、発話のパフォーマティヴィティを左右する非言語の条件はあるのか、などを考える必要がある。このため本書は先人の手法を発展させて、発話のコンスタティヴな意味／パフォーマティヴな意味という概念を導入した。ある発話の意味を構成する要素が（最小で）二つある場合、この二つが二項対立の関係（一方の要素が増加すると他方の要素が逆に減少する関係）にあるとは限らない。歴史的な時代が異なれば、二つの意味要素の配分が異なることもありうる——一方が増加しても、他方は変化しない時もあれば、同じように増加する時もあるし、予測不能で千差万別の意味を持つ時もある。この推論は、「儀礼化された」言語（国家、政党、宗教、軍隊といった制度が用いる言語）の分析にとって極めて重要である。

周囲の事実を記述している（つまりコンスタティヴな発話として機能している）だけと思しき発話でも、一定の条件が整えばパフォーマティヴな要素の役割が高まるかもしれず、そうなると周囲に新たな事実や現実をつくる表現として機能しはじめて、単なる記述でなくなる。(2) 発話なり言説行為（例えば投票行為）において、どのような意味要素が重要かを前もって言うことは不可能であり、その行為が遂行される具体的な社会・歴史のコンテクストを見ないと分からない。投票行為のコンスタティヴな役割（参加者の意見表明）がさほど重要でなく、パフォーマティヴな役割（儀礼の再生産に関与してこれを承認し、自分の考えは脇におく）の方がずっと大事という場合もありえる。言語発話はもちろん、非言語の儀礼であっても（物理的、空間的、法律的なもの——例えば儀礼から成り立つ結婚式、宣誓式、試験、叙勲、葬儀、就任）、予め存在しているグループや制度や主体だけがその行為を遂行しているのではない。部分的であれ、そうした行為そのものも、制度やグループや主体の形成と再生産に関わっている。つまり、こうした制度、グループ、主体がどんなものなのか、前もって隅々まで確定するのは不可能なのだ。例えば、党綱領に賛成する（厳密には承認投票の儀礼に参加する）ことで、主体はこのイデオロギー文書から制約を受けるが、それだけでなく新たな可能性も得ており、そうして可能になった行動の意味が、賛成投票のコンスタティヴな意味と一致しない場合もある。別の言い方をすると、こうした承認儀礼が「ふつうの」ソビエト的主体の形成を促したとはいえ、主体の「意味」が完全に統制されているわけでもなかった。

　後期社会主義の時代に権威的言説は大きく変化した（本書はこれを「パフォーマティヴ・シフト」と名づけた）。この言説が多くの場面で再生産されて広まり、支配的地位を占めているのに、伝えているはずの文字通りの意味（現実の記述、事実の確認（コンスタテーション））がさほど重視されず、形式の正確な再現の方が極めて重要になった。誤解しないでほしいが、権威的言説が無意味になり（言説のコンスタティヴな要素が重要でなくなり）、形式的に繰り返されるだけの空虚な儀礼と化したと言っているのではない。話はむしろ逆で、言説のコンスタティヴな要素は今や極めて重要になった——というのも予測不能な、つまり新たな解釈に開かれた状態になったからだ。日常生活での重要性は、何十倍も高まった。新たな意味が創造的に生み出される領域となり、国が予想もしなかったことがソ連の人たちの生活に盛り込まれていく。

この結果、形式に手を触れないまま権威的言説を再生産して広めることが、ソ連の現実をつくる上で重要な鍵となる。このプロセスのおかげで、ソ連の生活のあらゆるところに、新たな予想外の意味や関心や関係、生き方、主体性、公衆が生まれた――これらはすべて権威的言説に促されたものだが、権威的言説で完全に記述することはできない。こうした新しさの誕生が、後期社会主義の中心原則になった。これは積極的で創造的なプロセスであり、社会主義社会の政治目的や道徳観の支持にも拒否にも分類できない。本論で見たように、このプロセスから生まれた姿勢は実に様々で、共産主義の価値規範や理想を支持しつづけるのはもちろん、同じことを、何とも逆説的だが、党官僚へのあてつけとして行うこともできた。

最後のソ連世代は、後期社会主義に生まれ育ち、多くはコムソモール活動で権威的言説に触れていた人たちだが、大半がこのプロセスにすんなり溶け込み、熱心に参加していた。第三章でコムソモール活動が末端レベルでどのように行われ管理されていたかを見た。コムソモールでそれなりの高い地位にあった人（地区委員会の書記や指導員）の多くはコムソモール活動を指導する特別教育を受けていたが、末端の責任者や一般コムソモール員は活動のコツを現場でつかんでいる。演説、報告、儀礼といった制度の実践では権威的言説の形式踏襲がいかに大事かを体得し、コムソモール活動を「純然たる形式業務」と「意味のある仕事」とに分けて考え、前者は表面的にやりすごして後者に全力を注いだ。上のコムソモール機関や下の一般コムソモール員との「独特な」つきあい方や、報告書に言及はないが、それなしではコムソモール活動が立ち行かない「独特な」取り決めも体得した。複雑で不透明な権威的言説の再生産には数百万の一般コムソモール員が関わっており、そのため予期せぬ文化的な意味やモノがそれこそ無数に生じたが、どれもソ連という国の掲げる目標に矛盾しないものの、さりとてぴったり重なるわけでもなかった。

こうした活動の予期せぬ結果に、第三章以降で見たような、ソ連にできた新たな形態の公衆がある。本書が「スヴァイーの公衆」と名づけた、また当の最後のソ連世代がしばしば「ふつうの人」とか「仲間(スヴァイー)」と呼んでいる共同体である。

スヴァイーという概念は、明らかに文化的なカテゴリーで、長い歴史があるが、後期社会主義の文脈では独特の性質を備えている。多くの場合、特異な公衆である「ふつうの人」を指すが、権威的言説への接し方が似ていることを第一の形成理由としている。「公衆」概念を定義したワーナーは、自身の古典的論文で、公衆ができるのは「呼びかけがあるおかげ」だと述べている[3]――つまり、ある公衆への帰属は、ワーナーによれば、ある言説の呼びかけを自身に向けられた呼びかけだと受け取るかどうかである（第三章参照）。この公衆概念はソ連特有の「スヴァイーの公衆」を定義するのに便利だが、ソ連の文脈にある一風変わった特色を忘れてはならない。スヴァイーの公衆を形づくる仲立ちは、権威的な呼びかけに同じように反応することだが、その反応が独特で、本書のいうパフォーマティヴ・シフトなのだ（第三章参照）。このため「スヴァイーの公衆」は、権威的言説で記述できるどんな人間集団（親ソであれ反ソであれ）とも異なっている――例えば、「ソビエト人」「党」「ソビエト知識人」「徒食者」「異論派」「ブルジョア分子」など。

こうした集団とはちがって、「スヴァイー」はヴニェの公衆へと組織される――権威的発話の呼びかけへの反応ではなく、その形式への反応として出来た公衆なので、この呼びかけに備わるコンスタティヴな意味を変えることを前提とする。つまり、権威的言説のこの公衆への呼びかけは、成功であると同時に失敗である――「スヴァイーの公衆」に反応を強要する（例えば、満場一致の「賛成」投票、デモでの「万歳(ウラー)」斉唱）一方で、そうした行為の意味を押しつけられないからだ。こうした「スヴァイーの公衆」（権威的言説によって作られるが、押しつけられる意味からは相対的に自由）こそが大半のソ連市民のありようであり、とりわけ若い世代に顕著で、本書で見たように、数多くの積極的なコムソモール員も例外でなかった。人びとは当然ながらシステムが呼びかけた権威的な行為や発話に参加した（集会、選挙、デモ）ので、スヴァイーの公衆は一見すると権威的言説の言う「ソビエト人」に似てはいる。だが、やっていることの意味は、権威的言説が記述した意味から大きくずれていた。

「スヴァイー」の一員であれば、システムのイデオロギー儀礼への参加が義務なのは自覚していたが、その際に気を配るのは主として形式面の遵守だった。というのも、このような関わり方なら、それなりに自立した、創造的なやり方で自身の「ふつうの生活」をつくることができたし、イデオロギーの文書や儀礼が定める目的や形式に縛られず、それでいてこれに反するわけでもなかったからだ。別の言い方をすると、スヴァイーである人は、ヴニェの原理で生きていた。

ヴニェとは、後期ソ連時代のソ連システムが存在し機能するための中心原理の一つである。システムとヴニェの関係にあれば、権威的言説のレトリック空間の内部にありつつ同時にその枠外にあることになり、この言説の支持でも反対でもなくなる。この状態は、逆説に思えるが、それなりに意味がある。というのも、ソ連の権威的言説がこのころにパフォーマティヴ・シフトを施され、決まりきった形式の再生産が主たる目的になり、事実のそこそこ正確な記述は二の次になっていたからだ。形式の再生産に加われば、発話や儀礼の意味を変化させ、そこに新たな内容を盛り込むことができた。このような関わり方こそ、システムの言説空間の内であり外という生き方、ヴニェの接し方である。

細かいことだが、今一度強調しておきたい重要なことがある――ヴニェの原理を取り違え、現実逃避、シニシズム、無関心（アパシー）、消極的自由[4]、内なる亡命、政治に背を向けた「私的領域」への逃避といった概念に帰着させる向きがあるが、これは正しくない。こうした概念はどれも日々の政治的要素から逃れることを意味する。だがヴニェの原理を形づくるのは、本書で見たように[5]、これとは異なる特殊なシステムとの接し方、一種の政治的な接し方である。現実逃避と違って、ヴニェは、権威的発話の意味を変える原理なので、システムの意味の織物を積極的かつ恒常的にずらし、変化させて掘り崩す。ソ連システムの様々な要素とは政治見解を異にする立場も含むが、かといって単なる異議ではない。一方でソ連システムが永遠で不変だという感覚を共有し（その証拠に形式レベルは常に「全会一致」で再生産されている）、でも他方で結果的にシステムを内側から掘り崩す（現実や制度の意味を変えてしまう）。システムの永遠不変の感覚が共有されながら、同時に内部の脆弱化につながるものだった。

ヴニェの原理が後期社会主義のシンボル体系の中心原理であることを考慮しない分析は、ソ連システムの瑣末主義から逃れられない。その場合、例えば、ソ連システムに単純化した二項対立モデルを当てはめ、権威的国家とこれに抵抗する社会とに二分してしまう。これは、西側のリベラル民主主義国家の考察用につくられた分析装置や理論を、機械的にソ連という国の分析に当てはめている。

第一章と第二章で述べたように、ヴニェの原理が後期社会主義で広まってシステムの構成原理となった主な理由は、ソ連イデオロギーの矛盾した構造にある。このことは、ルフォールの逆説を通じて明らかにした（第二章）。この逆説の働きは、後期ソ連時代になると、初期ソ連時代に比べて飛躍的に高まる。ルフォールの逆説は、ソ連の生活のあらゆる領域に現れた（政治、言語、文化、教育、研究、芸術など）。ソ連システムの内部にできた無数のずれや変化を足場に生まれてきた共同体・関心・生き方は、形式こそ権威的言説の指示にぴったり合致していたが、意味が大きく異なっている。こうした共同体・関心・生き方が目を向けた知識・手段・美学は、ヴニェの世界に由来するものが多い——理論科学、外国語や古代語、革命前の詩、宗教、西側ロックなど（第四章から第六章を参照）。ヴニェの原理でできていれば、社会主義の価値観や理想と必ずしも対立しない。その多くにとって、社会主義の価値観も重要であり続けた。

想像の西側もそうした世界の一例である（第五章）。この個性豊かな文化が後期社会主義に生まれたきっかけは、ルフォールの逆説が一九五〇年代から七〇年代にソ連の文化政策で発動したからだ。この間、ソ連という国は一方でソ連文化におけるブルジョアの影響を声高に非難しながら、他方でソ連文化の発展におけるインターナショナリズムの重要性を同じくらい声高に宣伝していた。党の発言の枠内にあるのに、ブルジョアの否定的な影響とインターナショナリズムの肯定的な現象との違いが判然としない。困ったことに、権威的言説の働きが弱まって現実を正確に記述できなくなっていたし、外国の文化現象の評価も時代やコンテクストが異なるとまちまちだった（ソ連イデオロギーの逆説的な構造のため）。また、外国の文化現象と対比されるソ連文化そのものの意味も、一様ではなく揺れていた。このため、様々な形で現れる外国の影響をどう受け止めたらよいか決めかねる場面が頻出する。一方で批判されたものが他方では傑作とされたし、一方で西側のイデオロギー兵器と言われたものが他方では人類の叡智の現われだった。こうした諸々が積み重なって後期ソ連文化に生まれた想像の西側という空間は、ソ連の日常の一部でありながら、システムの権威的言説にヴニェの時空で接していた。想像の西側のすべての要素が外国の借用だったのではない。この想像世界を構成する文物や知識の多くは、ソ連という国が自分で作り広めている。その理由は様々だ。まず、先述したように、外国文化の良し悪しを判断する基準そのものに一貫性がない。また、国がブルジョア文化を否定的に取り上げて批判する時は、たいてい珍しいこと――規則に外れる例外やソ連の日常規範の逸脱と描いた。不道徳なろくでなし、闇市場の売人、世間知らずの西側風俗の追随者などである。だがこうしたやり方が西側文化への関心を数百万のふつうの若者に広めることはあっても、そうした人は大学で学んだり企業で働いていてまっとうなソビエト人を自負しているので、自分が批判されているとは思ってもみない。こうして西側文化への関心を不道徳で例外的な反ソ現象と描こうとする国の試み（つまり、国家主導の単純化した二項対立モデルによるソ連社会の説明）は、そうした関心を常態化させただけだった。

ルフォールの逆説は、西側の文物や知識の普及を促した技術手段にも現われている。例えば、国家規模の短波ラジオの普及宣伝、国産ラジオの生産増強、一貫性を欠く西側放送の電波妨害がそうだ。この結果、ソ連の人が外国のラジオ放送を聞く習慣が当たり前になった――こうした習慣は大多数の人がごく当たり前のこととみなし、少なくとも一概に反ソ行為とは言えなくなった。同じような文化の逆説が、西側のジャズやロックでもおきた。国営メディアの批判報道は常にあったが、一貫性がなく、時には普及宣伝と紙一重だった。しかも、批判の傍ら、録音機（当初はオープンリール、後にカセットテープ）は増産しつづけたので、当然ながらこれを活用してそうした音楽がどんどん広まっていく。このため、こうした音楽への関心は数百万の庶民がごく当たり前のこと、ソ連的な生活に矛盾しないものとみなし、ソ連の若者の日常生活での役割がどんどん高まっていった。しかも、第六章で見たように、極めて意識の高いコムソモール活動家の間でも、西側ロックへの関心と共産主義の道徳的優位の信念とが何の違和感もなく両立している。中には、共産主義への確たる信念を持っているので、党の官僚や出世主義者の言う「ブルジョア」文化と「共産主義」文化の解釈に同意しない道徳的権利があると考える人もいた（第五章と第六章を参照）。いくつかの西側ロックの実験サウンドは、未来志向の共産主義の理想にうってつけであり、官製楽団が演奏するありきたりで退屈な、とうの昔に硬直したソ連の「軽音楽」とは比べ物にならないと考えた人さえいた。

ソ連システムのこのような逆説はイデオロギー発話のパフォーマティヴ・シフトの実践をどんどん広め、特異な皮肉の美学を誕生させる。当時の言い方には様々なスラングがある――例えば「スチョーブ」（この用語の意味は後に拡大して若干変わっている）――が、本書はこれをヴニェの皮肉と名づけた。この皮肉は、最後のソ連世代が国のイデオロギーシンボルと接する際の不可欠の要素になっている。ヴニェの皮肉は、

（熟慮の上でない場合が多いが）ソ連の現実の二項対立の語りから逃れようとする――親ソ／反ソ、システムの支持／抵抗、本当の顔／擬装の仮面。ソ連イデオロギーのパフォーマティヴ・シフトに似た構造を持っており、逆説、不一致、馬鹿ばかしい行動を展開してソ連の日常の織物にずれを生じさせる。システムのシンボルにパフォーマティヴ・シフトがおきると、コンスタティヴな意味が期せずしてイデオロギーの文脈から引き剝がされ、予想外のことや馬鹿ばかしいものになったり、新たな解釈が開けたりする。この結果、ソ連の現実が内部に抱える逆説と不一致が露呈するのはもちろん、この逆説と不一致が珍しい例外でなく、むしろ構造的に不可欠なシステムの一要素であることも曝け出した。

ヴニェの皮肉は、形態が実に様々で、広く浸透したものから極めて例外的なものまで多岐にわたる。意見交換やおしゃべりの際のふとした一言や、手紙や日記や個人的なメモ、冗談や友達ならではのいたずら、広く普及したソ連のアネクドートにも見られる。いわゆる芸術家や詩人の「非公式」グループだけでなく、ごく普通のソ連の若者も、コムソモールの「現場の」活動家も含めて誰もが行っていた。広く普及してフォークロアとなり、個人の創作空間として発展し続けた。しかも、構造上の特徴ゆえにソ連システムの逆説をあてこすることが可能なので、真剣な抵抗の立場をとらずにすんだ。

ここまでの分析をまとめておこう。主体とシステムとの相互関係がヴニェの原理で出来ていたために、権威的シンボルの再生産は至る所でパフォーマティヴに、形式レベルだけになり、その結果、形式のコンスタティヴな意味が変わっていった。イデオロギー儀礼は相変わらず正確に繰り返されている――人びとはデモや投票や集会に行き、社会活動や生産計画の達成報告を書いていた。だがこうした活動の重点は、儀礼や発話の形式を変えずに繰り返すことに移り、その形式が記述する現実の正確さに拘泥しなくなる。形式レベルでは――形式的には――システムは不変で予測可能だが、市民の生活では新たな予想外の意味を持つようになった。今や正常な機能とは、常に内部で意味を変えることだった。これがシステムを表面上は強大でありながら内面で脆弱にしていたのである。

予期せぬできごと

このシステムが崩壊するきっかけは、権威的な言説体系のロジックにおきた予期せぬ変化である。一九八五年にM・S・ゴルバチョフがソ連共産党書記長に就任すると、イデオロギー分野で前例のない改革に着手し、権威的言説の最重要原理である閉じた（circular）論理構造（第二章で詳述）に風穴を開ける。このような変更を権威的言説の構造におこせるのは上からの命令、党中央の指示しかない。しかも、イデオロギーの健全化として提示され、破壊の本質が表に出ない場合だけだ。実際のところゴルバチョフ本人も党指導部の改革派もこの改革の真の意味に気づいていなかったし、ソ連のイデオロギーの現実の機能が分かっていないので、気づくはずもなかった。権威的言説に施した変更は内部の構造原理を破壊し、ソ連システムに甚大かつ不可逆な影響をもたらす。

権威的言説の構造の変化は、ゴルバチョフの党書記長としての初期の演説にも見て取れる。一見すると、歴代の書記長と同じく、ゴルバチョフの演説も、権威的言説の閉じた論理構造を再生産しているかに思える。第二章と第三章で見たように、演説はまず克服が必要な「不足」の列挙から始まる（経済的な困難、社会の政治的積極性の不足など）。だがこれに続けてゴルバチョフが口にした言葉は、権威的言説の閉じた論理構造に明らかに反していた。この構造に従っていた過去の書記長の演説なら、どんな場合でも列挙した不足の克服に以前と同じ対策をあげる（かつて結果が出なかった対策）――ただ、それをもっと効率的に、また意識的に行う、となる。例えば、個人の自発性や労働者の創造的アプローチを引き上げる必要性を言うが、そうした自発性や創意が党の厳格な統制の枠を超えないようにしていた（第二章参照）。だがゴルバチョフが一九八五年にはじめた演説は違う。そこでは、次のような問題を提起していた。われわれはどうしたら現状を変えられるか、なぜ今日まで適用してきた対策で成果があがらないのか。ゴルバチョフは答えを言わないばかりか、自身も党もその答えをまだ知らないとほのめかした。また、全く新しいテーマをイデオロギー言説に導入する。この問いに答えられる人はいるが、それには様々な専門家に発言してもらう必要がある。党指導部と関係のない、現場責任者、エコノミスト、社会学者、さらには一般のソ連市民の意見を聞くべきだと言ったのだ[6]。言い換えれば、答えを出すのは公開の場で、これまでと違う非権威的言説で、となる。こうして権威的言説の構造に図らずも裂け目が生じる――ここから導かれる結論は、答えがあるとすれば、権威的言説の枠外にあって党の知の体系とは無縁な知識となる。こうした考え方が書記長の演説で直接間接に披露され、ソ連の人びとに向けて繰り返しマスメディアで報じられ、党やコムソモールの集会、学校や大学で何度も取り上げられたが、これはそれまでの権威的言説のありようと根本的に異なっていた。権威的言説の枠内では問題の解決策をつくれないという考え方は、その閉じた論理構造に裂け目をつくったのである。

　こうしてスターリン期以来はじめて権威的言説の構造にイデオロギーの外部の編集者の声が導入され、その言葉がイデオロギーのメタ言説となって外部からイデオロギー発話の真偽を判断するようになる。思い出して欲しいが、ソ連も後期社会主義になるまで（一九五〇年代はじめ以前）は、イデオロギーについての公のメタ言説が広範に存在していて、イデオロギーの外部の編集者として機能していた（スターリン直々もしくはスターリンの名前で）。一九五〇年代はじめにこのメタ言説は姿を消した。ペレストロイカの改革が導入したイデオロギーのメタ言説も、党の権威的言説を外部から分析修正する。ただし、「客観的な科学的知識」のメタ言説なので、党の権威的なことばの枠外にあるだけでなく、マルクス＝レーニン主義イデオロギーの枠外にすら行きかねない（ここがペレストロイカのメタ言説とスターリン期のメタ言説との違いである）。このような新しいメタ言説が出現したこと――厳密に言えば、このメタ言説を使いこなすイデオロギーの外部のコメンテーターが出現したことが、権威的言説の議論をおおっぴらに行い、党の言語と異なる言語で語るという前代未聞の可能性をもたらしたのだ。こうなると、疑問を差し挟むことは、原理的には、閉じた不変の権威的言説からなる社会主義の言説体系すべてに可能となる。このような大胆な新機軸からはじまったのがペレストロイカだった。新しい批判的なメタ言説がペレストロイカ初期に公認されたのは、社会主義システムを保守改善してレーニン的価値への回帰を促すためで、党の主導的役割も当然の前提だったが、現実には、この新機軸が後期社会主義の言説編成に裂け目を生じさせ、最後は党の指導的役割というテーゼそのものを破壊した。

実際に三、四年もすると、ペレストロイカは、ソ連の権威的言説を脱構築する改革にほかならなくなる。まず不可逆な成果をあげたのは、党の発話の言説編成のレベルだった――ソ連の言説体系すべてを疑問視したのである。イデオロギーの発話やシンボルは、それまで誰もコンスタティヴな意味レベルで解釈しなかったのに、突如そのレベルで記述分析されはじめる。党の発話や歴史上の出来事の「文字通りの」意味が、当時の出版物やテレビ放送で注目の的になった。ソ連のイデオロギー・システムが数十年にわたって依拠してきた権威的言説のパフォーマティヴ・シフトという原理からの大転換だった。

権威的な言説体系の脱構築プロセスは、言語と非言語の両面で同時進行した。前章まで見たように、ペレストロイカ開始以前は硬直したイデオロギー表象の形式（政治スローガンが書かれた横断幕、宣伝の立て看板、国内の党指導者の肖像画）を大半の人は文字通りに受け取っていない。住宅の屋根に掲げられた「人民と党は一体」の横断幕を注意して読んだりしないのだから、意味など考えるはずもない。こうしたスローガンは通行人には「見えなかった」――硬直した形式と化し、至る所で手を加えずに繰り返すだけで、現実の正確な記述とは受け止めなかった。言ってみれば、こうしたビジュアル・シンボルの機能はパフォーマティヴ行為であり、ソ連の現実を動かす必要条件ではあっても、その現実描写ではなかったのである。このこと自体は、原則として秘密でも何でもない。スローガンをほぼ誰も読んでいないことは、誰に投票するのか知ろうとせず一票を投じるのと同じように、みんな経験上分かっていた。大事なのは別のことだ――こうした事実が初めて公に言われて公の議論を引き起こし、権威的言説がどのような原理でできているのか、ソ連の日常の確認にどのような役割を果たしているのか、問いかけるようになったのだ。こうしたメタ言説は、ソ連では少なくとも一九五〇年代はじめから姿を消していたが、ペレストロイカ期に日常的な現象になり、どっかり居座っていた権威的言説のパフォーマティヴ・モデルを破壊する。こうしたメタ言説の実例は、一つあれば十分だろう――一九八七年に党中央委員会の「ポスター」出版局が出した『視覚宣伝――経験、問題、方法』という本の一節だ。こうある。

今日まず何より目につくのは……美術形式の内容の実に単調な繰り返しである。このためなのか、ポスターや横断幕や巨大パネルの男女は同じ顔をしている。「服を変える」だけで、BAM〔バイカル・アムール鉄道〕の建設労働者になるし、兵士にもコンバイン運転手や宇宙飛行士などにもなる。……大都市の目抜き通りでわれわれ専門家が実施した調査でよく分かったが、すぐそばの立て看板に描かれていたものを通行人の大部分は覚えていない。つまり、視覚宣伝の要素は「視覚外」になり、物質として都市環境に存在しているのに人びとの意識に入ってこないのだ。(7)

この例から分かるように、ペレストロイカのメタ言説は、権威的言語のパフォーマティヴ・モデルを議論の組上に載せ、読み手の注意をかつて無視していた言説のコンスタティヴな意味（この言語が周囲の現実をどれだけ正確に記述しているか）に向けるよう求めている。この新機軸は数多くの変化をもたらし、イデオロギーのテキスト・報告・演説といったプロパガンダ文書の様式に影響を与えた。第三章と第六章で見た班長（コムソルグ）やコムソモール委員会と地区委員会の書記が一九八八年の第十九回党協議会の後にうけとったコムソモール中央委員会の新たな指示は、それまでの型どおりの言語構造に代えて「新鮮な用語と表現」を演説で使うべきだと説いていた。演説は短くすべきだし、「本当の自己批判」を導入して「本当の問題」を議論し、新しい、これまでにない「創造的アプローチ」でその解決に努める必要がある。[8] つまり、権威的言説の閉じた論理構造は今後使ってはいけない、というのである（第二章参照）。

イデオロギー発話・文書にコメントし評価するメタ言説は、急速に広まってペレストロイカ期の政治・社会のあらゆる文脈に浸透した（マスコミやコムソモール集会から、無数に行われた自発的な集会や討論会まで）。今や投票に参加しながら、その行為のコンスタティヴな意味に注目しないことは、ありえないし問題外だった。こうして一九八〇年代後半にイデオロギーに関するメタ言説は中心原理を破壊され、後期社会主義システムを成り立たせていたパフォーマティヴ・シフトが機能しなくなる。これは、まさしく後期ソ連システムでおきた言説の脱構築プロセスだった。このシンボル秩序の脱構築は、国内で経済危機や民族紛争がはじまる前からおきている。ここに、あの未曾有の革命の唐突さ、劇的さ、輝かしさの秘密がある。だからこそ喜び驚き、固唾を呑んで（時には個人の悲劇も伴いつつ）見守った人が数多くいたのだ。このプロセスの理論的な大詰めは、レーニンと党（権威的言説の最大の「主人のシンボル」——第二章参照）がソ連のシンボル秩序の主要な組織概念の役割を失うことだ。これが最終的かつ不可逆の権威的言説の裂け目であり、「レーニン」と「党」を同義概念にしていた正統性の根幹が失われた。そもそもの始まりがシステムの再生と真のレーニン的価値への回帰を旗印にしていたのに、である。

「真のレーニン」への回帰という考えをよく表しているのが、一九九〇年に党中央委員会の「ポスター」出版局が出したポスター「レーニンに発言を！」である（図43）。ポスターの中心部分を占めるのは大きな赤い演壇で、ソ連の国章があってマイクが備えてある。これは硬直した党の権威的言説の象徴であり、今ではレーニンの思想の歪曲とみなされだしている。一方「真のレーニン」は、わざと非規範的で、小さく縮こまって白黒で描かれている。配置も右隅の演壇の下で、脇目もふらずノートに自分の今現在の考えを書き留めている。だが、その考えはわれわれには見えない。知るためにはレーニンに登壇して発言してもらい、本物の、権威的言説に歪曲されていない声を聞く必要がある。

ここには、後期ペレストロイカの重要かつ驚くべき現実がある――党中央がレーニンに求めている発言は、党の権威的言説に収まらず、これを超越(ヴニエ)してしまうのだ。これは、ペレストロイカの根源的矛盾の縮図である――レーニン回帰は、党イデオロギーの刷新の方法のつもりでも、実は党の権威的言説の構造の裂け目に等しい。一九九〇年の時点でも党中央はまだこうしたやり方に党再生の可能性を見ていた。だが、それは思い違いだった。権威的言説が破壊されると党は正統性の基盤を失ってしまう。後を追うように「レーニン」自身も正統性を失った。こうして「真の」「歪曲のない」レーニンに回帰する試みは、レーニンに結びついていた明白で疑問の余地のない真理の源泉というイメージを打ち砕き（つまり「主人のシニフィアン」としてのレーニンの役割の破壊――第二章参照）、返す刀で、この疑問の余地のない真理から切り離された党の「社会を指導し方向づける勢力」という役割も打ち砕いた。一九九〇年から九一年には党の正統性が完全に失われる――その原因は、少なからず、党の言説が無意識に自身の正統性の基盤を掘り崩していたことにある。何度も言ってきたことだが、それまで党の正統性を支えてきたのは、党の主導的役割を（党の権威的言説を）大多数が信じていたからではなく（そうした役割の文字通りの意味はさほど重要でなかった）、党は権威的言説の唯一ありうる源泉の地位を占めていると大多数が思っていたからだ。正統性を失った党は数百万の党員も失うが、これが正に一九九〇年から九一年におきている。[9] これと同時に、かつてないレーニン批判の嵐がマスコミやドキュメンタリー映画、[10] 公的議論、冗談や挑発[11]にあふれだした（批判はそれ以前からあったが、あふれ返るのはこの時から）。

コムソモール委員会書記のアンドレイ（第三章と第六章で紹介）は、そのころ形をとりはじめた新たなレーニン・イメージをこう語っている。

図43 「レーニンに発言を！」、党中央委員会「ポスター」出版局。チュマコフ作、1990年。

レーニンはあらゆる問題の答えを知っているという考えは、次第に離れていった。少しずつ少しずつ。……レーニンは、こんな人だったんだ……やはりレーニンが音頭取り、すべての発案者で、スターリンはその論理的継続にすぎなかったんだ。僕が自分の頭でこうした認識に達するのは、とても長い、苦しい過程だった。レーニンが最後まで残ったシンボルだったけど、これにも失望したんだ[12]。

第三章で見たように、一九八〇年代末までのアンドレイは「党を一般人と党官僚とに区別していた」——前者は、彼の言葉を借りれば、大多数の「誠実に働き、善良で賢明で思いやりのある」人たち、後者は官僚や出世主義者で、「内側から腐り、すばらしい思想や原則を歪曲した」。アンドレイの考えでは、「もし僕たちがこういった官僚から逃れるか少しでもその影響を減らせるなら、党の活動は当然もっと良くなる」はずだった[13]。だがペレストロイカ末期の九〇年から九一年に徐々に見方が変わり、最終的にこう思うようになった。「官僚がなければ党はなかっただろう」、「官僚は党の結果であり、その内部の軸だった」、「この二つは切り離せない[14]」。

別のコムソモール活動家ミハイル（同じく第三章で紹介）も、ペレストロイカ以前に確たる信念ができあがっていたと回想している。「〔共産主義の〕思想自体はまったく正しい、そうあるべきだとずっと信じていました。もちろん、歪曲や捻じ曲げがあったことは承知しています。でもそれを取り除くことができれば、すべては上手く行くと思っていたんです。……〔一九八五年以前の〕ある時点で、人生のことはすべて理解した、この見方はもう変わらないだろうと確信していました[15]」。だが九〇年から九一年に、感覚が変わったという——彼の言葉を借りれば、「巨大な意識の変化」を経験して「人生の意味の理解を完全に見直した」。レニングラードの文学教師トーニャ（第一章に登場）は、共産主義思想への態度がアンドレイやミハイルよりも懐疑的だったが、ペレストロイカの経験を似たような言葉で語っている。「あれは衝撃的でした。完全な意識の変化がおきたんです」[16]――そしてこう付け加えた。「感想をスラーヴァおじさんに話すと、共産主義者を批判できるようになったのを何よりも喜んでくれました」[17]

レーニン＝党＝共産主義が権威的言説の主人のシニフィアンの地位（第二章参照）を失ったと幾百万の人びとの目に映ったのは、数年前から始まっていったプロセスの帰結である。すべてはゴルバチョフが公の場で述べたテーゼから始まった――党は全ての問題の答えを知っているわけではなく、第三者からの助言、党の見聞の外からの助言を求めている。この公的言説の新機軸は、外部にある、独立した、疑問の余地のない真理を破壊する――この真理こそ、社会主義のイデオロギー・システムの全ての出発点だったのに、である。ソ連のシンボル・システムは外部の拠り所を失い、崩壊が避けられなくなった。

議論をまとめると、後期社会主義のシステムの逆説とはこうなる。ソ連システムは全国民の参加を得て自分自身を再生産し、一枚岩で不変のシステムだと思わせていたが、そうであればあるほど、突然変異をおこして内部が変化し、自己描写から遠ざかり、とらえがたい予想困難なものになっていた。システムのこうした内部変化が長期にわたって続くと、これを前提にしてソ連国民も全員一致でパフォーマティヴな再生産を形式レベル（言語構成、儀礼、制度構造、規則、規範）で行い続ける。こうした関わり方は、一見するとシステムが予想どおりで永遠不変かのように思わせるが、その一方でこれを足場にして新たな生き方、新たな意味、新たな関心や主体のありようが生まれており、これらはシステムの予期しない、また隅々まで管理できないものだった。システムは、不変だと思えば思うほど、内部で変化していたのである。

本書が描いたこのようなプロセスは、有名な構造機能主義モデル[18]とは異なる。このモデルだと、社会システムの様々な要素がその安定を維持する機能を持っているが、ソ連システムの再生産の原理は、静態でなく動的発展であり、システムの突然変異である。このシステムが形式面の「安定」状態を再生産していると、内部のずれが激化する。このため、このようなプロセスが特におきている時期を「停滞の時代」と呼ぶのは全く的外れである。停滞は形式には言えても（ハイパーノーマル化した形式となる）、意味には全く当てはまらない。むしろ形式のハイパーノーマル化のおかげで、開かれた、予想外のものになっていた。

ソ連システムは、たぶんもっと長期にわたって存在しえた。一九八〇年代末の変化がシステムの構造的腐敗の不可避の結果だったとは言えないだろう。最終的な危機がおきるのもずっと先のことで、別の形だったかもしれない。[19] 一九八〇年代末に具体的な変化がおきたのは、たまたまあの時期に改革をはじめた党と国家の指導部が、改革の引き起こすプロセスがどんなもので、どこに向かうのか分かっておらず、また理解できなかったからだ（システムが実際にどういう仕組みなのか、党指導部も含め、誰もよく分かっていなかった）。ソ連システムが永遠不変だと一九八〇年代半ばまで誰もが思っていたが、これは決して思い違いではない。ソ連の人たちが日常で見聞きする現実の社会主義は、その時までに大きく様変わりして党の掲げるイデオロギーの発話や儀礼につきるものではなくなっており、一種の「ふつうの生活」になっていて、実に様々な関心・意味・関係・理想を盛り込めるが、国家が隅々まで見通すことも管理することもできないものになっていた。この世界の崩壊が予想外だと思えたのは、こうした新しい意味や生き方が、ソ連の日常をきわめて複雑かつ充実したものに、つまり「ふつう」にしていたからでもあった。にもかかわらず、党指導部が予想外の変革に着手した際、ソ連の人たちが心構えができていると思えたのは、改革をうながす党の発話に盛り込まれている重要な事実が、ソ連の人たちの誰もが知っているのに言語化できていなかったこと——ソ連システムはもうずっと前から根本的に内部が変化していたということだったからである。

最後に一言。後期社会主義のソ連というモデルは、ダイナミックで強大な、自信満々のシステムであっても、土台となるシンボル原理が変わって自己の再生産がおぼつかなくなると、突如崩壊しうることを示す歴史の好例だと言えよう。

訳者解説

ずっと続くと思ってた、すべてが終わるその日まで——最後のソ連世代の文化人類学的考察に寄せて

ソ連という史上初の社会主義国家が姿を消してから四半世紀がすぎた。この間、二十世紀に巨大な足跡を残したこの国を歴史として位置づけなおす試みが着実に積み重ねられてきた。特に二〇一七年は、ロシア革命から百年の区切りの年とあって、様々な角度からソ連を問い直す著作が相次いで出版されている[1]。その掉尾を飾るのが、ブレジネフ時代（一九六四年〜八二年）に暮らす人びとの日常感覚を再現した本書である。

ブレジネフ時代は、七十余年におよぶソ連史の中で、相対的に関心が低く、研究も多くない。そもそも同時代の評価からして手厳しく、表向きは超大国だが体制は硬直化し、社会にも閉塞感が漂うと当時から言われていた[2]。またイデオロギーの形骸化が進んで、社会主義理念の求心力も落ちた。このため後には〈停滞の時代〉と揶揄され、「公私の使い分けから建前の空洞化が進み、腐敗と停滞、労働規律の弛緩、経済の失速があらわれてきた[3]」と散々である。

本書はこうした見方に異を唱える。それは外部世界の一面的な観察にすぎない。内部では、硬直したイデオロギーの下で、人びとはそれなりの自由を楽しみ、国の強圧に左右されず、創造的で自分らしい生活を送っていた。数多くの具体例を駆使して、そう主張するのである。

ブレジネフ時代のイメージを一新するこのような大胆な歴史像を打ち出した本書の概略を、以下に紹介したい。

一　本書について

著者のアレクセイ・ユルチャクは、一九六〇年レニングラード（現サンクト・ペテルブルグ）の生まれ。市内の新オランダ島そばにある英語特別学校の第二三八学校〔二六六頁参照〕に学び、七七年にレニングラード航空機器製造大学に進学、電波物理学を専攻した。卒業後はまず研究員として働きながら、八七年からは仕事を辞めて専属で、ロック・バンド「アヴィア」のマネージャーをしている。九〇年に渡米し、九七年にデューク大学で人類学のPh.Dを取得。現在はカリフォルニア大学バークレー校（UCLA）の准教授である。

ユルチャクが二〇〇五年にプリンストン大学出版局から出した *Everything Was Forever, Until It Was No More: The Last Soviet Generation.* は、スターリン亡き後の「後期ソ連」社会（ユルチャクの用語――一九五〇年代初めから八〇年代半ばまで）に生きる一般市民の日常を生き生きした筆致で描き、刊行直後から世評に高い。二〇〇七年にはAAASS（米国スラヴ研究学会）のVucinich Book Prizeを受賞している。今も着実に版を重ねており（二〇一六年に九刷）、ブレジネフ時代のソ連に関する基本書と言ってよい。

現代思想界の奇才スラヴォイ・ジジェクも、次のような推薦文を書いている。

アレクセイ・ユルチャクの著書は、まず題名に瞠目した。永遠が歴史の一区分であり、永遠たりえるのは一時だけという深遠な哲学的発想は魅力的だ。このような逆説の精神に貫かれた本書は、ソ連システムがじわじわと崩壊していく様をイデオロギーや文化の独自空間に分け入って壮大かつ克明に描き、その過程でおきた矛盾と苦悩をあますところなく明らかにする。ユルチャクの著書は、間違いなく後期ソ連に関する最高傑作だ。歴史研究であるばかりか、本物の文学作品を読むような満足も味わえる。

この英語版を増補改訂したのが、二〇一四年にモスクワの新文芸評論（ノーヴォエ・リテラトゥールノエ・オボズレーニエ）社から出たЭто было навсегда, пока не кончилось. Последнее советское поколение. である。大部となったロシア語版（英語版の三五二ページからほぼ倍増の六六四ページ）は、エピソードを積み増すだけでなく、説明の力点や順序も変えて考察を深めている。ロシアの優れた学術啓蒙書を顕彰する啓蒙家（プロスヴェチーチェリ）賞を二〇一五年に受賞しており、ロシアでも評価が高い（二〇一七年に三刷）。

本訳書は、叙述と考察の豊かさを重視して、ロシア語版を底本とした。ただし、日本の読者に不要と思われる箇所は、著者の了解を得て、省略してある。また、第二章の冒頭と最後は英語版に依った。

二　〈二項対立のソ連〉に代わるもの

本書の出発点は、西側で語られるソ連イメージがユルチャク自身のソ連体験とあまりにかけ離れていたことにある。あるインタビュー(4)で語っているが、三十歳で渡米した時、アメリカの浅薄なソ連認識に驚かされたという。メディアや学界に牢固としてある〈国家の抑圧／市民の抵抗〉といった単純な図式は、身を以って知るソ連の日常と似ても似つかない。特にアヴィアのマネージャー時代に日々体験していた逆説――公式イデオロギーが敵視するロックのコンサートを共産主義青年同盟（コムソモール）の活動として行う、いわば国家の庇護の下に国家の縛りから解放される複雑なねじれ状況が、どうしても分かってもらえなかった。

こうした割り切れなさを言語化するきっかけが、一九九二年ごろに読んだジジェクだった（『イデオロギーの崇高な対象』およびライバッハを扱った小論）。「これこそ探し求めていた国家社会主義の見方だと直感した」という（来日した二〇一四年十一月時の訳者との雑談でもこのことを熱弁していた）。ジジェクはライバッハを通じて、ユルチャクはアヴィアを通じて、同じものを見ていたのである。こうしてジジェクに刺激を受け、でもジジェクから「一歩後退もしくは一歩脇にそれたものを作りたい」との思いが、「自分の経験を前面に出した、豊富な民族誌（エスノグラフィー）によるリアルな社会主義の研究」を生むことになる。

ユルチャクが西側のソ連認識に覚えた違和感は、別の言い方をすると、〈二項対立のソ連〉への不満である。〈おさえつけ／かいくぐる〉面従腹背というべき把握（中国流に言えば「上に政策あれば、下に対策あり」[5]）だが、二項対立ではソ連での経験は説明できない。複雑な現実を乱暴に割り切り、どちらにつくか二者択一を迫るからだ。また二項対立による説明は、二つの要素のどちらが望ましいか、そもそも問題設定の時点で暗黙の了解がある。冷戦下の西側では、ソ連体制につながるものは否定が大前提だった。だから、ソ連ありし日のソ連の人たちの常識――ソ連の国家体制や社会主義の理念を当然の前提として生きていた頃の日常感覚は、無知や誤りだと否定してしまう。一九九〇年代に入ると、同じ見方がロシアでも広まった。

ユルチャクによれば、〈二項対立のソ連〉には盲点がある。見落とすのは、社会主義は大事だと思いつつ、でも党が決めた枠組みを時に無視歪曲する生き方だ。この生き方は決して〈仮面をかぶって本心を隠している〉のではない。社会主義の正しさを信じ、なおかつ社会主義に反することをする――このような矛盾する要素の併存こそ、実は後期ソ連の社会のあちこちで見られたこの時代の特徴なのだ。

そうした矛盾の最たるものが、ソ連崩壊の際の人々の反応である。体制の崩壊は、ペレストロイカが始まるまで誰も予想できなかったが、ペレストロイカ末期には誰もが当然のことだと受け入れた。この予想外だが当然という矛盾する感覚を二つながら解き明かした研究は、まだ存在しない（歴史人口学者のトッドが乳児死亡率の急上昇からソ連崩壊を予言したと言われるが[6]、後者の説明にはなっていても、前者は説明していない）。ほかにもソ連体制には数多くの矛盾がある。ソ連で暮らす人びとの〈陰鬱だが幸せ〉〈心地良いが恐怖〉という感覚、人類解放の高邁な理念の下で激しい人権抑圧が横行、などなど。

ユルチャクは、〈二項対立〉の単純な図式化の問題点を洗い出し、ソ連にまつわる「矛盾」を矛盾なく説明できる「新たな分析言語」づくりを本書で試みている[7]。

三　新たな分析言語

本書の大きな特徴は、次々と繰り出される多彩な実例（文化人類学で言うところの民族誌(エスノグラフィー)）と、これを一つの織物に綴じ合わせる数多の理論にある。一つ一つのエピソードが際立って面白いので、理論部分は読み流し、事例集として楽しむこともできる。とはいえユルチャクの独自概念――「スヴァイー」「コンスタティヴ／パフォーマティヴ」「ヴニェ」の三つだけは本書の理解のために最低限ふまえておく必要がある。

（一）スヴァイー

スヴァイー（свои）とは、「自分自身の」を意味する再帰所有代名詞（複数形）で、転じて「親しい、身内の、味方の」を意味する。ユルチャクは後者を踏まえて、身内感覚を有する〈仲間〉の意味で用いている。例えば「スヴァイーになる」や「スヴァイーの共同体」「スヴァイーの公衆」といった使い方をする。

ロシア人の行動原理における〈仲間意識〉の重要性は、つとに有名である。仲間意識を共有する／しないを軸とした二項対立も当然ながら存在し、ソ連分析の定番の一つになっている。通例ロシア語ならнаши／

ии、英語ならwe/theyで対比し、〈身内／他人〉〈味方／敵〉をあらわす。

わざわざスヴァイーという独自の用語を使ったのは、従来の用語についてまわる二項対立の含意を嫌ったからだろう。そのため、スヴァイーの基準をどう設定するかが工夫のしどころとなる。先走って言うと、ヴニェの感覚（後述）の共有が基準に据えられている。

（二）コンスタティヴ／パフォーマティヴ

コンスタティヴ／パフォーマティヴとは、オースティンの言語行為論に由来する用語である。

オースティンは、人間が発することばを二種類に分ける――一つはコンスタティヴ（constative）な発話と言われる、既存事実の記述を第一の目的とするもの、もう一つはパフォーマティヴ（performative）な発話と言われる、新たな意味をつくるものである。前者は、例えば「ここは寒い」や「私の名前はジョーです」のように事実を述べるだけだが、後者は、例えば裁判所で裁判官が発する「有罪！」のように、それを口にしたことで新たな意味が生じる（被告の立場が犯罪者に変わる）。また、コンスタティヴな発話への返答が正誤（事実として正しいかどうか）なのに対して、パフォーマティヴな発話への返答は適否（適切な人が適切な場面で言っているかどうか）となる。裁判官が食事中に「有罪」と言っても新たな意味は生じないが（発話が不適切）裁判で証言台に立った人が心の中で真実の一部を隠そうと思っていても、宣誓式の手続きに忠実（発話が適切）であれば証言として成立する。このようにパフォーマティヴな発話は、話し手の意図とは無関係に成立しうるもので、慣例の順守が適否を決める。

この考え方を発展させて生まれたのが、パフォーマティヴィティという概念である。慣例的な発話や儀礼は、予想外の意味を生んで現実を変える力がある、それは安定した国家制度や権力関係のコンテクストでも起こりうる、というものだ。

ユルチャクは、この概念を使ってソ連の人たちに分かち持たれていた日常感覚を説明する。ソ連体制は、日常の隅々にまでイデオロギーを行き渡らせ、様々な場面で人びとがこれに従うことを強いる。こうしたイデオロギー受容のありようには、仔細に見ると、コンスタティヴな要素とパフォーマティヴな要素があるとユルチャクは言う。前者はイデオロギーの文字通りの意味であり、事実かどうか正誤という形で論争しうるもの。後者はイデオロギーに形の上では合致しているが、そこに新たな意味が付け加わったものを指す。大事なのは、パフォーマティヴな要素なので、そうした新しい意味が当人の意図とは無関係に成立し、またイデオロギーに（形の上であれ）忠実に従うことが成立の前提であることだ。

このユルチャクの用法をあえて図式的に示すと、コンスタティヴとは、イデオロギーがらみの発話や儀礼において、形式と意味が一致している状態。パフォーマティヴとは、形式と意味が一致しない状態を指す[8]。発話なり儀礼なりに伴う言動も違っていて、前者は「イデオロギーを正しいものとして墨守／間違っているものとして否定」となるが、後者は「イデオロギーの形式は守るが、意味には頓着しない」となる。

またユルチャクは、形式と意味との乖離が極めて大きくなった状態を「パフォーマティヴ・シフト」と名づけている。これは、ブレジネフ時代の特徴と言われるイデオロギーの形骸化と実体としては同じものだ。ただ、イデオロギーの形骸化という言い方には否定的なニュアンスがつきまとい、〈表向きは信じているふりをしながら内心は信じていない〉二項対立を感じさせる。つまり、単に形式と意味の乖離という言うだけでは、言葉と行動（内心）のずれと受け止められ、二項対立の〈仮面をかぶって本心を隠している〉との違いが分からない。それを回避する道具立てが「ヴニェ」である。

(三) ヴニェ

ヴニェ（вне）とは、バフチンに由来する用語で、後期ソ連を特徴づける本書の最重要概念である（「ヴニェで接する」「ヴニェの関係」「ヴニェの姿勢」といった言い方が頻出する）。また西側の類例と似て非なることを示す際にも用いられる――ヴニェの政治、ヴニェの自由（バーリンの自由論と対置）、ヴニェの主体、ヴニェの公衆（ハーバーマスの公共圏と対置）、ヴニェの皮肉、など。バフチンが本書の議論を理解する鍵なので、ほかの用語・概念の紹介もおりまぜながら、少し詳しく説明したい。

まず「権威的言説」である。バフチンによると、これはある時代の言説体系で特別な位置を占めるもの、不変で反論の余地がないものを指す。疑問を差し挟めない絶対の思想として提示され、ただ一つの可能性として受け入れを迫る。このため他の言説は権威的言説に従属し、権威的言説がある場合にしか存在できない。ソ連のイデオロギーは、日常の隅々にまで行き渡って言説空間を支配していたのだから、明らかに権威的言説である。このため自由闊達な議論を前提とする西側とは言論や政治のありようが異なる。とはいえ、西側からの類推で、ソ連では多様な意見表明はありえないと考えるのは早計だ。バフチンが言うように、権威的言説には「外在」という接し方があるからだ。

外在（вненаходимость）とは、バフチンが未完に終わった「美的活動における作者と主人公」（一九二〇年代前半）で提示した概念である。

この論考は、小説における作者と主人公の関係を考察している。作者と主人公が同一では小説にならないし、美は生まれない。同一でも従属でもない状態が必要である。それが外在という、互いに影響を与えあう関係だという。卑近な例だが、これを藤子・F・不二雄（作者）とドラえもん（主人公）に当てはめれば、ドラえもんは、藤子と同一でないのは当然として、藤子に完全従属でもない。「キャラ立ち」した主人公が、作者の思惑を超えて勝手に動くことがあるからだ。このキャラ立ちがおきる状態が、いわば外在である。

このような作者と主人公の関係をソ連に当てはめると、思いがけない帰結を見る——国民（主人公）はスターリン（作者）のイデオロギーから逃れられないが、外在で接することはできる。つまり、イデオロギーの言葉を語りながら、そこに独自解釈を盛り込めるのだ。しかも一九五〇年代以降にスターリンがイデオロギーの〈主人〉でなくなると（手始めは「客観的な科学的法則」の存在を認めた一九五〇年の言語学論文、次いで五三年の肉体的な死と五六年の「スターリン批判」＝政治的な死）、主人公が作者の役割も受け持つので、独自解釈の余地がさらに広まった（先の譬えを続ければ、藤子・F・不二雄亡き後に藤子プロが製作するドラえもんや、同人誌の二次創作のドラえもんである）。

このようにソ連の政治のありようを考える場合には、権威的言説に独自解釈を盛り込みうる外在という接し方が重要になってくる。

外在は、ロシア語の原義に即して直訳すると「ヴニェであること、ヴニェ状態」となる。ユルチャクが英語版で力説しているが、バフチンが〈ヴニェ〉という語に込めた意味は、辞書の通常の語義 outside（枠の外）ではなく、inside/outside（内であり外）という不分明な状況である（先の例を使えば、「作者であると同時に主人公」という二元一体化した状態）〔pp. 133-134〕。このため、英語版はこの語は訳出せず、*V'nye* と表記して注意を促している。本訳書もこれに倣い、バフチン研究の定訳である「外在」は用いず、「ヴニェであること」を縮めた「ヴニェ」と表記する（вне単独の訳語には「超越」を用いた）。

まとめておこう。ヴニェとは、権威的言説に対して「内であり外」の立場をとる。権威的言説の形式は守りつつ、その意味をずらしていく。つまり、言説のパフォーマティヴな再生産なので、言説の支持／反対というコンスタティヴな姿勢には与しない。「形式踏襲」（イデオロギーの言葉を使いながら）かつ「意味改変」（文脈次第で様々な意味を盛り込む）の姿勢である。

(四) ヴニェと二項対立との違い

イデオロギーの言葉は常識では単義（モノセミック）であり（実際ソ連の公式言説もそう主張していた。第二章参照）、そこに様々な意味を盛り込めると言っても、にわかに信じがたいだろう。そこで訳者の体験談を紹介したい。二〇〇三年だったと思うが、数カ月間モスクワのある公文書館に日参したことがある。そこは大統領府の建物の一角にあるため、保安上の理由から、閲覧者は建物内の自由な移動ができない。入館や退館は必ず職員が同伴する規則になっていた。あるとき、いつものように建物の入り口から内線電話で出迎えを頼むと、珍しく閲覧室の一番偉い人が迎えに来た。足が少し不自由な初老の女性で、ゆっくりとしか移動できないので、途中、自然と世間話になる。その中でこう言われた。あなたは毎日毎日、開館と同時にやってきて閉館ぎりぎりまで仕事をして偉いわねぇ、「社会主義労働英雄ね！」。

社会主義労働英雄は、経済や文化の面ですぐれた功績のあった者に贈られるソ連時代の名誉称号である。名称のイデオロギー色は隠しようがない。しかし訳者に向けて発せられた際は、イデオロギーはもはや形式だけで、実質は「皆勤賞」といった意味しかない。イデオロギーの言葉がこんな風に使えるのだと驚いたことを今も鮮明に覚えている。

本書には、これに類した実例が数多く出てくる。実際にエピソードを読んで確認して欲しいが、どれも公式イデオロギーの内側にいながら、コンスタティヴな繰り返しではなく、何か新しい意味が付け加わっている。例えば、アレクサンドルの手紙〔三一四―三一五頁〕にはドグマにとらわれない理想の共産主義をめざす情熱があるし、エレーナの日記〔三八四頁〕には小ばかにしつつも、そこはかとない親愛の情が、インナに届いた手紙〔三九一―三九二頁〕には皮肉な現状批判が明らかに読み取れる。このようにどれも盛り込む意味は各人各様なのに、一致してイデオロギーの言葉を使っている――形式踏襲かつ意味改変というヴニェの姿勢で臨んでいる。

ところで、最後のインナに届いた手紙は、見方によっては、公に許されるぎりぎりの線で本音を記した面従腹背と取れなくもない。〈仮面をかぶって本心を隠している〉といった〈二項対立のソ連〉像に代わる新たな分析言語づくりが本書の課題なのだから、ヴニェと二項対立との違いは明確にする必要がある。両者は重なりつつも、何が違うのだろうか。

先にも触れたが、面従腹背といった二項対立の発想は、二つに分けた要素（様々なバリエーションがある）のどちらが〈正しい〉か、予め評価が決まっている。例えば、冷戦下の西側やソ連なき現代では、ソ連体制につながる要素には避けがたく否定的な色合いがつきまとう。ソ連をめぐるコンスタティヴな発想（ソ連体制は正しいか間違っているか）が背後にあるからだ。

ヴニェも、たしかに二つの要素（形式と意味）に分けて考える。しかし、どちらが正しい／間違っているとは考えない。形式は守りつつ、その意味をずらすパフォーマティヴな姿勢なので、どちらもそれなりに正しい。不可分の相互依存、いわばコインの裏表で、片一方だけでは存在できないという考え方なのだ。

ヴニェを踏まえると、ソ連の現実がうまく説明できるようになる。先にソ連にまつわる矛盾の最たる例として、ソ連体制の崩壊は予想外だが当然という当時の受け止め方を紹介した。これは、ヴニェの姿勢の「形式踏襲」ゆえに誰もが「体制の永続」を信じて疑わないが、「意味改変」ゆえに体制がじわじわと「内部から弱体化」していたからだと説明できる。

ブレジネフ時代のソ連は、〈上から〉見れば、国民がイデオロギーを支持しているのに体制が弱体化していく、〈下から〉見れば、色々面倒なことを言われるが、それでもイデオロギーの言葉を使えば様々な意味に改変して自分のしたいことができる、そういう体制だった。冒頭で触れたブレジネフ時代の二様の評価も、〈形式〉に着目すれば形骸化した灰色の時代となるし、〈意味〉に着目すれば自由で創造的な可能性に満ちていたとなる。外部の観察者の評価と内部の体験者の感覚が往々にしてずれるのも、前者が〈形式〉を、後者が〈意味〉を主に念頭においているからだ。

ヴニェとは、言ってみれば、イデオロギーに対する一種のリテラシーなのだろう。ソ連に生きる人にとって、イデオロギーは自分なりに読み替えるのが当然だった。権威的言説として押し付けられたイデオロギーにひとまず従う（ふつうの人はこれ以外に選択肢はない）が、自分なりの判断で、ある部分は受け入れ、ある部分は受け入れない。しかも受け入れる／受け入れないの線引きが文脈次第で変わるので、相互の矛盾にも無自覚になる。この感覚を共有する人が仲間＝〈スヴァイー〉だった。(9)

四　本書の構成

本書の主たる資料は、一九九四年から九五年に収集された。新聞広告を出して集めた一九八五年以前（ペレストロイカ開始で人びとの意識に変化が生じる以前）の日記や手紙である。また、百人をこえる人にインタビューもしている。

考察の中心は、ソ連時代に自己形成を終えていた最年少の世代（生年で言えば、一九五〇年代半ばから七〇年代はじめまで）に置かれている。ソ連体制の存在を当然と思いながら、ペレストロイカ以降の予想外の変化をすんなり受け入れる――先述したイデオロギー受容にまつわる矛盾を最もよく体現した人たちだからだ。本書はこれを「最後のソ連世代」と呼んでいる。ユルチャクもこの一員である。

本書は七つの章で構成されている。第一章と第二章が理論面の考察（その主要部分はすでに紹介した）、その先が文化人類学でいう民族誌（エスノグラフィー）である。実例を挙げだすと切りがないので、興味深い点にしぼって紹介していこう。

第三章は、若い世代にイデオロギー教育を施していたコムソモールの活動をとりあげる。コムソモール集会は〈内職〉が横行し、でも採決になると「頭の中でセンサーか何かが働いて自動的に手を挙げる」という当時の様子には唖然とさせられる（ユルチャクもコムソモール集会はいつも英語の辞書を読んでいたらしい）。しかし、何より注目すべきは、活動家ですらコムソモール活動を「形式業務」と「意味のある仕事」とに二分して、前者には徹底的な手抜きで臨んでいたことだ。

ソ連時代のごまかし仕事は、「トゥフタ」（туфта）と呼ばれ、社会主義の欺瞞としてつとに有名である。[10]その実例は、例えば、戦後スターリン時代の収容所の一日を描いたソルジェニーツィンの「イワン・デニーソヴィチの一日」に活写されている。

コムソモール活動家のトゥフタの実例は、たしかに絶句苦笑するが、イデオロギーの形骸化という通説を裏切るわけではない。むしろ驚くべきは、活動の一部にトゥフタで臨むことと共産主義の理想を信じることが、一人の人間の中で何ら矛盾なく共存していたことだ。「形式業務」をこなすことで「意味のある仕事」ができるというアンドレイの考え方は、二項対立では説明できない、ヴニェの実例である。

またレーニンの重要性（北極星のように決してぶれることのない理想の象徴——本書の言い方に倣えばソ連の権威的言説の「主人のシニフィアン」）を様々な事例から浮かび上がらせている（ユルチャクには、レーニンの遺体保存技術に関する論考もある）。レーニンを描くことは「特別で」「歪めてはならない」という印象的な指摘が本書にあるが、面白いことに、高杉一郎によると、シベリア抑留中の日本人も「卑俗に歪め、その神聖をけがすおそれがある」ので、「政治部公認の者でない限り」「肖像をえがくことを禁じられた」という[11]。

第四章は、イデオロギーと直結しない活動をとりあげる。周囲の現実から隔絶した一種のオアシスがソ連社会のあちこちに現われ、同好の士が集まって超然と自分の世界に没入していたことが、様々な例から示される（ピオネール宮殿のサークル活動、カフェ「サイゴン」、極限状態としてのボイラー室など）。日本では袴田茂樹がこうした存在に同時代に注目し、先駆的に紹介している。特に『文化のリアリティ』（筑摩書房、一九九五年）所収の「Yの軌跡」（初出一九八一年）は、この章の登場人物と見まがうほどだ。

示唆に富むのは、コムソモール活動に背を向けるインナが、反体制の異論派も「面白くない」と敬遠していたことだ。体制の支持／反対は、一見すると別ものに思えるが、イデオロギーをコンスタティヴに受け止めて正誤を争っていると見れば「土俵を同じくする言説」にすぎない。インナとその友達は、そうした次元を「超越して（ヴニェ）」、友人との語らいや読書に没頭する別の世界を作っていた。これは、前章のコムソモール活動家アンドレイとは違う形の、ヴニェの姿勢である。イデオロギーにパフォーマティヴに接して体制の外にいる一方で、社会主義的な価値観である教養重視や金銭・物欲蔑視とは共鳴して体制の内にいるからだ。

第五章と第六章は、外国文化の受容をとりあげる。わたしたちにも馴染みがある西側のモノ（ジーンズなどのファッション、短波ラジオやテープレコーダーなどのオーディオ機器、ジャズやロックといったポピュラー音楽）が、どのようにソ連の文脈に取り入れられて変容したかが焦点となる。本書で一番とっつきやすい部分なので、本書の部厚さに恐れをなす向きは、まずここから読むことをお勧めしたい。

ここでも、安易な二項対立の見方が現実に即していないことが強調される。一例をあげると、短波ラジオは、外国の反ソ宣伝に対抗するソ連当局の妨害電波だけが有名だが、その一方で文化水準や国際性の向上につながるからと聴取が奨励されていた（外国放送が見つけやすいように目盛りに都市名が記されたラジオすらあった〔二四〇頁〕）。ユルチャクは、こうした相反する要素のどちらか一方が正しいとはせず、二つが併存し、文脈次第で様々な意味を持ったと主張する。だから外国の短波ラジオ放送を聞くことは、「それなりに危険だが、同時にきわめて当たり前のことだった」。

この二つの章で紹介されるロック受容の実態は、本書の白眉と言っていい。イデオロギーにヴニェで接するのが習い性のソ連の若者は、西側の音楽も自分流に読み替え、思いがけない意味を盛り込んでいた。ソ連のロック・ファンとくれば体制抵抗の反ソと短絡しがちだが、そうした二項対立では説明不能な「例外」事例――コムソモール主催のディスコでロックを流したり、ロックへの熱狂を共産主義の言葉で説明する若者がいたことを紹介している。

第七章は、形式踏襲を突き詰めた「過剰同調」など、ヴニェが広く浸透した結果うまれた日常感覚を明らかにする。ミチキーやネクロリアリストといった特殊・過激な芸術家集団だけでなく、公式文体を模した文学作品やコムソモール活動家の戯作文、この時代を代表するフォークロア文学「アネクドート」（広辞苑にも立項されている）など、ここでも多彩な事例が取り上げられている。

この章で紹介されるイデオロギーとの接し方は、かつてはごく限られた知識人にのみ可能な行動だった。作曲家のショスタコーヴィチを例にすると、スターリン独裁下の一九三五年十一月十七日の私信[12]は、明らかに過剰同調によるおかしみがある。スターリン死後は、こうした感覚を作品化して公表もした。一九六六年の歌曲〈「自作全集」序文とその序文についての短い考察〉は、ソ連社会での形式踏襲の広まりを抜きには成立しえない笑いだろう。自伝的要素に満ちた弦楽四重奏曲第八番（一九六〇年）に付された献辞「ファシズムと戦争の犠牲者の思い出に」が、第五章のレニングラード・ロック・クラブの事前承認のエピソードを彷彿とさせることも付け加えておきたい[13]。このような天才の個人的行為が普通の人たちの普遍的行為になり、イデオロギーとの「戯れ」がソ連社会の隅々まで浸透したことの結果が、第七章の数々の事例なのだった。最後の結論は、ここまでの議論を整理した後、ゴルバチョフが始めた改革（ペレストロイカ）がなぜソ連崩壊という結果に至ったのかを跡付ける。

パフォーマティヴな受け止めが常態化していたイデオロギー言説が、ゴルバチョフの新機軸によってコンスタティヴに受け止められるようになると、あらゆるものを疑問視しだして最後はレーニンの正統性も破壊する。ソ連の権威的言説の「主人のシニフィアン」が破壊されたことで、ソ連システムは自身の再生産が不可能になり、体制崩壊へと至った。

おわりに

亀山郁夫は、自身が体験したブレジネフ時代を「甘い腐臭」に譬える[14]。その時代の〈楽しさ〉を言い当てた名言だが、これは体制の崩壊という結果を見据えた、今の時点から振り返った過去の説明である。これに対して本書は、当事者がその当時に抱いていた〈楽しさ〉を前面に押し出す（腐臭を生んだ経済問題への言及は第一章註（63）のみ）。体制崩壊など夢にも思わず、今の状態がずっと続くと思っていた頃の常識の再現である。善悪や正否は脇において、観察対象のしくみの解明をめざす文化人類学の本領が遺憾なく発揮されている。

歴史を語る場合、「過程」は語りやすい。スターリン批判なりキューバ危機やペレストロイカであれば、始まりがあって終わりがあり、ビビッドな、あるいは論理的な語りが可能である。これに対して本書は、「状態」を語っている。多面的で名づけがたく語りにくく、つかみどころがない[15]。ブレジネフ時代の歴史研究が少ないのも、ここに起因する。だが本書が示してくれたように、この時代は独特の魅力に満ちている。本書に導かれてブレジネフ時代、ひいてはソ連そのものの研究が進展することを願ってやまない。ただし、権威的言説を読み替えて多様な可能性を切り開いていたソ連の人たちの営みを甦らせた本書には、この解説もパフォーマティヴに読み替えるのがふさわしい態度だろうことは付け加えておきたい。

＊

本書との出会いは二〇一〇年にさかのぼる。旧知の先生に勧められて手に取ったと記憶する（二〇一〇年十月末の購入記録がある）。一読してブレジネフ時代の日常の生き生きした描写に感心し、仕事に一区切りついた二〇一三年の年初から翻訳出版の可能性を探り始めた。

奇縁だが、この年の十月にユルチャクが来日する。日本のロシア関係者の招待によるもので、三回の講演会を行った。その一つ、ロシア史研究会の年次大会では、パネル「ソヴィエト的公衆・公論・公共性」で報告者の一人として本書の要旨を発表した。聞いていて、才気煥発な、ロシアのインテリという印象を受けた（本書でも、例えば、ロッ骨レコードの説明にトーマス・マンをもってくる第五章の註（93）には舌を巻く）。休憩時に近づいて翻訳の意向を伝えると、ロシア語版を準備中だと教えてくれて、翌一四年七月には約束どおり出版前のゲラを分けてもらい、このゲラをもとに翻訳作業を開始した。さらに十一月の二度目の来日（一橋大学主催の国際シンポジウムでの報告）では半日の東京観光に同行し、お子さんへのお土産の〈ねこバス〉人形さがしを手伝ったりしながら、本書にまつわる研究の裏話をたっぷり聞かせてもらった。

また、その直後の二〇一五年一月にはみすず書房が版元に決定した。ある翻訳書の企画を打診してきた鈴木英果さんにユルチャク翻訳の企画を逆提案したところ、快く引き受けてもらえたからだ。その後も、親切かつ的確な指摘で出版に至る長い道のりを支えていただいた。とりわけ、革命百年に刊行を間に合わせる手綱さばきと、日本の読者に本書の魅力を伝える編集の妙技には感心しきりだった。足かけ三年にわたる伴走に、この場をかりて心からお礼申し上げたい。

二〇一七年九月　大十月革命百年を目前にしたモスクワにて

半谷史郎

（1）代表例として、日本の研究者が総力を結集した『ロシア革命とソ連の世紀』全五巻（岩波書店、二〇一七年）をあげておく。

（2）日本人のソ連観がこのように変化したのは、一九七〇年前後である。政治的には一九六八年の「プラハの春」事件、書籍では一九七一年の大宅壮一ノンフィクション賞を受賞した鈴木俊子『誰も書かなかったソ連』（サンケイ新聞社出版局、一九七〇年）がメルクマールになる。

（3）和田春樹『ヒストリカル・ガイド　ロシア』（山川出版社、二〇〇一年）、一八三頁。

（4）ARTMargins online. 05 June 2014. http://www.artmargins.com/index.php/interviews-sp-837925570/736-interview-with-alexei-yurchak-

（5）亀山郁夫がショスタコーヴィチ論で用いる「二枚舌」も同類。ジョージ・オーウェルの「二重言語（ダブルシンク）」については第二章の註（2）を参照。

（6）予想外だが当然という反応は、同じ頃におきた東西ドイツ統一にも当てはまるように思う。今や当然のこととして語られるドイツ統一だが、当時大学生だった訳者は、大学のドイツ語関係者が、信じられないことがおきたと異様な興奮に包まれていたのを覚えている。

（7）エマニュエル・トッド『最後の転落――ソ連崩壊のシナリオ』（藤原書店、二〇一三年／原著は一九七六年刊）

（8）形式と意味を分けて考える発想は、スターリンの有名な民族文化の定式「形式において民族的、内容において社会主義的」を思い出させる。
(9) ヴニェの感覚は、ソ連の特異さの現れというよりは、ロシアの伝統的なありようと考えた方がよい(例えば、形式厳守なのに時代ごとに変化する宗教画イコン)。また日本の建前と本音に比することも可能だろう(どちらかが嘘というより、どちらも本当で、場面に応じた使い分けが重要)。
(10) ジャック・ロッシ『ラーゲリ註解事典』(恵雅堂出版、一九九六年)、二〇九―二一〇頁。
(11) 高杉一郎『極光のかげに』(岩波文庫、一九九〇年)、二六八頁。
(12) 滞在先のモスクワから親友ソレルチンスキーに宛てたもの。関連部分は次のとおり。
(前略)手紙の悲しい部分はおしまいです。
今日は、光栄の至りですが、スタハーノフ労働者大会の閉幕会議を訪れました。議長団に見えるのは、同志スターリン、モロトフ、カガノヴィチ、ヴォロシーロフ、オルジョニキッゼ、カリーニン、コシオール、ミコヤン、ポスティシェフ、チュバリ、アンドレーエフ、ジダーノフの各同志。スターリン、ヴォロシーロフ、シヴェルニク各同志の演説を聞きました。ヴォロシーロフの演説に虜になりましたが、スターリンを聞いた後はあらゆる基準の感覚をまったく失い、会場中が一斉に「ウラー」と叫んでいつまでも拍手していました。この歴史的演説は新聞で読むでしょうから、くどくど書きません。もちろん本日はわが人生最良の日です。スターリンを見て聞いたのですから。
大会は今日の十三時開始です。このためにボリショイ劇場のリハーサルは中座しました。(後略)
Шостакович Д.Д. Письма И. И. Соллертинскому. СПб, 2006, С. 178.
(13) 一九七九年刊の『ショスタコーヴィチの証言』(水野忠夫の邦訳は一九八〇年刊)を契機に、かつての「忠実な党員」から「隠れた異論派」へと、二項対立の両極で揺れ動いたショスタコーヴィチ像は、ソ連解体後の近年の研究によって、本書のヴニェに相当する複雑なありようが明らかになってきている。
(14) 亀山郁夫、佐藤優『ロシア 闇と魂の国家』(文春新書、二〇〇八年)、四四―四五頁。
(15) 中井久夫『戦争と平和 ある観察』(人文書院、二〇一五年)、八頁に着想を得た。中井の文脈では、戦争が「過程」、平和が「状態」である。

アレクセイ・ユルチャク
最後のソ連世代
ブレジネフからペレストロイカまで
半谷史郎訳

2017 年 10 月 18 日　初　版第 1 刷発行
2024 年 9 月 17 日　新装版第 1 刷発行

発行所 株式会社 みすず書房
〒113-0033 東京都文京区本郷 2 丁目 20-7
電話 03-3814-0131(営業) 03-3815-9181(編集)
www.msz.co.jp

本文印刷所 精文堂印刷
扉・表紙・カバー印刷所 リヒトプランニング
製本所 松岳社

ISBN 978-4-622-09743-3
[さいごのソれんせだい]

著者略歴

(Алексей Юрчак)

1960年，ソ連レニングラード市（現ロシア，サンクト・ペテルブルグ市）生まれ．カリフォルニア大学バークレイ校人類学准教授．ブレジネフ期のソ連で少年時代を過ごし，大学では電波物理学を専攻．1980年代半ばからロック・バンド「アヴィア」のマネージャーをしていたが，ソ連解体直前にアメリカに渡り人類学者となる．本書で2007年にAAASS（米国スラヴ研究学会）のVucinich Book Prizeを，2015年にロシアの啓蒙家賞を受賞した．

訳者略歴

半谷史郎〈はんや・しろう〉 1968年愛知県生まれ．東京大学大学院総合文化研究科地域文化研究専攻博士課程修了．現在，愛知県立大学外国語学部教授．専攻はロシア史．訳書に ディビッド・ウルフ『ハルビン駅へ』（講談社，2014），テリー・マーチン『アファーマティヴ・アクションの帝国——ソ連の民族とナショナリズム 1923年〜1939年』（明石書店，2011）などがある．

索引

ア

カ

サ

タ

ナ

ハ

マ

ヤ

ラ

ワ

文献一覧

500 слов. Краткий словарь политических, экономических и технических терминов. 1962 / Сост. Е.И. Бородин. М.: Издательство ЦК ВЛКСМ «Молодая гвардия».

Авдеев М.И. 1966. Краткое руководство по судебной медицине. М.: Медицина.

Аксенов В. 1991. В поисках грустного бэби. М.

Актуальные проблемы теории и практики нравственного воспитания студентов. 1978 / В.Т. Лисовский и др. (ред.). Л.: Издательство ЛГУ.

Алиев А. 1968. Народные традиции, обычаи и их роль в формировании нового человека. Махачкала: [не опубликовано].

Алпатов В.М. 1991. История одного мифа. Марр и марризм. М.: Наука.

Архангельский А. 2005. «Соцреализм оказался над диваном». Интервью с Е. Деготь // Огонек. No. 44.

Барановская И. 2011. Интервью в передаче Татьяны Вольтской "Фотовыставка к 30-летию Ленинградского рок-клуба". Поверх Барьеров, Российский час. Радио Свобода, 10 ноября (http://www.svobodanews.ru/content/transcript/24387670.html).

Барко В. 1981. Перед стеной оказалась сегодня популярная музыка на Западе // Комсомольская правда. 19 марта.

Барсегян Э. 2008. Культурное пространство сужается, пора возрождать рок-клуб // Фонтанка. ру. 10. 04. 2008 (http://www.fontanka.ru/2008/04/10/010).

Бахтин М.М. 1965. Творчество Франсуа Рабле и народная культура средневековья и Ренессанса. М.: Художественная литература. 〔ミハイル・バフチン「フランソワ・ラブレーの作品と中世・ルネサンスの民衆文化」『ミハイル・バフチン全著作』第7巻、杉里直人訳、水声社、2007年〕

Бахтин М. М. 1975. Слово в романе // Бахтин М. М. Вопросы литературы и эстетики. Исследования разных лет. М.: Художественная литература. 〔ミハイル・バフチン『小説の言葉』伊東一郎訳、平凡社ライブラリー、1996年〕

Бахтин М.М. 1979a. Автор и герой в эстетической деятельности // Бахтин М.М. Эстетика словесного творчества. М. 〔ミハイル・バフチン「美的活動における作者と主人公」佐々木寛訳、『ミハイル・バフチン全著作』第1巻、水声社、1999年〕

Бахтин М.М. 1979б. Проблемы поэтики Достоевского. М. 〔ミハイル・バフチン『ドストエフスキーの詩学』望月哲男・鈴木淳一訳、ちくま学芸文庫、1995年〕

Белоусов А.Ф. 1995. Анекдоты о Штирлице // Живая старина. No. 1.

Белоусов А.Ф. 1996. «Вовочка» // Анти-мир русской культуры. Язык. Фольклор. Литература. Сб. статей. М.

Беляев Д.Г. 1949. Стиляга // Крокодил. 10 марта.

«Берегите и изучайте великий русский языы». 1946 // Комсомольская правда. 2 июля.

Берлин И. 1998. Две концепции свободы // Современный либерализм. М.〔アイザィア・バーリン「二つの自由概念」生松敬三訳、『自由論』、みすず書房、2005年新装版〕

Блинов И.Я. 1948. О языке агитатора. М.: ОГИЗ-Госполитиздат.

Бойм С. 2002. Общие места. Мифология повседневной жизни. М.〔Boym S. 1994.の増補改訂版〕

Булгакова О. 1994. Повелитель картин — Сталин и кино, Сталин в кино // Агитация за счастье. Советское искусство сталинской эпохи. СПб.: Государственный Русский музей.

Бурлацкий Ф. 1988. После Сталина. Заметки о политической оттепели // Новый мир. №. 10.

Бурлацкий Ф. 1990. Вожди и советники. О Хрущеве, Андропове и не только о них… М.: Издательство политической литературы.

Бурлацкий Ф. 1997. Глоток свободы. Кн. 1. М.: РИК «Культура».

Вайль П., Генис А. 1991. Страна слов // Новый мир. №. 4.

Вайль П., Генис А. 2001. 60-е. Мир советского человека. М.: Новое литературное обозрение.

Валиева Ю. 2009. Сумерки «Сайгона». СПб.: Zamizdat.

Ванденко А. 2012. Везунчик（интервью с режиссером Кареном Шахназаровым）// Итоги. №. 27（http://www.itogi.ru/arts-spetzproekt/2012/27/179643.html）.

Веллер М. 2002. Хочу в Париж // Веллер М. Хочу быть дворником. СПб.: Фолио.〔ミハイル・ヴェレル「パリへ行きたい」大野典宏・森田有記訳、『S-F マガジン』2007年6月号〕

Виленский Д. 1995. Свидетели эпохи. Монолог фотографа // Каталог выставки «Конец прекрасной эпохи. Фотопостскриптум» / Д. Пиликин и Д. Виленский（ред.）. СПб.: Фонд «Свободная культура».

Вите О. 1996. Избиратели — враги народа?（Размышления об адекватности электорального проведения и факторах, на ее уровень влияющих）// Этика успеха. №. 9.

Волошинов В.Н. 1929. Марксизм и философия языка. Л.: Прибой.

Всесоюзная перепись населения 1989 года. 1990 // Вестник статистики. №. 9.

Гладарев Б. 2000. Формирование и функционирование milieu（на примере археологического кружка ЛДП -ДТЮ, 1970-2000 гг.）. СПб.: Центр независимых социологических исследований（http://www.indepsocres.spb.ru/boriss.htm）.

Глебкин В. 1998. Ритуал в советской культуре. М.: Янус-К.

Гофман Э. фон. 1900. Атлас судебной медицины. СПб.

Гребенщиков Б. 1996. «Сайгон» // Пчела. №. 6（http://www.pchela.ru/podshiv/6/ saigon.htm）.

Гребнев А. 1967. Как делается газета. Теория и практика советской партийной прессы. Курс лекций. Кафедра журналистики и литературы Высшей партийной школы при ЦК КПСС.

Григорьев В.П. 1986. Словотворчество и смежные проблемы языка поэта. М.: Наука.

Гройс Б. 1990а. Соц-арт // Искусство. №. 1.

Гройс Б. 1990б. Соцреализм — авангард по-сталински // Декоративное искусство. №. 5.

Гудков Л., Дубин Б. 1994. Идеология бесструктурности. Интеллигенция и конец советской эпохи // Знамя. №. 11. С. 166–179.

Гук О. 1997. Валентин Тихоненко: Тарзан в своем отечестве // Пчела. №. 11. С. 21–28.

Деготь Е. 2010. Советское искусство между авангардом и соцреализмом. 1927–1932 // Наше наследие. №. 93–94.

Дезанти Д. 1956. Париж и парижане // Литературная газета. 28 апреля.

Довлатов С. 1993. Ремесло. Избранная проза в 3 т. Т. 2. СПб.: Лимбус Пресс.

Долой пошлость! 1947 // Литературная газета. 19 ноября.

Достоевский Ф. 2008. Братья Карамазовы. М.: Эксмо; Библиотека Всемирной литературы. 〔ドストエフスキー『カラマーゾフの兄弟』全5巻、亀山郁夫訳、光文社古典新訳文庫、2006–2007年〕

Дубровский М. 1991. История СССР в анекдотах. Минск: Эверест.

Ерохин А. 1995. Юмор в России // Огонек. №. 14 Апрель. С. 40–43.

Жданов А. 1950. Вступительная речь тов. А.А. Жданова на совещании деятелей советской музыки в ЦК ВКП（б） в январе 1948 года（http://svoim.info/201142/?42_7_1）.

Задачи советского языкознания в свете трудов В.И. Сталина. 1952 // Вопросы языкознания. №. 1. С. 4.

Здравомыслова Е. 1996. Кафе «Сайгон» как общественное место. СПб.: Центр независимых социологических исследований.

Зорин А. 1997. Чтобы жизнь внизу текла （Дмитрий Александрович Пригов и советская действительность） // Пригов Д.А. Советские тексты. СПб.

Идлис Ю., Коган Е., Щербакова К. Рок в лицах. 2011 // Русский репортер. №. 18（196）. 12 мая（http://expert.ru/russian_reporter/2011/18/rok-vlitsah; открыто 17 июля 2012）.

Иконникова С.Н., Лисовский В.Т. 1969. Молодежь о себе, о своих сверстниках. Л.: Лениздат.

Иконникова С. Н., Лисовский В. Т. 1982. На пороге гражданской зрелости: Об активной жизненной позиции современного молодого человека. Л.: Лениздат.

История гражданской войны в СССР. Горький, М. и др.（ред.）. М., 1935.

Кабаков И., Гройс Б. 1990. Диалоги. Вологда.

Казаковский Е. 1956. Для технического прогресса // Литературная газета. 22 марта.

Калинин М.И. 1935. Статьи и речи. От VI до VII съезда Советов СССР. М.: Партиздат.

Кантор П. 1961. О легкой музыке // Отрывной календарь-ежедневник. Запись от 30 октября（цит. по: Птюч. 1998. №. 12）.

Каплан Ф. 1997a. Летят музыкальные волны с заката // Пчела. №. 11. С. 46–48.

Каплан Ф. 1997b. Сопротивление на Невском проспекте // Пчела. №. 11. С. 29–30.

Князева М. 1990. Дети застоя // Литературная газета. 13 июня.

Кожемяков В. 1999. Уже не трубадур, еще не король // Московский комсомолец. 28 августа.

Коновалова Е. 2010. Сергей Манукян: Джаз в СССР звучал всегда // Вечерний Красноярск №. 16（257）, 29 апреля（http://newslab.ru/article/312594）.

Константинов С. 2000. Съезд обреченных // Независимая газета, 12 июля （http://www.ng.

ru/style/2000-07-12/16_siezd.html).

Коныгина Н. 2004. Александр Белоусов: «Вовочка сначала был Петькой-матерщинником» // Известия. 31 марта.

Костомаров Б.Г. 1994. Языковой вкус эпохи. Из наблюдений над речевой практикой масс-медиа. М.: Педагогика-Пресс.

Кравченко А. 1969. Справочник секретаря первичной партийной организации. М.: Издательство политической литературы.

Кривулин В. 1996. Невский до и после Великой кофейной революции. Интервью // Пчела. №. 6. С. 4-9.

Кротов Я. 1992. Советский житель как религиозный тип // Новый мир. Май. С. 245-250.

Крученых А. 2000. Декларация заумного языка // Литературные манифесты от символизма до наших дней. М.: Согласие.

Крючкова Т. Б. 1982. К вопросу о многозначности идеологически связанной лексики // Вопросы языкознания. №. 1. С. 28-36.

Курганов Е. 1997. Анекдот как жанр. СПб.: Гуманитарное агентство «Академический проект».

Лакан Ж. 1997. Стадия зеркала и ее роль в формировании функции Я. М.: Логос. 〔ジャック・ラカン「〈わたし〉の機能を形成するものとしての鏡像段階」『エクリ Ⅰ』宮本忠雄訳、弘文堂、1972年、123-138頁〕

Леонтьев А. А. 1975. Психология общения в профессиональной деятельности лектора // Вопросы лекционной пропаганды. Теория и практика. М.: Знание. Вып. 2. С. 54-61.

Лихачев Д.С. 1984. Смех как мировоззрение // Лихачев Д.С., Панченко А.М., Понырко Н.В. Смех в Древней Руси. Л.: Наука. С. 7-71. 〔リハチョフ「世界観としての笑い」『中世ロシアの笑い』中村喜和・中沢敦夫訳、平凡社、1989年、15-138頁〕

Локотникова И., Буланкова Л. 2006. Музею Аничкова Дворца — 15 лет // ЭМИТЕНТ Северо-Запад России (http://emitent-spb.ru/anniversary/anichkov/)

Лосев А. 1978. Письма // Континент. Литературный, общественно-политический и религиозный журнал. С. 16.

Лукашанец А.А. и др. 1988. Общество — язык — политика. Минск: Высшая школа.

Лурье В. 1983. Детский фольклор. Младшие подростки. М.

Лурье Л. 1997. Поколение, вышедшее из холода // Пчела. №. 11. Октябрь—ноябрь. С. 17-19

Лурье Л. 1998. Семидесятые как предмет истории русской культуры. Материалы дискуссии // Россия/Russia. №. 1(9).

Лурье Л. 2003. «Занимательная история Петербурга», передача 40-я, 12. 09. 2003, радиостанция Эхо Петербурга. Запись передачи доступна в Гостелерадиофонде РФ, Фонд: Документальный Радиофонд, Ном. 12645616, см. http://www.gtrf-ra.ru/ru/gtrf/29485

Мазин В. 1998. Кабинет некрореализма: Юфит и. СПб.: Инапресс.

Мазин В. 2005. Стадия зеркала Жака Лакана. СПб.: Алетейя.

Макаревич А. 1994. Интервью еженедельной программе «Взгляд» на 1 канале Останкино, 22. 06. 1994 (http://www.youtube.com/watch?v = DF5Utrscl68)

Макаревич А. 2002. Сам овца. Автобиографическая проза. М.: Захаров.

Макаревич Е. 1987. В ожидании третьей волны // Молодой коммунист. №. 1.

Манн Т. 1959. Волшебная гора. Собр. соч.: В 10 т. Т. 4. М.: Государственное издательство художественной литературы.〔トーマス・マン『魔の山』高橋義孝訳、新潮文庫、1969年〕

Марр Н.Я. 1977. Язык и мышление. Letchworth, England: Herts.

Медведев Р. 1997. Сталин и языкознание. Как было разрушено господство учения Марра // Независимая газета. 4 апреля.

Меркуров С. 2012. Воспоминания, письма, статьи, заметки, суждения современников. М.

Митьки. 2008. Сост. Сапега, М. СПб.: Амфора.

Михалков С. 1998. Интервью каналу НТВ, 30 июня.

Михельсон П. 1989. Юфит Е. Некроэстетика // Искусство кино. №. 6.

Мохель Р. 1999. Конфетный мальчик // Московский комсомолец. 23 августа.

Наглядная агитация. Опыт, проблемы, методика. 1987 / А.Н. Чеботарев（ред.）. М.: Плакат.

Народное хозяйство СССР в 1970 г.: Статистический ежегодник. М.: Центральное статистическое управление при Совете министров.

Народное хозяйство СССР в 1985 г.: Статистический ежегодник. М.: Центральное статистическое управление при Совете министров.

Ницше Ф. 2005. Воля к власти: опыт переоценки всех ценностей. Кн. 3 / Пер. с нем. М. Рудницкого. М.: Культурная революция.〔ニーチェ「権力への意志」原佑訳、『ニーチェ全集』第11巻-第12巻、理想社、1962年〕

О языке одной газеты. 1949 // Ударник Кузбасса. №. 94. 11 мая.

Паперно И. 2004. Советский опыт, автобиографическое письмо и историческое сознание: Гинзбург, Герцен, Гегель // Новое литературное обозрение. №. 68. С. 102–128.

Пелевин В. 1999. Generation P. М.: Вагриус.〔ヴィクトル・ペレーヴィン『ジェネレーション〈P〉』東海晃久訳、河出書房新社、2014年〕

Петровский М. 1990. Новый анекдот знаешь? // Философская и социальная мысль. №. 5. С. 46–51.

Платт К., Натанс Б. 2010. Социалистическая по форме, неопределенная по содержанию: позднесоветская культура и книга Алексея Юрчака «Все было навечно, пока не кончилось» // Новое литературное обозрение. №. 101.

Подрабинек А.П. 1979. Карательная медицина. Нью-Йорк: Хроника.

Попов В. 1996. Крыша. Интервью // Пчела（http://www.pchela.ru/podshiv/6/krisha.htm）.

Пригов Д.А. 1997. Советские тексты. СПб.: Издательство Ивана Лимбаха.

Принцева Н. 2011. Евгений Юфит: «Как-то зимой, в морозище, тащим мы мешок с Зурабом по полю» // Афиша. 20 сентября.

Пудовкина Е. 2000. Клуб «Дерзание» // Пчела. №. 26–27. Май—август（http://www.pchela.ru/podshiv/26_27/club.htm）.

Пыжова Л. 2007. Ключи от дворца достались питерским ребятам // Санкт-Петербургские

Ведомости №. 25, 12 февраля (http://www.spbvedomosti.ru/print.htm?id =10240895@SV_Articles).

Рогов К.Ю. 1998. О проекте «Россия/Russia» — 1970-е годы // Россия/Russia. №. 1(9). С. 7–11.

Русская литература XX века. Дооктябрьский период. 1962 / Под ред. Н.А. Трифонова. М.: Учпедгиз.

Русский школьный фольклор: от «вызываний» Пиковой дамы до семейных рассказов. 1998 / А.Ф. Белоусов (ред.). М.: Ладомир.

Савчук В.В. 1995. Конец прекрасной эпохи. Монолог философа // Фото Postscriptum / Д. Пиликин, Д. Виленский (ред.). СПб.: Центр современногоискусства Сороса.

«Сайгон». Невский 47/2. 2003 // Квартальный надзиратель. №. 12. Декабрь.

Селищев А. 1928. Язык революционной эпохи: из наблюдений над русским языком, 1917–1926. М.: Работник просвещения.

Скворцов Л.И. 1964. Об оценках языка молодежи (жаргон и языковая политика) // Вопросы культуры. №. 5.

СССР в цифрах в 1990 году: Краткий статистический сборник. 1991. М.

Сталин И.В. 1950a. Относительно марксизма в языкознании // Правда. 20 июня.

Сталин И.В. 1950b. К некоторым вопросам языкознания. Ответ товарищу Е. Крашенинниковой // Правда. 4 июля.

Сталин И. В. 1950d. Марксизм и вопросы языкознания. М.: Государственное издательство политической литературы.

Стиляги на вильнюсском «Броде». 2011 // Обзор. №. 749. 23.05 (http: //www. obzor.lt/news/n2334.html)

Страда В. 1998. О проекте «Россия/Russia» // Россия/Russia. №. 1(9). С. 11–13.

Тендряков В. Ф. 1990. Люди или нелюди: Повести и рассказы. М: Современник.

Терц А. [*Синявский А.*] 1981. Анекдот в анекдоте // Одна или две русских литературы / Ж. Нива (ред.). Lausanne: L'Age d'Homme. С. 167–179.

Топоров В. 1996. Мы выпивали каждый день. Интервью // Пчела. №. 6. Октябрь (http://www.pchela.ru/podshiv/6/krishna.htm).

Троицкий А. 2007. Back in the USSR. СПб.: Амфора.

Уварова И., Рогов К. 1998. Семидесятые: хроника культурной жизни // Россия/Russia. №. 1(9). С. 29–74.

Файн А., Лурье В.Л. 1991. Всё в кайф! Л.: Лена Продакшн.

Федоров В. 2001. Тот, кто производил «рок на костях» // Аргументы и Факты. Петербург. №. 7.

Федотова Е. 2010. Бодрость, тупость и задор // ART Хроника. 1 февраля (http://artchronika.ru/gorod/бодрость-тупость-и-задор).

Фейертаг В. 1997. История истинного джаза // Пчела. №. 11 (http: //www. pchela. ru/podshiv/11/jazz.htm).

Фейертаг В. 1999. Джаз от Ленинграда до Петербурга. СПб.: Культ-Информ-Пресс.

Ферретти М. 2002. Расстройство памяти: Россия и сталинизм // Мониторинг общественного мнения: экономические и социальные перемены. Всероссийский центр изучения общественного мнения. №. 5. С. 40–54.

Фрейд З. 2011. Остроумие и его отношение к бессознательному / Пер. с нем. Р. Додельцев. М.: Азбука-Аттикус. 〔『機知—その無意識との関係』『フロイト全集』第8巻、中岡成文・太寿堂真・多賀健太郎訳、岩波書店、2008年〕

Фуко М. 2007. Герменевтика субъекта. Наука, Ленинградское отделение. 〔ミシェル・フーコー『主体の解釈学：コレージュ・ド・フランス講義1981-1982年度』『ミシェル・フーコー講義集成』第11巻、廣瀬浩司・原和之訳、筑摩書房、2004年〕

Хан-Пира Е.Н. 1991. Язык власти и власть языка // Вестник Академии наук СССР. №. 4. С. 12–24.

Хархордин О. 2002. Обличать и лицемерить: генеалогия российской личности. СПб.: Летний сад и Европейский университет в Санкт-Петербурге.

Хлебников В. 1986. Художники мира! // Хлебников В. Творения. М.: Советский писатель.

Чаковский А. 1956. От слов к делу // Литературная газета. 22 марта.

Чередниченко Т. 1994. Типология советской массовой культуры. Между Брежневым и Пугачевой. М.: РИК «Культура».

Чернов С. 1997a. История истинного джаза // Пчела. №. 11. С. 31–35.

Чернов С. 1997b. Клуб «Квадрат»: джаз -шмаз и нормальные люди. Интервью с Натаном Лейтесом // Пчела. №. 11. С. 36–42.

Чернов С. 1997c. Питерские клубы. Блеск и нищета // Пчела. №. 10. С. 12–17.

Чернявская Ю.В. 2011. Советский ребенок и мир ужасного: страшилки и садистские стишки // Человек. №. 3. С. 141–154.

Шинкарев В. 1990. Митьки, описанные Владимиром Шинкаревым и нарисованные Александром Флоренским. Л.: СП «Смарт».

Шинкарев В. Н. 1996. Митьки // Шинкарев В. Н. Максим и Федор. Папуас из Гондураса. Домашний еж. Митьки. СПб.: Новый Геликон.

Энгельгардт В. 1956. Под гипнозом грамматики // Литературная газета. 22 марта.

Эрастов, Н.П. 1979. Психология общения. Ярославль.

Эренбург И. 1947. Американские встречи // Литературная газета. 16 ноября. С. 2.

Юрчак А. 2005. Ночные танцы с ангелом истории: критические культурные исследования пост-социализма // Культуральные исследования / Под ред. А. Эткинда. СПб.: Издательство Европейского университета в Санкт-Петербурге.

Юрчак А. 2007. Если бы Ленин был жив, он бы знал, что делать: голая жизнь вождя // Новое литературное обозрение. №. 83.

Юрчак А. 2008. Миметическая критика идеологии: Лайбах и АВИА // Что делать. №. 19.

Юрчак А. 2012. Критическая эстетика в период распада империи: «метод Пригова» и «метод Курехина» // Транслит. №. 12.

Язык газеты. Практическое пособие и справочник для газетных работников. Центральный

кабинет редакторов при отделе пропаганды ЦК ВКП（б）. 1941 / Н.И. Кондаков（ред.）. М.; Л.: Легпром.

Якобсон Р. 1975. Лингвистика и поэтика // Структурализм: «за» и «против»: Сб. статей. М. 〔ヤーコブソン「言語学と詩学」『一般言語学』川本茂雄・田村すゞ子・長嶋善郎・中野直子訳、みすず書房、1973年〕

Agamben G. 2004. *The Open: Man and Animal.* Stanford: Stanford University Press. 〔ジョルジョ・アガンベン『開かれ：人間と動物』岡田温司・多賀健太郎訳、平凡社ライブラリー、2011年〕

Aksyonov V. 1987. *In Search of Melancholy Baby.* New York: Random House.

Alaniz J. 2003. Necrotopia: Discourses of Death and Dying in Late/Post-Soviet Russian Culture. PhD diss. University of California, Berkeley.

Alaniz J., Graham S. 2001. Early Necrocinema in Context. In *Necro-realism: Contexts, History, Interpretations* / G. Seth（ed.）. Pittsburgh: Russian Film Symposium. pp. 5-27

Althusser L. 1971. Ideology and Ideological State Apparatuses. In *Lenin and Philosophy and Other Essays* / Trans. and ed. B. Brewster. London: Monthly Review Press. pp. 127-186.〔ルイ・アルチュセール『レーニンと哲学』西川長夫訳、人文書院、1970年〕

Anagnost A. 1997. *National Past-Times: Narrative, Representation, and Power in Modern China.* Durham: Duke University Press.

Andreyev A., et al. 1980. *The Komsomol: Questions and Answers.* Moscow: Progress Publishers.

Apollonio U. 1973. *Futurist Manifestos.* New York: Viking Press. Art, Culture, and Media under the Third Reich. 2002 / R. Etlin（ed.）. Chicago, IL: University of Chicago Press.

Art, Culture, and Media under the Third Reich, 2002／ R. Etlin（ed.）. Chicago, IL: University of Chicago Press.

Austin J. 1999. *How to Do Things with Words.* Oxford: Clarendon Press.〔オースティン『言語と行為』坂本百大訳、大修館書店、1978年〕

Baecque A de. 1989. Andrei Tarkovski. *Cahiers du cinema.*

Bakhtin M. 1994. *The Dialogical Imagination: Four Essays by Mikhail Bakhtin.* M. Holquist（ed.）. Austin: University of Texas Press.

Banc C. 1990. *You Call This Living?: A Collection of East European Political Jokes.* Athens: University of Georgia Press.

Bell C. 1992. *Ritual Theory, Ritual Practice.* New York: Oxford University Press.

Benjamin W. 1969. The Work of Art in the Age of Mechanical Reproduction. In *Illuminations: Essays and Reflections,* H. Arendt（ed.）. New York: Schocken. pp. 217-252. 〔ヴァルター・ベンヤミン『複製技術時代の芸術』佐々木基一訳、晶文社、1999年、7-49頁〕

Bergan R. 1997. *Eisenstein: A Life in Conflict.* New York: Overlook Press.

Berry E.E., Miller-Pogacar A. 1996. A Shock Therapy for the Social Consciousness: The Nature and Cultural Function of Russian Necrorealism. *Cultural Critique.* Fall. pp. 185-203.

Bhabha H.（ed.）1990. *Nation and Narration.* London: Routledge.

Blank D. 2004. Fairytale Cynicism in the Kingdom of Plastic Bags: Powerlessness of Place in a Ukrainian Border Town. *Ethnography.* Fall. pp. 349–378.

Blank D. 2005. Voices from Elsewhere: An Ethnography in Place in Chelnochovsk-na-Dniestre, Ukraine. PhD diss. University of California, Berkeley.

Bonnell V. 1997. *Iconography of Power: Soviet Political Posters under Lenin and Stalin.* Berkeley: University of California Press.

Borneman J. 1998. *Subversions of International Order: Studies in the Political Anthropology of Culture.* Albany: State University of New York Press.

Bourdieu P. 1991. *Language and Symbolic Power.* Harvard University Press.

Bowie D. 2000. Stardust Memories. *New York Times Magazine.* March 19.

Boyer D. 2005. *Spirit and System: Media, Intellectuals, and the Dialectic in Modern German Culture.* University of Chicago Press.

Boyer D., Yurchak A. 2010. American Stiob: Or what late-socialist aesthetics of parody can teach us about contemporary political culture in the West. *Cultural Anthropology.* Vol. 25. №. 2.

Boym S. 1994. *Common Places: Mythologies of Everyday Life in Russia.* Cambridge, MA: Harvard University Press.

Boym S. 2001. *The Future of Nostalgia.* New York: Basic Books.

Brennan T. 2001. The Cults of Language: The East/West of North/South. *Public Culture.* №. 13 (1). pp. 39–63.

Brodsky J., Havel V. 1994. The Post-Communist Nightmare: An Exchange. *New York Review of Books.* №. 41 (4). pp. 28–30.

Brovkin V. 1998. Komsomol and Youth. In *Russia after Lenin: Politics, Culture and Society.* London: Routledge. pp. 108–125.

Brown W. 2003. Neo-Liberalism and the End of Liberal Democracy. *Theory and Event.* №. 7 (1)（http://muse.jhu.edu/journals/theory_and_event/v007/7.1brown. html）.

Buck-Morss S. 2000. *Dreamworld and Catastrophe: The Passing of Mass Utopia in East and West.* Cambridge, MA: MIT Press.〔スーザン・バック・モース『夢の世界とカタストロフィ――東西における大衆ユートピアの消滅』堀江則雄訳、岩波書店、2008年〕

Butler J. 1993. *Bodies That Matter: On the Discursive Limits of Sex.* New York: Routledge.

Butler J. 1997. *Excitable Speech: A Politics of the Performative.* New York: Routledge.〔ジュディス・バトラー『触発する言葉――言語・権力・行為体』竹村和子訳、岩波書店、2004年〕

Calhoun C. 2002. Imagining Solidarity: Cosmopolitanism, Constitutional Patriotism, and the Public Sphere. *Public Culture.* №. 14 (1). pp. 147–171.

Casey E.S. 1996. How to Get from Space to Place in a Fairly Short Stretch of Time: Phenomenological Prolegomena. In *Senses of Place,* S. Feld, K. Basso（eds.）. Santa Fe, NM: School of American Research Press. pp. 13–52.

Cavell S. 1995. What Did Derrida Want of Austin? In *Philosophical Passages: Wittgenstein, Emerson, Austin, Derrida.* Bucknell Lectures in Literary Theory. Cambridge, MA: Blackwell. №. 12. pp. 42–65.

Certeau M. de. 1988. *The Practice of Everyday Life*. Berkeley: University of California Press.〔ミシェル・ド・セルトー『日常的実践のポイエティーク』山田登世子訳、国文社、1987年〕

Certeau M. de, Dominique J., Revel J. 1975. *Une Politique de la Langue: le Révolution Française et les Patois, l' Enquête de Grégoire*. Paris: Gallimard.

Chakrabarty D. 2000. *Provincializing Europe: Postcolonial Thought and Historical Difference*. Princeton, NJ: Princeton University Press.

Chin G.J., and Rao S. 2003. Pledging Allegiance to the Constitution: The first Amendment and Loyalty Oaths for Faculty at Private Universities. *University of Pittsburgh Law Review*. Spring. pp. 431-482.

Chomsky N. 1986. *Knowledge of Language: Its Nature, Origins, and Use*. New York: Praeger.

Clark K. 1995. *St. Petersburg: Crucible of Cultural Revolution*. Cambridge, MA: Harvard University Press.

Clark K., Holquist M. 1984. *Mikhail Bakhtin*. Cambridge, MA: Harvard University Press.〔カテリーナ・クラーク、マイケル・ホルクイスト『ミハイール・バフチーンの世界』川端香男里、鈴木晶共訳、せりか書房、1990年〕

Coombe R.J. 1998. *The Cultural Life of Intellectual Properties: Authorship, Appropriation, and the Law*. Durham, NC: Duke University Press.

Culler J. 1981. Convention and Meaning: Derrida and Austin. *New Literary History*. №. 13. pp. 15-30.

Curco C. 1995. Some Observations on the Pragmatics of Humorous Interpretations: A Relevance Theoretic Approach. *Working Papers in Linguistics: Pragmatics*. University College London. №. 7. pp. 27-47.

Cushman Th. 1995. *Notes From Underground: Rock Music Counterculture in Russia*. Albany: State University of New York Press.

Deleuze G., Guattari F. 2002. *A Thousand Plateaus: Capitalism and Schizophrenia*. London: Continuum.〔ジル・ドゥルーズ、フェリックス・ガタリ『千のプラトー——資本主義と分裂症』宇野邦一・田中敏彦・小沢秋広訳、河出書房新社、1994年〕

Derrida J. 1977. Signature Event Context. *Glyph*. №. 1. pp. 172-197.〔ジャック・デリダ「署名、出来事、コンテクスト」『有限責任会社』高橋哲哉・増田一夫・宮﨑裕助訳、法政大学出版局、2002年所収〕

Die Ungewöhnlichen Abenteuer des Dr Mabuse im Lande der Bolschewiki: Das Buch zur Filmreihe 'Moskau-Berlin'. 1995 / O. Bulgakowa (ed.). Berlin: Fieunde der.

Dittmer L. 1981. Radical Ideology and Chinese Political Culture: An Analysis of the Revolutionary *Yangbangxi*. In *Moral Behavior in Chinese Soviety*. R.W. Wilson, S.L. Greenblatt, A.A. Wilson (eds.). New York: Praeger. pp. 126-151.

Dobrotvorsky S. 1993. A Tired Death. In *Russian Necrorealism: Shock Therapy for New Culture*. A. Miller-Pogacar (ed.). Exhibition Catalog. Bowling Green, OH: Bowling Green State University. pp. 7-8.

Dreyfus H., Rabinow P. 1983. *Michel Foucault: Beyond Structuralism and Hermeneutics*. 2nd ed. Chicago, IL: University of Chicago Press.〔ヒューバート・ドレイファス、ポール・ラビノウ『ミシェル・フーコー——構造主義と解釈学を超えて』山形頼洋他訳、筑摩書房、1996年〕

Dunayeva E. 1950. Cosmopolitanism in the Service of Imperialist Reaction. *Current Digest of the Soviet Press*. №. 2(16).

Dundes A., Hauschild Th. 1983. Auschwitz Jokes. *Western Folklore*. Vol. 42. №. 4.

Dundes A. 1987. *Cracking Jokes: Studies of Sick Humor Cycles and Stereotypes*. Berkeley, CA: Ten Speed Press.

Dunham V. 1976. *In Stalin's Time: Middle-Class Values in Soviet Fiction*. Cambridge: Cambridge University Press.

Duranti A. 1993. Intentions, Self, and Responsibility: An Essay in Samoan Ethnopragmatics. In *Responsibility and Evidence in Oral Discourse*, J. Hill, J. Irvine (eds.). Cambridge: Cambridge University Press. pp. 24–47.

Duranti A. 1997. *Linguistic Anthropology*. Cambridge: Cambridge University Press.

Duranti A., Goodwin C. 1992. *Rethinking Context: Language as an Interactive Phenomenon*. Cambridge: Cambridge University Press.

Edele M. 2003. Strange Young Men in Stalin's Moscow: The Birth and Life of the Stiliagi, 1945–1953. *Jahrbücher für Geschichte Osteuropas*. №. 50. pp. 37–61.

Egbert D.D. 1967. The Idea of "Avant-garde" in Art and Politics. *The American Historical Review*. №. 53(2). pp. 339–366.

Ellis F. 1998. The Media as Social Engineer. In *Russian Cultural Studies: An Introduction*, C. Kelly, D. Shepherd (eds.). Oxford: Oxford University Press. pp. 274–296.

Epstein E.J. 1983. The Andropov Hoax. *New Republic*. February 7.

Epstein M. 1991. *Relativistic Patterns in Totalitarian Thinking: An Inquiry into the Language of Soviet Ideology*. Washington DC: The Woodrow Wilson International Center for Scholars.

Epstein M. 1995. *After the Future: The Paradoxes of Postmodernism and Contemporary Russian Culture*. Amherst: University of Massachusetts Press.

Epstein M. 2000. Postmodernism, Communism, and Sots-Art. In *Endquote: Sots-Art Literature and Soviet Grand Style*. M. Balina, N. Condee, E Dobrenko (eds.). Evanston, IL: Northwestern University Press. pp. 3–29.

Etkind A. 2013. *Warped Mourning: Stories of the Undead in the Land of the Unburied*. Stanford, CA: Stanford University Press.

Fabian J. 2001. *Anthropology with an Attitude: Critical Essays*. Stanford, CA: Stanford University Press.

Fagner D., Cohen G. 1988. Abram Terz: Dissidence, Diffidence, and Russian Literary Tradition. In *Soviet Society and Culture: Essays in Honor of Vera Dunham*, T.L. Thompson, R. Sheldon (eds.). Boulder, CO: Westview Press. pp. 162–177.

Fairclough N. 1989. *Language and Power*. London: Longman. 〔ノーマン・フェアクロー『言語とパワー』貫井孝典監修、大阪教育図書、2008年〕

Fairclough N. 1992. *Discourse and Social Change*. Cambridge: Polity Press.

Faraday G. 2000. *Revolt of the Filmmakers: The Struggle for Artistic Autonomy and the Fall of the Soviet Film Industry*. College Station, PA: Penn State University Press.

Farquhar J., Zhang Q. 2005. Biopolitical Beijing: Pleasure, sovereignty, and selfcultivation in China's capital. *Cultural Anthropology*. №. 20. P. 303.

Foucault M. 1972. *The Archeology of Knowledge and the Discourse of Language*. New York: Pantheon Books.

〔ミシェル・フーコー『知の考古学』慎改康之訳、河出文庫、2012年〕

Foucault M. 1983. Subject and Power. In *Michel Foucault: Beyond Structuralism and Hermeneutics.* 2nd ed., H. Dreyfus, P. Rabinow（eds.）. Chicago: University of Chicago Press. pp. 208–226. 〔ミシェル・フーコー「主体と権力」渥海和久訳、『ミシェル・フーコー思考集成 IX』、筑摩書房、2001年、10–32頁〕

Foucault M. 1998a. On the Archeology of the Sciences: Response to the Epistemology Circle. In *Aesthetics, Method, and Epistemology,* J. Faubion（ed.）. New York: The New Press. pp. 297–333. 〔ミシェル・フーコー「科学の考古学について——「認識論サークル」への回答」石田英敬訳、『ミシェル・フーコー思考集成III』筑摩書房、1999年、100–143頁〕

Foucault M. 1998b. Different Spaces. In *Aesthetics, Method, and Epistemology,* J. Faubion（ed.）. New York: The New Press. pp. 175–185.〔ミシェル・フーコー「他者の場所——混在郷について」工藤晋訳、『ミシェル・フーコー思考集成 X』、筑摩書房、2002年、276–288頁〕

Fowler R. 1991. *Language in the News: Discourse and Ideology in the Press.* London and New York: Routledge.

Fraser N. 1992. Rethinking the Public Sphere: A Contribution to the Critique of Actually Existing Democracy. In *Habermas and the Public Sphere,* C. Calhoun（ed.）. Cambridge, MA: MIT Press. pp. 109–143.

Freud S. 1919. The "Uncanny." In *Standard Edition of the Complete Psychological Works of Sigmund Freud.* J. Strachey（ed.）. London: Hogarth Press and the Institute of Psycho-Analysis. №. 17. pp. 219–252. 〔フロイト「不気味なもの」藤野寛訳、『フロイト全集』第17巻、岩波書店、2007年、1–52頁〕

Friedberg M. *Russian Culture in the 1980s.* Washington D.C.: Center for Strategic and International Studies, Georgetown University.

Frey M. 1925. *Les transformations du vocabulaire française à L'époque de la révolution（1789–1800）*. Paris: Les Presses Universitaires de France.

Gal S. 1995. Language and the «Arts of Resistance.» *Cultural Anthropology.* №. 10(3). pp. 407–424.

Gal S., Kligman G. 2000. *The Politics of Gender after Socialism: A Comparative-Historical Essay.* Princeton, NJ: Princeton University Press.

Gilroy P. 1984. Leisure Industries and New Technology. In *World View 1985,* P. Ayrton, V. Ware（eds.）. London: Pluto Press.

Gilroy P. 1991. *There Ain't No Black in the Union Jack: The Cultural Politics of Race and Nation.* Chicago, IL: University of Chicago Press.

Gorham M. 2000. Mastering the Perverse: State Building and Language «Purification» in Early Soviet Russia. *Slavic Review.* №. 58(1). pp. 133–153.

Graffy J. 1998. Cinema. In *Russian Cultural Studies: An Introduction,* C. Kelly, D. Shepherd（eds.）. Oxford: Oxford University Press. pp. 165–191.

Graham S. 2003a. The Wages of Syncretism: Folkloric New Russians and Post-Soviet Popular Culture. *Russian Review.* №. 62(1). January. pp. 37–53.

Graham S. 2003b. A Cultural Analysis of the Russo-Soviet Anekdot. PhD diss. University of Pittsburgh.

Graham S. 2009 *Resonant Dissonance: The Russian Joke in Cultural Context.* Northwestern University Press.

Gray P. 1993. Totalitarian Logic: Stalin on Linguistics. *Critical Quarterly.* №. 35(1). pp. 16-36.

Greenhouse C.J. 1996. *A Moment's Notice: Time Politics across Cultures.* Ithaca, NY: Cornell University Press.

Groys B. 1992. *The Total Art of Stalinism: Avant-Garde, Aesthetic Dictatorship, and Beyond.* Trans. Ch. Routlege. Princeton, NJ: Princeton University Press. 〔ボリス・グロイス『全体芸術様式スターリン』亀山郁夫・古賀義顕訳、現代思潮新社、2000年〕

Groys B. 2008. Art in the Age of Biopolitics: From Artwork to Art Documentation. In *Art Power.* Cambridge, MA.: MIT Press.〔ボリス・グロイス『アート・パワー』石田圭子ほか訳、現代企画室、2017年〕

Gržinić M. 2000. Synthesis: Retro-Avant-Garde, or, Mapping Post-Socialism in Ex-Yugoslavia. In *Artmargins: Contemporary Central and Eastern European Visual Culture* (http: //www. artmargins. com/content/feature/grzinic.html). September 26.

Gržinić M. 2003. Neue Slowenische Kunst. In *Impossible Histories: Historic Avant-Gardes, Neo-Avant-Gardes, and Post-Avant-Gardes in Yugoslavia, 1918-1991.* D. Djurić, M. Šuvaković (eds.). pp. 246-269. Cambridge, MA: MIT Press.

Guerman M. 1993. New Trends in the Mitki Speech Culture. In *Mitki: The Retrospective Exhibition 10 Years of the Movement.* St. Petersburg: State Russian Museum (http://www.kulichki.com/mitki/the-mitki/newtrends/html).

Guilhaumou J. 1989. *La Langue Politique et la Revolution Française: de l'Even-ement la Raison Linguistique.* Paris: Meridiens Klincksieck.

Habermas J. 1991. *The Structural Transformation of the Public Sphere: An Inquiry into a Category of Bourgeois Society.* Cambridge, MA: MIT Press. 〔ユルゲン・ハーバーマス『公共性の構造転換：市民社会の一カテゴリーについての探究』細谷貞雄・山田正行訳、未來社、1994年〕

Hall S. 1988. The Toad in the Garden: Thatcherism among the Theorists. In *Marxism and the Interpretation of Culture.* C. Nelson, L. Grossberg (eds.). Urbana: University of Illinois Press. pp. 35-57.

Hanks W.F. 2000. *Intertexts: Writings on Language, Utterance, and Context.* Lanham, MD: Rowman and Littlefield.

Hanson S. 1997. *Time and Revolution: Marxism and the Design of Soviet Institutions.* Chapel Hill: University of North Carolina Press.

Haraway D. 1991. *Simians, Cyborgs, and Women: The Reinvention of Nature.* New York: Routledge. 〔ダナ・ハラウェイ『猿と女とサイボーグ』高橋さきの訳、青土社、2000年〕

Havel V. 1986. The Power of the Powerless. *Living in Truth.* London: Faber and Faber.

Havel V. 1993. The Post-Communist Nightmare. *New York Review of Books.* №. 40(10). pp. 8-10.

Hebdige D. 1979. *Subculture: The Meaning of Style.* Routledge. 〔ディック・ヘブディジ『サブカルチャー：スタイルの意味するもの』山口淑子訳、未來社、1986年〕

Hodge R., Kress G. 1988. *Social Semiotics.* Ithaca, NY: Cornell University Press.

Hollywood A. 2002. Performativity, Citationality, Ritualization. *History of Religions.* №. 42 (2). pp.

93–115.

Holquist M. 1990. *Dialogism: Bakhtin and his World.* London: Routledge. 〔マイケル・ホルクウィスト『ダイアローグの思想：ミハイル・バフチンの可能性』伊藤誓訳、法政大学出版局、1994年〕

Hough J.F. 1979. *How the Soviet Union Is Governed.* Cambridge, MA: Harvard University Press.

Humphrey C. 1983. *Karl Marx Collective: Economy, Society, and Religion in a Siberian Collective Farm.* Cambridge: Cambridge University Press.

Humphrey C. 1989. "Janus-Faced Signs" — the Political Language of a Soviet Minority Before *Glasnost'* In *Social Anthropology and the Politics of Language,* R. Grillo (ed.). New York: Routledge. pp. 145–175.

Humphrey C. 1994. Remembering an "Enemy": The Bogd Khann in Twentieth-Century Mongolia. In *Memory, History and Opposition under State Socialism,* R. Watson (ed.). Santa Fe, NM: School of American Research Press. pp. 21–44.

Humphrey C. 1995. Creating a Culture of Disillusionment. *Worlds Apart: Modernity through the Prism of the Local,* D. Miller (ed.). New York: Routledge. pp. 43–68.

Humphrey C. 2001. *Marx Went Away But Karl Stayed Behind.* Updated edition of *Karl Marx Collective: Economy, Society and Religion in a Siberian Collective Farm.* Ann Arbor: University of Michigan Press.

Humphrey C. 2002a. Cosmopolitanism and *Kosmopolitizm.* Paper presented at the Annual Meeting of the American Anthropological Association. New Orleans, November.

Humphrey C. 2002b. *The Unmaking of Soviet Life: Everyday Economies after Socialism.* Ithaca, NY: Cornell University Press.

Inke A., Sasse S. 2006. Subversive Affirmation. On Mimesis as Strategy of Resistance. Editorial. In *Maska.* Ljubljana. Spring.

Jakobson R. 1960. Closing Statement: Linguistics and Poetics. In *Style in Language,* T.A. Sebeok (ed.). New York: Wiley. pp. 350–377.

Jameson F. 1972. *In the Prison House of Language: A Critical Account of Structuralism and Russian Formalism.* Princeton NJ: Princeton University Press. 〔フレドリック・ジェイムソン『言語の牢獄：構造主義とロシア・フォルマリズム』川口喬一訳、法政大学出版局、1988年〕

Joravsky D. 1970. *The Lysenko Affair.* Cambridge, MA: Harvard University Press.

Jowitt K. 1993. *New World Disorder: The Leninist Extinction.* Berkeley: University of California Press.

Kabakov I. 1995. Interview. In *Soviet Dissident Artists: Interviews after Perestroika,* R. Baigell, M. Baigell (eds.). New Brunswick, NJ: Rutgers University Press.

Kantorowicz E. 1997 [1957]. *The King's Two Bodies: A Study in Medieval Political Theology.* Princeton NJ: Princeton University Press. 〔エルンスト・H. カントーロヴィチ『王の二つの身体』小林公訳、ちくま学芸文庫、2003年〕

Kharkhordin O. 1999. *The Collective and the Individual in Russia: A Study of Practices.* Berkeley: University of California Press.

Kornai J. 1980. *Economics of Shortage.* Amsterdam: North-Holland Publishing.

Kotkin S. 1995. *Magnetic Mountain: Stalinism as a Civilization.* Berkeley: University of California Press.

Lacan J. 1988. The Seminar of Jacques Lacan. In *Book 3. The Psychoses, 1955–1956*, J.-A. Miller (ed.). New York: Norton.〔ジャック・ラカン『精神病』上・下、小出浩之・鈴木國文・川津芳照・笠原嘉訳、岩波書店、1987年〕

Laibach. 1983. Ten Items of the Covenant. *Nova Revija*. (*Slovene Review for Cultural and Political Issues*). №. 13/14.

Lakoff A. 2005. The simulation of madness: Buenos Aires, 1903. *Critical Inquiry*. №. 31.

Lampland M. 1995. *The Object of Labor: Commodification in Socialist Hungary*. Chicago: University of Chicago Press.

Lane C. 1981. *The Rites of Rulers: Ritual in Industrial Society: The Soviet Case*. Cambridge, MA: Cambridge University Press.

Ledeneva A. 1998. *Blat: Russian Economy of Favours*. Cambridge, MA: Cambridge University Press.

Lee A. 1981. *Russian Journal*. New York: Random House.

Lefort C. 1986. *The Political Forms of Modern Society: Bureaucracy, Democracy, Totalitarianism*. Cambridge, MA: MIT Press.

Lemon L., Reis M. (eds.). 1965. *Russian Formalist Criticism: Four Essays*. Lincoln: University of Nebraska Press.

Levinson S. 1983. *Pragmatics*. New York: Cambridge University Press.〔S・C・レヴィンソン『英語語用論』安井稔・奥田夏子訳、研究社出版、1990年〕

Linke U., Dundes A. 1988. More on Auschwitz Jokes. *Folklore*. Vol99 (1). pp.3–10.

Luk'jančenko P. 1990. Газета «Аргументы и факты» в период гласности. *Revue des études slaves*. Vol. 62. №. 62–63. pp. 607–613.

Marcus G. 1990. *Lipstick Traces: A Secret History of the Twentieth Century*. Cambridge, MA: Harvard University Press.

Mass Culture in Soviet Russia: Tales, Poems, Songs, Movies, Plays, and Folklore, 1917–1953. 1995. R. Stites, J. von Geldern (eds.). Bloomington: Indiana University Press.

Massey D. 1994. *Space, Place and Gender*. University of Minnesota Press.

McMichael P. 2005a. "After All, You're a Rock and Roll Star (At Least That's What They Say)": *Roksi* and the Creation of the Soviet Rock Musician. *Slavonic and East European Review*. №. 83 (4).

McMichael P. 2005b. The Making of a Soviet Rock Star, Leningrad, 1972–1987. PhD diss. University of Cambridge. Forthcoming.

Metzl J.F. 1997. Rwandan Genocide and the International Law of Radio Jamming. *American Journal of International Law*. Vol. 91. №. 4. October.

Mertz E. 1996. Recontextualization as Socialization: Text and Pragmatics in the Law School Classroom. In *Natural Histories of Discourse*, M. Silverstein, G. Urban (eds.). Chicago: University of Chicago Press. pp. 229–249.

Mitchell T. 1990. Everyday Metaphors of Power. *Theory and Society*. №. 19. pp. 545–577.

Monroe A. 2005. *Interrogation Machine: Laibach and NSK*. Cambridge, MA: MIT Press.

Munting R. 1984. Lend-Lease and the Soviet War Effort. *Journal of Contemporary History*. №. 19. pp. 495–510.

Mutsaers L. 1990. Indorock: An early Eurorock style. *Popular Music.* Vol.9 (3). pp.307-320.

Nadkarni M., Shevchenko O. 2004. The Politics of Nostalgia: A Case for Comparative Analysis of Postsocialist Practices. *Ab-Imperio.* №. 2.

Nafus D. 2003. Time, Sociability, and Postsocialism. PhD diss. Sidney Sussex College, Cambridge University.

Navaro-Yashin Y. 2002. *Faces of the State: Secularism and Public Life in Turkey.* Princeton, NJ: Princeton University Press.

Nikkila A. 2002. Russian Industrial Noise: Pioneers, Youth League and Party Members. *The Wire Magazine.* November 1.

Nyíri P., Breidenbach J. 2002. Living in Truth: Physics as a Way of Life. *Anthropology of East Europe Review.* Vol. 20. №. 2. Autumn. pp. 43-54.

Nyomarkey J. 1965. Factionalism in the National Socialist German Workers' Party, 1925-1926. *Political Science Quarterly.* Vol. 80. №. 1. March. pp. 22-47.

Oushakine S. 2001. The Terrifying Mimicry of Samizdat. *Public Culture.* №. 13 (2). pp. 191-214.

Paperno I. 2009. *Stories of the Soviet Experience: Memoirs, Diaries, Dreams.* Cornell University Press.

Parsons T. 1951. *The Social System.* London: Routledge. 〔タルコット・パーソンズ『社会体系論』佐藤勉訳、青木書店、1974年〕

Pecheux M. 1994. The Mechanism of Ideological (Mis)recognition. In *Mapping Ideology,* In S. Žižek (ed.). London: Verso. pp. 141-151.

Pesmen D. 2000. *Russia and Soul: An Exploration.* Ithaca, NY: Cornell University Press.

Pocheptsov G. 1997. Processes of Political Communication in the USSR. In *Political Discourse in Transition in Europe 1989-1991,* P. Chilton, M. Ilyin, J. Mey (eds.). Amsterdam: John Benjamins Publishing Company. pp. 51-68.

Political Humor Under Stalin: An Anthology of Unofficial Jokes and Anecdotes. 2009. D. Brandenberger (ed.). Slavica Pub.

Pollock E. 2008. *Stalin and the Soviet Science Wars.* Princeton University Press.

Postmodernism and the Postsocialist Condition: Politicized Art under Late Socialism. 2003. A. Erjavec (ed.). Berkeley: University of California Press.

Prog Rock Britannia 2009. An Observation in Three Movements, BBC 4, Jan. 02 2009 (http://www.bbc.co.uk/programmes/b00g8tfv).

Radcliffe-Brown A. 1952. *Structure and Function in Primitive Society: Essays and Addresses.* Cohen and West. 〔ラドクリフ-ブラウン『未開社会における構造と機能』青柳まちこ訳、新泉社、1975年〕

Ries N. 1997. *Russian Talk.* Ithaca, NY: Cornell University Press.

Rosaldo M. 1982. The Things We Do with Words: Ilongot Speech Acts and Speech Act Theory in Philosophy. *Language in Society.* №. 2. pp. 203-237.

Rossianov K. 1993. Stalin as Lysenko's Editor: Reshaping Political Discourse in Soviet Science. *Configurations.* №. 1 (3). pp. 439-456.

Roxburgh A. 1987. *Pravda: Inside the Soviet News Machine.* New York: George Braziller.

Rudy S. 1997. Introduction. In *Roman Jacobson: My Futurist Years*. New York: Marsilio Publishers. p. ix–xvi.

Ryazanova–Clarke L., Wade T. 1999. *The Russian Language Today*. London: Routledge.

Schechner R. 1985. *Between Theater and Anthropology*. University of Pennsylvania Press.

Schechner R. 1993. *The Future of Ritual*. London: Routledge.

Schechner R. 2003. *Performance Theory*. London: Routledge.

Schmitt C. 1985. *Political Theology: Four Chapters on the Concept of Sovereignty*. Trans. G. Schwab. Cambridge, MA: MIT Press.〔C・シュミット『政治神学』田中浩・原田武雄訳、未來社、1971年〕

Schoenhals M. 1992. *Doing Things with Words in Chinese Politics*. Berkeley: Institute of East Asian Studies, University of California.

Scott J. 1990. *Domination and the Arts of Resistance: Hidden Transcripts*. New Haven, CT: Yale University Press.

Searle J. 1977. Reiterating the differences: A Reply to Derrida. In *Glyph*. №. 1. pp. 198–208.

Searle J. 1983. The Word Turned Upside Down. *New York Review of Books*. October 27.

Seriot P. 1985. *Analyse du discours politique soviétique*. Paris: Institut D'études slaves.

Seriot P. 1986. How to Do Sentences with Nouns. *Russian Linguistics*. №. 10. pp. 33–52.

Seriot P. 1992. Officialese and Straight Talk in Socialist Europe. In *Ideology and System Change in the USSR and East Europe,* M. Urban (ed.). New York: St. Martin's Press. pp. 202–214.

Sikimić B. 1999. Violent death in South Slavic Children's Folklore. *Etnolog*. Ljubljana. №. 9.

Sixteen Tons — The Story behind the Legend (http://www.ernieford.com/SIXTEENTONS.html)

Slezkine Y. 1996. N.Ia. Marr and the National Origins of Soviet Ethnogenetics. *Slavic Review*. №. 55 (4). pp. 826–862.

Sloterdijk P. 1993. *Critique of Cynical Reason*. University of Minnesota Press.〔ペーター・スローターダイク『シニカル理性批判』高田珠樹訳、ミネルヴァ書房、1996年〕

Smith H. 1976. *The Russians*. Revised Edition. New York Ballantine Books.

Smith M.G. 1998. *Language and Power in the Creation of the USSR, 1917–1953*. Berlin: Mouton de Greyter.

Solnick S. 1998. *Stealing the State: Control and Collapse in Soviet Institutions*. Cambridge, MA: Harvard University Press.

Sosin G. 1999. *Sparks of Liberty: An Insider's Memoir of Radio Liberty*. University Park: Pennsylvania State University Press.

Soviet Youth Culture. 1989. J. Riordan (ed.). Houndmills: Macmillan Press.

Ssorin–Chaikov N. 2003. *The Social Life of the State in Subarctic Siberia*. Stanford, CA: Stanford University Press.

Starr F. 1994. *Red and Hot: The Fate of Jazz in the Soviet Union 1917–1991*. New York: Limelight Editions.

Stites R. 1989. *Revolutionary Dreams: Utopian Vision and Experimental Life in the Russian Revolution*. Oxford: Oxford University Press.

Stites R. 1993. *Russian Popular Culture: Entertainment and Society Since 1990*. Cambridge, MA: Cambridge University Press.

Strathern M. 1988. *The Gender of the Gift*. Berkeley: University of California Press.

Strathern M. 2002. On Space and Depth. In *Complexities: Social Studies of Knowledge Practices,* J. Law, A. Mol（eds.）. Durham, NC: Duke University Press. pp. 88–115.

Stump J. 1998. *Naming and Unnaming: On Raymond Queneau.* Lincoln: University of Nebraska Press.

Tang Yi-Jie. 1991. *Confucianism, Buddhism, Daoism, Christianity, and Chinese Culture.* University of Peking and Washington, DC: Council for Research in Values and Philosophy.

Taussig M. 1993. *Mimesis and Alterity: A Particular History of the Senses.* New York: Routledge.

Thom F. 1989. *Newspeak: The Language of Soviet Communism.* London: Claridge Press.

Thurston R. 1991. Socialist Dimensions of Stalinist Rule: Humor and Terror in the USSR, 1935–1941. *Journal or Social History.* №. 24（3）. pp. 541–562.

Todorov Tz. 1998. *Mikhail Bakhtin: The Dialogic Principle.* Trans. W. Godzich. Minneapolis: University of Minnesota Press. 〔ツヴェタン・トドロフ『ミハイル・バフチン 対話の原理』大谷尚文訳、法政大学出版局、2001年〕

Troitsky A. 1988. *Back in the USSR: The True Story of Rock in Russia.* Boston: Faber and Faber. 〔アルテミー・トロイツキー『ゴルバチョフはロックが好き？：ロシアのロック』菅野彰子訳、晶文社、1993年〕

Turovskaya M. 1993a. Lectures on the Totalitarian Film of Stalin and Hitler. Unpublished manuscript. Duke University. Department of Slavic Languages and Literatures.

Turovskaya M. 1993b. The Tastes of Soviet Moviegoers during the 1930's. In *Late Soviet Culture: From Perestroika. to Novostroika.* Th. Lahusen, G. Kuperman（eds.）. Durham, NC: Duke University Press.

Urban G. 1996. Entextualization, Replication, and Power. In *Natural Histories of Discourse,* M. Silverstein, G. Urban（eds.）. Chicago: University of Chicago Press. pp. 21–44.

Urban M. 1986. From Chernenko to Gorbachev: A Repoliticization of Official Soviet Discourse? *Soviet Union/Union Sovietique.* №. 13（2）. pp. 131–161.

Verdery K. 1996. *What Was Socialism, and What Comes Next?* Princeton, NJ: Princeton University Press.

Warner M. 2002a. Publics and Counterpulics. *Public Culture.* Vol. 14. №. 1. Winter. P. 49–90.

Warner M. 2002b. *Publics and Counterpublics.* New York: Zone Books.

Wedeen L. 1999. *Ambiguities of Domination.* Chicago: University of Chicago Press.

Willis P. 1990. *Common Culture: Symbolic Work at Play in the Everyday Cultures of the Young.* Boulder: Westview Press.

Young J. 1991. *Totalitarian Language: Orwell' s Newspeak and Its Nazi and Communist Antecedents.* Charlottesville: University of Virginia Press.

Yurchak A. 1997. The Cynical Reason of Late Socialism: Power, Pretense and the Anekdot. *Public Culture.* Vol. 9. №. 2. pp. 161–188.

Yurchak A. 1999. Gagarin and the rave Kids: Transforming Power, Identity, and Aesthetics in the Post-Soviet Night Life. In *Consuming Russia: Popular culture, Sex, and Society Since Gorbachev,* A. Barker（ed.）. Durham, Nc: Duke University Press. pp. 76–109

Yurchak A. 2000. Privatize Your Name: Symbolic Work in a Post-Soviet Linguistic Market. *Journal of Sociolinguistics.* №. 4（3）. pp. 406–434.

Yurchak A. 2001. Entrepreneurial Governmentality in Post-Socialist Russia: A Cultural Investigation of

Business Practices. In *The New Entrepreneurs of Europe and Asia,* V. Bonell, Th. Gold (eds.). Armonk, NY: M. E. Sharpe. pp. 278-324.

Yurchak A. 2002. Imaginary West: I Want to Go to Paris Again. Paper presented at the annual meeting of American Anthropological Association, New Orleans.

Yurchak A. 2006. *Everything was Forever, Until It Was No More: The Last Soviet Generation.* Princeton NJ: Princeton University Press.

Yurchak A. 2007. If Lenin Were Alive, He Would Know What To Do: Naked Life of the Leader. Keynote Address, presented at the Conference: "Revisiting Perestroika: Processes and Alternatives", University of Helsinki, Finland, December.

Yurchak A. 2008. Suspending the Political: Late Soviet artistic experiments on themargins of the state. *Poetics Today.* Vol. 29. №. 4.

Yurchak A. 2011. A Parasite from Outer Space: How Sergei Kurekhin Proved that Lenin was a Mushroom. *Slavic Review.* Vol. 70. №. 1.

Zand A. 1982. *Political Jokes of Leningrad.* Austin, TX: Silvergirl.

Žižek S. 1982. The Principles of Stalinism. A Short Course. In *Dometi.* №. 1, 2. Zagreb: Rijeka.

Žižek S. 1991a. *The Sublime Object of Ideology.* London: Verso. 〔スラヴォイ・ジジェク『イデオロギーの崇高な対象』鈴木晶訳、河出書房新社、2000年；河出文庫、2015年〕

Žižek S. 1991b. *For They Know Not What They Do.* London: Verso. 〔スラヴォイ・ジジェク『為すところを知らざればなり』鈴木一策訳、みすず書房、1996年〕

Žižek S. 1993. Why Are Laibach and NSK Not Fascists? *M'ARS.* №. 3/4. pp. 3-4.

Žižek S. 1994a. *The Metastases of Enjoyment.* London: Verso. 〔スラヴォイ・ジジェク『快楽の転移』松浦俊輔・小野木明恵訳、青土社、1996年〕

Žižek S. 1994b. Kant as a Theoretician of Vampirism. *Lacanian Ink.* №. 8. Spring. pp. 19-33.

Žižek S. 1999. The Thing from Inner Space. *Artmargins: Contemporary Central and Eastern European Visual Culture* (http://www.artmargins.com/content/feature/zizek1.html). April 1.

原註

第一章

(1)　別の言い方をすると、パンサーは周囲の環境を真似ているのではなく、その一部になって溶け込んでいる。その最中にパンサーも周囲の環境も変化し、互いに相手の一部になっていく。こうした過程の基礎にある論理は二項対立（パンサー／周囲の環境）ではなく、共に変化していく共生である。

(2)　Deleuze, Guattari 2002: 11.〔邦訳23頁〕

(3)　Макаревич 1994.

(4)　「システム」という語で言わんとするのは、社会文化、政治、経済、法律、イデオロギー、公式／非公式、公的／私的といった様々な種類の関係や制度やアイデンティティや意味が有機的に関係しあって形づくられた市民生活の空間である。現代の社会理論における「システム」概念の系譜学は、Boyer 2005を参照（特に第5章)。

(5)　グラスノスチは、元来「情報公開」という普通名詞だが、これを初めて改革プログラムの意味でゴルバチョフが用いたのは1986年2月の第27回党大会である。

(6)　例えば、アンドロポフが1982年に打ち出した「加速（ウスコレーニエ)」や「国家管理（ゴスプリヨムカ)」は、新しい重要なことだと受け止められなかった。当初は「グラスノスチ」や「ペレストロイカ」という語も、党幹部はウスコレーニエと同じように用いていた。

(7)　ラズゴンの回想録で、17年間におよぶスターリン時代のラーゲリ生活（1938-55年）を語った作品。まず抜粋が1987年に『アガニョーク』誌と『ユーノスチ』誌で公開され、まもなく全文が本として刊行された。

(8)　ここから先のインタビューは、著者が1994年から97年にサンクト・ペテルブルグで行ったもの。それ以外の場合は特記する。

(9)　ニコライ・グミリョフ（1921年に逮捕処刑されたアクメイズムの詩人で、アフマートワの夫）の詩が載ったのは、1986年4月の『アガニョーク』(第17号と第19号)。大きな扱いは、1923年以来のことだった。グミリョフの生誕100年を記念したもので、詩についての評論記事もあった。付言すると、グミリョフの詩の何篇かはアンソロジー詩集に収録され、1920年代以降も活字になっているが、少部数で作者の情報もない。一例は、教職課程の学生向けに編まれた文学読本 Русская литература XX века 1962.

(10)　この部数は、ギネスブックでも世界最大と認定された。Luk'jančenko 1990: 607-613.

(11)　参照 Ферретти 2002: 40-54.

(12)　エヴゲーニヤ・ギンズブルグの『険しい道のり　個人崇拝時代の記録』〔邦訳『明るい夜 暗い昼』〕は、著者がスターリン期のラーゲリですごした18年間を綴った作品。

1960年代末に第一部が、70年代に第二部が執筆されたが、ペレストロイカ以前は地下出版（サミズダート）しかなかった。正式な出版は1988年のことで、ギンズブルグが亡くなって11年がすぎていた。トーニャが言及しているのは、この1988年版のこと。

(13)　ワシーリー・グロスマンの小説『人生と運命』は、大祖国戦争とスターリン期のラーゲリを描く作品で、1950年代末から60年代はじめに執筆された。作中の戦争描写が公式史観とかけ離れていたため、原稿は治安機関に没収された。草稿の写しが秘かに西側に持ち出され、1980年に出版された。ソ連で初めて刊行されたのは1988年で、著者が亡くなって約20年がすぎていた〔邦訳『人生と運命』全3巻、齋藤紘一訳、みすず書房、2012年〕。

(14)　ペレストロイカ期の「意識の変化」は、本書でさらに何度か出てくる（詳細な検討は本書結論）が、ミシェル・フーコーが古代ギリシャ語の「メタノイア」(metanoia)という語で呼んだもの——主体の劇的な変容と改心——と同義である。フーコーによると、近代のフランス革命以後、改心の経験は、革命的な政治主体の形成と直接結びついている。Фуко 2007: 215.〔邦訳208頁〕

(15)　このため本書では「ソ連体制」という言い方を極力避け、「ソ連という国」「ソ連システム」や「後期社会主義」などを用いる。

(16)　Public self — private self.

(17)　こうした権力観の批判は、Mitchell 1990: 545 を参照。

(18)　カッコ付の用語は、今日多用されるが、ソ連時代は普及していなかったもの。この事実は、ソ連システムの分析にあたって少なからぬ重要性を持つ。詳細は後述。

(19)　Уварова, Рогов 1998: 30.

(20)　「状況依存性」(situatedness) はダナ・ハラウェイが提唱した用語で (Haraway 1991)、ある種の現象を分析する過程で、分析するのは誰なのかという視点を考慮する。ハラウェイが言っているのは、当たり前ではあるが、しばしば無視される真理である。どんな観察にも、観察者と観察対象との具体的な共有関係がつくっている部分がある。観察者と対象との関係が完全に抽象化される「神の視点」は存在しない。観察に「客観性」（観察者の主観的な視点の排除）を求める実証科学の姿勢は、観念論の思い込みである。

(21)　ソ連なき後に出たソ連時代の回想の実例は、Paperno 2009, および Паперно 2004: 102-128.

(22)　Seriot 1992: 205-206.

(23)　「停滞」の語をブレジネフ時代に冠したのは、すでに公共言説に入っていた「雪どけ」と「ペレストロイカ」という言い方との対比からだった（前者は1950年代に、後者は1980年代半ばに）。Рогов 1998: 7.

(24)　Рогов 1998: 8.

(25)　社会主義の説明における二項対立を批判した分析は、次も参照 Lampland 1995: 273-275, 304.

(26)　ポスト社会主義時代の「ノスタルジー」現象の概観およびこの一般化した用語の是非については、Nadkarni, Shevchenko 2004: 487-519. また次も参照 Boym 2001.

(27)　Савчук 1995: 5.

(28) Виленский 1995: 3.

(29) ポストコロニアリズム批判が社会主義研究に重要なのは理解しているが、社会主義とコロニアリズムを同じ土俵で議論する昨今の流行には与しない。こうした比較は、この二つの歴史システムの間にある政治面、倫理面、審美面の大きな違いを見失わないように、慎重の上にも慎重に行う必要がある。ティモシー・ブレナンが言うように、両者の違いは技術面（帝国侵略の分配もしくは〈管理・ヒエラルキー・領土主権〉の組織の方法）だけでなく、何よりもイデオロギー面にある（つまり、その根底には全く異なる道義的志向、社会的価値、美的観点がある）。Brennan 2001: 39.

(30) 社会主義の分析で伝統的な二項対立を退けられれば、われわれの批判力が高まり、同じように二項対立ができている資本主義システムの分析にも役立つだろう。例えば、今日グローバルに広まる新自由主義（ネオリベラリズム）システムの分析である。ウェンディ・ブラウン（Brown 2003）が「ホモ・エコノミクスが人間の規範」になり、この規範に追随する形で「経済、社会、国家、（不）道徳が形成される」と述べているが、本当にそうだろうか。

(31) これは、どの近代国家においても何らかの啓蒙主義思想で表現される（平等や人権、民主主義なり社会主義なりの幸福で自由な社会の実現）。

(32) この逆説については、次も参照。Bhabha 1990: 298; Žižek 1991a: 145-147.〔邦訳225-228頁〕

(33) アメリカでは、このような国家イデオロギーの土台たる「自明の」真理は、独立宣言の文言に現れている。「われわれは、つぎの事柄を自明の真理と考える。すべての人々は、平等に創られたものである。すべての人々には、彼らの創造主によって、一定の譲渡すべからざる権利があたえられている。これらの中に、生命、自由および幸福追求の権利がある」。

(34) ボリス・グロイスは「スターリン期」のはじまりを、党中央委員会が芸術団体の解散再編を命じた1932年4月23日に見ている。Groys 1992: 33〔邦訳67頁〕

(35) 本書第二章を参照。

(36) このプロセスの歴史面と言説面の詳しい分析は、第二章で行う。

(37) バフチンは、『小説の言葉』の中で「権威的な言語」（авторитетный язык）と「権威主義の言語」（авторитарный язык）を併用している。ほぼ同じ意味だが、「権威主義」の方が使用頻度は高い。本書の用語は「権威的」（な言語や言説）に一本化する。「権威主義」という語につきまとう悪しき連想（権威主義体制など）を避けるためである。

(38) マイケル・ホルクウィストの解釈を紹介しておく。権威的な言葉（権威的言説）とはある種の「特権言語で、私たちに外から呼びかけるものだ。遠くにあってタブーであり、つくられた時の文脈との戯れが許されない（例えば、聖書のようなもの）。私たちは、この受け手でしかない。私たちに対して強大な権力を持っているとはいえ、それは権力の座にある間にすぎない。転落すれば、一瞬にして生気のない遺物となる」（Bakhtin 1994: 424）。

(39) Правда. 1981. 2 мая. С. 1.

(40) Žižek 1991a. 特に「いかにしてマルクスは症候を発明したか」の章。ジジェクは、

スローターダイクが提起した擬装主体のモデルを発展させている。

（41）　このため、このモデルは言語をあっさり別々の「コード」に二分する（公式／非公式、表立った／隠された）。こうした言語モデルへの鋭い批判（実例はジェームズ・スコット Scott 1990）として、言語人類学者スーザン・ガルの卓論を参照。Gal 1995.

（42）　こうした主体の批判は、次を参照 Mitchell 1990: 545.

（43）　Haraway 1991: 190-191; Fabian 2001: 24.

（44）　後期社会主義のイデオロギー・言語・主体をこのようにモデル化した最初の試みは拙論（Yurchak 1997）。本書は、この萌芽モデルを大幅改訂した。

（45）　Волошинов 1929. そのほかにも Hanks 2000: 143; Duranti 1997; 1993; Gal 1995.

（46）　Бахтин 1979a: 78.〔邦訳219頁。訳文は佐々木寛による〕

（47）　特にヴォローシノフとメドヴェージェフ

（48）　Бахтин 1979б: 88.〔邦訳154頁〕 次も参照 Todorov 1998; Clark, Holquist 1984; Holquist 1990: 175.

（49）　コンスタティヴ（constative）な発話は、指示的（referential）と言うこともある。

（50）　Austin 1999. 興味深い事実を補足しておく。ジョン・オースティンが言語のパフォーマティヴ理論を考え出したのは1940年代末から50年代はじめにかけて（このテーマの初講義は1951年のオックスフォード）なので、スターリンが言語学論文を書いてマルクス主義的な上部構造／下部構造と言語との関係を否定した（詳細は第二章）のと同時である。ソ連のイデオロギー言説がハイパーノーマル化に向かったのは、スターリンのこの「理論的」新機軸からだが、結果として言語のパフォーマティヴな役割を強め、コンスタティヴな役割を減らしていく。スターリンの新機軸は、オースティン理論の恰好の説明になっている。言ってみれば、二人の「理論家」が同じテーマに同時に取り組んだのである。オースティンは言語分析の面で、スターリンは実践的な（そして予期しなかった）言語設計の面で。

（51）　オースティンの用語は、それぞれ true/false, felicitous/infelicitous.

（52）　Derrida 1977: 191-192.〔邦訳44頁〕

（53）　Ibid: 185-186.〔邦訳32-33頁〕

（54）　この考え方を詳述したのが、Culler 1981: 24-25. オースティンの理論をデリダの立場から批判した次の各論も参照 Cavell 1995; Searle 1977 and 1983.

（55）　Bourdieu 1991: 107. 同著所収の論文「制度の儀式」（The Rites of Institutions）も参照のこと。

（56）　Butler 1997: 161.〔邦訳250頁〕

（57）　Butler 1993: 95. 主体形成における宗教行為の反復の役割を論じたものは、Bell 1992: 221; Hollywood 2002: 113、舞台俳優を例に論じたものは、Schechner 1985; 1993; 2003.

（58）　こうした忠誠宣言は、戦後冷戦期に広まった。今日、所属教員にこのような誓約をさせる大学は減っており、取りやめた所の方が多い。公立大学は、職員とこうした約束を交わす法的権限がない。

（59）　こうした誓約の合法性に関する議論は、思いのほか込み入っている。アメリカでは多くの人が、この慣行が憲法や言論の自由に反すると考えているが、純粋に法的観点か

ら言えば、私立大学はこうした規定を導入する権利を持っている。

(60) 当人の表現では、この二つの側面はこうなる。「宣誓は、受諾するなら大した意味はないが、拒否するなら多くの意味がある」——著者によるK・S教授へのインタビュー、2003年、バークレー。

(61) 著者のイーゴリ(1960年生まれ、カリーニングラード在住)へのインタビュー。詳しくはコムソモールの実践を分析した第三章を参照。

(62) 参照 de Certeau 1988: xv.〔邦訳19頁〕

(63) パフォーマティヴ・シフトが編成原理だったのは、ソ連経済も同じだ。ここでは権威的言説は計画達成の言説という形をとった。途切れなく生産を行えるかどうかは、この文脈では企業幹部が社会主義経済の宿痾たる供給の問題をどう回避するかにかかっていることが多い。必要に迫られて考え出された代替の経済手段として、予算の水増しや粉飾、余った原材料の貯め込み、他企業とのバーター取引などがある。こうした手段を駆使して計画は形式上は達成されるが、文字通りの意味(具体的に社会の要望を満足させる)は歪められて原型をとどめていないことが多い。換言すれば、社会主義経済の主要シンボルである計画は、パフォーマティヴ・シフトを被っていたのである。社会主義経済における「計画崇拝」のあり方は Lampland 1995、「不足の経済」のあり方は Kornai 1980 および Verdery 1996.

(64) 原則としてインフォーマントは名前で呼び、姓は伏せる。インフォーマントに害をもたらしかねない情報がある場合は、名前を変えてある。数名だが、インフォーマントが著名人の場合、本人の同意を得た上で、実際の名前と姓を使っている。

(65) この世代については次を参照。Boym 1994; Лурье 1997; 1998. マリーナ・クニャーゼワ(Князева 1990)もこの世代のことを書いているが、「停滞の子供」と名づけている。この用語は、本書の観点から言うと、見当違いに狭く無批判である。明らかに、ブレジネフ時代を色眼鏡で見ている。

(66) 参照 Yurchak 1997.

(67) 一例だが Страда 1998: 11.

(68) Итоги Всесоюзной переписи населения 1989 года. М.: Госкомстат СССР, 1992.

(69) Schmitt 1985: 15.〔邦訳23頁〕

(70) キルケゴール「反復」。Schmitt 1985: 15〔邦訳23-24頁〕から孫引き。

(71) Ibid.〔邦訳23頁〕

第二章

(1) Бахтин 1979a: 354.

(2) 権威的言語の形式で定型化と画一化が進んでも、政治コミュニケーションの空間で循環する意味が狭まることはない。もちろん、これが世間一般の通念に反するのは承知している。例えばジョージ・オーウェルが『1984年』で示そうとしたのは、言語表象形式の厳格な統制が必然的に意味を狭め、日常生活も影響を受けるということだった。こ

うした言語や意味の管理統制モデルはきわめて根強く、間違っているにもかかわらず、例えばミハイル・エプシュテインもソ連のイデオロギー言語の分析で同じように言っている（Epstein 2000 および本章最後）。シンボルの形式と意味との間には強固で自明のつながりがあり、コンテクストとは無関係で、変化する可能性はないと述べているが、もちろんそんなことはない。この単純化した言語・意味モデルの結論の誤りを、次章以降で明らかにしてゆきたい。

(3) フランスでの革命的な言語の実験は、次を参照 Guilhaumou 1989; de Certeau, Dominique, Revel 1975; Frey 1925.

(4) Селищев 1928: 166. 新たな言語は、新聞読者に理解されなかった。Gorham 2000: 138-139; Ryazanova-Clarke, Wade 1999: 15-18.

(5) Алпатов 1991: 67 から孫引き。

(6) Марр 1977: 31.

(7) Григорьев 1986: 243.

(8) 詳しくは、Clark: 1995: 40; Rudy 1997: xii; Jameson 1972; Lemon, Reis: 1965. 次も参照 Крученых 2000: 193-195. 同じような言語実験は、イタリアの未来派でも起きている。Apollonio 1973: 95-106.

(9) Хлебников 1986: 619.

(10) Rudy 1997: xiii.

(11) Gorham 2000: 140, 142; Smith 1998.

(12) Lefort 1986: ch. 6; Yurchak 2006: 10-14, 46-47.

(13) Yurchak 2006: 282-295; Idem 2007.

(14) 詳しくは Seriot 1985.

(15) Язык газеты: 14.

(16) Там же: 117, 123.

(17) 参照 Lefort 1986: 212-214, および Bhabha 1990: 298.

(18) ボリス・グロイスがこう言っている。「生活建設のために、全芸術を党による直接の統制下に置くというアヴァンギャルドの願望、すなわち完成された真の集団芸術作品としての〈一国社会主義〉というプログラムはこうしてついに実現した。たしかに、このプログラムの作者となったのはロトチェンコでもマヤコフスキーでもなく、政治権力の全権によって彼らの芸術プロジェクトを受け継いだスターリンその人だった」（Groys 1992: 34〔邦訳68頁〕）。グロイスは「スターリン期」のはじまりを党中央委員会が芸術団体の解散再編を命じた1932年4月23日に見ている（Groys 1992: 33〔邦訳67頁〕）。芸術のアヴァンギャルドを政治のアヴァンギャルドより重視するグロイスの見方は、疑問の余地がないわけではないが、当時の言説シフトの説明やおおよその時期の特定は見事だ。ただスターリニズムはロシア革命の当然の産物だという見方を所々でしているが、これは的外れだと思う。むしろ、ソ連の現実にルフォールの逆説が現れたことがスターリニズムという現象を可能にしたのであって、必然とまでは言えない。

(19) 『内戦史』は、多巻本の計画だったが、結局、第1巻しか出なかった。История гражданской войны. 1935

(20)　編集委員会の修正は第1巻だけで約700カ所に及んだ。

(21)　その一例であるコンダコフ編の小冊子『新聞のことば』(1941年刊)は、25000部つくられ、新聞関係者と一般読者を対象とした。

(22)　Язык газеты: 122.

(23)　Там же: 122-123.

(24)　第8回全ソ臨時ソビエト大会での演説(1936年11月25日)。新聞各紙に掲載され、いくつかの解説書にも引用されている。引用例は Язык газеты 1941: 26.

(25)　歌詞は、国歌コンクールに集まった60作あまりの中から選ばれた。メロディーは、アレクサンドロフの作曲〔歌詞はミハルコフとエリ=レギスタンの共作、メロディーもコンクールを行ったが決定に至らず、スターリンの発案でアレクサンドロフが1939年につくった党歌を転用した〕。

(26)　Михалков 1998.〔ソ連国歌の制定経緯は、近年史料が公開された。http://www.alexanderyakovlev.org/almanah/inside/almanah-intro/66230〕

(27)　О языке… 1949: 3.

(28)　スターリンが外部の主人の位置にいたのは、ソ連のほかの権威的言語についても同様である(農業、遺伝学、物理学、化学、文学、音楽、映画)。例えばスターリンはエイゼンシュテインの映画「イワン雷帝」の第2部に数多くの注文をつけ、具体的な変更点を指示してロシア史を正しく描くように言っている。エイゼンシュテインは後にスターリンの指摘を日記に書き記している。参照 Bergan 1997

(29)　Берегите и изучайте великий русский язык 1946: 1. 次も参照 Калинин 1935; Блинов 1948: 15.

(30)　Gorham 2000: 149.

(31)　マールが1934年に亡くなった後も、この教義はソ連言語学で重要な役割を果たし続けた。

(32)　Сталин 1950a. 次も参照 Медведев 1997; Gray 1993: 27; Gorham 2000: 140, 142; Slezkine 1996: 842; Clark 1995: 201-223.

(33)　数カ月後、これら文章をまとめた一冊の本が出た。Сталин 1950d.

(34)　Сталин 1950b.

(35)　Там же.

(36)　Там же.

(37)　Clark 1995: 221. この変化の詳細は Pollock 2008.

(38)　Rossianov 1993: 443. 次も参照 Joravsky 1970.

(39)　この時の肩書きは、党政治局員でソ連最高会議連邦会議議長。

(40)　Жданов 1950: 74.

(41)　Задачи советского языкознания в свете трудов И.В. Сталина: 1952: 4.

(42)　Хан-Пира 1991: 21 から孫引き。

(43)　著者のブルラツキーへのインタビュー、1999年、モスクワ。

(44)　同上

(45)　Бурлацкий 1988: 188.

(46)　著者のブルラツキーへのインタビュー。

(47)　同上

(48)　文学趣味とみなされたのは、詩的な比喩や文学的な表現もそうだが、何よりも作者の声を際だたせる特徴ある文体である。

(49)　著者のブルラツキーへのインタビュー。

(50)　当時の肩書きは、党中央委員会の社会主義諸国連絡部長（1957-67年）で、党書記（1962-67年）。後に、1967年から国家保安委員会（KGB）議長。1973年から党政治局員。1982年にはブレジネフ後任の党書記長に就任する。

(51)　著者のブルラツキーへのインタビュー。

(52)　同上

(53)　同上

(54)　先にも指摘したように、この結論とは大きく異なる見解が一般に広まっているが、発話の形式を統制すれば発話が伝える意味を一義的に統制できるという見方は間違っている。実際は、もし厳しい言語統制が発話の形式のみを対象とするなら、形式と文脈とのつながりが予想できなくなり、形式に結びつく意味は予想外の変化をする。

(55)　Крючкова 1982.

(56)　Там же: 30-31.

(57)　Там же: 32.

(58)　Там же: 32.

(59)　500 слов… 1962.

(60)　500 слов… 1962. 政治用語を単義にする指示は、共産主義中国にも広まっていた。1990年代はじめの積極的な経済改革の時期に、中国共産党中央宣伝部の週報に、そのものずばり「宣伝言語は正確でなければいけない」という記事があったり、新華社通信が党の宣伝員向けに「用語指示」という特別冊子を出したりしている。Schoenhals 1992: 8-9.

(61)　Лукашанец 1988: 171.

(62)　Кравченко 1969: 55.

(63)　Эрастов 1979.

(64)　Леонтьев 1975.

(65)　Гребнев 1967: 29.

(66)　Бурлацкий 1990: 182.

(67)　Хан-Пира 1991: 21.

(68)　絵画装飾芸術コンビナートの画家への著者のインタビュー。

(69)　参照 前述および Stites 1989; Bonnell 1997.

(70)　絵画装飾芸術コンビナートの画家への著者のインタビュー。

(71)　絵画装飾芸術コンビナートの画家ミハイルへの著者のインタビュー。

(72)　メルクロフは、こう回想している。「デスマスクは、極めて重要な歴史ドキュメントだ。私は、死の淵にあるイリイチの姿を保存し、永久に伝えなければならない。私は頭部全体の形をとろうとし、ほぼ上手く行っている。写し取れなかったのは、枕にくっ

ついていた後頭部だけだ」(Меркуров 2012: 132)

(73) 著者のインタビュー、1995年、サンクト・ペテルブルグ。

(74) この直接の痕跡の重要性は、本書91-92、114-115頁参照。

(75) 著者のインタビュー、1995年、サンクト・ペテルブルグ。

(76) マルタ・ポチフォロワは、後期ソ連時代はレニングラードの党地区委員会のイデオロギー指導員、1990年代はペテルブルグのロシア国立政治史博物館(かつての革命博物館)の館長。

(77) 著者のインタビュー、1994年、サンクト・ペテルブルグ、政治史博物館。

(78) レニングラードのそうした通りは、ネフスキー大通り、キーロフ大通り〔現カメノオストロフスキー大通り〕、モスクワ大通り、モスクワ街道だった。

(79) 著者のインタビュー、1994年、サンクト・ペテルブルグ、政治史博物館。

(80) 著者のインタビュー、2000年、サンクト・ペテルブルグ、ドキュメンタリー映画スタジオ。

(81) Lane 1981.: 3

(82) Ibid: 46-47. 次も参照 Алиев 1968: 5; Глебкин 1998: 130, 137.

(83) 著者のイーゴリ・ジャルコフ(元プーシキン市芸術局長)へのインタビュー、1995年、サンクト・ペテルブルグ。

(84) 発話を生産するのでなく、発話を再生産するだけという意味。

(85) ソ連の政治言語に目撃者の声が欠如している点については、Pocheptsov: 1997: 53-54.

(86) Roxburgh 1987: 60.

(87) 『コムニスト』誌の例は先述した。校閲には、構造のみの手直しも数多くある(短いフレーズを長くする、動詞を名詞に置き換える、「文学趣味」の排除など)。

(88) Roxburgh 1987: 80.

(89) 「明白なインターテクスチュアリティ」(manifest intertextuality)は、言語学者のノーマン・フェアクラフが提唱した用語で、インターテクスチュアリティが極めて強いテキストを指す。例えば、現代のデジタル・メディアは記事の執筆に際して旧来の印刷メディアよりも格段にスピードを要求されるため、ほかのメディアからテキストをそっくり引用することが常態化している。参照 Fairclough 1992, および Boyer, Yurchak 2010.

(90) Andreyev 1980: 100.

(91) Humphrey 1989: 159.

(92) この分析は簡略化してある。もっと深く、いくつかのレベルに分けて見ることもできる。だが本書の論拠としては、この簡略版で十分だ。

(93) 前提の詳細は Levinson 1983; Fairclough 1992: 120; Idem 1989: 152-154〔邦訳186-190頁〕; Austin 1999: 48〔邦訳88-89頁〕.

(94) Seriot 1986: 34.

(95) 名詞句を動詞句にパラフレーズする方法は、Seriot 1986 を参照。

(96) 先述した二つのフレーズの比較を思い出して欲しい。「深海魚」には動詞がなく(これは名詞句である)、〈深さ〉の存在は、明白で疑いのない事実として、ちらっと触

れているだけだ。一方「このあたりの海は深い」には述語があり（品詞は形容詞）、深さの事実が新たな情報として提示されているので、問いを立てて疑うことはできる。

（97） この文体では、名詞がもっと長く連なることも少なくない。一例「共産主義建設の関心事の批判的理解が求めているのは……」

（98） Urban 1986: 140.

（99） Ibid: 141.

（100） Ibid: 141.

（101） Ibid: 140.

（102） 「クッションの綴じ目」（points de capiton）とは、クッションの両面を何カ所かかがった縫い目のことで、このおかげで中につめた材料があちこちずれることなく一つのまとまった形になっている。ラカンはこの喩えを使って、「主人のシニフィアン」とは様々な発話やシンボルを一つのシンボル空間に「綴じ合わす」ものだと説いている。Lacan 1988: 267〔邦訳下巻190頁〕。Žižek 1991b も参照。

（103） Žižek 1991a: 16-26.〔邦訳28-43頁〕

（104） この主人のシニフィアンは、一つひとつが広大な意味空間を持っている。その証拠に、どれも言い換えの同義語が山のようにある。〈共産主義〉であれば、発達した社会主義、明るい未来、進歩、無階級社会。〈レーニン〉であれば、マルクス＝レーニン主義、科学的共産主義、先進教義。〈党〉であれば、ソ連社会の主導勢力、先進隊列など。Seriot 1985: 96, 120. 次も参照 Lefort 1986: 297; Stump 1998: 12, 92.

（105） 例えば、レーニンの有名な「大会への手紙」。死の床にあるレーニンは、スターリンの書記長解任を提案していた。

（106） 例えばミハイル・ロンム監督の映画「10月のレーニン」や「1918年のレーニン」は、スターリン時代の作品だが（前者が1937年、後者が1939年）、レーニンとスターリンが一緒に登場する場面を削除したり撮り直したりしている。Булгакова 1994.

（107） アレクサンドル・エトキンドは、そうした誤った見方の一つ。Etkind 2013: 30-31.

（108） これは、「カリスマ的没個性主義」（charismatic impersonalism）と言っても良い。ソ連共産党の中心原則の一つで、具体的な党指導者の役割よりも個性を欠いた「党」の役割をずっと重視する（詳しくは Jowitt 1993: 3-10）。党書記長がイデオロギー・システムに占める位置は、ソ連とナチス・ドイツを分かつ大きな違いである。ナチス・ドイツのイデオロギーは「総統原理」（Führerprinzip）に基づいており、総統（ヒトラー）がイデオロギー言説の〈主人のシニフィアン〉である。このためナチス体制は、ソ連体制と比べると、潜在的に脆弱で永続性が劣る。ソ連体制の〈主人のシニフィアン〉は具体的な党の指導者でなくてもよく、抽象的な「レーニン」と個性を欠いた「党」だけで十分だった。次を参照 Žižek 1982 および Nyomarkey 1965: 45.

（109） Юрчак 2007. この考えをさらに詳述したのが Yurchak 2007.

（110） その一例 Seriot 1986; Hodge, Kress 1988; Fowler 1991.

（111） 何度も述べているように、こうした見解を繰り返す誤った言語分析が、ソ連の言語やイデオロギー言語については少なくない。Thom 1989; Epstein 2000.

（112） Epstein 2000: 5-6. この主張は、別の本でも繰り返されている。Epstein 1991; Epstein

1995. なお引用文中の「夢物語が現実になった」は、有名な航空行進曲の冒頭「我らが生まれたのは、夢物語を現実にするため」を踏まえた表現。

第三章

(1) 『十章の聖約』(Laibach 1983) の第三章。ライバッハは、スロベニアのシアトリカルロック・バンド。イデオロギーや芸術の言説をちりばめた実験音楽を20年以上つづけている。ライバッハについては、第七章で詳述。また Žižek 1993と Monroe 2005も参照。

(2) Пелевин 1999: 140-141.〔邦訳155-156頁。訳文は東海晃久による〕

(3) Якобсон 1975: 203. (Jakobson 1960, 357)〔邦訳193頁〕

(4) Якобсон 1975: 203. (Jakobson 1960, 357)〔邦訳193頁〕

(5) コムソモールには年齢制限がある (14歳から28歳まで)。

(6) Soviet Youth Culture 1989: 22.

(7) 次も参照 Hough 1979; Soviet Youth Culture 1989; Solnick 1998; Brovkin 1998.

(8) Andreyev 1980: 46, 48.

(9) 初期ソ連 (1920年代) におけるコムソモール活動の意味の読み替えや「シニカルな」形態は、次を参照 Brovkin 1998.

(10) 第二章で見たイデオロギーのメタ言説の消滅を参照。

(11) 大企業の専従書記だと、企業のコムソモール委員会や党委員会のすべてを統括することもあった。

(12) 著者のインタビュー、1995年、サンクト・ペテルブルグ。

(13) 同上

(14) 同上

(15) イデオロギーのメタ言説の構造にこうした変化がおきる様子は、第二章で詳細に分析した。

(16) 著者のインタビュー、1995年、サンクト・ペテルブルグ。

(17) 後述するアンドレイの言。

(18) 著者のインタビュー、1995年、サンクト・ペテルブルグ。

(19) 同上

(20) 同上

(21) テキストはいずれもアンドレイ・Kの個人コレクションから、本人の許可を得て引用した。アンドレイは、著者のインタビュー時にその説明をしてくれた。

(22) 著者のインタビュー、1995年、サンクト・ペテルブルグ。

(23) Andreyev 1980: 100.

(24) オクチャブリャータは7歳から10歳まで、ピオネールは10歳から14歳までが加入年齢。コムソモールは14歳から28歳。

(25) 著者のインタビュー、1995年、サンクト・ペテルブルグ。

(26) 著者のインタビュー、1994年、サンクト・ペテルブルグ。

(27)　著者のインタビュー、1996年、サンクト・ペテルブルグ。
(28)　著者のインタビュー、1994年、サンクト・ペテルブルグ。
(29)　権威的言説の主人のシニフィアンとしての「レーニン」の役割は、第二章91〜92頁を参照。
(30)　著者のインタビュー、1996年、サンクト・ペテルブルグ。
(31)　同上
(32)　この原理の詳細は、第二章81-83頁を参照。
(33)　Bourdieu 1991: 107.
(34)　著者のインタビュー、1996年、サンクト・ペテルブルグ。
(35)　第一章と第二章を参照。
(36)　集会決定を事前につくるのは、コムソモールのほかのレベルでも見られたことで、一番上の中央委員会総会も例外ではない（一例として、次の文献を参照 Solnick 1998: 85）。
(37)　同様の考えは、1980年代半ばにペレストロイカをはじめたゴルバチョフも、当時のソ連国民の大半も共有していた。参照 Юрчак 2007, Yurchak 2007.
(38)　著者のインタビュー、1995年、サンクト・ペテルブルグ。
(39)　著者のインタビュー、1995年、サンクト・ペテルブルグ。
(40)　同上
(41)　同上
(42)　著者のインタビュー、1995年、サンクト・ペテルブルグ。
(43)　第一章に登場。
(44)　著者のインタビュー、1994年、サンクト・ペテルブルグ。
(45)　同上
(46)　アネクドートについては第七章を参照。
(47)　著者のインタビュー、1994年、サンクト・ペテルブルグ。
(48)　第一章（30-32頁）と第二章（75-77、94-95頁）を参照。
(49)　著者のインタビュー、1996年、サンクト・ペテルブルグ。
(50)　著者のインタビュー
(51)　同上
(52)　同上
(53)　アンドレイ・Kの個人コレクションから。
(54)　同上
(55)　英語には「スヴァイー」にぴったりくる語がない。
(56)　Humphrey 1994. 次も参照。Dunham 1976; Kotkin 1995; Humphrey 1983; 2001; Ledeneva 1998; Kharkhordin 1999; Nafus 2003.
(57)　つまり、この言説のコンスタティヴな意味に的を絞るのである。
(58)　参照 Yurchak 1997.
(59)　最後のタイプの人は、次を参照 Humphrey 2001: 5.
(60)　著者のインタビュー、1994年、サンクト・ペテルブルグ。「民主集中制」とは、レ

ーニンが1902年の論文「何をなすべきか」でまとめた党組織の原則（用語そのものはレーニンの作ではない）。レーニンによれば、民主制の最高形態であり、個人の自発性も批判的精神も集団の秩序もすべて奨励するものだった。実際は中央管理と垂直的従属が批判の封殺につながり、民主的な議論を一掃する結果になった。参照 Jowitt 1993.

(61) 著者のインタビュー、1994年、サンクト・ペテルブルグ。

(62) 同上

(63) 同上。第七章356頁で述べる後期ソ連特有の皮肉のジャンル〈スチョーブ〉（権威的言説への「過剰同調」）を参照のこと。

(64) 同上

(65) 著者のイリヤ・Nへのインタビュー、1995年。

(66) 著者のインタビュー、1995年。

(67) Ries 1997: 182.

(68) 参照 Юрчак 2007, Yurchak 2007.

(69) サハロフは1989年12月に急死するが、モスクワでの葬儀には数万人が集まった。参照 Ries 1997: 182.

(70) Brodsky, Havel 1994.

(71) ブロツキーおよびこの意見の乖離は、第四章で詳述する。

(72) Kabakov 1995: 142.

(73) 著者のインタビュー、1994年、サンクト・ペテルブルグ。

(74) 1960年代からソ連体制は異論派を精神を病んだ人として扱っている。国外向け「モスクワ放送」のアナウンサー、ウラジーミル・ダンチェフは、生放送の英語番組でソ連のアフガン侵攻を批判すると、直後に精神病院に収容された。西側記者がダンチェフ迫害について質問すると、ソ連の役人は「彼は処罰されません。病人を処罰することはできません」と答えたという。参照 Chomsky 1986: 276.

(75) 著者のインタビュー、1994年、サンクト・ペテルブルグ。

(76) コムソモールの会費は、生徒や学生は毎月2コペイカ、労働者は月給の1パーセント。

(77) 著者のインタビュー、1994年、サンクト・ペテルブルグ。

(78) 著者のインタビュー

(79) レーニン記念テストがコムソモール活動に導入されたのは、レーニン生誕100年だった1970年である。

(80) 著者のインタビュー、1994年、サンクト・ペテルブルグ。

(81) 著者のインタビュー、1994年。

(82) コムソモール員は、所属先のコムソモール班に入る義務がある。このため職場や学校が変わった場合は、旧組織の「登録抹消」と新組織の「登録」が必要になる。

(83) 著者のインタビュー。こうした例から浮かびあがる相互関係は、現代「西側」の官僚制内部の相互関係と共通点が多いが、それでも差異はある。ソ連の場合、命令や儀礼やテキスト改変は、イデオロギー活動の不可分の一部であって、そうした活動に反する行為ではない。このため指導部とヒラとの間で、そうした意味の変更を行うことについて極めて簡単に合意が成り立つ。

(84)　言説とコンテクストの相互関係についての最新の見解は、Duranti, Goodwin 1992. また次も参照 Волошинов 1929.

(85)　その頃のコムソモール除名の影響は、軽微な場合もあれば、深刻な場合もあった。この人物の場合、ソ連の「ふつう」の仕事に戻ろうとしたら問題が生じたろうし、国外渡航は難しかったろう。

(86)　著者のインタビュー、1994年。

(87)　いくつもの「異質な要素」がこのような共生の相互関係にあることで形成されるものを、ドゥルーズとガタリは「リゾーム」と呼ぶ。「リゾーム」とは植物学に由来する用語で、根が生殖機構の一部となっている植物の根茎を意味する（例えばアスパラガスやジャガイモ）。ドゥルーズとガタリは「リゾーム」という用語を、生物、政治、文化、言語といった様々な知の体系が相互に結びつく様に喩えている。この発想に基づいて二人は大掛かりな独創的なアプローチを展開し、通常の階層関係では結びつかない多様な自然の要素が相互に関係しあう仕組みを分析した。この仕組みを二人は「アッサンブラージュ」（組み立て）と呼んでいる。参照 Deleuze, Guattari 2002: 3-25〔邦訳15-39頁〕.

(88)　Ibid: 10〔邦訳22頁〕.

(89)　このように文字通りの意味の大部分を失ってパフォーマティヴ機能を獲得し、社会空間を再生産するのは、儀礼によく見られる。歓迎の握手という儀礼を思い出せば納得されよう。

(90)　著者のインタビュー、1995年、サンクト・ペテルブルグ。

(91)　著者のインタビュー、1994年。

(92)　同上

(93)　同上

(94)　エレーナ・Khの個人コレクションから。

(95)　著者のインタビュー

(96)　同上

(97)　著者のエレーナ・Khへのインタビュー、1994年。同じような方法でソ連の新聞の編集者は「読者の手紙」も作文し、紙面に掲載していた。この慣行は、次を参照 Лосев 1978: 242; Humphrey 1989: 159.

(98)　エレーナ・Khの個人コレクションから。

(99)　権威的言説における「レーニン」のこうした位置づけが根本的に変化したのが、ペレストロイカ末期の1989-90年である。参照 Юрчак 2007.

(100)　ウラジーミル・ヴィソツキー（1938-80年）は、舞台や映画で俳優として活躍するかたわら、1960年代から80年代にかけて自作の歌をうたって大衆的な人気を獲得し、ソ連文化で極めてユニークな位置を占めている。ソ連の現実に付いて回る疎外や不条理を鮮やかに切り取るヴィソツキーの歌は、党指導部の不興を買うことが多く、ラジオや国立のコンサートホールで流れることはまずなかった（禁止まで行かなかったのは、露骨な反ソではないため）。映画の主題歌や劇中歌として書かれた歌が国営レコード会社「メロディア」からレコードとして出たことはあるが、ほとんどの歌は市販されず、アマチュア録音の数十万ものダビングテープを通じて国内に広まっていった。ソ連社会の

あらゆる階層から支持され、知識人から労働者、異論派から国の官僚まで幅広い人気を誇った。

(101) Ванденко 2012.

(102) Бурлацкий 1997: 261.

(103) Там же. 引用は「さあ、序奏と前奏曲の時間だ〔Прошла пора вступлений и прелюдий〕」(1973年) の一節。

(104) 著者のブルラツキーへのインタビュー、2000年夏、モスクワ。

(105) Warner 2002a: 50; 次も参照 Calhoun 2002; Warner 2002b.

(106) Warner 2002a: 50.

(107) Ibid: 55-56.

(108) Ibid: 51.

(109) Ibid: 58.

(110) Fraser 1992: 123; 次も参照 Warner 2002a: 86.

(111) ロシアの社会学者オレグ・ヴィテ (Вите 1996) によると、1950年代末からソ連の日常は二つの公共圏に分かれたという。一つが公共圏 (публичная сфера) で、権力の明文化した法律や規則によるもの、もう一つが私公共圏 (приватно-публичная сфера) で、明文化されていない文化規範や合意によるものである。このモデルは、ある統一した公共圏がソ連の日常にあることは否定する。だがこのアプローチの弱点として、後期ソ連社会には数多くの公衆が存在しており、その特徴を公共性や私公共性の原則では定義できないし、こうした二つの「公共圏」を横断することもできる。本章の実例で見たように、コムソモール員がある種の共同体になるのは、コムソモールのイデオロギー行事の形式踏襲と意味変更に参加するからだ。つまり、こうした実践は、ヴィテの用語を使えば、明文化した法律と明文化されていない合意とを同時に用いる。このコムソモール員の共同体は公共圏と私公共圏とを同時に兼ねている。もっといえば、「圏」という概念そのものが不適当なのだ。この人たちが属しているのは、数多くあるソ連の公衆の一つであり、権威的概念の「ソ連人」とは違うのである (ソ連の公共性がポスト・ソ連期にどう発展変化したかは、次の文献を参照 Yurchak 2001)。

第四章

(1) バンド「アクヴァリウム」のアルバム『電車』(1981年) 収録の歌「ヒーロー」の一節。

(2) Довлатов 1993: 23.

(3) Довлатов 1993: 23.

(4) Jakobson 1960. 第三章101-102頁を参照。

(5) Довлатов 1993: 23.

(6) ウラジーミル・ヴィソツキーのことは第三章の註 (100) を参照。アレクサンドル・ガーリチ (1918-77年) は、劇作家にして、自作の歌をギター伴奏で歌う吟遊詩人 (バ

ルド）の代表的存在の一人。ソ連体制との関係は曲折に富む。1968年の「パステルナークの思い出」公表後、当局との関係は厳しさを増す。1971年に作家同盟を、1972年に映画人同盟を除名。戯曲も発表できなくなる。1974年にソ連から追放。1977年にパリで亡くなり、その地に葬られた。

(7) 著者のインナへのインタビュー、1994年、サンクト・ペテルブルグ。

(8) 強調は筆者。第三章のオレーシャが「異論派ぶっていた」同僚の「面白くない」物言いに言っていたことと比べて欲しい（その人は「反応を求めてくるんだけれど、言うことなんかありません。あの人みたいな分析能力がないからではなく、そんなことをしたくないからです」）。

(9) Oushakine 2001: 207-208.

(10) Ibid.

(11) 強調は筆者。

(12) 付言すると、これは1970年代末から80年代はじめのことで、当時のソ連市民の大半はまだソルジェニーツィンを読んだことがない。インナとその友達は、1970年代半ばに国外で出版された『収容所群島』の一部を人づてに入手して読んだわけだが、この本やソルジェニーツィンのほかの作品に多少とも言及するものはソ連の日常的な公的言説には存在しなかった。

(13) 彼女たちのこうした姿勢は、後年のペレストロイカ時に大きく変化する。体制全体の原理が変化して、権威的言説が形式のパフォーマティヴな再生産として機能しなくなり、文字通りの意味が再び現実味を帯びるようになった。

(14) 一例だが、Гудков, Дубин 1994: 170.

(15) Бахтин 1979a: 15〔邦訳135頁〕. バフチンの「美的活動における作者と主人公」の執筆は、1920年から1924年の間。次を参照 Clark, Holquist 1984: 353.

(16) 誤解している研究者が多い。例えばケヴィン・プラットとベンジャミン・ナタンスは、本書英語版の書評でヴニェの概念を取り違え、政治的無関心や無気力に帰着させている。参照 Платт, Натанс 2010.

(17) ピオネール宮殿出身の人には、オペラ歌手のエレーナ・オブラスツォワ、バレリーナのナターリヤ・マカーロワ、チェス世界チャンピオンのボリス・スパスキー、演出家のレフ・ドージン、神経生理学者のナターリヤ・ベフテレワがいる。ソ連解体後はピオネールが存在しなくなり、サンクト・ペテルブルグ市立青少年創造宮殿と改称した。宮殿ではクラブやスポーツ施設が今も活動中である。

(18) Пыжова 2007.

(19) 「ピオネールの誓い」の一節。

(20) 時期は様々だが、ここで教えた人には、詩人のマルシャーク、作家のチュコフスキー、作曲家のドナエフスキー、エルミタージュ館長のオルベリ、歴史家のストルヴェ、チェス世界チャンピオンのボトヴィンニクなどがいる。参照 Локотникова, Буланкова 2006.

(21) Пудовкина 2000.

(22) マルク・マジヤの回想、出典は Пудовкина 2000.

(23) これは、60年代人に広まっていた「人間の顔をした社会主義」のこと。この見方を「超えた」とは、社会主義に無関心になったヴニェ状態のこと。

(24) エレーナ・ドゥナエフスカヤの回想、出典は Пудовкина 2000.

(25) タチヤーナ・ツァリコワの回想、出典は Пудовкина 2000.

(26) タルーサは、カルーガ州にあるオカ川河畔の小都市（モスクワ南方百数十キロ）で、モスクワの知識人が夏の休暇をすごす場所として有名。ソ連時代には、ここに引っ越して定住した作家や画家もいる（多くは当局と問題を起こした人）。時期はまちまちだが、タルーサに住んだ人には、コンスタンチン・パウストフスキー、ヨシフ・ブロツキー、アレクサンドル・ギンズブルグ、ラリーサ・ボゴラーズがいる。

(27) Пудовкина 2000.

(28) ニコライ・ゴリの回想、出典は Пудовкина 2000.

(29) Гладарев 2000.

(30) ヴァーシャの回想、出典は Гладарев 2000.

(31) ソ連の言説体系が激変する改革期には、政治の話題や政治活動がサークルのメンバーにとって重要になった。1986年には考古学サークルの会員が集まって歴史・文化記念碑救済グループをつくる。コムソモールや党の支援を受けていない、レニングラード初の「下から」できた社会団体である。注目を集めた最初の行動は、詩人デリヴィグの旧宅とホテル「アングレテール」の保存運動だった。

(32) 著者のインタビュー、1995年、サンクト・ペテルブルグ。

(33) Гладарев 2000.

(34) タマーラの回想、出典は Гладарев 2000.

(35) Nyíri, Breidenbach 2002: 45.

(36) Ibid: 47.

(37) Ibid.

(38) Ibid.

(39) 理論・実験物理研究所（モスクワ）

(40) Nyíri, Breidenbach 2002: 46-47.

(41) ある意味では当然なのだが、物理学者の世界のいくつかの細部は、1960年代から70年代の別の特権環境——党国際部の若い補佐官が党の文案を練る時によくヴィソツキーの録音テープを聴いていたという第三章の最後で紹介したエピソードを思い起こさせる。

(42) 原著英語版が2005年に出てから、カフェ「サイゴン」の新しい回想や著述が数多く現れた。とはいえ本節で使う資料は、英語版の執筆時に利用可能だったものに限定する。なぜなら、第一に、本節の分析にはそれだけで十分であり、第二に、すでに完成している著作に資料を追加しつづけるのは余分で無意味な作業だからだ。このことは、本書の他の箇所にも当てはまる。ただし、新たな資料が新たな解釈を可能にする場合は例外である。

(43) ソ連の権威的言説の有名な定式「大十月社会主義革命」のもじり。Кривулин 1996.

(44) いま現在、「サイゴン」にまつわる思い出や読み物が、ペテルブルグのメディアにも学術研究にも頻繁に登場する（参照 Валиева 2009）。カフェはかつての場所からは消

えているが、この名前を受け継いだカフェがペテルブルグなどロシア各地に次々と現れている。

(45) 厳密に言うと、この場合のヴニェは、「想像の西側」の言説と空間に結びつきうる。詳細は第五章参照。

(46) ベトナム戦争の頃のサイゴンは、反共の南ベトナムの首都で、アメリカ軍の一大駐屯地だった。

(47) Кривулин 1996: 4-5.

(48) 《Сайгон》. Невский 47/2: 2003.

(49) Топоров 1996.

(50) Гребенщиков 1996.

(51) Там же.

(52) Топоров 1996.

(53) Кривулин 1996: 7-8.

(54) 著者のインタビュー、1994年、サンクト・ペテルブルグ。

(55) 同上

(56) 同上

(57) Лурье 2003.

(58) Там же.

(59) Habermas 1991.

(60) 参照 Здравомыслова 1996: 39-40.

(61) 別名「スヴァイーの公衆」(第三章参照)

(62) Кривулин 1996: 7-8.

(63) ペレストロイカ以前のロック・ミュージシャンのサブカルチャーの場合。ペレストロイカが1986年に始まると事情は一変し、ソ連の非公式ロックは急速に政治化した。

(64) Cushman 1995: 93-94.

(65) Ibid: 107-108.

(66) Ibid: 95.

(67) この言い方は、ロック・ミュージシャンの間では使われておらず、当初は西欧の文化現象をあらわすために導入された。ロシアの社会学に登場したのは、ずっと遅れてポスト・ソ連時代のことだ。この概念を用いてソ連時代を分析すると(「公共圏」がそうだったように)結果の歪曲につながることが多い。

(68) Cushman 1995: 8(強調は筆者).

(69) 著者のアレクサンドル・カンへのインタビュー、1995年、サンクト・ペテルブルグ。

(70) 著者のインタビュー。こうした人たちの間での皮肉の役割は、第七章を参照。

(71) 本書の観点から言うと、今日ジャーナリズムはおろか一部の社会学においても広く普及しているメンタリティという概念は、極めて狭い実体的なもので、問題が多い。この概念が通例想定するのは、固定孤立した〈自我〉が〈個人の心理〉の内部に存在するという主体モデルだ。主体間の関係や主体の文脈や過程は、主体の存在と再生産の必要条件であるにもかかわらず、この概念では無視される。このためメンタリティという用

語が多用されるのは、主体が保守的な惰性状態にあり、文脈が変わっても変化できないことを強調する場合である（ポスト・ソ連時代の社会政治情勢の分析で用いられる悪名高い「ソビエト・メンタリティ」は、まさにこの意味)。

(72) 著者のインタビュー、1995年。

(73) 強調しておくが、オブシチェーニエという概念に相当する語は、英語にはない。一方、オブシチェーニエの反意語（厳密には、オブシチェーニエの主体間関係の要素の反意語）である英語のプライバシーという概念に相当する語は、ロシア語には存在しない、もしくはつい最近まで存在しなかった（現在のポスト・ソ連時代の文脈では、借用語のプライバシーを使う場面が増えた)。ソ連解体後の十年間のロシアにおけるオブシチェーニエ現象の人類学的分析は、一例だが Pesmen 2000, Nafus 2003.

(74) ソ連がなくなって政治や経済が激変して以降、オブシチェーニエの時空が狭まった、オブシチェーニエが十分でなくなった、オブシチェーニエのあり方が変わってしまったという不平不満が聞かれる。

(75) Вайль, Генис 1991: 243.

(76) Кротов 1992: 247.

(77) Там же: 249.

(78) Там же: 248. オブシチェーニエの様々な実態は、次を参照 Pesmen 2000: 165.

(79) Вайль, Генис 2001: 70.

(80) こうした社会集団や主体性がちがう文脈でどうなるかは、次を参照 Rosaldo 1982, Strathern 1988.

(81) ヤナの回想、出典はГладарев 2000.

(82) タチヤーナの回想、出典はГладарев 2000.

(83) スタースの回想、出典はГладарев 2000.

(84) ヴィクトル・ソスノラは、ペテルブルグの詩人。一般の知名度は低いが、詩の愛好家から熱烈な支持を集める。ソ連時代は、ほとんど出版されなかった。詩風は、繊細な優美さと非規範性を特徴とする。1960年代から70年代には、若い詩人の文学サークルLITOを主宰したが、子供向けの文学サークル「ヂェルザーニエ」と同じように、公式にはレニングラードの文化宮殿の講座だった。

(85) 参照 Hanks 2000: 237.

(86) 同様の傾向は、1970年代のチェコスロヴァキアでも見られた。ハヴェルとブロツキーの論争を参照 Brodsky, Havel 1994.

(87) Cushman 1995: 57-58.

(88) ボリス・グレベンシチコフ作詞の歌「掃除番と警備員の世代」の一節。次も参照 Yurchak 1997.

(89) 例えば、ボリス・オスタニンとボリス・イワノフは、1970年代から80年代はじめにレニングラードのボイラー室で働いている間に数巻におよぶペテルブルグの墓地と教会の歴史の本を書いたが、出版されたのはソ連解体後のことだった（Лурье 2003)。

(90) 著者のインタビュー、1994年、サンクト・ペテルブルグ。

(91) Cushman 1995: 57.

(92)　土曜日に行われる奉仕活動。レーニンの誕生日にあわせて4月に行われる場合が多い。
(93)　街中の秩序を維持する民間パトロール制度。隊員は通例、学生や勤め人（主として男性）で、数カ月に一回の割合で一晩の勤務が回ってきた。
(94)　コルホーズの野菜収穫（多くはジャガイモ掘り）の応援作業で、国が動員をかけた。
(95)　その当時、執務室の扉や施設の窓口によく掲示してあったお知らせの典型的な文句。
(96)　キャサリン・ヴァーデリーはこれを「時間の国家化」〔Etatization of time〕と呼ぶ。Verdery 1996: 39-57. 社会主義諸国の時間管理の例は、次を参照 Hanson 1997 および Buck-Morss 2000.
(97)　Borneman 1998: 100.
(98)　非公式のつながりで、これがあれば、通常の規則を経ずに何らかの財貨を得たり、一定のリソースを見つけ出したり、援助を得たりできる。参照 Ledeneva 1998.
(99)　一例だが、Massey 1994の第二部。
(100)　Strathern 2002: 91-92.
(101)　中世後期と近世初期の時間理論は、Kantorowicz 1997 ［1957］の第六章を参照。
(102)　Strathern 2002: 91. ストラザーンが依拠した研究は Casey 1996 および Greenhouse 1996.

第五章

(1)　自作「ストーカー」についてのタルコフスキーのインタビュー（1979年）。出典は de Baecque 1989: 110.
(2)　著者のインタビュー、1995年、サンクト・ペテルブルグ。
(3)　「ソビエト」概念の多民族性・多言語性を体現するのが、人びとが愛して止まぬグルジア料理や中央アジアのプロフ、リガやクリミアの海岸、オデッサやタリンの小道、レニングラードの河岸通りやサマルカンドの市場、カフカスの山々やイシィク・クリの湖である。いずれも様々な民族の平等と友好をうたう公式イデオロギーで喧伝されたものだが、後期ソ連に生きた多数のソ連市民の個人的経験にほぼ合致する。以下も参照 Humphrey 2002a
(4)　「リツェデイ」がこの話をしたのは、「ばっちい（ビャキ）」と題した寄席芸をごく少人数の仲間うちにやった時である。1980年代前半に著者はこの芸を何度となく目にした。
(5)　Веллер 2002: 291.〔邦訳32頁。訳文は大野典宏・森田有記による〕
(6)　次も参照 Yurchak 2002.
(7)　Вайль, Генис 2001: 137-138.
(8)　Foucault 1998b: 179.〔邦訳281頁。訳文は一部改変した〕
(9)　独自の主体の編成における「鏡像段階」の重要性を述べたラカンの例は、Лакан 1997。また見事なラカン批評は、Мазин 2005。
(10)　文化・歴史の概念や現象を分析する系譜学の手法は、ニーチェが著書『道徳の系譜

学』（1887年）で用い、ミシェル・フーコーが著書『古典主義時代における狂気の歴史』（1961年）および論文「ニーチェ、系譜学、歴史」（1971年）で発展させた。

(11) Foucault 1998a: 312. 以下も参照 Foucault 1972: 109; Dreyfus, Rabinow 1983: 181; Hall 1988, 51.

(12) 初期の著作では、エピステーメーとも言っていた。

(13) Pollock 2008 および本書第二章51-55頁参照。

(14) Dunayeva 1950: 18.

(15) Жданов 1950: 62-63.

(16) Там же: 72, 74.

(17) Там же

(18) Тендряков 1990: 522, 558.

(19) ロシアと「西側」との関係の基礎にある矛盾は根深いものがある。300年以上にわたって「親西欧」と「反西欧」のイデオロギー的見解がずっと並存して論争する状態が続いている。ただ後期社会主義の時期は、この逆説に満ちた関係が著しく政治的な形をとって権威的な言説と規範のレベルにあらわれ、ひいてはソ連のイデオロギー空間を内部から大きくゆさぶった。

(20) Egbert 1967: 361. 1956年にモスクワのプーシキン美術館が初のピカソ展をひらくが、来館者が感想帳に記した意見は、本文で述べたソ連の文化政策やイデオロギー発話の逆説を見事に反映して、評価が真っ二つだった。「とてつもない才能に驚かされる」「天才画家」といった声がある一方で、「ピカソは凌辱魔でもまだ言い足りない。これは現代の皮肉屋だ。こんなクソをわが国の美術館の展覧会にどうしてもってこれたんだ」とか「共産主義者が見る人をこれほど馬鹿にできるなんて、驚くべきことだ」と書いた人もいた（引用は、レオニード・パルフョーノフのドキュメンタリー映画「神の目」第二部、引用した感想はロシア第一テレビのサイトで読める http://www.1tv.ru/documentary/print/fi=7560&sn=2)。重要な点だが、この感想はどれも同程度に「正しい」——別の言い方をすれば、ソ連の新聞や権威的言説に見られる様々な見解に等しく対応している。

(21) ジャズ・ボーカリストでピアニストのセルゲイ・マヌキャン（1955年生）の回想によると、ソ連では、部分的な禁令が出ていた時でも、ジャズはよくラジオで流れていたという。「ラジオで流れたのは、コンサート中継ではなく、何かの番組でレコードをかける時だった。耳に残った断片は覚えておいて」、自分流のアレンジをして演奏した（Коновалова 2010）。

(22) 外国の影響とは関係ないが、ソ連の文化政策の逆説をよく表す例に、映画がある。ジョルジュ・ファラデーによれば、ソ連の映画産業を統括する国の役人は、「自立した映像作家崇拝を作りだそうと、映像作家のイデオロギー上の重要性を常に強調する」公式演説をしたし、才能ある映画監督の褒賞や叙勲をしつづけた。その一方で現実はどうだったかといえば、本当に自立し、そうした資質に値する映画監督の活動を妨害しつづけたのである（Faraday 2000: 12）。

(23) Turovskaya 1993a. アメリカがソ連に食糧や武器などの物資を供与しはじめたのは、1941年3月の武器貸与法の制定後である。供与の詳細は、Munting 1984.

(24) Starr 1994: 205; Чернов 1997a: 32.

(25) Фейертаг 1999: 65; Чернов 1997a: 32.

(26) 引用箇所はФейертаг 1999: 66. 同じような首尾一貫しない批判が、後に西側のロック音楽にも浴びせられている。本章後半と第六章を参照。

(27) アメリカの文化を富裕層と一般人とで区別した当時の描き方が参考になる。アレクサンドロフの映画「エルベの出会い」(1949年)に出てくるドイツ占領地のアメリカ軍将校は、ドイツの民間人に食糧やタバコを高値で売りつける道徳心のない詐欺師である。だがアメリカ軍の下級将校や一般兵の描き方は違う。上官のブルジョア植民地主義主義まるだしの言動に憤っており、近くに駐屯するソ連兵士と気持ちは一つだった。

(28) Каплан 1997a: 46; Фейертаг 1999.

(29) Фейертаг 1999.

(30) 1948年8月31日に党政治局がアメリカ映画とドイツの戦利品映画のソ連上映を許可している。ソ連で上映されたドイツ映画数十本は、ドイツが支払う賠償金の一部だった。ソ連で一番の人気だったのは、ハンガリー人の俳優で歌手マリカ・レック主演の音楽映画「私の夢の少女」(ドイツ語の原題「Die Frau meiner Träume」)である。参照 Turovskaya 1993a: 104; Stites 1993: 125; Graffy 1998: 181; Die Ungewöhnlichen Abenteuer 1995.

(31) 参照 Stites 1993: 125.

(32) Фейертаг 1999: 81.

(33) Turovskaya 1993a および 1993b.

(34) 《Долой пошлость!》 // Литературная газета. 1947. 19 ноября.

(35) Эренбург 1947: 2.

(36) Dunham 1976.

(37) Дезанти 1956: 4.

(38) Чаковский 1956.

(39) 発言主のE・カザコフスキーは「エレクトロシーラ」工場(レニングラード)のノルマ標準局長。参照 Казаковский 1956: 2.

(40) Энгельгардт 1956: 2.

(41) Чернов 1997b: 37.

(42) Там же.

(43) Троицкий 2007; Mass Culture in Soviet Russia 1995; Edele 2003.

(44) Hebdige 1979.

(45) この分析は、ポール・ウィリスをはじめとするバーミンガム大学現代文化研究センターの研究者が提示するマルクス主義的なサブカルチャー分析とは異なる。カルチュラル・スタディーズの分析手法の詳細、これに対する批判および社会文化人類学の手法との比較は、次を参照。 Юрчак 2005.

(46) Гук 1997: 24-25.

(47) Там же.

(48) Troitsky 1988: 2-3; Aksyonov 1987: 13.

(49) Мохель 1999.

(50)　Там же.〔夏の保養地でのツイスト流行は、レオニード・ガイダイの映画「カフカスの女虜」(1967年) で見ることができる (18 : 54〜)〕

(51)　Каплан 1997b: 30.

(52)　『スメーナ』紙1954年5月29日号。Лурье 1997: 19 から孫引き。

(53)　Гук 1997.

(54)　Беляев 1949. 以下も参照 Mass Culture in Soviet Russia 1995: 452.〔英語版の注記＝グリボエードフは19世紀はじめのロシアの作家・詩人で、作品は学校の必読課題である。ミチューリンは植物育種家で、これも学習指導要領に入っていた。メンデレーエフは化学者で元素周期表の発見者、これも学校で学ぶ。「チャールダーシュの女王」と「マリッァ」は、外国の〈軽音楽〉オペレッタの作品で、カールマンの作曲。「イワン・スサーニン」と「イーゴリ公」はロシアの愛国オペラで、前者がグリンカ作曲で17世紀はじめの対ポーランド戦争を、後者がボロディン作曲で12世紀末のタタールとの戦いを描く〕

(55)　Там же.

(56)　著者のウラジーミル・I へのインタビュー、1995年、サンクト・ペテルブルグ。

(57)　同上

(58)　Попов 1996: 25.

(59)　Там же: 26.

(60)　超短波で、波長は0.1ミリメートルから10メートル。

(61)　本節で述べる FM ラジオや VHF ラジオの普及特性は、テレビ放送にも当てはまる。ただテレビの詳述をしないのは、「想像の西側」形成における役割がラジオに比べると格段に小さいため。

(62)　同じことはケーブル・テレビにも当てはまる。これも信号がケーブルを通じて地元の契約者に配信されている。

(63)　波長10メートルから100メートル。

(64)　電離層とは、大気の上層にある、太陽光線と宇宙線によって電離して高イオン化した層のこと。高度80キロメートルから400キロメートルに存在する。電離層のイオン化ガスは、波長の「短い」電波 (10メートルから100メートル) を反射するが、超短波 (10メートル未満) は通過する。このため後者が使えるのは例えば衛星通信であり、前者は地上の遠距離通信である。

(65)　伝わる距離と質は、電波の周波数、天候条件、昼夜の時間、太陽活動などに左右される。

(66)　ここ数十年に登場した衛星テレビや衛星ラジオ、さらにはインターネットによってメディア情報の生産伝達のあり方が一変したかに思える。情報の地元レベル限定が最早ありえなくなり、グローバル化してあらゆる場所から参入があるかのようだ。だがこの図式は現実とまったく重ならない。視聴者が接する新たな電子メディアは、依然として地元レベルだ。「プロバイダー」という地元の会社が提供していて (インターネット、衛星テレビ、電話)、地元の法律や技術特性や政治体制の規制を受ける。だが短波ラジオ放送は、事情が違う。遠く離れた (多くは外国の) 放送主と聞き手の受信機との間に、余分な地元の中継局やプロバイダーは存在しない。両者は、直接つながっている。だか

らこそソ連当局は、西側のいくつかのラジオ放送に「妨害電波」をかけた。これが、**遠くから**やってくる短波のラジオ信号を**地元で**規制する唯一の（だが効果のほどが疑わしい）技術手段だったからだ。

(67) 例えば、アメリカの短波ラジオの歴史はごく短い。戦後アメリカ人の大半は目にしたことがなく、今ではそれが何かを知る人も少ない（例外は、特別な周波数を使って世界中と交信するアマチュア無線家）。「ラジオ」という用語からアメリカで連想されるのはFM放送——地元の、さほど遠くない放送主から発信される放送である。BBCの国際放送が英語ニュースをほぼ100年も短波で全世界に流しているのに、アメリカでこれを知るには、地元のFM放送局の再配信を聞かなければならない。西欧も事情は大同小異だ。

(68) 米国ベル研究所で開発。

(69) ソ連の大衆向け携帯短波ラジオの第1号は、「スピドラ」である。リガのラジオ工場VEFで1960年に生産開始。図18参照。

(70) 先述したように、短波は電離層と地面との間で何度も反射を繰り返し、地球を一周する。昼夜の時間や天候条件によって電離層の電離具合や高度も変わる（太陽光線の強弱の影響）。昼間は電子の密度が高まって電離層に幾重もの層ができるので、これが短波の反射具合を変える。この結果、例えばよく晴れた春には、11-19メーターバンドの遠い放送局がよく聞こえるようになる。

(71) レニングラードの場合、短波ラジオの愛好家が集まるのは、「若い技術者（ユンヌィ・テフニク）」という店舗や、アフトヴォ、さらには商店街「アプラクシン・ドヴォール」にある電化製品の古物商の前だった。〔レオニード・ガイダイの映画「イワン・ワシーリエヴィチ転職す」（1973年）に当時の様子が写っている（45：01〜）〕

(72) 国際法の長年の論争だが、別の国に向けて流すラジオ放送が、その国の同意を得ていない場合、番組内でその政治体制を批判するのは合法なのかという問題がある。この論争は、ラジオ放送の電波妨害にかかわってくる。例えば、米国の長年にわたる論拠は、権利として「どんなラジオ番組でも、明らかに客観的な情報であれば、別の国に向けて放送するし、こうした放送に対する介入はいかなるものでも国際法に違反する」である（Metzl 1997: 628）。ソ連や社会主義諸国の1950年代から80年代にかけての主張は、外国のラジオ放送がその国の言葉で流されて政府を批判する場合、「国家主権」への介入なので、国際法違反だとしていた。国際放送の電波妨害を外部からの介入に対する「合法的な対抗措置」として正当化したのである。アメリカも時おり世界の一部で電波妨害をしているが、公式文書ではこれをアメリカの国益を守る「戦闘行為および心理戦争」になぞらえている（Ibid.）。

(73) 「ラジオ・リバティ」は、ソ連向けに特化した放送局であり、連邦構成共和国のほぼすべての言語で流していた。ロシア語放送の開始は1953年3月1日で、本部はミュンヘン（Sosin 1999）。放送言語は後に拡大した。ここにはもう一つ、「ラジオ・フリー・ヨーロッパ」という放送局もあり、ワルシャワ条約機構に加盟する社会主義国に向けて、東欧諸国の言語で放送していた。どちらの放送局も設立にあたってCIAの資金援助を受けているが、国営放送でないため、強硬なソ連批判の姿勢を崩すことがなかった。こ

の点が、アメリカ政府管轄の放送局「VOA」（アメリカの声）とは異なる。

(74)　これら放送局の電波妨害は、第20回党大会後の1956年に停止、ソ連軍のチェコスロヴァキア侵攻の1968年に再開（Friedberg 1985: 18)、ペレストロイカ期の1988年に完全に廃止。

(75)　外国の音楽放送が若者の好みに影響を与えるのは、なにもソ連に限ったことではない。例えば、イギリス・ロックの発展は、AFNというアメリカ軍部隊向けの放送網が英国（と西欧）に駐屯する米軍基地にあったことが影響している。1950年代末にまさにこの音楽放送を聞いて育ったのが、後の英国ロックのスターたちである（マーク・ボラン、デヴィッド・ボウイ)。デヴィッド・ボウイの回想を参照（Bowie 2000: 38)。英国のロック・バンドの多くが、米軍基地から流れるAFNの番組を聞いて感化され、自分のバンドをつくりたいと思ったと後に語っている。ビートルズ、ローリング・ストーンズ、キンクス、ザ・フー、アニマルズなど。米軍基地のAFN放送が西欧ロックの形成に影響を与えた例は、ほかにも1950年代オランダのインドロックにもある（参照 Mutsaers 1990)。ソ連の文脈の特異さは、アメリカ音楽を聞いていた放送が、西側では不要不急だとして広まらなかった遠隔地向けの短波放送だったことだ。

(76)　コノヴァーの番組の正式名は "Jazz Hour" だが、彼の番組開始の言葉はいつも "Time for Jazz" だった。

(77)　Каплан 1997a: 46.

(78)　VOAが世界中でリスナーを増やすために簡易英語を使った放送を始めたのは、1959年である。VOAの歴史は、次のサイトを参照 www.voa.gov/index.cfm

(79)　1996年にコノヴァーが亡くなると、世界各地のラジオ・リスナー（南アフリカ、日本、ポーランド、ラテン・アメリカ）からVOAに追悼文が殺到した。ある年代の人々の音楽の好みに与えた彼の影響の大きさが分かる。参照 "Some Testimonies to Willis Conover"――メリーランド大学のプロジェクト The Beat Begins: America in the 1950s の一部：http://universityhonors.umd.edu/HONR269J/archive/WillisConoverOverseas.htm。アメリカ本国では、コノヴァーは昔も今もほぼ無名。VOAが国内放送をせず、短波ラジオも聞かないため。

(80)　Фейертаг 1999: 69.

(81)　Aksyonov 1987: 18.

(82)　アメリカのジャズ音楽家がソ連で演奏するのは、これ以前やこれ以後もあるにはあるが、珍しい。ロイドはソ連から戻ると、タリンで録音したライブ・アルバム "Charles Lloyd in the Soviet Union" を1967年にアトランティク・レコードから出している。

(83)　Каплан 1997a: 46-47 から孫引き。

(84)　著者のエヴゲニー・ドブレンコへのインタビュー、1994年、米国デューク大学。自覚的な党員で、熱心にBBCやVOAを聞いていた別の例は、次を参照 Smith 1976.

(85)　ソールズベリーのこの記述には、後に反論が出た。Epstein 1983.

(86)　《Пчела》(октябрь 1996): 22.

(87)　X線を発見したドイツの物理学者レントゲンにちなむ。

(88)　Троицкий 2007: 23.

(89)　参照 “Disc Bootleggers Are Waxing Fat on Stolen Goods," Down Beat, June 16, 1950, 10（Starr 1994から孫引き）.

(90)　Федоров 2001.

(91)　入手場所は、レニングラードならネフスキー大通りの「メロディア」（ゴスチヌィ・ドヴォールの近く）、モスクワはグム周辺、キエフは映画館「ドニエプル」そばの「買取所」の中。

(92)　Федоров 2001.

(93)　レントゲン写真が内包するひそやかな親密さの効果は、トーマス・マンの『魔の山』に見事に描かれている。主人公は椅子に座ると「胸のポケットから記念に贈られた品、担保の品を取り出した。こんどは……細枠にはめこまれた一枚の小板、光にすかしてみなければ何も見えない一枚のガラス板であった。――クラウディアのレントゲン写真で、顔は写っていないが、上半身の華奢な骨格が、肉の柔らかい形に明るくおぼろに包まれて、胸腔内の諸器官とともに認められた。その後、彼はいくどこれを眺め、唇に押し当てたことか……」。（Манн 1959: 13）〔邦訳下巻16頁。訳文は高橋義孝による〕

(94)　「どんな雲も裏は銀色に光っている」は、「どんな不幸にも明るい面がある」の意。“My Melancholy Baby” という歌の一節。参照 Аксенов 1991: 17.

(95)　こうした隠喩のレベルなら、レントゲン写真のジャズ録音は、集中暖房のボイラー室に似ている（第四章参照）。どちらもヴニェの現象がリアルさを獲得した。ソ連の国民の内部（骨や動脈）とソ連の住宅の内部（配管や配電）が不意に可視化され、法律違反の音・本・関心・思想で埋めつくされた。どちらもソ連の日常に欠かせない生活基盤だが、これを基礎につくられた文化的な意味は、システムの統制外で理解の外である。

(96)　Кантор 1961.

(97)　英国ロックが少し遅れてソ連で人気になって何度となく当局から批判されたが、これもイギリスとケルトの民衆音楽やアメリカのブルースから直接の引用がある。

(98)　Дзержинский И. 《С рекламы ли надо начинать? (Дискуссия 《Молодость, песня, гитара》)》 // Литературная газета. 1965. 24 апреля.（Вайль, Генис 2001: 134.から孫引き）

(99)　Народное хозяйство СССР в 1970 г.: 251; Народное хозяйство СССР в 1985г.: 169.

(100)　Всесоюзная перепись населения 1989 года. 1990.

(101)　Вайль, Генис 2001: 133.

(102)　Чередниченко 1994: 225.

(103)　著者のヴィクトル・Mへのインタビュー、2001年、サンクト・ペテルブルグ。

(104)　このような「闇市」現象は、次を参照 Humphrey 1995: 62-63.

(105)　高音質の録音は、高級品で値段も相当の磁気テープ「タイプ10」を使い（安価な普及品で、質が落ちる「タイプ6」や、これよりさらに落ちる「タイプ2」は使わない）、テープ速度も秒速19ミリ（19.05）の高速録音にして、一般的な秒速9ミリ（9.53）は使わなかった。

(106)　著者のインタビュー

(107)　同上

(108)　以下から孫引き Cushman 1995: 97, 208.

(109)　同上

(110)　1973年のアルバム

(111)　ユーライア・ヒープの「7月の朝（July Morning）」は、1971年のアルバム『対自核（LOOK AT YOURSELF）』の一曲。

(112)　クリーデンス・クリアウォーター・リバイバルのこと。

(113)　アンドレイ・Aの来信コレクションの一通。発信主の許可を得て引用。

(114)　Alice Cooper, 《Welcome to my nightmare》.

(115)　ソ連ではこの名前で有名だったが、アルバムの正式名は『24カラットのすみれ色』（24 Carat Purple）である。

(116)　誰も彼もがバルト地方の教会で開かれるバッハのオルガン曲の演奏会に行ってみたいと思っていた。リガ大聖堂（ドーム教会）が特に有名。

(117)　McMichael 2005a; 2005b（1970年代の音楽シリーズ「クルゴゾール」について）

(118)　Макаревич 2002: 53-54.

(119)　Там же.

(120)　Фейертаг 1997: 35.

(121)　同様の「手直し」は、ジャズやロックの曲をコンサートで演奏する時もあった。参照、註（137）およびロック・クラブでの歌詞の「事前承認」の慣行（後述）。

(122)　ほかにも、米国議会下院の非米活動委員会（HUAC）の調査活動や、アメリカ知識人に広まった共産党員やその支持者を摘発する悪名高い「赤狩り」がある。

(123)　この曲は、トラヴィスの父親も働いていたケンタッキー州の炭鉱の悲惨な生活を歌っている。炭鉱夫の受け取る給料は現金ではなく、働いている採炭会社が発行するクーポンだった。このクーポンが使えるのは社内の特別店舗だけで、しかも普通の店よりきわめて高い値段がついている。この従属関係のために、大半の鉱員世帯が常に会社に借金をかかえており、事実上、合法的な奴隷状態で暮らしていた。歌のリフレインは、こうだ。「16トンの荷を運べるかい？／来る日も来る日も歳をとり、借金にまみれていく／聖パウロよ、俺を呼ぶな、俺は行けないんだ／俺の魂は会社の店のカタにとられてる」。ケン・ネルソン（トラヴィスのプロデューサー）のインタビューを参照（Sixteen Tons）。

(124)　Макаревич 2002: 54.

(125)　アブドゥーロフへのインタビュー。参照 Кожемяков 1999.

(126)　ここに述べた録音の曲に別の意味を与えて「自分のもの」にする実践の比較事例になりうるのが、他人の作品の要素を借用・混交・引用・変更して自分の音楽を創造する現代のヒップホップである。ポール・ギルロイが言うように、録音した曲は、ヒップホップにおいては手を加えられ、「確固たる芸術的発話にあるはずの権威や敬意を失う。録音は、創造的即興を行う土台の道具にすぎなくなる」（Gilroy 1991: 211）。「公的な」録音曲にこうした創作態度で臨むのは、とりわけ初期のヒップホップに顕著である。発祥がアメリカの都会の貧困層で、楽器だと高くて手が出ないが、音楽レコードとプレーヤーならさほど高くなく、簡単に入手できたことが背景にある（Gilroy 1984）。最後の点のゆえに、初期ヒップホップにみられる音楽素材に別の意味を与えるプロセスと、ダ

ビングした西側音楽をソ連の文脈で読み替えるプロセスは似ているのである。

（127） 画家集団「ミチキー」の一員。詳しくは第七章を参照〔2013年12月にモスクワのマネージ広場で開かれた「ミチキー」25周年の展覧会に「TXE БЕАТΛЕ3」も出展。写真は http://www.kp.ru/photo/27800/558109/〕。

（128） Starr 1994: 301.

（129） 前述した自家出版やレントゲン出版を踏まえている。

（130） KGBがロック・クラブの設立に手を貸して活動の締め付けをしていたことが明らかになったのは、ペレストロイカ期である。後にRTRテレビのインタビュー（1995年1月14日放送）で元KGB幹部のオレグ・カルーギンが詳細に語っている。KGBのこうした形の締め付け（監視対象が活動のわずかな可能性を得る）は、ほかの非国営の出版物でも見られた。第四章のカフェ「サイゴン」を参照。

（131） Чернов 1997c: 12–13.

（132） Там же; Cushman 1995: 207.

（133） Барсегян 2008.

（134） ロック・バンド「アリサ」のリーダー。

（135） タチヤーナ・ヴォリツカヤの番組「レニングラード・ロック・クラブ30周年の写真展」でのバラノフスカヤへのインタビュー Барановская 2011.

（136） このマイクとは、ロック・バンド「動物園（ゾーオパルク）」のリーダー、ミハイル・ナウメンコのこと。

（137） ミハイロフへのインタビュー、参照 Иддис, Коган, Щербакова 2011. このように音楽を「アレンジ」してイデオロギー統制の枠に収める方法は、これ以前もソ連ジャズに存在していた。ジャズのボーカリスト兼ピアニストのセルゲイ・マヌキャンの思い出話だが、1960年代末から70年代はじめの、ジャズがまた禁止に傾きかけた頃のことを、こう語っている。「ジャズのことを大きな声でジャズと呼べず、軽音楽（エストラーダ）といっていた時代がある。それでも、党指導部の目を欺いて、演奏はちゃんとしていた。例えば、コルトレーンの作品を弾いていて曲名を尋ねられたら、ソ連の音楽家はこう答えていた。〈コルトレーン、抑圧された黒人音楽家です〉とね」（Коновалова 2010）。

（138） 当時のロック界における一般的な冷笑傾向は、第四章を参照。後期ソ連の特異なアイロニーのジャンル（当時できたての俗語で「スチョーブ」と言われた）、およびこれに類したアイロニーの詳細は、第七章および Yurchak 1999, 2006, 2011. このジャンルのソ連解体後の発展や、西側（とくにアメリカ）の文脈での発展は、次を参照 Boyer, Yurchak 2010.

（139） 著者のインタビュー、1994年7月、サンクト・ペテルブルグ。

（140） ゴーリキー通り（現トヴェルスカヤ通り）のプーシキン広場から「モスクワ」ホテルにかけての右側部分（Troitsky 1988: 3)、およびネフスキー大通りの「パッサージュ」百貨店からリテイヌィ大通りにかけての部分（Кривулин 1996: 6）をさす。

（141） 通常は大都市の繁華街をさす。ブロードウェイやブロードと呼ばれたのは、キエフのフレシチャーチク通り、ヴィリニュスのレーニン大通り（現ゲディミナス通り）、バクーのトルゴヴァヤ通り、タシケントのカール・マルクス大通り、オデッサのデリバ

ス通り（Стиляги на вильнюсском 《Броде》: 2011. См. также: Скворцов 1964; Файн, Лурье 1991: 172）。

（142） 一例だが Мохель: 1999.

（143） ミハイル・ナウメンコ（1980年結成のレニングラードの有名ロック・バンド「動物園（ゾーオパルク）」のリーダー）は通例マイクだし、ボリス・グレベンシチコフ（レニングラードの伝説的バンド「水族館（アクヴァリウム）」のリーダー）は数百万人のファンからボブと呼ばれている。

（144） Макаревич 2002: 109.

（145） 著者は当時この学校で学んでいた。

（146） 以下も参照 Файн, Лурье 1991: 170; Кривулин 1996. ソ連解体後のこのジャンルの発展と変化は、次を参照 Yurchak 2000.

（147） 著者のインタビュー、1994年、サンクト・ペテルブルグ。

（148） Lee 1984: 12.

（149） Литературная газета. 1985. №. 36.（Костомаров 1994: 127 から孫引き）

（150） 当時の平均月給は150ルーブル前後、学生の奨学金は40-75ルーブルだった。

（151） 著者のインタビュー、1994年、サンクト・ペテルブルグ。

（152） 同上

（153） アンドレイ・A の個人コレクションから。発信主の許可を得て引用。

（154） 同上

（155） 同上

（156） 著者のインタビュー、1994年、サンクト・ペテルブルグ。

（157） 壁に貼ってあるブレジネフの肖像画に皮肉が込められているかどうかは定かではないが、それでも様々なシンボルが若者の部屋に同居しているという事実は、それらの関係が複雑だが、相互排除ではなかったことを物語っている。

（158） Coombe 1998: 169. クームの研究の出発点は、マイクル・タウシグ（Taussig 1993: 220）とヴァルター・ベンヤミン（Benjamin 1969）の研究である。

（159） ビートルズの正規版レコードと、同じ正規版レコードだがジョン・レノンのサインがあるものとの価値を比べて欲しい。

（160） Willis 1990.

（161） 著者のインタビュー、1994年、サンクト・ペテルブルグ。

（162） Lee 1981: 24-25.

（163） こうした倫理原則は、コネを「認めない」ことがコネの機能する条件という独特な現象に現れている。参照 Ledeneva 1998: 60-63.

（164） ソ連の言説のハイパーノーマル化は、第二章61頁を参照。

（165） ソ連の一般市民の西側旅行が可能になったのは1987年1月1日からで、1986年8月にソ連最高会議で採択された新しいソ連出入国法による。西側出国の個人招待状を出すことが、近親者（従来の基準）だけでなく、西側の友人や団体にも認められた。同法の施行後、ソ連のロック・バンドの西欧コンサートツアーが堰を切ったように始まる。4年後の1991年5月20日にはソ連最高会議が出入国法をさらに改正した。国境は、ほぼ完全

に開放され、以後は個人招待がなくても出国が可能になった。

(166) 著者のインタビュー。エカテリーナ・デゴチの話は、2003年3月にロンドンのホワイトチャペル・ギャラリーで行われたロシア芸術学会の折のもの。ソ連人の西側初体験のこうした思い出話は、数限りなくある。例えば、ソ連時代の「西側の飲み物」という概念が、実際の飲み物とは関係のない想像の次元でソ連の日常を彩っていたという事実が分かったのは、こうした飲み物が店先に並んだソ連解体直後である。1990年代はじめ、西側ビールが一時的にロシアで大人気となった。だが「当たり前」になって具体的な味を獲得すると、1990年代末には地位を明け渡し、ロシア産に駆逐される。当時よく言われたことだが、「リアル」はかつて思っていたほど楽しくなかった。西側食品への思い込みが「期待外れ」で消えるのは、ソ連解体後の10年間にロシアで広く見られた現象である。次も参照 Humphrey 1995 and 2002b.

(167) Аксенов 1991: 32, 31, 32.

(168) 「路傍のピクニック」。本章冒頭を参照。

(169) 詳細は、Žižek 1999.

(170) Пелевин 1999: 46.〔邦訳49頁。訳文は東海晃久による〕

第六章

(1) 順に深紅色、深紫色、淡桃色。

(2) Пелевин 1999: 12.〔邦訳10頁。訳文は東海晃久による〕

(3) Иконникова, Лисовский 1982: 96-97.

(4) ソ連の文脈における「深い真実」と「明白な真実」との違い、もしくは「真実」と「事実」の違いは、第四章を参照。

(5) Барко 1981.

(6) ソ連の「青年社会学」は、「偏向行動」という概念を一般標準から逸脱する少数のグループではなく大衆に適用することが多くなる。参照 Иконникова и Лисовский 1969; Актуальные проблемы теории и практики 1978.

(7) БАМは「バイカル・アムール鉄道」(通称「第二シベリア鉄道」)、ВАЗは「ヴォルガ自動車工場」、КАМАЗは「カマ自動車工場」、Катэкは「カマ・アチンスク燃料エネルギー施設」の略称、Уренгойはウレンゴイ産出の天然ガスを運ぶ「西北シベリア・ガスパイプライン」のことで、いずれもコムソモール員が建設に積極的に参加し、「コムソモール建設事業」と呼ばれた。

(8) 正しいつづりは aperetif

(9) コピー機はまだ国の厳しい管理下にあり、基本的に使えなかった。

(10) Макаревич 1987: 21(このマカレーヴィチは、ロック・バンド「マシーナ・ヴレーメニ」のマカレーヴィチとは同姓別人)

(11) 文書は、『ノーヴァヤ・ガゼタ』紙(2003年7月26日=第45号)に公表。

(12) 第二章59頁と第三章106-107頁を参照

(13)　こうしたコムソモールの秘密文書がソ連のメディアで取り上げられるようになったのは、1980年代末である。

(14)　イギリスの国旗のこと。

(15)　マーガレット・サッチャー、イギリス首相。

(16)　ここは次の軍事紛争を言っている。ソ連がブレジネフ時代の1979年に始めたアフガニスタン戦争、1982年のベギンによるイスラエルとレバノンの戦争、最後はフォークランド諸島をめぐってアルゼンチンとイギリスが戦った1982年のフォークランド戦争。アルゼンチン大統領ガルチエリが英国領とされてきたフォークランド諸島（マルビナス諸島）に侵攻すると、イギリス首相サッチャーが英国艦隊を派遣して反撃に出る。その際、アルゼンチンの巡洋艦「ヘネラル・ベルグラノ」号が乗員もろとも撃沈されて323人が溺死し、サッチャーに対する批判が当のイギリスでも出た。ピンク・フロイドの曲も、そのひとつ。

(17)　『クルゴゾール』は毎号、外国の様々なジャンルの音楽に関する記事やインタビューがあり、サンプル音楽の入ったソノシートが2枚ついていた。『クルゴゾール』誌の詳細は McMichael 2005a; 2005b.

(18)　『クルゴゾール』の1980年のソノシート2枚に、1973年のアルバム『狂気』（The Dark Side of the Moon）から“Time”，“On the Run”，“Money”の3曲が収録。1980年にはさらにソノシート2枚に、1979年のアルバム『ザ・ウォール』から“Another Brick in the Wall（Part 1）"と“The Trial”が収録。いずれも歌詞のブルジョア・システム批判が収録の後押しになった。

(19)　著者のインタビュー、1994年秋、サンクト・ペテルブルグ。

(20)　ジャズ・コンサートの主催者と大学コムソモール委員会との1950年代の相互関係と比較せよ（第五章226頁参照）

(21)　どちらも、レニングラードの初期のロック・バンドの代表格で、「アクヴァリウム」登場まで活動した。1970年代はじめまでアマチュア・バンドの大半はロシア語の名前で、ロシア語で歌っていた。こうした状況に変化が生じたのが1970年代である（詳細は後述）。

(22)　フェスティバルは、1976年3月にタリン工科大学で行われた。4年前に結成されたレニングラードのバンド「アクヴァリウム」を、アンドレイはこの時はじめて聞いている。

(23)　1982年秋の所内コムソモール報告再選集会におけるアンドレイの演説の一節。アンドレイ・Kの個人コレクションから。本人の許可を得て引用。

(24)　Барко 1981.

(25)　様々な文献からレトリックを援用する実例は、第二章80-81頁を参照。

(26)　記事のタイプ清書および手書きのディスコ準備メモ。アンドレイ・Kの個人コレクションから。

(27)　著者のインタビュー、1994年。

(28)　著者のインタビュー、1994年、サンクト・ペテルブルグ。

(29)　同上

(30)　この用語を用いたバフチンの分析は、『小説の言葉』にある。Бахтин 1975.

(31)　手紙の一部は、第五章ですでに紹介（275頁）。

(32)　ニコライの来信コレクション。双方の許可を得て引用。文通でのテーマの発展を追うため、手紙の引用が時系列でない場合がある。こうすることで一まとまりの言説として見ることができる。これは二人の文通が頻繁だったことを考えると重要である。

(33)　数学と物理の高度な授業をする特別進学校のこと。アレクサンドルが通っていたのは普通学校だが、放課後に学校の数学クラブで高度な内容を学んで理解していたので、特別学校の生徒に引けを取らなかったのである。

(34)　この推薦書があると、卒業後に大学の数学部に無試験で進学できる。

(35)　数年後、書いた詩の何篇かがノヴォシビルスクの文芸誌に掲載されている。

(36)　当時アレクサンドルは9年生だったが、対戦相手は他の学校の10年生だった、という意味。

(37)　ノーベル物理学賞を受賞したリチャード・ファインマンが1961-63年にカリフォルニア工科大学で行った講義をもとにした教科書。ソ連でも1960年代後半にロシア語に訳され、1976年に増補改訂版が出ている。

(38)　この1908年の著作は、ソ連のマルクス＝レーニン主義の基本で、大学でも学んでいた。

(39)　おそらく「政治的に有害」の意味。

(40)　Кантор 1961.

(41)　Барко 1981.

(42)　ユーライア・ヒープは、1970年代のイギリスのバンド。音楽スタイルは、プログレッシブ・ロック、アート・ロック、ハード・ロックの境目に位置する。1970年代半ばのソ連で大人気だった。

(43)　ユーライア・ヒープの第二アルバム、1971年（後出参照）。

(44)　参考までに記すと、学生の奨学金は月額40-75ルーブルだった。

(45)　ポール・マッカートニーとリンダ・マッカートニーの共作アルバム、1971年。

(46)　ノヴォシビルスク大学のアカデムゴロドク（研究学園都市）のこと。

(47)　列挙したのは、アリス・クーパー（米国）を除いて、すべてイギリスのバンド。このリストは、完全ではないものの、1970年代のソ連のロック・ポップス愛好者の英国中心主義をよくあらわしている。

(48)　例えば、ピート・シンフィールド（アレクサンドルお気に入りのキング・クリムゾンのメンバー）が、1970年代はじめの美的姿勢を次のように回想している。音楽の進行に「少しでも平凡な響きを思わせるものがあれば、すぐに却下した。音楽は複雑で特異な和音を持つもの、特異な影響があるものでなければならない。やさしすぎると思ったものはすべて難しくし、7／8拍子や5／8拍子で演奏した……」。Prog Rock Britannia 2009.

(49)　こうしたバンドのソ連での位置づけが、アレクサンドルの言うところの「ロック・クラシック」だったのには、相応の理由がある。彼が手紙で触れているアルバム『ソールズベリー』は、ほんの一例、しかも典型例ではない。こうしたアルバムを「クラシック」と見たのは、いくつか理由がある。音とリズムの複雑さ、折衷主義、即興パートの多さ、アルバムでのシンフォニー・オーケストラや合唱の多用。

(50)　こうしたバンドの人気、例えばディープ・パープルや、とりわけユーライア・ヒープの人気は、当時も今も、西側より旧社会主義諸国の方がはるかに高い。

(51)　1970年のアルバム

(52)　1974年のアルバム

(53)　カントールの定義（第五章250頁を参照）

(54)　正しい引用文はこう。「私の知り合いだった善良な人たちは、この歌のために死んだ」（The best people I ever knew died for that song）。これはヘミングウェイの小説「第五列」の主人公フィリップ・ローリングスが、ムッソリーニと戦ったイタリア・パルチザンの歌“Bandiera Rossa”（赤旗）について語った言葉。

(55)　マリオ・ソアレスは、ポルトガルの共産主義者、後に社会主義者。サラザール体制への抵抗運動に参加。社会主義者が1976年の議会選挙で勝利すると首相になるが、強硬な経済政策をとり、ポルトガルの共産主義者やソ連から批判された。ソ連のメディアは、ソアレスが右「旋回」してブルジョア階級のイデオロギーに向かったと非難した。アレクサンドルが引用しているスローガンは、この批判の一環である。

(56)　第一章21-23頁を参照

(57)　1970年代のソ連で、これに該当するのは、レッド・ツェッペリン、ピンク・フロイド、ブラック・サバス、ディープ・パープル、クイーン、ユーライア・ヒープ、キング・クリムゾン、ジェスロ・タル、イエス、スウィートなど（大半は英国のバンド）。なお同時期に登場したバンドで、演奏スタイルがパンク（ラモーンズ、セックス・ピストルズ、ザ・クラッシュ）やニューウェーブ（ポリス、トーキング・ヘッズ、エルヴィス・コステロ）だったものは、ソ連ではほとんど人気を得られなかった。また西側で人気だった、メッセージ性や難解さを志向する演奏家（歌詞ではボブ・ディラン、ジョニ・ミッチェル、舞台パフォーマンスではデヴィッド・ボウイ）は、ソ連の文脈ではどちらかといえばマージナルだった。

(58)　実は1970年代の英国バンドの一部は、1910年代から20年代のロシア・アヴァンギャルドに霊感を受けている。その原因として、第一に、この時期のイギリスのロック・ミュージシャンは美術学校や芸大に行ったのでアヴァンギャルドの歴史に詳しかったこと、第二に1960年代のプロテスト運動の影響で、この革命期の芸術に関心が高まっていたことが挙げられる。ロックと20世紀の初期アヴァンギャルドとの深いつながりについては、次を参照。Marcus 1990.

(59)　ギリシア神話の長編叙事詩に登場する英雄。金羊皮を得るため大海に漕ぎ出したアルゴー船の乗組員のこと。

(60)　第四章のミュージシャンの、この言葉を思い出して欲しい。「俺たちが関心を持つのは全人類的な問題、体制や時代の違いに左右されない問題だ。千年前に存在していて、今も存在し続けているもの。人と人との関係とか、人間と自然とのつながりなどさ」——出典はCushman 1995: 95.

(61)　グーセフのインタビューは、Nikkila 2002。常識はずれの実験的な音・イメージ・テキストは、1910年代から20年代のアヴァンギャルド芸術家が未来イメージをつくる美的材料として多用している。

第七章

(1)　Ницше 2005: 447.〔邦訳286頁。訳文は一部改変した〕

(2)　執筆は1983年だが、地下出版（サミズダート）状態がペレストロイカ末期まで続いた。引用は1990年の刊本による。Шинкарев 1990. 政治現象としてのミチキーの分析は、Yurchak 2008.

(3)　著者のシンカリョフへのインタビュー、2005年、サンクト・ペテルブルグ。

(4)　シンカリョフは、1970年に書かれて地下出版（サミズダート）で広まったヴェネディクト・エロフェーエフの叙事詩『モスクワ－ペトゥシキ』〔邦題『酔いどれ列車、モスクワ発ペトゥシキ行』〕に感銘を受けたと語っている。だが自作は意識的に別のスタイルで書いたことを、こう説明している。「〈モスクワ－ペトゥシキ〉は現実の生活モデルになりえなかったが、ミチキーの本なら可能だった」（著者のシンカリョフへのインタビュー、2005年、サンクト・ペテルブルグ）

(5)　「ミチョーク」は単数形。「ミチキー」は複数形。

(6)　Шинкарев 1990: 18.

(7)　Там же.

(8)　Шинкарев 1996: 81-82.

(9)　Guerman 1993.

(10)　ミチキーはシャーギンの両親（著名なレニングラードの画家ウラジーミル・シャーギンとナターリヤ・ジーリナ）の「精神的な子供」でもある。Guerman 1993.

(11)　第四章204頁参照

(12)　Берлин 1998: 19-43.

(13)　著者のシンカリョフへのインタビュー、2005年、サンクト・ペテルブルグ。この姿勢の余波は、後年のペレストロイカの動乱期にも見られる。例えば、ロック・グループ「キノー」の1988年の作品「血液型」で、ヴィクトル・ツォイがこう歌っている。「仕返しの理由はあるが、勝利はどんな代価であれ欲しくない、誰の胸にも足をかけたくない」

(14)　第四章から第六章で見た〈ヴニェの政治〉のアナロジー

(15)　Довлатов 1993: 23 第四章172頁参照

(16)　スヴェトラーナ・ボイムの見方では、1960年代から70年代のソ連異論派の政治戦略は異化の手法に基づいていた（Бойм 2002）。だが、この見解は全面賛成しかねる。というのも、異論派の大半は、ソ連の政治的発話が「見分けられない」のではなく、むしろ「その名前で呼ぶ」こと――つまり発話の文字通りの解釈を目指している。だが異論派と違ってブロッキーは政治局員の肖像画が「見分けられなかった」――権威的言説の発話やシンボルを文字通り解釈せず、異化を実践していた。このためブロッキーを、ソ連の伝統的な意味での「異論派」と言うのは難しい。第三章141-142頁参照。

(17)　過剰同調（overidentification）の詳細は、Žižek 1993, Yurchak 1999, 2006, 2008, 2011; Boyer, Yurchak 2010. この原理は別の名前でも知られる――「超結合」（hypercoherence 参照 Dittmer 1981: 146-147)、「擬態的批評」(миметическая критика 参照 Юрчак 2008)、「破

壊的追認」(subversive affirmation 参照 Inke, Sasse 2006)、「超シミュレーション」(over-simulation 参照 Lakoff 2005: 848–873)。

(18) 著者のシンカリョフへのインタビュー、2005年、サンクト・ペテルブルグ。

(19) 参照 Tang 1991.

(20) 参照 Farquhar, Zhang 2005: 303.

(21) Farquhar, Zhang 2005: 310.

(22) 1970年代から80年代はじめのソ連と1990年代から2000年代の中国との類似性は重要である。共産党の権威的言説の構造や役割や支配的地位がよく似ているからだ。中国では急激な市場改革が中国共産党の指導の下で進んでいるが、それでも形式的には党の改革の指示は権威的言説で行われ、共産主義の未来への「移行期」とうたっている。今日の中国共産党のレトリックでは、資本主義的関係と共産主義の目的の重要性とは矛盾しないばかりか、相互規定的でもある。もちろん、党の権威的言説に見られた従来の反資本主義的姿勢は大きく後退している。だが形式レベルの変化は緩慢で、ほとんど変わっていない(この党の言葉は、本書で分析したソ連共産党の「硬直化した」権威的言説を思わせる——中国人は皮肉をこめてこれを「官話」と呼ぶ)。ちなみにコンスタティヴな意味のレベルで見れば、この言説は激変した。後期社会主義のソ連でおきた権威的言説のパフォーマティヴ・シフトに似た変化である。中国共産党の言語については、Schoenhals 1992.

(23) 参照 Митьки 2008.

(24) 著者のシンカリョフへのインタビュー、2005年、サンクト・ペテルブルグ。

(25) 参照 Мазин 1998: 40.

(26) Там же.

(27) 著者のユフィトへのインタビュー、2004年、サンクト・ペテルブルグ。

(28) エドゥアルト・フォン・ホフマン(Eduard von Hofmann)は、プラハ生まれのオーストリア人で、現代の法医学の基礎を築いた人。

(29) 著者のクストフへのインタビュー、2005年、サンクト・ペテルブルグ。

(30) こうした理由から死体の縦配置の伝統は多くの国の法医学で見られる。ソ連の文献でも死体はそういう場合が多かったが、これにはたぶんイデオロギー的な機能もあり、「死」のテーマをソ連の公的言説から排除する一般傾向にかなう(著者のクストフへのインタビュー、2005年、サンクト・ペテルブルグ)。

(31) 著者のクストフへのインタビュー、2005年、サンクト・ペテルブルグ。

(32) Там же.

(33) Там же.

(34) そのころ熟読した他の本に、『法医学概論』(Авдеев, 1966)がある。クストフによると、この本で一番面白かったのは、死体の死後変化の特徴を記した「死体の法医学的鑑定」の章だったという。

(35) 引用は、著者のユフィトへのインタビュー。この実験の詳細は、Мазин 1998: 120.

(36) 人体模型をユフィトの所に持ち込んだペテルブルグのアーティスト、ジゲリ(ルスラン・ラトゥシュコ)によると、法医学鑑定をしている知り合いから譲り受けた時には

この人体模型は「もうおんぼろで、緑色のしみがそこらじゅうにあった」。Федотова 2010.

(37) 引用は、著者のユフィトへのインタビュー、2004年、サンクト・ペテルブルグ。この出来事の詳しい内容と分析は、Мазин 1998: 63.

(38) Принцева 2011.

(39) 著者のユフィトへのインタビュー、2004年、サンクト・ペテルブルグ。次も参照 Федотова 2010.

(40) 茂みでの乱闘とズラーブ殴打は映画「きこり」(1985年)で、鉄道沿線の挑発行為は映画「春」(1987年)で使われている。参照 Мазин 1998: 26, 51. ネクロリアリストの映画の詳細な分析は、Мазин 1998; Alaniz, Graham 2001; Alaniz 2003.

(41) Мазин 1998. 次も参照 Berry, Miller-Pogacar 1996. 芸術の実践と芸術の証明との比較は、Groys 2008: 53-66.〔邦訳91-110頁〕

(42) 〈非死体〉のイメージをつくるため、グループはゾンビ映画の特殊メイクを使い出した。

(43) ドブロトヴォルスキーがネクロリアリストの初期映画に「1910年代のマック・セネットのスラップスティック、フランス・アヴァンギャルドのショックの美学、1920年代ソ連映画の無制限のエキセントリック」といった要素を見ているが(Dobrotvorsky 1993: 7)、表面的な美的形式が似ているとはいえ、初期ネクロリアリストの本質は日常生活のイメージにあって、制度化された芸術の本質と根本的に異なっていることには気づいてない。

(44) 著者のクストフへのインタビュー、2005年、サンクト・ペテルブルグ。

(45) 著者のアンドレイ・ミョールトヴィーへのインタビュー、2005年、サンクト・ペテルブルグ。

(46) 著者のユフィトへのインタビュー、2004年、サンクト・ペテルブルグ。

(47) 参照 Agamben 2004: 106.

(48) 著者のアンドレイ・ミョールトヴィーへのインタビュー、2005年、サンクト・ペテルブルグ。スヴィレプィーのこの行動は、デヴィッド・クローネンバーグ監督の映画「クラッシュ」(1996年)の描く世界を髣髴とさせる。だがクローネンバーグと違って、スヴィレプィーの実験はスクリーンでなく現実である。

(49) 著者のシンカリョフへのインタビュー、2005年、サンクト・ペテルブルグ。

(50) ネクロリアリストの主体が、ゾンビや生き返った死体といったホラー映画でお馴染みの主人公との違いは、死ではなく別の生を体現していることだ。

(51) Михельсон 1989. 次も参照 Мазин 1998: 42.

(52) Михельсон 1989.

(53) 似たような反応は、イリヤ・カバコフにも見られる(第三章142頁参照)。

(54) Михельсон 1989.

(55) 参照 Мазин 1998: 58-59, 註69.

(56) よく知られていることだが、ソ連的な生政治の枠組み(とりわけ後期社会主義の場合)では「異論派」と「反ソ分子」は精神を病んだ人とみなされ、しばしば精神病院で

強制治療になった（参照 Подрабинек 1979）。

(57) 後期社会主義には、スチョーブのような、不条理で不明瞭な皮肉を意味する俗語が他にもあった。телега, шиза, прикол, клиникаなど（最後の単語は明らかに〈精神病院〉が語源）。приколがポスト・ソ連の文脈でどう発展したかは、Blank 2004 および 2005。

(58) シンボルの形式を変えずに脱コンテクスト化・再コンテクスト化するプロセスの分析は、次を参照。Urban 1996.

(59) Бахтин 1965: 106〔邦訳124頁。文脈の都合で訳文に一部補充した〕.

(60) ピョートル一世時代の「至狂至酔宗教会議」の分析は、Лихачев 1984〔邦訳109頁〕.

(61) 〈ノンコンフォルミズム〉という用語は、後期ソ連の非公式芸術を言うために今日広く用いられるが、使われ出したのは1990年代はじめにすぎない。この語が含意する壮烈さは、ソ連時代に実在した非公式芸術と国家との相互関係とは結びつかない。

(62) この理由から、おそらくヴニェの皮肉はソッツアート（時期的に少し前のソ連の非公式美術、年長世代のモスクワ・コンセプチュアリズムの作品）とは若干毛色が異なる（参照 Гройс 1990a; Кабаков, Гройс 1990）。ソッツアートは、もちろんスチョーブの年長の縁戚だが、後者と違って、芸術家の中から芸術の一方向性として生まれたもので、芸術家の生き方ではない。ソ連の社会規範や政治シンボルに向けられる皮肉は、スチョーブよりも露骨である（ソッツアートとスチョーブの方法の比較は Юрчак 2012: 86–93）。

(63) よく似たヴニェの皮肉は、毛沢東後の中国でも広まった。基礎になったのはディトマーが「超結合」(hypercoherence) と名づけた原理で、本書が「過剰同調」と呼ぶ、行動規範への極度の一致である（Dittmer 1981: 146–147; 次も参照 Anagnost 1997: 191. この原理の別名は本章の註（17）を参照)。起きた理由は、おそらくソ連と同じで、政治言語の画一化への反応だろう（毛沢東死後に起きたこと〔本章の註（22)〕は、ソ連でもスターリン死後におきている——第二章参照)。このジャンルの皮肉の広まりはユーゴスラビアでも見られたが、その典型例がスロベニアの芸術団体「新スロベニア芸術」の作品である（参照 Žižek 1993）。ここ10年、アメリカ合衆国の政治言説が保守化した結果、この皮肉はアメリカでも広まった（参照 Boyer, Yurchak 2010）。

(64) 例えば、勇壮な芸術イメージは、ナチスの「血と土」(Blut und Boden) 理論に由来する。Žižek 1994a: 72.「血と土」理論については、Art, Culture and Media 2002: 9.

(65) ライバッハのライブの詳細は、Monroe 2005; Žižek 1993; Gržinić 2000 and 2003; Postmodernism and the Postsocialist Condition 2003.

(66) 詳しくは、Yurchak 1999 and 2006.

(67) アヴァンギャルドと社会主義リアリズムとの継承関係については様々な見解がある。Гройс 1990b; Архангельский 2005; Деготь 2010.

(68) 〈政治的〉という公的概念へのこのような態度は、ユフィトが自作映画の政治的要素について聞かれた際の回答を思い起こさせる（354–355頁)。

(69) 著者のイヴァン・ノヴァク（ライバッハ創設者の一人）へのインタビュー、1995年6月、リュブリャナ。

(70) 1980年代末にアヴィアのマネージャーだった著者は、こうした光景を何度となく目にした。

(71) セルゲイ・クリョーヒンの音楽・メディア・映像作品も、その一つ。参照 Yurchak 2011; Юрчак 2012.

(72) 先に見たように、この種の皮肉は、支配的な政治言説がハイパーノーマル化するようなコンテクストでも広まっている（本章の註（63）を参照）。

(73) 参照 Sikimić 1999: 27-37. タブー化した暴力や死とユーモアとの関係についての一般的な議論は、Dundes, Hauschild 1983; Linke, Dundes 1988.

(74) この事実に注目した研究者は多い。Мазин 1998: 42; Русский школьный фольклор 1998; Лурье 1983; Чернявская 2011: 141-154.

(75) ポスト・ソ連時代にこのジャンルは急速にすたれ、怪談ポエムが口頭で伝達されることは極めて稀になった。

(76) ドイツ語の原語は unheimlich、英語は uncanny。

(77) Freud 1919: 241〔邦訳36頁〕.

(78) Freud 1919: 243-245〔邦訳39-42頁〕.

(79) Макаревич 2002: 14.

(80) このうち、6人が政治局員、1人（キセリョフ）が政治局員候補。

(81) 第二章66頁で見た葬儀の定型表現を参照。

(82) フーコーが言うように、この不均一がきわめて明瞭に現れるのは、墓場の空間である。そこでは人間は、連続的・前進的なナラティヴとして、伝統的な歴史概念の一部であると同時に、そこから脱落して永遠の中に「解体し消失しつづける」。Foucault 1998b: 182〔邦訳284頁〕.

(83) プリゴフが実験文学に取り組んだのは、アトリエ所有権が剝奪されて彫刻に携わるのが不可能になってからだ。プリゴフが作家として広く認知されたのは、ポスト・ソ連時代である。

(84) 参照 Пригов 1997.

(85) Зорин 1997: 10-23.

(86) 第三章（119-126頁）参照

(87) 例えば、スヴァイーの公衆、ヴニェの時空間、西側のロックやファッションの広まりなど。第三章から第六章を参照。

(88) 第三章（137-138頁など）参照

(89) 《Обращение》 - Правда. 1982. 12 ноября.

(90) 研究所の専門性を示唆している。

(91) 第三章で見たように、アンドレイはコムソモールの仕事を類別し、「意味のある仕事」を推進して「無意味な」仕事を回避していた。

(92) 小規模な洪水はほぼ毎年あったが、「指示」ができる少し前にかなり大きな洪水が二回おきている（1982年の11月と12月）。参照 http://www.nevariver.ru/flood_list.php 洪水がおきなくなったのは、ソ連解体後にフィンランド湾を遮断する特大ダムが完成したおかげだ。

(93) 著者のアンドレイ・Kへのインタビュー、1994年、サンクト・ペテルブルグ（アンドレイは「指令」作成に関与していないが、後に同僚の友達とこの中身を詳しく話し合

ったという)。

(94) 第六章300頁参照

(95) 著者のアンドレイ・Kへのインタビュー、1994年、サンクト・ペテルブルグ。

(96) 記入内容の解釈は、著者のアンドレイ・Kへのインタビュー(1994年、サンクト・ペテルブルグ)に基づく。

(97) 第六章299-310頁参照

(98) この手の履歴書や政治傾向を特定する書類の変わらなさは、次を参照。Ssorin-Chaikov 2003: 106.

(99) 第二章84-85頁の詳細な分析を参照

(100) ネクロリアリストの実験や「大人になる」試み、つまり人間と動物の特徴を兼ね備えようとしたアンドレイ・ミョールトヴィーの森での実験(352-353頁)と比較せよ。

(101) Достоевский 2008: 123〔邦訳第1巻256頁〕.

(102) Там же: 124〔邦訳第1巻258頁。訳文は亀山郁夫による〕.

(103) 外国人旅行者グループの団長

(104) ヴィフリ少佐は、同名の3部作映画の主人公(1967年、監督エヴゲニー・タシコフ)で、第2次世界大戦中、ヒトラー占領下のポーランドに投入されて活躍したソ連の諜報員。

(105) 著者のエカテリーナ・Dとスヴェトラーナ・K(ともに元「インツーリスト」ガイド)へのインタビュー、2000年、サンクト・ペテルブルグ。

(106) ミハイル・ゲラシモフは、ソ連の自然人類学者。頭蓋骨から生前の顔を復元する方法を確立した。

(107) 過剰同調したのである。

(108) 脱コンテクスト化の手順

(109) 現在はトヴェリ州キームルィ市

(110) 強調は筆者

(111) 「ランチョ」という用語は、この文脈で使われていても、想像の西側を指し示す。第五章参照。

(112) 参照 Thurston 1991; Graham 2003b; Political Humor Under Stalin 2009.

(113) 著者のベロウーソフへのインタビュー、1995年、サンクト・ペテルブルグ。

(114) 同上

(115) 同上

(116) Белоусов 1996: 165-186; 次のベラウーソフのインタビューも参照 Коныгина 2004.

(117) 次も参照 Белоусов 1995: 16-18.

(118) シニャフスキーの説だが、この連作アネクドートは1967年の「大十月社会主義革命」50周年の準備の中で生まれた。Терц 1981: 175. 次のベラウーソフのインタビューも参照 Коныгина 2004.

(119) Петровский 1990: 47.

(120) Zand 1982.

(121) Fagner, Cohen 1988: 170. 次も参照 Graham 2009.

(122)　Терц 1981: 167. 次も参照 Banc 1990.

(123)　Zand 1982.

(124)　思い出して欲しいが、権威的言語の発話に対する特殊な接し方として、発話の形式レベルに従いながら、同時に文字通りの意味を変えたり消したりする手腕があった。第三章のスヴァイーの公衆の詳細を参照のこと。

(125)　ルビを付け加えた。

(126)　Петровский 1990: 49, Yurchak 1997; Graham 2003b, 2009; Pesmen 2000; Blank 2005. 人類学者キャサリン・ヴァーダリー（Katherine Verdery）が同じ現象を1980年代末のルーマニアでも指摘している。Verdery 1996: 96.

(127)　Дубровский 1991.

(128)　Ерохин 1995: 43.

(129)　Курганов 1997: 7–8.

(130)　著者のベロウーソフへのインタビュー、1995年、サンクト・ペテルブルグ。

(131)　著者のニキータ・エリセーエフへのインタビュー、1996年、サンクト・ペテルブルグ。

(132)　一例だが、Graham 2003a; 2003b.

(133)　この見方はあらゆる種類の政治ユーモアに広く浸透しており、決してソ連のユーモアの研究に限ったことではない。一例だが、様々な文化コンテクストの冗談を分析した（「鉄のカーテン」の向こうアネクドートも含む）古典的著作は、Dundes 1987.

(134)　Pecheux 1994: 150.

(135)　笑い話のナラティヴ構造に辻褄のあわない点があるとは、大きく言えば、形式と意味とが様々なレベルで一致しない、多種多様なユーモアの大部分に共通する原理である。Curco 1995: 37. 権威的な形式とコンスタティヴな意味との不一致が明確な形をとって現れたのが、後期ソ連時代である。

(136)　Pecheux 1994: 151. このパラドックスを使ったのが、グルーチョ・マルクスの多くの古典的な笑い話である。

「ちょっとちょっと、君はエマニュエル・ラヴェリに似ているね」

「私がそのエマニュエル・ラヴェリです」

「なら、君が彼に似ているのは驚くことではないね」（Žižek 1994b: 32）

こうした笑い話は、ソ連のアネクドートの多くとも比較可能だ。例えば

「あなたの村にホモはいますか」

「さあどうかな、今妻に聞いてみます。ヴァーシャ〔男性の名前〕、うちにホモはいたかな」

(137)　パトリック・セリオ（Serio 1992）がよく似た政治格言を紹介している。ユーゴスラビアの1980年代の改革期に新聞に載ったもので、初めに党のスローガン、次にその意味をひっくり返したものだという。一例、「われわれの道は唯一無二だ。誰も思いつかなかった道を歩んでいる」。

(138)　Sloterdijk 1993: 103.〔邦訳116頁〕

(139)　Ibid: 103〔邦訳117頁、訳文は高田珠樹による〕.

(140)　スローターダイクはこの皮肉を「シニカル理性」と結び付けている。次も参照 Žižek 1991a; Yurchak 1997; Navaro-Yashin 2002.
(141)　Sloterdijk 1993: 305.〔邦訳305頁〕
(142)　第一章の「主体の擬装モデル」批判を参照（22-23頁）
(143)　第三章の想像の異論派にまつわる言説の例（141-142頁）と比較せよ。
(144)　Lacan 1988: 9〔邦訳13頁〕. この説明を第三章の例（143頁）と比べると面白い。1980年代半ばに某研究所の職員がアフガン戦争を批判する文書を持っていることが発覚すると、同僚のあいだで、あいつはおかしいとか、ポルノもばらまいていた（これはまったくの事実無根）といった噂が広まった——つまり道徳的に、またおそらく精神的におかしいと見ていたのである。
(145)　Фрейд 2011.
(146)　第一章（7-9頁）参照
(147)　Sloterdijk 1993: 305〔邦訳305頁、訳文は一部改変した〕.
(148)　Žižek 1991a.

結論

(1)　少なくとも、そのように機能する最も「純粋な」パフォーマティヴ発話を、オースティンは「発話内行為」(illocutionary act）と呼んだ（発話とともにすぐ行為がおきる)。まさにこの意味のパフォーマティヴィティが本書の第一の考察対象である。発話内行為とは異なるパフォーマティヴ発話を、オースティンは「発語媒介行為」(perlocutionary act）と呼んだ。この場合、行為がおきるきっかけは、発話そのものではない。行為は発話の瞬間ではなく、少しあとに発話の結果としておきる。つまり発話が、それ自体は何もしないが、誰かの行為を促すのである。
(2)　こうした「パフォーマティヴ・シフト」は、どんな発話でも、儀礼化していれば、おきうる。例えば“How are you?"という問いは、アメリカの大学生の決まりきった挨拶で、多くの場合、質問としての意味を失っている。コンスタティヴな意味（気分はどうか、調子はどうかといった具体的な事実をたずねる質問）はほぼゼロのパフォーマティヴな表現にすぎず、“hi”といった表現や手を振るのに似た、単なる挨拶でしかない。まさにこの理由から、こう言われた人は質問に答えたりせず、単に“hi”と返したり、同じように“How are you?"と言ったり、うなずくだけですますのが普通である。
(3)　Warner 2002a: 50.
(4)「消極的自由」とは、個人の生活に他者が介入することから逃れる自由。「積極的自由」とは、自己実現のための自由、つまり何らかの社会的制約（階級、ジェンダーなど）を逃れる自由である。詳しくは第七章340頁参照。
(5)　特に第三章と第七章
(6)　ゴルバチョフ演説の新機軸の分析は、次を参照。Urban 1986: 154.
(7)　Наглядная агитация 1987: 21, 23.

(8) 著者のアレクサンドル（レニングラードの地区コムソモール委員会の指導員）、アンドレイ（研究所コムソモール委員会の書記）、マーシャ（カリーニングラードの学校のコムソモール委員）へのインタビュー（3人とも第三章で紹介）、1994年、サンクト・ペテルブルグ。

(9) ソ連共産党の離党者は、1989年は14万人だが、1990年夏（第28回党大会）から1991年夏の一年間は400万人に達した。СССР в цифрах 1991: 104, 105; Константинов 2000.

(10) 典型は、スタニスラフ・ゴヴォルーヒン監督のドキュメンタリー映画「われわれが失ったロシア」のレーニン糾弾である。この作品は1990年にモスフィルムで撮影が始まり、1992年はじめに中央テレビで放映された。

(11) ひとつだけ挙げると、セルゲイ・クリョーヒンがレニングラード・テレビの第5チャンネルの番組「第五の輪」（1991年5月16日放送）で、レーニンはキノコだと気炎を上げている。この事件の詳細な分析は、Yurchak 2011. 当時のレーニン・イメージの脱構築プロセスは、Юрчак 2007, Yurchak 2007.

(12) 著者のインタビュー、1994年、サンクト・ペテルブルグ。第六章307頁参照。

(13) 第三章123頁および第六章306頁を参照。

(14) 著者のインタビュー、1994年、サンクト・ペテルブルグ。

(15) 第三章127頁参照

(16) トーニャとミハイルはまったく無関係に同じ「意識の変化」という言葉を使っている。

(17) 第一章4頁参照。

(18) 構造機能主義は、西側の社会学と文化人類学で1940年代から1950年代に広まった理論だが、「社会」や「文化」を一つのシステムとみなし、その全ての部分が機能することでシステムの統一と安定が維持されると説く。「社会」と「文化」は、このアプローチでは生物的な有機体である。社会学は Parsons 1951、人類学は Radcliffe-Brown 1952 を参照。

(19) この点で示唆的なのは、まったく異なる改革をした中国の経験だろう。